CYFRES BEIRDD YR UCHELWYR

Gwaith Ieuan ap Rhydderch

GWAITH IEUAN AP RHYDDERCH

golygwyd gan

R. IESTYN DANIEL

ABERYSTWYTH
CANOLFAN UWCHEFRYDIAU CYMREIG A CHELTAIDD
PRIFYSGOL CYMRU
2003

Y mae cofnod catalogio'r llyfr hwn ar gael gan y Llyfrgell Brydeinig.

ISBN 0 947531 07 6
Cysodwyd gan staff Canolfan Uwchefrydiau Cymreig a Cheltaidd Prifysgol Cymru.
Argraffwyd gan Cambrian Printers, Aberystwyth.

Dull y golygu

Gan na ellid yn aml ganfod 'prif destun' o blith y gwahanol gopïau, lluniwyd testunau cyfansawdd o'r cerddi gan ddangos y darlleniadau amrywiol (ac eithrio'r rhai orgraffyddol pur) yn yr 'Amrywiadau' ar waelod y testun. Os ceir yr un amrywiad mewn grŵp o lawysgrifau, fe'i cofnodir yn orgraff y llawysgrif hynaf yn y grŵp hwnnw, hyd y gellir. Defnyddir cromfachau i ddynodi darlleniad sydd wedi ei ychwanegu yng nghwr y ddalen neu uwchben y testun. Os oes gair neu ran o linell yn eisiau mewn llawysgrif, nodir hynny drwy roi'r gair neu'r geiriau (yn orgraff y testun golygedig) mewn bachau petryal. Pan fo llinell neu linellau yn eisiau mewn llawysgrif, nodir y rheini mewn bachau petryal wrth drafod trefn y llinellau. Fodd bynnag, os yw gair neu eiriau'n annarllenadwy neu wedi cael eu dileu oherwydd staen, twll, &c., dynodir hynny â bachau petryal gwag.

Cyflwynir y testun mewn orgraff Cymraeg Diweddar ac wedi ei briflythrennu a'i atalnodi. Diweddarwyd orgraff a sain geiriau, oni bai fod y gynghanedd yn gofyn am sain Gymraeg Canol (gw. GDG³ xlvi); er eng-hraifft, diweddarwyd -*aw*-, -*aw* yn *o* pan oedd angen (oni bai fod yr odl yn hawlio cadw'r *aw*) ac -*ei*-, -*ei* yn *ai*. Ond ni ddiweddarwyd ffurfiau Cymraeg Canol dilys megis *fal*, *no*(*g*), *ymy*, *yty* (sef 'imi', 'iti'), *wyd* (sef 'wyt'), &c.

Yn yr Eirfa ar ddiwedd gwaith y beirdd rhestrir y geiriau a drafodir yn y nodiadau (nodir hynny ag 'n'). Rhestrir hefyd eiriau dieithr neu eiriau sy'n digwydd mewn ystyr wahanol i'r arfer, gan gynnig aralleiriad ar eu cyfer. Rhoddir llythyren fechan i bob enw cyffredin, er bod rhai enwau â phriflythyren yn y testun pan fônt yn cyfeirio at Dduw, Crist neu'r Drindod. Yn y mynegeion i enwau priod rhestrir pob enw person a phob enw lle sy'n digwydd yn y cerddi.

Diolchiadau

Cydnabyddir yn ddiolchgar gymorth y canlynol: Golygyddion a staff Geiriadur Prifysgol Cymru; staff Llyfrgell Genedlaethol Cymru, Aberystwyth; y Bwrdd Golygyddol, Dr Ann Parry Owen, Golygydd y gyfres hon, a'r Athro Emeritws R. Geraint Gruffydd, y Golygydd Ymgynghorol; Dr Jane Cartwright, Dr Justin Clegg, Mr Martin Crampin, yr Athro Emeritws Ralph A. Griffiths, Mrs Glenys Howells, Mr Daniel Huws, Mr Nicolas Jacobs, Mr Peter Lord, Dr John Morgan-Guy, Dr Tom O'Loughlin, Dr Brynley F. Roberts, yr Athro Emeritws J. Beverley Smith.

Cynnwys

Byrfoddau

Llyfryddol

AH	*Astudiaethau ar yr Hengerdd*, gol. Rachel Bromwich a R. Brinley Jones (Caerdydd, 1978)
B	*Bwletin y Bwrdd Gwybodau Celtaidd*, 1921–94
Bangor	Llawysgrif yng nghasgliad Prifysgol Cymru Bangor
Bangor (Mos)	Llawysgrif yng nghasgliad Bangor (Mostyn) ym Mhrifysgol Cymru Bangor
P.C. Bartrum: WG1	P.C. Bartrum, *Welsh Genealogies AD 300–1400* (Cardiff, 1974)
BD	*Brut Dingestow*, gol. Henry Lewis (Caerdydd, 1942)
BDe	*Buched Dewi*, gol. D. Simon Evans (Caerdydd, 1965)
BL Add	Llawysgrif Ychwanegol yng nghasgliad y Llyfrgell Brydeinig, Llundain
Bl BGCC	*Blodeugerdd Barddas o Ganu Crefyddol Cynnar*, gol. Marged Haycock (Llandybïe, 1994)
Bodley	Llawysgrif yng nghasgliad Llyfrgell Bodley, Rhydychen
ByCy	*Y Bywgraffiadur Cymreig hyd 1940* (Llundain, 1953)
C	*The Black Book of Carmarthen*, ed. J. Gwenogvryn Evans (Pwllheli, 1906)
CAMBM	*Catalogue of Additions to the Manuscripts in the British Museum*
Card	Llawysgrif yn Llyfrgell Ganolog Caerdydd

J. Cartwright: ForF	Jane Cartwright, *Y Forwyn Fair, Santesau a Lleianod*: *Agweddau ar Wyryfdod a Diweirdeb yng Nghymru'r Oesoedd Canol* (Caerdydd, 1999)
CFG	Melville Richards, *Cystrawen y Frawddeg Gymraeg* (Caerdydd, 1938)
CLC²	*Cydymaith i Lenyddiaeth Cymru*, gol. Meic Stephens (ail arg., Caerdydd, 1997)
CLlG	*Ceinion Llenyddiaeth Gymreig*, gol. Owen Jones (Llundain, 1876)
CMCS	*Cambridge Medieval Celtic Studies*, 1981–93; *Cambrian Medieval Celtic Studies*, 1993–
CO³	*Culhwch ac Olwen*, gol. Rachel Bromwich a D. Simon Evans gyda chymorth D.H. Evans (Caerdydd, 1997)
CSTB	*Cywyddau Serch y Tri Bedo*, gol. P.J. Donovan (Caerdydd, 1982)
Cylchg HC	*Cylchgrawn Hanes Cymru*, 1960–
Cylchg LlGC	*Cylchgrawn Llyfrgell Genedlaethol Cymru*, 1939–
ChO	*Chwedleu Odo*, gol. Ifor Williams (Wrecsam, 1926)
ChT	Ifor Williams, *Chwedl Taliesin* (Caerdydd, 1957)
D	*Dictionarium Duplex*, ed. John Davies (Londinium, 1632)
Dafydd Benwyn: Gw	Dafydd Huw Evans, 'The Life and Work of Dafydd Benwyn' (D.Phil. Oxford, 1981)
DB	*Delw y Byd*, gol. Henry Lewis a P. Diverres (Caerdydd, 1928)
DE	*Gwaith Dafydd ab Edmwnd*, gol. Thomas Roberts (Bangor, 1914)
DGA	*Selections from the Dafydd ap Gwilym Apocrypha*, ed. Helen Fulton (Llandysul, 1996)
DGG²	*Cywyddau Dafydd ap Gwilym a'i Gyfoeswyr*, gol. Ifor Williams a Thomas Roberts (ail arg., Caerdydd, 1935)
Diar	'Llyfr y Diarhebion' yn yr Hen Destament

DN	*The Poetical Works of Dafydd Nanmor*, ed. Thomas Roberts and Ifor Williams (Cardiff and London, 1923)
DNB	*The Dictionary of National Biography*, ed. Leslie Stephen and Sidney Lee (Oxford, 1917)
DrOC	*Drych yr Oesoedd Canol*, gol. Nesta Lloyd a Morfydd E. Owen (Caerdydd, 1986)
L. Dwnn: HV	*Heraldic Visitations of Wales*, ed. Samuel Rush Meyrick (2 vols., Llandovery, 1846)
EEW	T.H. Parry-Williams, *The English Element in Welsh* (London, 1923)
Esec	'Llyfr Eseciel' yn yr Hen Destament
EVW	Margaret Enid Griffiths, *Early Vaticination in Welsh with English Parallels* (Cardiff, 1937)
EWGP	*Early Welsh Gnomic Poetry*, ed. Kenneth Jackson (Cardiff, 1961)
EWGT	*Early Welsh Genealogical Tracts*, ed. P.C. Bartrum (Cardiff, 1966)
G	*Geirfa Barddoniaeth Gynnar Gymraeg*, gol. J. Lloyd-Jones (Caerdydd, 1931–63)
GBDd	*Gwaith Bleddyn Ddu*, gol. R. Iestyn Daniel (Aberystwyth, 1994)
GBF	*Gwaith Bleddyn Fardd a Beirdd Eraill Ail Hanner y Drydedd Ganrif ar Ddeg*, gol. Rhian M. Andrews *et al.* (Caerdydd, 1996)
GC	*Gwaith Casnodyn*, gol. R. Iestyn Daniel (Aberystwyth, 1999)
GCBM i	*Gwaith Cynddelw Brydydd Mawr*, i, gol. Nerys Ann Jones ac Ann Parry Owen (Caerdydd, 1991)
GCBM ii	*Gwaith Cynddelw Brydydd Mawr*, ii, gol. Nerys Ann Jones ac Ann Parry Owen (Caerdydd, 1995)
GDC	*Gwaith Dafydd y Coed a beirdd eraill o Lyfr Coch Hergest*, gol. R. Iestyn Daniel (Aberystwyth, 2002).

GDG	*Gwaith Dafydd ap Gwilym*, gol. Thomas Parry (Caerdydd, 1952)
GDG³	*Gwaith Dafydd ap Gwilym*, gol. Thomas Parry (trydydd arg., Caerdydd, 1979)
GDGor	*Gwaith Dafydd Gorlech*, gol. Erwain H. Rheinallt (Aberystwyth, 1997)
GDLl	*Gwaith Dafydd Llwyd o Fathafarn*, gol. W. Leslie Richards (Caerdydd, 1964)
GEO	*Gwaith Einion Offeiriad a Dafydd Ddu o Hiraddug*, gol. R. Geraint Gruffydd a Rhiannon Ifans (Aberystwyth, 1997)
GGDT	*Gwaith Gruffudd ap Dafydd ap Tudur, Gwilym Ddu o Arfon, Trahaearn Brydydd Mawr ac Iorwerth Beli*, gol. N.G. Costigan (Bosco) *et al.* (Aberystwyth, 1995)
GGl²	*Gwaith Guto'r Glyn*, gol. J. Llywelyn Williams ac Ifor Williams (ail arg., Caerdydd, 1961)
GGLl	*Gwaith Gruffudd Llwyd a'r Llygliwiaid Eraill*, gol. Rhiannon Ifans (Aberystwyth, 2000)
GHD	*Gwaith Huw ap Dafydd ap Llywelyn ap Madog*, gol. A. Cynfael Lake (Aberystwyth, 1995)
GHS	*Gwaith Hywel Swrdwal a'i deulu*, gol. Dylan Foster Evans (Aberystwyth, 2000)
GIBH	*Gwaith Ieuan Brydydd Hir*, gol. M. Paul Bryant-Quinn (Aberystwyth, 2000)
GIG	*Gwaith Iolo Goch*, gol. D.R. Johnston (Caerdydd, 1988)
GLD	*Gwaith Lewys Daron*, gol. A. Cynfael Lake (Caerdydd, 1994)
GLGC	*Gwaith Lewys Glyn Cothi*, gol. Dafydd Johnston (Caerdydd, 1995)
GLlBH	*Gwaith Llywelyn Brydydd Hoddnant, Dafydd ap Gwilym, Hillyn ac eraill*, gol. Ann Parry Owen a Dylan Foster Evans (Aberystwyth, 1996)

GLlF	*Gwaith Llywelyn Fardd I ac Eraill o Feirdd y Ddeuddegfed Ganrif*, gol. Kathleen Anne Bramley *et al.* (Caerdydd, 1994)
GLlG	*Gwaith Llywelyn Goch ap Meurig Hen*, gol. Dafydd Johnston (Aberystwyth, 1998)
GLlLl	*Gwaith Llywarch ap Llywelyn 'Prydydd y Moch'*, gol. Elin Jones (Caerdydd, 1989)
GM	*Gwassanaeth Meir*, gol. Brynley F. Roberts (Caerdydd, 1961)
GMB	*Gwaith Meilyr Brydydd a'i Ddisgynyddion*, gol. J.E. Caerwyn Williams *et al.* (Caerdydd, 1994)
GMW	D. Simon Evans, *A Grammar of Middle Welsh* (Dublin, 1964)
GP	*Gramadegau'r Penceirddiaid*, gol. G.J. Williams ac E.J. Jones (Caerdydd, 1934)
GPB	*Gwaith Prydydd Breuan, Rhys ap Dafydd ab Einion, Hywel Ystorm, a Cherddi Dychan Dienw o Lyfr Coch Hergest*, gol. Huw Meirion Edwards (Aberystwyth, 2000)
GPC	*Geiriadur Prifysgol Cymru* (Caerdydd, 1950–)
GPhE	*Gwaith Syr Phylib Emlyn, Syr Lewys Meudwy a Mastr Harri ap Hywel*, gol. M. Paul Bryant-Quinn (Aberystwyth, 2001)
GRB	*Gwaith Rhys Brydydd a Rhisiart ap Rhys*, gol. John Morgan Williams ac Eurys I. Rowlands (Caerdydd, 1976)
R.A. Griffiths: PW i	Ralph A. Griffiths, *The Principality of Wales in the Later Middle Ages*: *i. South Wales 1277–1536* (Cardiff, 1972)
GSC	*Gwaith Siôn Ceri*, gol. A. Cynfael Lake (Aberystwyth, 1996)
GSCMB	'Guide to the Special Collections of Manuscripts in the Library of the University College of North Wales Bangor' (cyfrol anghyhoeddedig, Prifysgol Cymru, Bangor, 1962)

GSRh — *Gwaith Sefnyn, Rhisierdyn, Gruffudd Fychan ap Gruffudd ab Ednyfed a Llywarch Bentwrch*, gol. Nerys Ann Jones ac Erwain Haf Rheinallt (Aberystwyth, 1995)

GWL ii² — *A Guide to Welsh Literature 1282–c. 1550: Volume 2*, ed. A.O.H. Jarman and Gwilym Rees Hughes, revised by Dafydd Johnston (Cardiff, 1997)

Gwyn — Llawysgrif yng nghasgliad Gwyneddon yn Llyfrgell Prifysgol Cymru Bangor

Gwyneddon 3 — *Gwyneddon 3*, gol. Ifor Williams (Caerdydd, 1931)

HG — *Hen Gwndidau, Carolau a Chywyddau*, gol. Lemuel J. Hopkin-James a T.C. Evans (Bangor, 1910)

HG Cref — *Hen Gerddi Crefyddol*, gol. Henry Lewis (Caerdydd, 1931)

HGK — *Historia Gruffud vab Kenan*, gol. D. Simon Evans (Caerdydd, 1977)

HMNLW — *Handlist of Manuscripts in the National Library of Wales* (Aberystwyth, 1943–)

J.R. Hughes — Llawysgrif yng nghasgliad Llyfrgell Genedlaethol Cymru, Aberystwyth

ID — *Casgliad o Waith Ieuan Deulwyn*, gol. Ifor Williams (Bangor, 1909)

IGE — *Cywyddau Iolo Goch ac Eraill*, gol. Henry Lewis, Thomas Roberts ac Ifor Williams (Bangor, 1925)

IGE² — *Cywyddau Iolo Goch ac Eraill*, gol. Henry Lewis, Thomas Roberts ac Ifor Williams (ail arg., Caerdydd, 1937)

Io — 'Yr Efengyl yn ôl Sant Ioan' yn y Testament Newydd

J — Llawysgrif yng nghasgliad Coleg Iesu, Rhydychen

Jer — 'Llyfr Jeremeia' yn yr Hen Destament

LBS — S. Baring-Gould and J. Fisher, *The Lives of the British Saints* (4 vols., London, 1907–13)

LlA	*The Elucidarium ... from Llyvyr Agkyr Llandewivrevi, A.D. 1346*, ed. J. Morris Jones and John Rhŷs (Oxford, 1894)
Llawdden, &c.: Gw	Mary Gwendoline Headley, 'Barddoniaeth Llawdden a Rhys Nanmor' (M.A. Cymru [Bangor], 1937)
LlCy	*Llên Cymru*, 1950–
LlGC	Llawysgrif yng nghasgliad Llyfrgell Genedlaethol Cymru, Aberystwyth
J.E. Lloyd: HW[3]	J.E. Lloyd, *A History of Wales* (third ed., London, 1939)
Llst	Llawysgrif yng nghasgliad Llanstephan, yn Llyfrgell Genedlaethol Cymru, Aberystwyth
MA[2]	*The Myvyrian Archaiology of Wales* (second ed., Denbigh, 1870)
Math	'Yr Efengyl yn ôl Sant Mathew' yn y Testament Newydd
MCF	Mynegai Cyfrifiadurol i Farddoniaeth, Llyfrgell Genedlaethol Cymru, Aberystwyth (rhoddir y dyddiad y codwyd yr wybodaeth mewn cromfachau)
MED	*Middle English Dictionary* (Michigan, 1963–)
MFGLl	*Mynegai i Farddoniaeth Gaeth y Llawysgrifau* (Caerdydd, 1978)
J. Morris-Jones: CD	John Morris-Jones, *Cerdd Dafod* (Rhydychen, 1925)
Mos	Llawysgrif yng nghasgliad Mostyn, yn Llyfrgell Genedlaethol Cymru, Aberystwyth
NLWCM	J.H. Davies, *The National Library of Wales Catalogue of Manuscripts*, i (Aberystwyth, 1921)
OCD[3]	*The Oxford Classical Dictionary*, ed. Simon Hornblower and Antony Spawforth (third ed., Oxford, 1996)
ODCC[3]	*The Oxford Dictionary of the Christian Church*, ed. F.L. Cross and E.A. Livingstone (third ed., Oxford, 1997)

OED²

The Oxford English Dictionary (second ed., Oxford 1989)

PBA

Proceedings of the British Academy, 1903–

Pen

Llawysgrif yng nghasgliad Peniarth, yn Llyfrgell Genedlaethol Cymru, Aberystwyth

Peniarth 53

Peniarth 53, copïwyd gan E. Stanton Roberts a golygwyd gan Henry Lewis (Caerdydd, 1927)

Peniarth 76

Peniarth 76, copïwyd gan E. Stanton Roberts a golygwyd gan W.J. Gruffydd (Caerdydd, 1927)

PRO

Yr Archifdy Gwladol yn Llundain

R

The Poetry in the Red Book of Hergest, ed. J. Gwenogvryn Evans (Llanbedrog, 1911)

RB

The Text of the Bruts from the Red Book of Hergest, ed. John Rhŷs and J. Gwenogvryn Evans (Oxford, 1890)

RWM

Reports on Manuscripts in the Welsh Language, ed. J. Gwenogvryn Evans (London, 1898–1910); fe'i defnyddir hefyd i ddynodi rhif llawysgrif yng nghatalog J.G.E.

SC

Studia Celtica, 1966–

SCWMBLO

Falconer Madan and H.H.E. Craster, *Summary Catalogue of Western Manuscripts in the Bodleian Library at Oxford* (Oxford, 1924)

TA

Gwaith Tudur Aled, gol. T. Gwynn Jones (Caerdydd, 1926)

THSC

The Transactions of the Honourable Society of Cymmrodorion, 1892/3–

TLlM

G.J. Williams, *Traddodiad Llenyddol Morgannwg* (Caerdydd, 1948)

Treigladau

T.J. Morgan, *Y Treigladau a'u Cystrawen* (Caerdydd, 1952)

TW

Geiriadur Syr Thomas Wiliems, *Thesaurus Linguæ Latinæ et Cambrobritannicæ* yn Pen 228

TYP²

Trioedd Ynys Prydein, ed. Rachel Bromwich (second ed., Cardiff, 1978)

WCCR[2]	Glanmor Williams, *The Welsh Church from Conquest to Reformation* (second ed., Cardiff, 1976)
WCD	P.C. Bartrum, *A Welsh Classical Dictionary: People in History and Legend up to about A.D. 1000* (Aberystwyth, 1993)
WG	J. Morris Jones, *A Welsh Grammar* (Oxford, 1913)
WLSD	*The Welsh Life of St David*, ed. D. Simon Evans (Cardiff, 1988)
WWR[2]	H.T. Evans, *Wales and the Wars of the Roses* (second ed., Stroud, 1998)
YB	*Ysgrifau Beirniadol*, 1965–
YEPWC	*Ymryson Edmwnd Prys a Wiliam Cynwal*, gol. Gruffydd Aled Williams (Caerdydd, 1986)
ZCP	*Zeitschrift für celtische Philologie*, 1896–

Termau a geiriau

a.	ansoddair, -eiriol	*fl.*	*floruit*
adf.	adferf	ff.	ffolios
amhff.	amherffaith	Ffr.	Ffrangeg
amhrs.	amhersonol	g.	(c.) canrif; gwrywaidd
anh.	anhysbys	gn.	geiryn
ardd.	arddodiad, -iaid	gol.	golygwyd gan
arg.	argraffiad	Gr.	Groeg
art.cit.	*articulo citato*	grch.	gorchmynnol
At.	Atodiad	grff.	gorffennol
b.	benywaidd	gthg.	gwrthgyferbynier, -iol
ba.	berf anghyflawn	gw.	gweler
be.	berfenw	Gwydd.	Gwyddeleg
bf. (f.)	berf, -au	H.	Hen
bg.	berf gyflawn	h.y.	hynny yw
bg.a.	berf gyflawn ac	*ib.*	*ibidem*
	anghyflawn	*id.*	*idem*
c.	*circa*	*l.c.*	*loco citato*
c. (g.)	canrif	ll.	lluosog; llinell
C.	Canol	Llad.	Lladin
cf.	cymharer	llau.	llinellau
cfrt.	gradd gyfartal	llsgr.	llawysgrif
Clt.	Celteg, Celtaidd	llsgrau.	llawysgrifau
cmhr.	gradd gymharol	m.	mewnol
cpl.	cyplad	myn.	mynegol
Cym.	Cymraeg	n.	nodyn
cys.	cysylltair, cysylltiad	neg.	negydd, -ol
d.g.	dan y gair	*ob.*	*obiit*
dib.	dibynnol	*op.cit.*	*opere citato*
Diw.	Diweddar	pres.	presennol
dyf.	dyfodol	prff.	perffaith
e.	enw	prs.	person, -ol
eb.	enw benywaidd	pth.	perthynol
ebd.	ebychiad	r	*recto*
ed.	*edited by*, *edition*	rh.	rhagenw, -ol
e.e.	er enghraifft	S.	Saesneg
eg.	enw gwrywaidd	*s.n.*	*sub nomine*
eith.	eithaf	td.	tudalen
e.p.	enw priod	tt.	tudalennau
et al.	*et alii*	un.	unigol
ex inf.	*ex informatione*	v	*verso*
f.	ffolio	vols.	volumes

Rhagymadrodd

Bywyd y Bardd

Ei achau

Yn ôl P.C. Bartrum, yr oedd y bardd Ieuan ap Rhydderch yn fab i Rydderch ab Ieuan Llwyd o Barcrhydderch a'i ail wraig Mawd, merch Syr Wiliam Clement.[1] Y mae Bartrum yn dyddio Ieuan genhedlaeth yn iau na'i frodyr a'i chwiorydd o'r un briodas, sef yn y ddeuddegfed genhedlaeth a anwyd tua 1400. Yn ôl Lewis Dwnn, fodd bynnag, yr oedd gan Rydderch ab Ieuan Llwyd *ddau* fab o'r enw Ieuan, y naill drwy Fawd[2] a'r llall, a elwir ganddo yn *Ieuan ap Rydderch y Prydydd*, drwy wraig o'r enw Annes, a oedd yn ferch i Wilym ap Phylib ab Elidir a'i ail wraig, Siân ferch Hopgyn ap Gruffudd Gethin.[3] Yr oedd gan Annes chwaer, sef Sioned, a oedd yn briod â Phylib, un o feibion Rhydderch.[4] O dderbyn tystiolaeth Dwnn, felly, ymddengys fod yr ail Ieuan ap Rhydderch (sef y bardd) yn fab i Rydderch ab Ieuan Llwyd, nid trwy ei ail briodas â Mawd ond trwy drydedd briodas, yn ei henaint, â chwaer i ferch yng nghyfraith iddo.

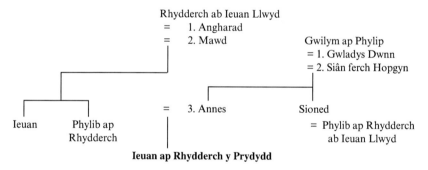

Ieuan ap Rhydderch y Prydydd

---

[1] P.C. Bartrum: WG1 'Cydifor ap Gwaithfoed' 3.

[2] L. Dwnn: HV i, 45.

[3] *Ib*. 28. Disgrifir Gwilym, *ib*. 15, 87, fel Gwilym ap Phylib ap Syr Elidir Ddu o Is Cennen.

[4] *Ib*. 15, 87. Yn ôl tystiolaeth *ib*. 28, yr oedd Annes a Sioned ill dwy yn ferched i Wilym ap Phylib a Siân ferch Hopgyn ap Gruffudd Gethin; ond ni ddywedir yno mai Phylib ap Rhydderch oedd gŵr Sioned, fel y nodir yn *ib*. 15, 87, ond *Howel ap Llewelyn ap Howel vachan ap Howel ap Einion Sais*. Gallai hyn olygu naill ai fod Sioned wedi priodi ddwywaith, neu ynteu fod gan Wilym ap Phylib ferch arall o'r un enw naill ai trwy un o'i ddwy briodas neu trwy ryw wraig arall. Yn ôl yr ach a geir gan Thomas Roberts yn 'Ieuan ap Rhydderch ab Ieuan Llwyd', B iv (1927–9), 21, yr oedd Sioned wraig Phylib ap Rhydderch yn ferch i Wilym ap Phylib trwy ei briodas gyntaf â Gwladys, ond gan nad enwir mam y Sioned hon gan Dwnn, nid yw sail yr honiad yn eglur. Ond pa un a oedd Sioned wraig Phylib ap Rhydderch yn chwaer gyfan i Annes neu'n hanner chwaer iddi, yr oedd, wrth reswm, berthynas waed agos rhyngddynt.

Câi Thomas Roberts anhawster i gredu y buasai Rhydderch ab Ieuan Llwyd a'i fab Phylib 'yn priodi dwy chwaer, a'r tad yn priodi'r ieuengaf';[5] ond y mae'n gwbl bosibl fod Rhydderch ab Ieuan Llwyd, yn ei henaint, wedi priodi merch lawer iau nag ef ei hun, a bod honno'n chwaer i'w ferch yng nghyfraith.[6] Awgrymodd Thomas Roberts efallai mai rhyw Rydderch ab Ieuan Llwyd arall oedd tad y bardd,[7] ond ni raid derbyn yr awgrym hwnnw. Os bu i Rydderch briodi trydedd wraig o'r enw Annes ac iddynt gael mab, y mae'n amlwg y byddai'r mab hwnnw yn perthyn i genhedlaeth ddiweddarach na'i frodyr a'i chwiorydd. Y mae hyn hefyd yn gyson â thystiolaeth barddoniaeth Ieuan, sy'n awgrymu iddo ganu mor hwyr ag ail hanner y bymthegfed ganrif (gw. isod).

Ategir y dystiolaeth fod gan Rydderch ab Ieuan Llwyd ddau fab o'r enw Ieuan mewn cofnod swyddogol gan siedwr Ceredigion ar gyfer Gŵyl Fihangel 1413–14.[8] Nodir yno, ymysg pethau eraill, fod manor[9] (*manerii*) Cellan a'i atodion yng nghwmwd Mabwynion yn perthyn i John ap Rhydderch adeg ei farw ar 1 Rhagfyr 1408; bod y manor wedi ei ymddiried wedyn i'w frodyr, Tomas, Phylib, ac Ieuan, a oedd yn gyfrifol am yr incwm o'r eiddo am 1413–14, ac nad oedd y brodyr wedi talu'r arian a oedd yn ddyledus i'r siedwr ar ôl marwolaeth eu brawd. Er mai enw tad y brodyr hyn yn unig a roddir, eto y mae tebygrwydd eu henwau i enwau meibion Rhydderch ab Ieuan Llwyd fel y'u ceir yn yr achau[10] (gyda *John* yn cyfateb i 'Ieuan'), y ffaith fod manor Cellan ym Mabwynion, a bod Rhydderch ab Ieuan Llwyd wedi derbyn y manor gan y Goron yn 1391,[11] yn awgrymu'n

[5] Thomas Roberts, *l.c.*; IGE[2] xxv.

[6] Gellid awgrymu, efallai, mai cariadferch i Rydderch oedd Annes, er iddi gael ei disgrifio fel gwraig briod iddo yn L. Dwnn: HV i, 28. Yn *ib*. 45, cyfeirir at fab arall i Rydderch, sef *Y Gyto o gariadwraig*. Am enghreifftiau eraill o briodasau 'annisgwyl', ystyrier, e.e., Robert ap Maredudd ap Hywel a oedd bron yn 80 oed cyn iddo briodi, neu ei ŵyr, Maredudd, a mab hwnnw, Siôn, a briododd ddwy chwaer, gw. GLD 118, 120.

[7] IGE[2] xxv. Ar y Rhydderch ab Ieuan Llwyd y cyfeirir ato rhwng y blynyddoedd 1417–18, 1424–5, 1432–3, 1435–6, a 1441–2 yn R.A. Griffiths: PW i, 504, 505, 510, ac a gyplyswyd yno â Rhydderch ab Ieuan Llwyd o Lyn Aeron, gw. D.R. Johnston, 'Awdl Llywelyn Goch i Rydderch a Llywelyn Fychan', B xxxv (1988), 24n3; Daniel Huws, 'Llyfr Gwyn Rhydderch', CMCS xxi (Summer 1991), 21 ac *ib*.n43. Diau mai gŵr gwahanol ydoedd; y mae'n rhy ddiweddar i fod yn dad i Ieuan ap Rhydderch. (Yn IGE[2] xxiv awgrymir i Rydderch ab Ieuan Llwyd o Lyn Aeron fyw am gyfnod yn nechrau'r 15g.)

[8] PRO, SC6/1160/4 m.5–5d. Hoffwn ddiolch i'r Athro Ralph A. Griffiths a'r Athro Emeritws J. Beverley Smith am eu cymorth gyda'r cofnod hwn.

[9] Dywed yr Athro Emeritws J. Beverley Smith wrthyf y dylid gwahaniaethu'n glir rhwng *manor* a *maenor*. Uned economaidd oedd manor dan reolaeth arglwydd gyda thir, ffiniau, a chanolfan weinyddol. Uned diriogaethol, ar y llaw arall, oedd maenor, israniad gweinyddol o gantref neu gwmwd, dan y gyfundrefn Gymreig a oedd wedi darfod amdani erbyn diwedd cyfnod y Tywysogion. Yr endid Cymreig tebycaf i'r manor ar ôl tranc y faenor oedd y dref neu'r faerdref.

[10] Enwir Tomas, Ieuan, a Phylib yn L. Dwnn: HV i, 45 ymysg meibion Rhydderch ab Ieuan Llwyd o'i ail briodas â Mawd (y brodyr eraill a enwir yno oedd Siancyn a Dafydd).

[11] R.A. Griffiths: PW i, 9–10.

gryf mai at feibion Rhydderch ab Ieuan Llwyd y cyfeirir yn y ddogfen.[12]

Ei fro

Ceir anghysonder ynglŷn â bro Ieuan ap Rhydderch yn rhai o'r llawysgrifau sydd, ac eithrio un,[13] yn dyddio o chwarter olaf yr unfed ganrif ar bymtheg hyd tua throad y ddeunawfed ganrif. Dywedir yn rhai ei fod yn dod o Enau'r Glyn[14] neu Ogerddan,[15] sydd ill dau yn yr un ardal yng Ngheredigion, ond yn ôl tystiolaeth y rhan fwyaf o'r llawysgrifau hanai Ieuan o Lyn Aeron yng nghanol y sir.[16] Yn achos y llawysgrifau sy'n cysylltu'r bardd â Genau'r Glyn, dylid sylwi bod y nodyn i'r perwyl hwnnw sydd yn y gynharaf ohonynt, BL Add 14866, 1587, sef *Jeuan ap Rhytherch ap Jeuan llwyd ai cant gwr bonheddig o enau'r glynn. yn sir Aberteifi. amser Hari 5*, yn digwydd yn yr un ffurf yn union yn y tair arall. Ymddengys, felly, nad tair barn annibynnol yn seiliedig ar draddodiad cyffredin a geir yma ond, yn hytrach, osodiad un gŵr—sef David Johns, person Llanfair Dyffryn Clwyd—wedi ei atgynhyrchu deirgwaith. Pwynt arall sy'n tueddu i fod o blaid Glyn Aeron fel bro Ieuan ap Rhydderch yw'r dymuniad a fynegir ganddo yng 'Nghywydd y fost' i gael ei gladdu yn *llan … Ddewi* (3.140). Y mae'n debygol mai Llanddewibrefi a olygir,[17] lle a oedd ymhell o Enau'r Glyn ac yn bur agos i Lyn Aeron.[18] Nid yw'n dilyn o anghenraid, er hynny, fod gosodiad David Johns yn ddi-sail, mwy nag yw'r gosodiad a geir mewn dwy lawysgrif ei fod yn dod o Ogerddan.

Cysylltir tad Ieuan, Rhydderch ab Ieuan Llwyd, yntau, â'r tri lle uchod. Cysyllta'r beirdd ef â Glyn Aeron.[19] Yn ddiweddarach, cysyllta Nicholas

[12] Ymddengys fod y pedwar brawd wedi eu hystyried ar gam yn feibion i Rydderch ap Tomas yn *ib.* 306 dan 1 Hydref 1413. Yn P.C. Bartrum: WG1 'Cydifor ap Dinawal' 2 crybwyllir gŵr o'r enw Tomas ap Rhydderch ap Tomas yr oedd ei deulu'n gysylltiedig â Phant Ystreimon, Llandysul, ond *c.* 1400 y ganwyd ef.

[13] Sef Pen 53, gw. y nodyn nesaf.

[14] BL Add 14866, 25ʳ; BL Add 31084, 14ᵛ; Gwyn 3, 21ʳ; Pen 53, 47, nodyn diweddarach yn llaw Jasper Gryffyth a oedd yn byw *c.* 1600.

[15] Card 4.9, 139 (mewn llaw wahanol i'r brif law), 159; Pen 108, 54 (mewn llaw wahanol i'r brif law).

[16] Bangor 7288, 261; Bodley Welsh e 4, 35ʳ; Bodley Welsh f 1, 104ʳ; Card 1.51 [= RWM 53], 102; Card 1.550, 229; LlGC 3051D [= Mos 148], 413; Llst 16, 86; Llst 53, 230; Llst 133, 76ᵛ, 78ᵛ, 167ʳ, 366ᵛ. Yn ddiweddarach, yr oedd y canlynol o'r un farn: Robert Williams, *Enwogion Cymru. A Biographical Dictionary of Eminent Welshmen, from the earliest times to the present, and including every name connected with the ancient history of Wales* (Llandovery, 1852), 240; Josiah Thomas Jones, *Geiriadur Bywgraffyddol Enwogion Cymru, o'r Oesoedd Boreuaf Hyd yn Awr* (Aberdar, 1867), i, 581; R.I. Prys (Gweirydd ap Rhys), *Hanes Llenyddiaeth Gymreig, o'r Flwyddyn 1300 Hyd y Flwyddyn 1650* (Liverpool, 1883), 201; Daniel Lleufer Thomas, DNB x, 413. Sylwer, er hynny, fod yr hyn a ddywed Josiah Thomas Jones yn debyg iawn i'r hyn a ddywed Robert Williams, a gallai'n hawdd fod wedi ei ddilyn.

[17] Gw. 3.140n.

[18] Thomas Roberts, *art.cit.* 22; IGE² xxxi.

[19] GDC 1.29–30; GLGC 90 (36.20–1), 135 (58.21–4). Ymddengys mai enw cartref teulu Rhydderch yn hytrach nag ardal oedd Glyn Aeron. Mewn ffynonellau o ail hanner yr 16g. ymlaen cysylltir Rhydderch hefyd â Pharcrhydderch yn yr un ardal, gw. GLlBH 11–12.

Thomas ef â Glyn Aeron, Genau'r Glyn a Gogerddan,[20] a chysyllta Samuel R. Meyrick ef â Gogerddan.[21] Dichon mai tystiolaeth y beirdd sydd fwyaf dibynadwy gan ei bod yn gyfoes.[22] Ond os Glyn Aeron oedd bro enedigol Rhydderch, nid yw hynny, o angenrheidrwydd, yn golygu mai yno y trigai Ieuan, ei fab.

Ar sail y dystiolaeth uchod gellir tynnu tri chasgliad posibl parthed bro Ieuan ap Rhydderch. Yn gyntaf, dichon fod y llawysgrifau yn cyfeirio at ddau ŵr gwahanol o'r un enw, y naill o Enau'r Glyn / Gogerddan, a'r llall o Lyn Aeron. Os felly, nid oes modd gwybod pa un o'r rhain oedd gwir awdur y cerddi a briodolir iddynt. Yn ail, y mae'n bosibl fod Ieuan ap Rhydderch yn hanu o Lyn Aeron ond iddo symud i fyw yng Ngenau'r Glyn yn ddiweddarach. Yn drydydd, gan ei bod yn hysbys fod rhai o ddisgynyddion Rhydderch ab Ieuan Llwyd, gan gynnwys Prysiaid adnabyddus Gogerddan, wedi ymsefydlu yng Ngenau'r Glyn genedlaethau cyn ysgrifennu'r llawysgrifau sy'n cysylltu Ieuan ap Rhydderch â'r fan honno ac â Gogerddan, y mae'n bosibl fod rhywrai mewn oes ddiweddarach, fel David Johns, wedi credu ar gam, oherwydd enwogrwydd teulu Genau'r Glyn, fod y bardd a'r cyndad enwog yntau yn hanu o'r un ardal. Os felly, dylid crybwyll y ffaith fod J.H. Davies o'r farn mai ŵyr Rhydderch, sef Dafydd Llwyd ap Dafydd ap Rhydderch, oedd y cyntaf o'r teulu, yn ôl pob tebyg, i drigo yng Ngogerddan.[23]

O'r tri phosibilrwydd hyn, credaf mai'r olaf sy'n fwyaf tebygol, a gellir awgrymu, felly, er yn betrus, mai gŵr o Lyn Aeron, yn hytrach na Genau'r Glyn, oedd Ieuan ap Rhydderch.

Ei yrfa

Y ffynhonnell bwysicaf o ddigon ynghylch gyrfa Ieuan ap Rhydderch yw ei eiriau ei hun yng 'Nghywydd y fost' (cerdd 3) a gellir casglu cryn dipyn o wybodaeth fywgraffyddol amdano ohoni, ac o rai ffynonellau eraill. Y mae i'r gerdd ddwy ran sy'n wahanol iawn eu cynnwys, fel y ceir gweld. Edrychwn ar eu tystiolaeth fesul un.

Yn y rhan gyntaf gyntaf (3.1–92) sonia Ieuan am yr addysg a gafodd pan oedd yn ifanc, a gellir ei hadnabod ar unwaith fel y math a gyfrennid yng nghyfadrannau celfyddydau prifysgolion yr oes. Dengys hyn ei fod wedi rhoi ei fryd ar yrfa eglwysig, oherwydd clerigwyr yn unig a âi i'r brifysgol.

[20] Nicholas Thomas, *Annals and Antiquities of the Counties and County Families of Wales* (London, 1872), 196, 208.

[21] Samuel R. Meyrick, *The History and Antiquities of the County of Cardigan: collected from the remaining documents which have escaped the destructive ravages of time, as well as from actual observation* (new ed., Rhayader, 2000), 308.

[22] Dylid nodi hefyd fod tystiolaeth Nicholas Thomas a Samuel R. Meyrick yn groes i eiddo ffynonellau o ail hanner yr 16g. ymlaen sy'n cysylltu Rhydderch â Pharcrhydderch nid nepell o Lyn Aeron, gw. uchod troednodyn 19.

[23] Gw. Thomas Roberts, *art.cit.* 18; IGE² xxv.

Dengys hefyd ei fod yn dda ei fyd oherwydd mater costus oedd addysg brifysgol. Derbyniai myfyrwyr tlawd yn aml nawdd gan uchelwyr neu eglwyswyr, ond nid oes lle i gredu bod Ieuan yn dlawd ac yntau'n dod o deulu o uchelwyr llewyrchus, a'r darlun a geir yng 'Nghywydd y fost' yw o ddyn ar ben ei ddigon. Ym mha brifysgol y cafodd yr addysg hon? Diau mai prifysgol yn Lloegr yn hytrach nag ar y cyfandir ydoedd, hynny yw Rhydychen neu Gaer-grawnt. Dyna fyddai'n fwyaf tebygol, ac fel y disgwylid yn achos bardd a oedd yn ceisio disgrifio rhan o gwricwlwm sefydliad Seisnig o fri i'w wrandawyr, ceir rhai geiriau benthyg o'r Saesneg yn y cywydd sy'n ymwneud â'r cwricwlwm hwnnw (cerdd 3).[24] Yn anffodus, ni oroesodd cofrestrau swyddogol perthnasol o'r prifysgolion hyn sy'n gynharach na chanol y bymthegfed ganrif,[25] a chan hynny nid oes ar gael gofnod sy'n dangos a berthynai Ieuan ap Rhydderch i'r naill sefydliad neu'r llall. Barn Thomas Roberts oedd fod Ieuan wedi derbyn ei addysg brifysgol yn Rhydychen, a dyna hefyd oedd barn Saunders Lewis.[26] Dyna, yn wir, sydd fwyaf tebygol. Fel y dywed Rhŷs W. Hays:

> Most Welshmen wishing higher education ... naturally turned to the English universities, and by far the greater number to Oxford. Oxford enjoyed everywhere a prestige considerably greater than that of Cambridge, and had the additional advantage for the Welsh of slightly greater proximity.[27]

Ac anodd fyddai anghydweld â geiriau Saunders Lewis, 'Darllener cywydd *Y Fost* gan Ieuan ap Rhydderch ac fe welir mai fel cartref arbennig y *scientia*

---

[24] Sef: *astrlabr* (3.30), *capitl* (3.51) *cwadrant* (3.54), *deinticls* (3.55), *desg* (3.75), *ffilas* (3.57), *prig* (3.23), *registr* (3.18), *ystriciais ystrac* (3.37). Gw. hefyd tt. 28–30.

[25] A.B. Emden, *A Biographical Register of the University of Oxford* (3 vols., Oxford, 1957–9), i, tt. xvi, xvii. Meddir, *ib.* xvii, 'The oldest surviving register at Oxford concerned with the conferment of degrees is the register of Congregation that runs from 4 December 1458 to 19 November 1463.' Ar y cofrestrau matricwleiddio, gw. J.M. Fletcher, 'Developments in the Faculty of Arts', yn *The History of the University of Oxford. Volume II: Late Medieval Oxford*, ed. J.I. Catto and Ralph Evans (Oxford, 1984), 321, 'Unlike many universities established in the later middle ages, Oxford has left not a single register of matriculation; until 1564/5 the duty of enrolling students remained with the individual masters who were formally to read out the names of their students at the beginning of each term. No such record has survived.' Ynglŷn â Chaer-grawnt, gw. A.B. Emden, *A Biographical Register of the University of Cambridge to 1500* (Cambridge, 1963), xiii, 'For the fifteenth and early sixteenth centuries the University of Cambridge is fortunate in possessing in its Grace Books or "Registra Procuratorum" a more continuous series of essential records for the provision of names of members of the University and details of their academic courses than the University of Oxford. The earliest that survives, *Grace Book A*, covers the years 1454–88.' (Ni chrybwyllir Ieuan ap Rhydderch yn yr un o'r ddau waith hyn o eiddo Emden.)

[26] Thomas Roberts, *art.cit.* 23; Saunders Lewis, *Braslun o Hanes Llenyddiaeth Gymraeg* (Caerdydd, 1932), 104–5, 107.

[27] Rhŷs W. Hays, 'Welsh Students at Oxford and Cambridge Universities in the Middle Ages', Cylchg HC iv (1968–9), 325. Gw. hefyd Gwilym Usher, 'Welsh Students at Oxford in the Middle Ages', B xvi (1954–6), 193–8.

experimentalis ac efrydiau gwyddonol y cofiai am Rydychen.'[28]

Cyn symud ymlaen, sylwer ar yr hyn a ddywed Samuel R. Meyrick am Ieuan ap Rhydderch a Rhydychen. Dywed, gan gymysgu Ieuan ap Rhydderch â'i dad Rhydderch ab Ieuan Llwyd, fod Rhydderch yn 'brought up at Oxford'.[29] Os felly, ni fuasai'n syndod i Ieuan ap Rhydderch fynd i'r brifysgol yno hefyd, ond nid yw sail Meyrick dros ei osodiad yn eglur, er y gall mai'r arwyddocâd yw fod Ieuan wedi derbyn addysg mewn ysgol ramadeg yn Rhydychen cyn mynd i'r brifysgol (gw. isod). Ychwanega Meyrick:

> Among other works of his, we have a curious ode in English, which shews the pronunciation of that language in those days, of which, perhaps, no other proof in the world can be brought, and which appears very curious.

Cyfeirir yma at yr awdl Saesneg enwog i'r Forwyn Fair y dywedir iddi gael ei chyfansoddi gan Gymro yn Rhydychen i brofi nad oedd ysgolheigion o Gymru yn eilradd i ysgolheigion o Loegr. Fe'i priodolir mewn rhai llawysgrifau i Ieuan ap Rhydderch,[30] ac y mae'n amlwg mai dilyn y traddodiad hwnnw a wnaeth Meyrick. Mewn llawysgrifau eraill, fodd bynnag, priodolir y gerdd i Ieuan ap Hywel Swrdwal, a barn E.J. Dobson,[31] a dderbynnir gan Mr Dylan Foster Evans,[32] yw fod pwys y llawysgrifau o blaid ei phriodoli iddo ef. Serch hynny, os nad yw tystiolaeth Meyrick yn ategu'r dyb i Ieuan ap Rhydderch fynd i Rydychen, nid yw ychwaith, o ystyried y dadleuon eraill a grybwyllwyd, yn ei gwanhau ychwaith.

Yn Rhydychen, fel y ceisir dangos wrth ddadansoddi'r cywydd,[33] ar ôl ymuno â chyfadran y celfyddydau, enillodd Ieuan raddau B.A. ac M.A. a mynd rhagddo i gyfadran y gyfraith sifil lle y derbyniodd radd Doethur yn y Gyfraith Sifil. Y mae dau sylw y dylid eu gwneud yma. Yn gyntaf, ac yntau'n glerigwr, dengys ei benderfyniad i astudio'r gyfraith sifil nad offeiriad ydoedd, oherwydd ysgymunid offeiriaid a astudiai'r pwnc hwnnw,[34] ac o ystyried yr hyn y gellir ei gasglu am ei yrfa wedyn, ymddengys yn ddiogel cymryd na fu yn ei fryd—o'r hyn lleiaf wedi iddo raddio'n M.A.—fynd yn offeiriad. Serch hynny—a dyma'r ail bwynt—gallai'r ffaith i Ieuan gwblhau'r cwrs celfyddydau i gyd cyn mynd i astudio'r gyfraith fod yn arwyddocaol. Yr oedd hi'n hen gân gan y celfyddydwyr eu bod hwy'n

---

[28] Saunders Lewis, *op.cit.*107.

[29] Samuel R. Meyrick, *op.cit.* 308.

[30] E.J. Dobson, 'The Hymn to the Virgin', THSC, 1954, 70–124; Raymond Garlick, *The Hymn of the Virgin* (Newtown, 1985); Tony Conran, 'Ieuan ap Hywel Swrdwal's "The Hymn to the Virgin" ', *Welsh Writing in English*, i (1995), 5–21.

[31] E.J. Dobson, *art.cit.* 84.

[32] GHS tt. 16, 213.

[33] Gw. sylwadau rhagarweiniol cerdd 3.

[34] J.L. Barton, 'The Legal Faculties of Late Medieval Oxford', J.I. Catto and Ralph Evans, *op.cit.* 305.

astudio 'o gariad at Dduw' ond bod y cyfreithwyr yn astudio 'o falchder ac elw', a pharai natur dra phroffidiol cyfreitha fod llawer o fyfyrwyr yn ymuno â chyfadran y gyfraith ar ôl treulio cyfnod llawer byrrach yng nghyfadran y celfyddydau nag a ddisgwylid yn achos myfyrwyr a oedd â'u bryd ar ddiwinyddiaeth neu feddygaeth.[35] Ond nid felly y gwnaeth Ieuan ap Rhydderch, a gellid dadlau bod ynddo gymysgedd o dduwioldeb a bydolrwydd; yn sicr gellir gweld gwrthgyferbyniad trawiadol rhwng naws ei gerddi crefyddol a rhialtwch materol diweddglo 'Cywydd y fost', hyd yn oed ar ôl cymryd i ystyriaeth gonfensiynau'r olaf. 'Law', chwedl Gordon Leff, 'attracted the wealthiest students as well as promising the most lucrative rewards.'[36] Yr oedd Ieuan, yn ddiau, yn ddyn cefnog, fel y tystia 'Cywydd y fost'; hawdd y gallai fod wedi cael ei ddenu, neu ei demtio, i ganlyn manteision amlwg byd y gyfraith, ac y mae'n naturiol tybio iddo, ar ôl graddio yn Ddoethur yn y Gyfraith Sifil, ddilyn gyrfa cyfreithiwr sifil naill ai yn Rhydychen neu mewn man arall.

Ond er mai o gwmpas addysg Ieuan ap Rhydderch ym Mhrifysgol Rhydychen, yn ddiau, y mae rhan gyntaf 'Cywydd y fost' yn troi, ni ddylid uniaethu ei addysg academaidd yn gyfan gwbl â'r hyn a ddysgodd yn y sefydliad hwnnw: rhaid fuasai iddo fynd i ysgol ramadeg cyn mynd i Rydychen er mwyn meistroli Lladin. Fel y dywed J.M. Fletcher:

> Students entering the faculty of arts at Oxford seem to have required no formal qualifications. Nevertheless we must assume that, since the student was expected to attend lectures in Latin and to observe and take part in formal disputations, it would have been impossible for anyone without a very good knowledge of spoken Latin to begin the course. Probably also some awareness of elementary logical problems was necessary.[37]

Gallai'r ysgol hon fod wedi bod mewn sefydliad eglwysig neu fynachaidd yng Ngheredigion neu ynteu yn Rhydychen ei hun, ac efallai mai ei addysg yn yr ysgol honno, yn hytrach nag yn y brifysgol, sydd gan Ieuan ap Rhydderch mewn golwg pan ddywed, *Yn gyntaf, oleuaf lwybr,* / *Yn ieuanc, anian ewybr,* / *Dysgais yn brifdda drahydr,* / *Dysg deg, ramadeg a'i mydr* (3.13–16). Os i ysgol yn Rhydychen yr aeth, ai gwybodaeth o ryw draddod-iad am hyn sydd y tu ôl i osodiad Samuel R. Meyrick fod Ieuan wedi ei fagu yn Rhydychen? Y mae'n bosibl, er hynny, nad oedd Meyrick yn gwbl sicr o'i ffeithiau (megis pan gymysgodd Ieuan â'i dad Rhydderch) neu mai'r hanesyn am Ieuan yn cyfansoddi'r awdl Saesneg i'r Forwyn Fair yn

---

[35] J.M. Fletcher, 'The Faculty of Arts', yn *The History of the University of Oxford. Volume I: The Early Oxford Schools*, ed. J.I. Catto and Ralph Evans (Oxford, 1984), 370; *id.*, 'Developments in the Faculty of Arts', 320.

[36] Gordon Leff, *Paris and Oxford Universities in the Thirteenth and Fourteenth Centuries* (New York, London, Sydney, 1968), 177–8.

[37] J.M. Fletcher, 'The Faculty of Arts', 372–3.

Rhydychen oedd ei sail.

Os yw'r casgliadau a dynnwyd ynglŷn â'r cyrsiau a ddilynodd Ieuan ap Rhydderch yn Rhydychen yn ddiogel, ac os cywir y cynnig a wneir isod mai tua 1390 y ganwyd ef,[38] yna gellir bwrw amcan pa bryd y dechreuodd ac y gorffennodd ei astudiaethau yn y brifysgol hon. Tua phedair ar ddeg neu bymtheg oed fyddai bechgyn yn mynd i'r brifysgol.[39] Os felly, aeth Ieuan yno tua 1404. Parhâi'r cwrs B.A. am bedair blynedd a'r cwrs M.A. am dair blynedd,[40] a byddai myfyriwr, fel arfer, yn un ar hugain oed yn derbyn gradd M.A.[41] Wedi iddo raddio'n feistr, disgwylid iddo aros yng nghyfadran y celfyddydau am ddwy flynedd fel rhaglyw rheidiol (S. 'necessary regent') yn rhoi darlithiau creiddiol (lectiones ordinarie) ac yn cynnal dadleuon llafar (disputationes).[42] Ar ôl y cyfnod hwnnw, câi aros ymlaen yn y gyfadran, ymadael â'r brifysgol, neu fynd i un o'r cyfadrannau uwch (sef y cyfadrannau diwinyddiaeth, meddygaeth, a'r gyfraith).[43] Os graddiodd Ieuan ap Rhydderch yn Ddoethur yn y Gyfraith Sifil, rhaid ei fod wedi cymryd y dewis olaf, er nad yw'n annichon ychwaith iddo aros ymlaen yng nghyfadran y celfyddydau am ryw gyfnod cyn gwneud hynny.[44] Yng nghyfadran y gyfraith sifil parhâi'r cwrs ar gyfer bagloriaeth am chwe blynedd, ond am bedair blynedd os oedd yr ymgeisydd eisoes yn meddu ar radd M.A.,[45] a chymerai'r cwrs dilynol ar gyfer doethuriaeth dair blynedd.[46] Byddai'r doethur wedyn yn darlithio am ddwy flynedd fel rhaglyw rheidiol.[47] A bwrw, felly, fod Ieuan wedi dilyn yr holl gamau arferol, treuliodd yn Rhydychen, yn gyfan gwbl, gyfnod o ryw ddeunaw mlynedd yn astudio ac yn darlithio. Os felly, bu yno yn y swyddogaeth honno o tua 1404 hyd tua 1422.

Deuwn yn awr at ail ran y cywydd (3.93–144). Yma fe'n cipir o amgylchfyd academaidd a rhyngwladol Rhydychen yn ôl i fyd tra gwahanol y gymdeithas Gymreig. Ymrydd Ieuan bellach i sôn am ei yrfa fel bardd disglair ac adnabyddus ac fel telynor, am y campau corfforol a'r chwaraeon a fedrai, a'r swyddi a'r parch a gafodd—ar air, yr holl bethau hynny a nodweddai fardd ac uchelwr da ei fyd o'r bymthegfed ganrif—cyn datgan wrth gloi y caiff ei gladdu yn Llanddewibrefi a mynd i'r nef. Ac yntau wedi

---

[38] Gw. td. 17.

[39] James A. Weisheipl, 'Curriculum of the Faculty of Arts at Oxford in the Early Fourteenth Century', *Mediaeval Studies*, xxvi (1964), 146, 147.

[40] J.M. Fletcher, *art.cit.* 374, 384.

[41] James A. Weisheipl, *art.cit.* 147.

[42] J.M. Fletcher, *art.cit.* 391; James A. Weisheipl, *art.cit.* 147, 165.

[43] J.M. Fletcher, *art.cit.* 391–2; James A. Weisheipl, *art.cit.* 166.

[44] Yn J.M. Fletcher, *art.cit.* 392, dywedir, 'It was perhaps in this way that a regent master who wished to make a deeper study of a particular subject within the faculty, such as astronomy, could obtain some income while remaining at the university.'

[45] J.L. Barton, yn J.I. Catto and Ralph Evans, *op.cit.* 525.

[46] *Ib.* 527.

[47] *Ib.* 525.

treulio cymaint o amser yn Rhydychen—ac efallai'n ennill bywoliaeth fras yno fel cyfreithiwr sifil—cyfyd y cwestiwn yn anochel pa beth a achosodd y fath newid yn ei yrfa. Ar ddechrau'r ail ran dywed, *Trown bellach* (*try yn bwyllig | Tra doeth ni myn un tro dig*) *| Ar gerddau …* (3.93–5). Sylwer ar y geiriau … *try yn bwyllig | Tra doeth ni myn un tro dig*. Beth oedd yr *un tro dig* (h.y. 'anffawd') y cyfeirir ato? Dichon fod yr ateb i'w gael yn effaith gwrth-ryfel Owain Glyndŵr ar fywyd y Cymry yn Rhydychen. Medd Gwilym Usher:

> The Glyndŵr rebellion lasted a long time in its most active phase, and its end was long-drawn out. It is hardly surprising to find that the safety of Welsh students was still a matter for official concern in 1436.[48]

A byddai'r un perygl yn wynebu pob Cymro, boed fyfyriwr, boed gyfreith-iwr neu bwy bynnag. Beth bynnag yn union oedd y rheswm, dychwelodd Ieuan i Gymru ac yno, hyd y gellir barnu, yr arhosodd.

Sonia Ieuan ap Rhydderch yn gyntaf am ei gampau fel bardd (3.95–104), ac yn y cyswllt hwn y mae'n gyfleus holi ynghylch ei hyfforddiant barddol. Ni wyddys ymhle na chan bwy y cafodd ei hyfforddi ond gellir crybwyll y canlynol. Fel y dadleuir isod, bardd amatur ydoedd, ac wrth drafod y bardd Wiliam Midleton a'r beirdd amatur a ddaeth mor amlwg yng nghyfnod y Dadeni dywed G.J. Williams:

> … er bod y beirdd yn cadw eu crefft yn gyfrinach—dyna ystyr yr ymadrodd 'Cyfrinach Beirdd Ynys Prydain'—eto disgwylid iddynt hy-fforddi plant eu noddwyr, a dyna paham y gwelir cynifer o'r rheini yn awr yn 'canu ar eu bywd eu hunain'.[49]

Ymddengys fod y gosodiad yn cwmpasu'r sefyllfa yng Nghymru cyn y Dadeni hefyd. Os felly, gallai Ieuan ap Rhydderch fod wedi dysgu cerdd dafod ar ei aelwyd ei hun yng Nglyn Aeron yn hytrach na thrwy fynychu ysgol farddol (pa le bynnag yn union yr oedd y cyfryw sefydliadau i'w cael), er y buasai'r ail ddull hefyd, trwy drefniant ei dad, yn bosibl am a wyddom. Gan fod cyn lleied yn hysbys am ddulliau hyfforddi'r beirdd, yn wŷr amatur neu broffesiynol, ni ellir gwneud mwy nag awgrymu yma.

Yn ddiweddarach yn y cywydd, dywed Ieuan, *Cefais, tra fynnais, yn fau | Cwbl oes hoywddwbl o swyddau* (3.125–6), geiriau sy'n awgrymu nad fel bardd yn unig yr oedd yn weithgar. Ni welwyd unrhyw gyfeiriad ato mewn dogfen fel daliwr swydd gyhoeddus,[50] ond o gofio bod ei dad, Rhydderch ab Ieuan Llwyd, yn weinyddwr lleol ac yn awdurdod ar gyfraith Hywel yn ogystal ag yn fardd, hawdd y gellir meddwl am Ieuan yn dal swyddi tebyg—rhai'n ymwneud â llywodraeth leol dan y Goron neu rai o natur gyfreithiol.

---

[48] Gwilym Usher, *art.cit.* 195.
[49] G.J. Williams, 'Wiliam Midleton', yn *Agweddau ar Hanes Dysg Gymraeg: Detholiad o Ddarlithiau G.J. Williams*, gol. Aneirin Lewis (Caerdydd, 1985), 159.
[50] E.e., ni chyfeirir ato yn R.A. Griffiths: PW i.

Os felly, y mae'n debygol nad bardd wrth ei broffes ydoedd ond bardd nad oedd yn rhaid iddo ddibynnu ar gynhaliaeth noddwr, hynny yw, bardd amatur. Ategir y dyb honno gan bynciau'r cerddi sydd wedi goroesi, gan rai nodweddion anghyffredin yn ei waith (trafodir hyn isod), a chan y ffaith nad oes yr un o'r cerddi a gadwyd wedi ei chyflwyno i noddwr.

Gellir lloffa ychydig rhagor o ddeunydd bywgraffyddol am Ieuan ap Rhydderch o rai o'i gerddi eraill. Yn 'Ymddiddan â'r ysbryd' (cerdd 6) casglwn, ar sail geiriau'r ysbryd wrth y bardd, ei fod wedi bod yn filwr: *Mi a fûm, hynod glod glau, / Filwr taith, fal 'r wyd tithau* (6.27–8).[51] Os oedd Ieuan, ymysg pethau eraill, yn swyddog lleol dan y Goron, prin y byddai hynny'n syndod gan fod gwasanaeth milwrol yn un o ddyletswyddau'r cyfryw swyddogion. Dengys 'Dychan i'r Prol' (cerdd 10) a'r cyfeiriad yno at Ieuan Gethin ab Ieuan ap Lleision o Forgannwg, a'i ymryson â Rhys Goch Eryri, ei fod yn troi yn yr un cylchoedd â'r beirdd hynny ar un adeg; a dengys ei gywydd brud (cerdd 4) iddo gefnogi plaid y Lancastriaid yn ystod Rhyfel-oedd y Rhosynnau.

Yn Pen 49, 173ʳ, mewn rhestr dan y teitl 'Beirdd a Phrydyddion' sydd, y mae'n debyg, yn llaw John Davies, Mallwyd,[52] dywedir bod Ieuan ap Rhydderch wedi canu cywydd i Watgyn Fychan o Hergest. Ni raid amau tystiolaeth y llawysgrif,[53] ac yr oedd Watgyn Fychan yn noddwr enwog i lawer o feirdd yn ei ddydd,[54] fel na'n synnir gan yr hysbysiad. Gall ymddangos yn anghyson â'r farn mai bardd amatur oedd Ieuan, ond da y dangosodd yr Athro Dafydd Johnston nad oedd annibyniaeth beirdd amatur yn rhwystr iddynt ganu i noddwyr hefyd.[55]

Pe gellid derbyn mai dychan i Ieuan ap Rhydderch yw'r cywydd i bwrs a briodolir gan amlaf i Siôn Cent (gw. isod), gellid lloffa ychydig yn rhagor amdano, er enghraifft fod ganddo gysylltiadau ag *Emlyn*,[56] sef Castell-newydd Emlyn, y mae'n debyg, ac *Is Conwy*.[57]

Ceir rhai cofnodion sy'n honni rhoi gwybodaeth am Ieuan ap Rhydderch ond sydd mewn gwirionedd yn annibynadwy. Cystal eu nodi yma.

Yn gyntaf, mewn rhaglith i 'Gywydd y fost' (cerdd 3) yn LlGC 3050D [=

---

[51] Ymhellach gw. sylwadau rhagarweiniol y gerdd.

[52] RWM i, 382, 389.

[53] Dywedir, e.e., 172ʳ, fod Llawdden wedi canu i Robert Chwitnai, yr Arglwydd Fferis (sef Syr Walter Devereux), Dafydd Mathau o Landaf, a Watgyn Fychan o Hergest. Ar y cerddi hyn, gw. (yn ôl y drefn) Llawdden, &c.: Gw cerddi IV, VIII, VI, III, V. Dywedir, *ib*. 173ʳ, fod Llywelyn Goch ap Meurig Hen wedi canu i Ddafydd ap Cadwaladr o Fachelldref (gw. GLlG cerdd 1), fod Ieuan Gethin ap Ieuan ap Lleision wedi canu i Owain Tudur (gw. Nest Scourfield, 'Gwaith Ieuan Gethin ab Ieuan ap Lleision, Llywelyn ap Hywel ab Ieuan ap Gronw, Ieuan Du'r Bilwg, Ieuan Rudd a Llywelyn Goch y Dant' (M.Phil. Cymru [Abertawe], 1993), 15–16 (cerdd 4), 40–1 (cerdd 11)), &c.

[54] Gw. ByCy 937. Ar oblygiadau'r hysbysiad i ddyddiadau Ieuan ap Rhydderch, gw. td. 16.

[55] Gw. Dafydd Johnston, '*Canu ar ei fwyd ei hun*': *Golwg ar y Bardd Amatur yng Nghymru'r Oesoedd Canol* (Abertawe, 1997).

[56] GPhE Atodiad i.15.

[57] *Ib*. ll. 57.

Mos 147], 469, yn llaw Edward Kyffin, *c*. 1577, dywedir:

> kowydd y fost o waith ifan ap rydderch ap ivan llwyd ysgwier o sir
> aberteifi panaeth ef oflaen yr holl ystad ynghladdedigaeth y twysog
> lywelyn i roi y geiniog offrwm yn gyntaf ag ar i gowyd ef i dowad pa
> ham iraethai. Raid fydd kymeryd amser i ddeall y kowydd.[58]

O'r braidd, fodd bynnag, y gellir rhoi coel ar hyn. Buasai Llywelyn ap
Gruffudd farw ymhell cyn oes Ieuan ap Rhydderch (yn 1282), ac nid oes a
wnelo cynnwys y cywydd ddim oll â gwaith y bardd yn *r*[*h*]*oi y geiniog
offrwm yn gyntaf.* Yn dilyn y gerdd meddir:

> ievan ap Rydderch ap ifan llwyd ysgwier ag fal hynn i terfyna kowydd y
> fosd o waith ifan ap Rydderch ap ifan llwyd ysgwier o gorff y brenin
> hari y pedwerydd hyd i klowais i.[59]

Rhwng 1399 a 1413 oedd cyfnod teyrnasiad Harri IV, felly go brin bod hyn
yn debygol. Fe'n hatgoffeir bod rhai o'r sylwadau sy'n rhagflaenu neu'n
dilyn cerddi yn cynnwys defnydd dilys ond bod eraill, fel hwn, cystal â bod
yn chwedlonol.

Yn ail, ceir cofnod yn honni bod Ieuan ap Rhydderch wedi derbyn
gorchymyn gan y Brenin Edward IV i olrhain achau Wiliam Herbert, iarll
Penfro, a'i fod wedi galw ato'r beirdd Hywel ap Dafydd ab Ieuan ap Rhys
(Hywel Dafi), Ieuan Deulwyn, Hywel Swrdwal ac Ieuan Brechfa ynglŷn â'r
gorchwyl.[60] Ceir y cofnod mewn copi o gomisiwn y ceir y fersiwn cynharaf
ohono ar glawr yng ngwaith Wiliam Dugdale, *The Baronage of England,*
1675–6,[61] lle y dywedir ei fod wedi ei godi 'from a certain Manuscript Book,
in the Custody of Edward now Lord Herbert of Chirbury':

> Upon the advancing of William Herbert to be Earl of Pembroke, and his
> Instalment at Windsore; King Edward the Fourth commanded the said
> Earl, and Sir Richard his Brother, to take their surnames, after their first
> Progenitor Herbert Fits Roy, and to forgo the Brittish manner, whose
> usage is to call every man by Father, Grandfather's, and Great-
> Grandfather's name. And, in regard the English Heralds were ignorant
> of the Welch Descents, the King was pleased, under his great Seal, unto
> Yvan ap Rytherch ap evan Llhoyd of Cardiganshire Esq;, to summon
> before him, at the Castle of Pembroke, the eldest Heralds and Bards in

---

[58] Tebyg hefyd yw rhaglith Card 1.550, 221 (18g.); cf. hefyd raglith LlGC 642B, 42ʳ (17g.),
hyd y gellir ei ddarllen, *kowydd ofost a wnaeth Jeuan ap Retherch ... gwnaeth ef o barch i offryma*
y[ ] *gynta wrth gladdedigeth llywelyn ap gr*[ ]*f*[ ].

[59] Ceir ar ddechrau'r olnod yn Card 1.550, 229 (18g.) y geiriau ychwanegol, *Ac fal hyn y*
terfyna Cowydd y Fost o waith; geiriau cyfatebol LlGC 642B, 43ᵛ (17g.) yw *Jeuan ap Retherch*
esgwier o gorff Hari y pedwerydd.

[60] Gw. hefyd WWR² 145–6.

[61] Ceir fersiwn arall, hwy, yn William Coxe, *An Historical Tour in Monmouthshire* (2 vols., new
ed., Cardiff, 1995), 421–2 a Richard Fenton, *A Historical Tour through Pembrokeshire* (new ed.,
Haverfordwest, 1994), 340–1. Honnir mai 1460 yw dyddiad y fersiwn hwn.

South-Wales, to certifie the Linage and stock of the said Earl, and his
Brother; which was accordingly done the twelfth day of August, An.
1462. by Howel ap David, ap Evan ap Rice; Evan Brecva; Evan
Deuliun; and Howell Swerdwall, the chief men of skill in Pedegrees in all
South-Wales. Who, being led by warrant of old Doctors-Books;
Records of Court Barons; Histories, and Wars of Princes; Books of
Remembrances, found in the antient Abbies of Strata Florida; Books of
Pedegrees of Howell Morthey of Castle Dolwyn Esq;; [*sic*] the Roll of
Morgan the Abbot; and several other Books and Warrants of
Authority; as also by the Evidences of this Earl; they presented to his
Majesty their Certificate, in four several languages; Brittish, Latine,
English, and French, viz.

The said Honourable Earl is named William Herbert, a Noble Knight,
Son of Sir Williams, Son of Thomas, Son of Guillim, Son of Jenkyn,
Son of Adam, Son of Reginald, Son of Peter, Son of Herbert, the Son of
Herbert, a Noble Lord, descended of the Royal blood of the Crown of
England; for he was Son natural to King Henry the first, Son of
William, commonly called the Conquerour.[62]

Yn bennaf ar sail y ffaith na ddyrchafwyd Wiliam Herbert yn Iarll Penfro
hyd 1468, dangosodd Samuel R. Meyrick mai ffugiad yw'r cofnod hwn na
allai fod yn gynharach na theyrnasiad Harri VIII (1509–47) ac a gyfansodd-
wyd, yn ôl pob tebyg, yn ystod teyrnasiad Edward VI (1547–53), efallai er
mwyn ymffrostio yng ngwaed brenhinol teulu Charles Somerset.[63] Meddai
Edward Owen yn ddiweddarach, 'I may observe, from personal inspection,
that it [sef y comisiwn] does not appear upon the patent, close, or exchequer
memoranda rolls of the 4th Edw. IV.'[64] Er nad yw'r cofnod yn gyfoes ag
Ieuan ap Rhydderch, ac er nad oes raid credu bod Edward IV wedi
gorchymyn yr ymchwil i achau Wiliam Herbert, dywed Edward Owen, 'it is,
nevertheless, highly probable that inquiries may have been instituted among
the pedigree-bards of South Wales by Sir William Herbert upon his
elevation to the peerage'.[65] Efallai yn wir, ond prin y gellir defnyddio'r
cofnod fel dogfen hanesyddol,[66] ac y mae'n anodd peidio â meddwl am
waith uchelwyr Cymru yn yr un cyfnod yn dyfeisio achau a roddai dras
aruchel ond ffug i'w hunain.[67]

---

[62] William Dugdale, *The Baronage of England; Or, An Historical Account of the Lives and Most
Memorable Actions of our English Nobility* (2 vols., London, 1675–6), ii, 256. Y dyddiad 1462 a
roddir hefyd ar gyfer adeg creu Herbert yn Iarll Penfro yn llsgr. Harley 6831, 349[r] a ddyddir i'r
17g./18g. gan Edward Owen, *A Catalogue of Manuscripts Relating to Wales in the British Museum*
(4 vols., London, 1900–22), 479.

[63] L. Dwnn: HV i, 197.

[64] Edward Owen, *op.cit.* 488.

[65] *L.c.*

[66] Fel y gwna Thomas Roberts, *art.cit.* 21; IGE[2] xxviii–xxix.

[67] Gw., e.e., WRR[2] 46.

Cafodd Ieuan ap Rhydderch fywyd a oedd, yn ddiau, yn nodweddiadol o fywyd llawer uchelwr cefnog yng Nghymru'r bymthegfed ganrif. Fel y dywed ef ei hun:

> Cefais gan rwydd arglwyddi
> Cwbl gyfarch mawrbarch i mi;
> Cefais, tra fynnais, yn fau
> Cwbl oes hoywddwbl o swyddau;
> Cefais lawer a'm cyfeirch,
> Cu fagwn milgwn a meirch;
> Cefais gan lân rianedd
> Cyfun gariad mad a medd;
> Cefais serch er fy mherchi,
> Caffwn 'r hwn a fynnwn i;
> Cefais einioes mewn cyfoeth,
> Cof digriflawn cyflawn coeth.[68]

Y mae, er hynny, yn ffigur anghyffredin am iddo, yn gynharach yn ei oes, roi ei fryd ar yrfa eglwysig; ac os na fu parhad amlwg wedyn rhwng y naill yrfa a'r llall, yn sicr bu parhad rhwng dysg prifysgol a barddoniaeth Ieuan ap Rhydderch oherwydd cafodd honno ei chyfoethogi a'i choethi trwy gyswllt uniongyrchol y bardd â byd ehangach dysg yr Oesoedd Canol.

* * * * *

Wrth ystyried gyrfa Ieuan ap Rhydderch a'r ffordd y'i hadlewyrchir yn ei farddoniaeth, y mae'n amhosibl peidio â meddwl am ŵr arall, y ffigur tebycaf iddo o ddigon yn y bymthegfed ganrif—serch iddo, wrth gwrs, ddilyn bywyd gŵr crefydd hyd ddiwedd ei oes—sef Siôn Cent. Credai Saunders Lewis fod Siôn Cent wedi derbyn addysg yn Rhydychen, gan ychwanegu:

> Ni raid ond cymharu geirfa cywyddau Siôn Cent â geirfa Ieuan ap Rhydderch i ganfod y tebygrwydd rhwng y ddau yn eu defnydd o dermau gwyddonol ac enwau dieithr. Ymffrostiant hefyd mewn pynciau cyffelyb, megis eu bod wedi darllen 'pob cronics a dics', sef y llyfrau hanes a'r llyfrau athroniaeth, a'r Beibl Lladin hefyd.[69]

Gan mai c. 1400–30/45 yw cyfnod Siôn Cent,[70] gallent yn hawdd fod wedi croesi llwybrau yn Rhydychen wrth astudio yno[71] a dod i adnabod ei gilydd, os nad i ddylanwadu ar ei gilydd hefyd.

Yn y cyswllt hwn, a chyn cloi'r adran hon, y mae'n ddiddorol sylwi ar

---

[68] 3.123–34.
[69] Saunders Lewis, *op.cit.* 104–5; gw. hefyd *id.*, 'Siôn Cent', yn *Meistri a'u Crefft*, gol. Gwynn ap Gwilym (Caerdydd, 1981), 148–60.
[70] CLC² 670.
[71] Ar gyfnod astudiaeth tybiedig Ieuan ap Rhydderch yn Rhydychen, gw. td. 8.

gywydd i bwrs a briodolir ym mwyafrif mawr y llawysgrifau i Siôn Cent.[72] Cerdd yw hon lle y mae'r awdur yn siarad â llais uchelwr tra ariangar a barus, eithr nid Siôn mohono gan mai holl ddiben y gerdd yw ei ddychanu. Mewn mannau, dygir ar gof yn drawiadol 'Gywydd y fost' (cerdd 3) Ieuan ap Rhydderch. Dywed y gwrthrych amdano'i hun:

> Dysgais dalm ar lyfr Salmon
> A'r saith gelfyddyd a'r sôn;
> Dysgais hardd Baradwysgamp,
> Dysg ddiddig, eglwysig lamp;
> Dysgais arfer, medd gwerin,
> Ag arfod drud, gorfod trin;
> Awdl, cywydd sengl ac englyn;
> Fy mhwrs, gramersi am hyn![73]

Fel Ieuan ap Rhydderch, yr oedd yn gyfarwydd â dysg brifysgol (*Dysg … eglwysig …*) yn ogystal ag â cherdd dafod, gyda'r *saith gelfyddyd a'r sôn* yn cyfateb i bynciau'r *Trivium* a'r *Quadrivium* a ddisgrifir yn rhan gyntaf 'Cywydd y fost' (3.13–92), ac *Awdl, cywydd sengl ac englyn* yn cyfateb i gyfeiriad y bardd at ei allu fel prydydd yn yr ail ran (3.93–104). Y mae'r sôn am ddulliau brwydro, *Dysgais arfer … | Ag arfod drud, gorfod trin*, yn dwyn i gof ddisgrifiad Ieuan ap Rhydderch o'i *Gampau hy* (3.111–22).[74] Sylwer hefyd ar y cyfatebiaethau geiriol canlynol: *Dysgais dalm ar lyfr Salmon* a *Dysgais … | Dalm ar y cwadrant elydn* (3.53–4); *Dysgais … | Dysg ddiddig …* a *Dysgais … | Dysg deg …* (3.15–16); a gallai *medd gwerin* fod yn adlais o *mil* yn yr ymadroddion *bûm hyddysg ymysg mil* (3.17) a *Gwnawn … | Gwawd … mal y gŵyr mil*. Ystyrier yn awr ddiweddglo'r cywydd:

> Cefais fawrserch gan ferched,
> Cefais a geisiais o ged.
> Cawn lateion Is Conwy,
> Cawn filiwn, pei mynnwn mwy.
> Ni chaf fyned o'r dafarn
> I'm byw, o thalwn o'm barn,
> Ymdynnu am adanedd
> Â mi, a'm hebrwng i'r medd.
> Adwaen fy mharch, arch erchwyn:
> Fy mhwrs, gramersi am hyn!
>
>   Er f'aur y caf, gwn drafael,
> Yr holl fyd, ŵr hyfryd hael.

---

[72] IGE[2] 259–61 (LXXXVI); GPhE Atodiad i. Ar bwnc ansicr awduraeth y gerdd, gw. IGE[2] lxviii–lxix; GPhE 76–9.

[73] *Ib.* Atodiad i.17–24.

[74] Cf. hefyd yr hyn a ddywedwyd uchod, wrth drafod gyrfa Ieuan ap Rhydderch, ynglŷn ag ef yn cyflawni gwasanaeth milwrol.

Caf Gymru oll, ni chollir,
A'i thai a'i chestyll a'i thir.
Caf gariad ym mharadwys,
Caf Dduw yn nerth, caf ne'n ddwys;
Nwyf i'm henw, nef i'm henaid,
Ac arch gan babau a gaid,
A bodd, pob rhyfel, gelyn:
Fy mhwrs, gramersi am hyn![75]

Y mae tebygrwydd y llinellau hyn i ddiweddglo 'Cywydd y fost' (3.123–44) yn ddigamsyniol, gyda'r holl sôn am yr hyn a 'gafodd' neu a 'gaiff' y bardd,[76] gan ddechrau â phleserau niferus y byd a diweddu â gwynfydau'r nef. Sylwer yn arbennig ar y cyfatebiaethau geiriol canlynol: *Cefais fawrserch gan ferched* a *Cefais gan lân rianedd / Cyfun gariad mad …* (3.129–30); *Cawn filiwn, pei mynnwn mwy* a *Caffwn 'r hwn a fynnwn i* (3.132); *Nwyf i'm henw, nef i'm henaid / Ac arch gan babau a gaid* a *A'r nef ddwyre, lle llawen, / Ar naid i'm enaid. Amen!* (3.143–4). Diau fod ôl un o'r cerddi hyn ar y llall, a'r tebyg yw mai ôl 'Cywydd y fost' sydd ar y cywydd i'r pwrs gan na ddisgwylid i awdur cerdd ymffrost fenthyca o gerdd ddychan, chwaethach un sy'n dychanu'r union bethau yr ymffrostia ynddynt. Y mae'n deg casglu, felly, fod awdur y cywydd i'r pwrs naill ai'n dychanu awdur 'Cywydd y fost', sef neb llai na Ieuan ap Rhydderch ei hun, am ei ffordd o fyw, neu ynteu'n addasu peth o'r cynnwys er mwyn ymosod ar deip cyffredin o uchelwr. Fodd bynnag, o'r ddau bosibilrwydd bernir mai'r cyntaf yw'r mwyaf tebygol, yn enwedig gan fod y gwrthrych, heblaw bod yn fardd, wedi mwynhau'r fantais anghyffredin i fardd o dderbyn addysg brifysgol.[77] Os Siôn Cent, felly, yw gwir awdur y cywydd i'r pwrs ac mai Ieuan ap Rhydderch yw ei wrthrych, yna y mae'n amlwg fod Siôn yn gwybod cryn dipyn o hanes a gwaith Ieuan, ac efallai y gellid darllen y gerdd fel gair o rybudd rhag (neu oherwydd) gwagedd bydol, ar ffurf dychan ysgafn ond effeithiol, gan un cydnabod (neu gyfaill?) i'r llall. Fel canlyniad cronolegol i'r ddadl hon, os *c*. 1400–30/45 yw gwir gyfnod Siôn Cent,[78] y mae'n rhaid tybio bod Ieuan ap Rhydderch wedi canu 'Cywydd y fost' cyn marw Siôn Cent, *c*. 1430/45.[79]

---

[75] GPhE Atodiad i. 55–74.

[76] Cf. hefyd *ib*. 9.5–10 (Mastr Harri ap Hywel). Efallai mai dylanwad 'Cywydd y fost' sydd yma.

[77] Gallai'r cyfeiriad at *Emlyn* (h.y. Castellnewydd Emlyn), GPhE Atodiad i.15, fod yn gyson â hyn. Nid oedd mor bell â hynny o gartref Ieuan ap Rhydderch yng Nglyn Aeron, a gallai'r bardd fod wedi dal swydd yno. Ar arwyddocâd [*l*]lateion Is Conwy, *ib*. Atodiad i.57, gw. *ib*. td. 83.

[78] Erys llawer o ansicrwydd, er hynny, ynghylch ei ddyddiadau.

[79] Ymhellach ar ddyddiad 'Cywydd y fost', gw. sylwadau rhagarweiniol cerdd 3.

Ei ddyddiadau

Y mae'n bosibl ffurfio syniad pur dda am ddyddiadau Ieuan ap Rhydderch.[80] Yr oedd ei dad, Rhydderch ab Ieuan Llwyd, yn farw erbyn 1398–9,[81] ac os yw'n gywir ystyried Ieuan yn blentyn henaint iddo, y mae'n dilyn mai rywbryd heb fod ymhell iawn cyn y dyddiad hwnnw y ganwyd ef. Ym mhen arall ei fywyd, y mae gennym dystiolaeth Pen 49 ei fod wedi canu cywydd i Watgyn Fychan o Hergest (gw. uchod), a byddai'n deg casglu mai rywbryd wedi marw tad Watgyn, Tomas ap Rhosier, yn 1469[82] y canodd Ieuan iddo, ac yntau bellach yn etifedd Hergest. Os Siasbar Tudur yw gwrthrych y cywydd brud (cerdd 4), y mae modd dadlau mai rywbryd yn y cyfnod *c.* 1465–70 y canwyd ef,[83] a byddai hynny'n ychwanegu at dystiolaeth Pen 49; ond y mae'n bosibl hefyd mai Owain Tudur neu Owain ap Gruffudd ap Nicolas yw gwir wrthrych y gerdd, a rhaid felly fyddai dyddio'r gerdd, yn achos y cyntaf, rywbryd rhwng 1450 a 1461 neu, yn achos yr ail, rywbryd rhwng 1450 a 1470.[84] Ni ellir ychwaith bwyso ar dystiolaeth y comisiwn y dywedir i Ieuan ap Rhydderch ei dderbyn gan y Brenin Edward IV yn gorchymyn iddo olrhain achau Wiliam Herbert, iarll Penfro (gw. uchod) a chasglu, fel y gwnaeth Thomas Roberts, fod Ieuan yn fyw yn 1468–70.[85] Serch hynny, gwelwyd uchod fod yr hyn a honnir yn y rhestr am feirdd a'u noddwyr yn Pen 49 yn ddibynadwy,[86] ac er na cheir tystiolaeth arall i gadarnhau fod Ieuan ap Rhydderch wedi canu i Watgyn Fychan, ni welir bod sail dros amau hynny.

Ceir darnau eraill o dystiolaeth, uniongyrchol ac anuniongyrchol, sy'n gosod Ieuan ap Rhydderch yn gadarn yn y bymthegfed ganrif. Yn gyntaf, ceir y cofnod swyddogol gan siedwr Ceredigion ar gyfer Gŵyl Fihangel 1413–14 a drafodwyd uchod sy'n dangos bod Ieuan ap Rhydderch yn fyw yr adeg honno. Dadleuwyd hefyd iddo astudio yn Rhydychen o tua 1404 hyd tua 1422 (gw. td. 8). At hynny, ceir yr hyn a wyddys am gyfoeswyr Ieuan ap Rhydderch. Yr oedd cefnder ei fam, Annes, yr enwog Gruffudd ap Nicolas, yn fyw rhwng 1420 a thua 1459/60.[87] Dengys ymryson Ieuan â Rhys Goch Eryri (gw. Atodiad i) ei fod yn cyfoesi â'r bardd hwnnw, a fu

---

[80] Yn ôl John Davies, Mallwyd, yn ei restr o feirdd ar ddiwedd D, yr oedd yn ei flodau yn 1420 (ailadroddir y dyddiad hwn yn BL Add 15000, 118ʳ; J.R. Hughes 6, 446; LlGC 170C, 168; LlGC 832E, 13; LlGC 13080B, 8).

[81] R.A. Griffiths: PW i, 117. Ar y Rhydderch ab Ieuan Llwyd arall, diweddarach, gw. troednodyn 7.

[82] ByCy 936–7.

[83] Gw. sylwadau rhagarweiniol cerdd 4.

[84] *Ib.*

[85] Thomas Roberts, *art.cit.* 21. 1460–70 a roddir yn IGE² xxix, oherwydd, y mae'n debyg, mai 1460 yw'r dyddiad cynharaf a geir yn y fersiynau o'r comisiwn, ond nid yw'n debygol (h.y., pe derbynnid y ddogfen fel tystiolaeth hanesyddol) y byddai Wiliam Herbert wedi gofyn i'r beirdd ymgymryd â'r gorchwyl cyn iddo gael ei urddo'n iarll Penfro.

[86] Gw. td. 10 a throednodyn 53.

[87] Gw. Thomas Roberts, *art.cit.* 21; IGE² xxvi. Yn ByCy 293 gosodir ef yn ei flodau yn 1425–56, ac yn CLC² 291 yn 1415–60.

byw, yn ôl Ifor Williams, hyd 1448–50.[88] Fel y dywed Thomas Roberts,
dichon mai tua diwedd oes Rhys y bu'r ddau fardd yn ymryson.[89] Yn
nychan Ieuan ap Rhydderch i'r Prol (cerdd 10) crybwyllir gŵr o'r enw
Ieuan Gethin ab Ieuan ap Lleision o Forgannwg. Gwyddys bod hwn yn ei
flodau rhwng 1410 a tua 1461: derbyniodd bardwn gan frenin Lloegr yn
1410 am ei gefnogaeth i wrthryfel Glyndŵr,[90] rhoddodd diroedd i *David ap
Jevan Kilwert* yn *le Ballis* ar 21 Medi 1441,[91] ac yn 1461, neu'n fuan wedyn,
canodd farwnad i Owain Tudur a ddienyddiwyd y flwyddyn honno ar ôl
brwydr Mortimer's Cross.[92] Barn Dr Bleddyn Owen Huws yw mai *c.* 1390–
c. 1480 oedd blynyddoedd ei einioes.[93] Ymddengys hefyd fod y Prol yn ei
flodau rhwng chwarter olaf y bedwaredd ganrif ar ddeg ac ail chwarter y
ganrif ddilynol.[94]

Sylwer hefyd ar y canlynol. Yn BL Add 14866, 13[v], yn llaw David Johns,
1586–7, dywedir bod Ieuan ap Rhydderch yn byw *yn amser Owen glyndwr*,
ac yna ar f. 25[r], yn *amser Hari 5* (1413–22). Yn LlGC 3050D [= Mos 147],
472, yn llaw Edward Kyffin, *c.* 1577, dywedir ei fod *o gorff y brenin hari y
pedwerydd*[95] (1399–1413), ond fel y dywedwyd uchod, y mae hynny'n rhy
gynnar. Hefyd, fe'i henwir yn BL Add 31055 [= RWM 32], 48[r], gan Thomas
Wiliems, 1591–6, fel un o'r prydyddion a drigai *yn amser y Trydydh Clymiad
ar Gerdh*.[96]

Rhwng popeth, efallai na fyddem ymhell o'n lle yn dyddio blynyddoedd
einioes Ieuan ap Rhydderch o *c.* 1390 hyd *c.* 1470.

Ieuan ap Rhydderch a llawysgrifau
Fel y gwyddys yn dda, perthynai Ieuan ap Rhydderch i deulu tra llengar a
phwysig am ei nawdd i feirdd a llenorion. Ymhlith meddiannau'r teulu hwn
yr oedd dwy o lawysgrifau pwysicaf y cyfnod, sef Llawysgrif Hendre-
gadredd a Llyfr Gwyn Rhydderch, ac y mae lle cryf i gredu bod y gyntaf
wedi bod ym meddiant taid Ieuan, sef Ieuan Llwyd ab Ieuan ap Gruffudd
Foel o Lyn Aeron,[97] a bod y ddwy lawysgrif wedi dod i feddiant ei fab ef,

---

[88] IGE cxii–cxiii.
[89] IGE[2] xxvi.
[90] Bleddyn Owen Huws, 'Dyddiadau Ieuan Gethin', LlCy xx (1997), 47.
[91] Gw. G.T. Clark, *Cartae et Alia Munimenta quae ad Dominium de Glamorgancia Pertinent*
(second ed., Cardiff, 1910), 1579–80.
[92] Gw. IGE[2] xxvii.
[93] Bleddyn Owen Huws, *art.cit.* 52.
[94] Gw. sylwadau rhagarweiniol cerdd 10.
[95] Felly hefyd yn Card 1.550, 229 (18g.).
[96] Codwyd y rhestr hon yn 'Beddau y Beirdd (o Ysgriflyfr yn y Gywreinfa Brydeinig)', *Y
Brython*, iii (1860), 137–8. Fodd bynnag, y mae'r teitl yn gamarweiniol gan na nodir beddau'r
beirdd ond pan fônt yn hysbys (a hynny mewn lleiafrif o achosion). Hefyd, pan nodir bedd
bardd, tybiodd y sawl a gododd y rhestr ar gam fod y beirdd eraill a grybwyllir yn yr un rhan
o'r rhestr ac sydd heb fedd ar eu cyfer hwythau wedi eu claddu yno.
[97] Daniel Huws, 'Llawysgrif Hendregadredd', Cylchg LlGC xxii (1981–2), 12, 13; GLlBH 1–
15.

Rhydderch.[98] Y mae lle i gredu bod Ieuan ap Rhydderch, yntau, wedi elwa
o'r llawysgrifau hyn. Tystia 'Cywydd y fost' (cerdd 3) fod Ieuan yn
gyfarwydd â 'Gorhoffedd Hywel ab Owain Gwynedd', cerdd y ceir testun
ohoni yn Llawysgrif Hendregadredd,[99] a chred Mr Daniel Huws iddo weld
y testun hwnnw;[100] a gallai cerdd gan Lywelyn ab y Moel a ychwanegwyd
yn Llyfr Gwyn Rhydderch yn ddiweddarach fod wedi ei chynnwys yno
wedi i'r llawysgrif, yn naturiol ddigon, basio i ddwylo Ieuan.[101]

    Llawysgrif arall y byddai'n syndod pe bai Ieuan ap Rhydderch heb ei
gweld, o gofio am ei ddiddordebau eglwysig, yw'r enwog Lyfr Ancr
Llanddewibrefi. Ar y pryd yr oedd yn dal ym meddiant disgynyddion
Gruffudd ap Llywelyn ap Phylip ap Trahaearn o Rydodyn (ger Caeo) yn y
Cantref Mawr,[102] y gŵr a'i comisiynodd gyntaf yn 1346, ac ni fyddai, felly,
yn bell iawn o gartref y bardd. Sylwer hefyd fod dylanwad dau draethawd
byr ar yr Offeren, sef 'Pump Rhinwedd Offeren Sul' a 'Rhinweddau Gweled
Corff Crist' i'w weld ar gywydd 'Yr Offeren' (cerdd 7), traethodau y cadwyd
copïau ohonynt yn Llyfr yr Ancr.

    Yn ddiddorol iawn, ymddengys fod Ieuan yn honni bod ganddo yn ei
feddiant destun o *mappa mundi*, sef math o fap canoloesol o'r byd a oedd yn
aml yn grwn ac â Chaersalem yn y canol,

> Ffyrf glod, gwn fod gennyf fi
> Ffwrm a thabl mwyndabl *mundi*
> A ddengys â bys, heb au,
> Ffurf y byd, ffyrf wybodau. (3.81–4)

Y mae'n debyg fod y map hwn mewn llawysgrif, fel y dadleuir isod (gw.
3.82n), ond ni wyddys a yw'r llawysgrif dybiedig wedi goroesi. Y mae'n
rhyfedd na sylwodd neb, hyd y gwyddys, ar arwyddocâd cynnwys y llinellau
hyn.[103] Yr oedd gan Gerallt Gymro ac Adda o Frynbuga fapiau mewn
llawysgrif yn eu meddiant, er nad *mappa mundi*, fel y cyfryw, oedd un
Gerallt.[104] Tybed nad yw Ieuan ap Rhydderch yn enghraifft arall o Gymro
cefnog eglwysig—neu, yn achos Ieuan, lled-eglwysig—ei yrfa a allai
fforddio llawysgrifau personol a gynhwysai fapiau ymysg pethau eraill?

---

[98] Daniel Huws, *art.cit.* 18; *id.*, 'Llyfr Gwyn Rhydderch', 22.

[99] Gw. sylwadau rhagarweiniol cerdd 3.

[100] Daniel Huws, 'Llawysgrif Hendregadredd', 18. Y mae'n bosibl hefyd, wrth gwrs, fod Ieuan
ap Rhydderch yn gyfarwydd â'r gerdd o ryw ffynhonnell arall, boed ysgrifenedig neu lafar.

[101] Daniel Huws, 'Llyfr Gwyn Rhydderch', 26.

[102] Gw. Idris Foster, 'The Book of the Anchorite', PBA xxxvi (1949), 219–20.

[103] E.e., ni cheir nodyn yn IGE² 377 na sylw yn y rhagymadrodd (gw. yn enw. xxxi–xxxvi).

[104] Ceir map Gerallt yn llsgr. Dulyn, Llyfrgell Genedlaethol Iwerddon 700, 48ʳ, gw. Thomas
O'Loughlin, 'An Early Thirteenth-Century Map in Dublin', *Imago Mundi*, li (1999), 24–39; *id.*,
'Giraldus Cambrensis's View of Europe', *History Ireland* (Summer 2000), 16–21. Ceir map
Adda o Frynbuga yn BL Add 10104, 8ʳ, gw. *The Chronicle of Adam of Usk 1377–1421*, ed.
C. Given-Wilson (Oxford, 1997), xxxix. Ar fapiau cysylltiedig â gwaith Ranulf Higden, y
Polychronicon, y mae croni.cl Adda yn barhad ohono, gw. Evelyn Edson, *Mapping Time and
Space: How Medieval Mapmakers Viewed their World* (London, 1997), 126–31.

Oni bai bod y testun hwnnw wedi ei gopïo gan Ieuan ap Rhydderch (gw. 3.82n) ac ar gadw yn rhywle, y mae'n syndod, ar un olwg, nad oes dim llawysgrifau wedi eu trosglwyddo inni yn llaw y bardd ei hun. Ac yntau wedi derbyn addysg brifysgol, buasai'n gwbl lythrennog, a dywed ei hun, ... *profais y prig* (3.23n) ac ... *ystriciais ystrac* (3.37n), cyfeiriadau, y mae'n fwy na thebyg, at grefft ysgrifennu. Yn Pen 53 (*c.* 1484), mewn llaw anhysbys, cofnodir pedwar eitem gan Ieuan ap Rhydderch,[105] ond hyd yn oed pe gellid dyddio'r llaw hon i'w oes ef, ni ellid dadlau mai ef a'i hysgrifennodd oherwydd ceir mynych olion copïo ynddi, ac nid yw un o'r eitemau, sef cyfieithiad o'r emyn *Te Deum laudamus*, yn waith Ieuan ap Rhydderch o gwbl.[106] Y mwyaf y gellid ei ddadlau yw fod y llawysgrif o bosibl yn adlewyrchu, i ryw raddau, draddodiad a gychwynnwyd gan Ieuan ap Rhydderch o roi ei waith ei hun ar gof a chadw ond cwbl ddamcaniaethol fyddai hynny.

Ei waith

Nid oes ond un gerdd ar ddeg y gellir eu hystyried yn waith dilys Ieuan ap Rhydderch wedi goroesi. Gellir eu dosbarthu fel a ganlyn: dau gywydd serch ar bynciau gwallt merch (cerdd 1) a chwarae cnau â'r llaw (cerdd 2); cywydd gorhoffedd (cerdd 3); cywydd brud (cerdd 4); rhan o gywydd yn ymwneud â gwasanaeth bwrdd (cerdd 5) ac englyn ar gynhwysion saws gwyrdd (cerdd 11); pedair cerdd grefyddol, sef tri chywydd ac awdl, ar bynciau ymddiddan rhwng y bardd ac ysbryd (cerdd 6), yr Offeren (cerdd 7), Dewi Sant (cerdd 8) a'r Forwyn Fair (cerdd 9); ac, yn olaf, awdl ddychan (cerdd 10). Ychwaneger dwy linell o'r hyn y gellir ei ddisgrifio fel hanner englyn proest (Atodiad i) a dyna gyfanswm o 797 o linellau.

Y mae'r cywydd 'I wallt merch' (cerdd 1) yn nodweddiadol o gywyddau eraill ar yr un thema, yn llawn delweddau llathraid, a chynhelir y cymeriad llythrennol *d* o'r dechrau i'r diwedd. Troi o gwmpas yr hen arfer werin 'chwarae cnau i'm llaw' a wna 'Chwarae cnau' (cerdd 2), fel yng nghywyddau Dafydd ap Gwilym ac Iolo Goch ar yr un thema, er bod mwy o ddyfnder teimlad ac o ddelweddau yn disgrifio prydferthwch merch yng nghywydd Ieuan nag yn eu cywyddau hwy.

Y mae 'Cywydd y fost' (cerdd 3) yn llinach y ddau orhoffedd o gyfnod Beirdd y Tywysogion gan Walchmai ap Meilyr a Hywel ab Owain Gwynedd, cerddi achlysurol a phersonol eu naws.[107] Y mae lle i gredu bod Ieuan ap Rhydderch yn gyfarwydd â gorhoffedd Hywel ab Owain a hynny, y mae'n debyg, oherwydd iddo ei weld yn Llawysgrif Hendregadredd (gw.

---

[105] Gw. Peniarth 53, 21–3 (cerdd 9 isod), 26–8 (cerdd 10), 29–30 (*Ti dduw addolwn ...*), 58–62 (cerdd 3).
[106] Ymhellach, gw. td. 38.
[107] Gw. GMB 198–202 (cerdd 9) a GLlF119–20 (cerdd 6).

uchod). Efelychiad ohono o ran ysbryd yn bennaf yw'r cywydd, a gwahanol iawn yw ei gynnwys gyda'r holl sôn am addysg brifysgol a rhagoriaeth yr awdur fel bardd, chwaraewr gemau, daliwr swyddi pwysig, ac ati. Y peth mwyaf trawiadol, efallai, am y cywydd hwn yw'r ffordd y llwydda Ieuan i drafod pynciau dieithr cwricwlwm y brifysgol mewn modd mor ddeheuig, clir a diwastraff, a gwelir hyn yn neilltuol yn ei ddisgrifiad manwl a hir o'r *cwadrant elydn* (3.53–74). Gwna hyn i raddau trwy fenthyca termau, ond i fwy graddau o lawer trwy ei feistrolaeth lwyr ar dechnegau cerdd dafod. Fel y dywedwyd uchod, perthyn i'r cywydd bwysigrwydd mawr fel ffynhonnell ar gyfer ein gwybodaeth am y bardd hwn.

Y mae'r cywydd 'Brud' (cerdd 4) yn nhraddodiad canu darogan cyfnod Rhyfeloedd y Rhosynnau yn ail hanner y bymthegfed ganrif. Dengys fod Ieuan yn hyddysg yn y proffwydoliaethau a briodolid i Daliesin a'r ddau Fyrddin a daroganau eraill a geir yn Llyfr Coch Hergest. Y mae'n ansicr pwy oedd gwrthrych y gerdd: fe'i cyflwynir i rywun o'r enw 'Owain' a chredai Thomas Roberts mai Siasbar Tudur ydoedd, ond rhaid ystyried hefyd Owain Tudur ac Owain ap Gruffudd ap Nicolas.

Y mae'r dryll o'r cywydd 'Y gwasanaeth bwrdd' (cerdd 5) a'r englyn 'Saws gwyrdd' (cerdd 11), sy'n disgrifio cynhwysion saws gwyrdd, yn perthyn i fyd y disgrifiadau a geir ar dro gan y Cywyddwyr o'r bwydydd amrywiol a danteithiol a fwynheid yn y gymdeithas uchelwrol,[108] ac nid yw'n syndod fod Ieuan ap Rhydderch, yntau, wedi canu ar y pwnc hwn.

Perthyn i gerddi crefyddol Ieuan ap Rhydderch (cerddi 6–9) gryn amrywiaeth. Y mae'r cywydd 'Ymddiddan â'r ysbryd' (cerdd 6) yn fyfyrdod ar fyrhoedledd pleserau bywyd a dadfeiliad y cnawd, ac awgryma fod y bardd hefyd yn ddyn a allai fyfyrio'n ddwys ar dro yn ogystal â byw'n llon.

Y mae cywydd coeth a meistraidd 'Yr Offeren' (cerdd 7) yn gerdd unigryw gan na cheir unrhyw gerdd Gymraeg arall yn y cyfnod sy'n cynnig esboniad ar wasanaeth canolog yr Eglwys Gatholig. Ynddi dengys y bardd ddeallltwriaeth a gwybodaeth eglwyswr o natur, cynnwys a diben yr Offeren, a bron na ellir gweld stamp gwrth-Lolardiaeth swyddogol Rhydychen arni.[109] Dyma dystiolaeth huawdl i'w deyrngarwch i'w grefydd. Gwelir ynddi hefyd ddylanwad dau draethawd byr ar yr Offeren, sef 'Pump Rhinwedd Offeren Sul' a 'Rhinweddau Gweled Corff Crist', gweithiau a geir, er enghraifft, yn Llyfr Ancr Llanddewibrefi.[110]

Da y disgrifiwyd 'I Ddewi Sant' (cerdd 8) gan Thomas Roberts fel 'Buchedd Dewi ar gân'.[111] Ceir testun o'r fersiwn Cymraeg o'r gwaith hwn yn Llyfr Ancr Llanddewibrefi yn ogystal, ond dengys Ieuan ap Rhydderch

---

[108] Am enghreifftiau eraill, gw. Enid Roberts, *Bwyd y Beirdd: 1400–1600* (Cymdeithas Gelfyddydau Gogledd Cymru, 1976).
[109] Gw. sylwadau rhagarweiniol cerdd 7.
[110] Ymhellach, gw. td. 18.
[111] IGE² 378.

hefyd ei fod yn gyfarwydd â'r fersiwn Lladin gwreiddiol gan Rygyfarch. Fel yr holl gerddi i saint a ganwyd yng nghyfnod y Cywyddwyr, cymharol syml a diaddurn yw'r arddull, gyda'r pwyslais ar adrodd hanes y sant a'i wyrthiau, a dengys ddylanwad cywydd Iolo Goch i'r un sant yn neilltuol.

Cerdd anghyffredin arall yw'r awdl 'I Fair' (cerdd 9), yn bennaf am mai hon yw'r unig enghraifft hysbys yn y farddoniaeth o gerdd ddwyieithog sy'n gymysgedd o Gymraeg a Lladin, ac y mae'r holl deitlau a ddefnyddir ynddi ar gyfer Mair yn adlewyrchu gwybodaeth eang y bardd o'r litwrgi.

Yn ôl Syr Glanmor Williams y mae cerddi 6–8 yn enghreifftiau o gynnydd posibl yn y bymthegfed ganrif mewn barddoniaeth a anelai'n benodol at hyfforddi pobl, a sonia am Ieuan ap Rhydderch yn dilyn yr arweiniad a roddesid mewn cenhedlaeth flaenorol gan ddynion fel Gruffudd Llwyd.[112]

Ar sail yr hyn a ddywedwyd uchod am yrfa Ieuan ap Rhydderch, gellid dadlau am ei gerddi crefyddol mai rhai a ganwyd yn gynnar ganddo yw cerddi 7–9, pan oedd yn ystyried gyrfa eglwysig. Yn sicr, hawdd fyddai credu mai pan oedd yn yfed o'r ddysg a'r diwylliant crefyddol sydd mor eglur eu hôl ar y cerddi hyn y cyfansoddodd hwy gyntaf. Fodd bynnag, byddai'n haws credu bod cerdd 6 yn perthyn i gyfnod pellach ymlaen ym mywyd Ieuan na'r cerddi crefyddol eraill gan y rhydd yr argraff bod y bardd yn edrych yn ôl tros ei fywyd gydag ymdeimlad tawel-ddwys o'i feidroldeb ei hun.

Y mae'r awdl 'Dychan i'r Prol' (cerdd 10) yn perthyn i draddodiad awdlau dychan y bedwaredd ganrif ar ddeg ac yn defnyddio'r un math o ddelweddau a gormodiaith. Y mae'n hynod hefyd ar gyfrif y nifer eithriadol o fesurau a ddefnyddir ynddi—pedwar ar ddeg i gyd—ac am rai nodwedd-ion hynafol, megis cynganeddion pengoll, fel pe bai Ieuan ap Rhydderch yn dymuno arddangos ei wybodaeth o gerdd dafod draddodiadol yn ei neilltuolion yn ogystal. Peth arall sy'n tynnu sylw yw'r disgrifiad estynedig a chanmoliaethus o Ieuan Gethin a geir yng nghanol yr awdl sy'n gwrth-gyferbynnu â'r disgrifiadau dychanol o'r Prol ac yn eu dwysáu.

Er nad mydryddiaeth mohonynt, dylid crybwyll hefyd y gyfres o weddïau rhyddiaith i Fair (Atodiad iii) y ceir yr unig destun ohonynt yn Pen 67, 138–48[113] dan y teitl *gweddiav jeuan ap rrydderch*. Gwyddys bod y rhain wedi eu cyfieithu o'r Lladin, ond anodd gwybod union arwyddocâd y teitl: ai Ieuan ap Rhydderch a'u cyfieithodd[114] ynteu ai gweddïau a oedd yn hoff ganddo (boed yn Gymraeg neu Ladin) oeddynt? Pa fodd bynnag, os ef a'u cyfieith-

---

[112] WCCR² 418.

[113] Fe'i dyddir yn betrus yn hwyr yn y 15g. yn RWM i, 460. Cyhoeddwyd golygiad o'r testun, ynghyd â'r ffynhonnell Ladin, gan Brynley F. Roberts, 'Rhai Gweddïau Preifat Cymraeg', B xxv (1972–4), 150–5.

[114] Os dyna a olygir, yna gall, wrth reswm, fod yma gambriodoli; cf. y modd y cam briodolwyd iddo cyfieithiad o'r *Te Deum*, 'Ti, Dduw, addolwn, ti a weddïwn', gw. td. 38.

odd—ac fe fyddai, yn ddiau, yn hen ddigon cymwys i wneud hynny—yna llwyddodd yn burion.[115]

Mydr

Fel y dywedwyd, canodd Ieuan ap Rhydderch 11 o gerddi y gellir eu hystyried yn waith dilys o'i eiddo, wyth ohonynt yn gywyddau, dwy yn awdl, ac un yn englyn. Yn yr awdlau defnyddir y mesurau canlynol: clogyrnach, cyhydedd fer, cyhydedd naw ban, cyhydedd hir, cyrch a chwta, englyn unodl union, englyn proest, englyn proest chwe llinell, gwawdodyn byr, gwawdodyn hir, hir a thoddaid, tawddgyrch cadwynog, toddaid hir, rhupunt byr, rhupunt hir. Yng ngherdd 10 y defnyddir y rhan fwyaf o'r mesurau hyn o bellffordd.[116] Ceir ambell linell sy'n rhy fyr neu'n rhy hir a thynnir sylw at y rhain yn y nodiadau.

Cynghanedd

Wrth drafod cynghanedd bardd, bydd y pwyntiau a ddewisir i'w trafod yn dibynnu i raddau ar arferion y bardd yn hytrach nag ar gymhwyso fformwla ddadansoddol barod, a chanolbwyntir yma ar y nodweddion hynny yng nghynganeddion Ieuan ap Rhydderch a ymddengys yn fwyaf teilwng o sylw.

O safbwynt eu dosbarthiad, bydd yn gyfleus trin cynganeddion y cywyddau a'r awdlau a'r englyn ar wahân. Cynnwys y cywyddau (cerddi 1–8) 606 o linellau gyda chynghanedd ym mhob un. Dyma ddosbarthiad y cynganeddion:

croes	126 ll.	20.7 y cant
traws	171 ll.	28.2 y cant
sain	253 ll.	41.7 y cant
llusg	56 ll.	9.2 y cant

Fel y gwelir, y gynghanedd sain sydd flaenaf a dyna yw'r patrwm cyffredinol. Ond yng ngherdd 8 ceir gwahaniaeth syfrdanol gyda 60 llinell (41.1 y cant) o'r draws a 37 llinell (28.4 y cant) o'r sain. Yng ngherddi 1, 2, 5, 6 digwydd y groes yn amlach na'r draws ond yng ngherddi 3, 4, 7 digwydd y draws yn amlach na'r groes. Er mai'r llusg, fel y disgwylid, yw'r lleiaf niferus, eto diddorol nodi yng ngherdd 2 ei bod yn digwydd yn amlach na'r draws.

Ceir 191 o linellau yn yr awdlau (cerddi 9–10). Yng ngherdd 9, y mae'n rhaid hepgor llinellau 37–94 o'r cyfrifiad gan fod y patrwm o ddiffyg cynghanedd bob yn ail â chynghanedd groes gytbwys ddiacen a geir

---

[115] Dywed Brynley F. Roberts, *art.cit.* 151, '… yr un traddodiad o gyfieithu a welir yn y Gwasanaeth [sef 'Gwasanaeth Mair'] ac yn y gweddïau hyn, er nad oes rhaid tybio cyswllt rhyngddynt'.
[116] Ymhellach, gw. sylwadau rhagarweiniol cerdd 10.

ynddynt eisoes wedi ei benderfynu gan natur mesur y rhupunt hir[117] ac nid ydynt felly yn adlewyrchu dewis yr awdur. Dyma ddosbarthiad y cynganeddion yn y 40 llinell a erys:

croes	7 ll.	17.5 y cant
traws	13 ll.	32.5 y cant
sain	17 ll.	42.5 y cant
llusg	3 ll.	7.5 y cant

Yng ngherdd 10, hepgorwyd o'r cyfrif linellau 88–91 sydd ar fesur y rhupunt hir a hefyd linell 27 gan fod y gynghanedd braidd gyffwrdd yno wedi ei phenderfynu gan ffurf hŷn ar y gyhydedd hir a ddefnyddir.[118] Penderfynwyd cynnwys gair cyrch ac ail linell yr englynion unodl union yn llinellau 7–8, 15–16 gan y gall y gynghanedd yn y safle hwn amrywio ryw gymaint. Hefyd, er hwylustod, ystyriwyd y llinellau hynny sy'n cynnwys dwy neu dair cynghanedd yn gynganeddion sengl a llinell 24 sy'n cynnwys cynghanedd sain a chynghanedd groes fer iawn yn gynghanedd sain (gw. isod). Wele'r dosbarthiad ar gyfer yr 88 llinell a erys:

croes	35 ll.	39.7 y cant
traws	11 ll.	12.5 y cant
sain	41ll.	46.5 y cant
seingroes	1 ll.	1.1 y cant
llusg	0 ll.	

Yn yr awdlau, fel yn y cywyddau, gwelir mai'r gynghanedd sain sydd flaenaf ac y mae'r cydbwysedd rhwng y groes a'r draws yn amrywio.

Ceir 6 llinell ar fesur englyn (cerdd 11 ac Atodiad i). Yng ngherdd 11, sy'n englyn unodl union, ceir un gynghanedd draws, dwy sain, ac un lusg; ac yn yr hanner englyn proest (Atodiad i) ceir sain a chroes. O gymryd y llinellau hyn gyda'i gilydd, y gynghanedd sain sydd flaenaf eto.

Y mae'n amlwg, felly, ar sail y dystiolaeth uchod, mai'r gynghanedd sain oedd hoff gynghanedd Ieuan ap Rhydderch, ond dengys cerdd 8, gyda'i chyfran uchel o gynganeddion traws, nad oedd yn gaeth iddi.

Craffwn yn awr ar gynganeddion Ieuan ap Rhydderch.[119] Y mae'r groes yn rheolaidd iawn. Ceir enghraifft o groes bengoll yn:

Gargrwm rhag ergryd *anafau* (10.38)

ac yn

Pell glermwnt gofrwnt, ac efr—a gasglawdd
Goesglaf *was meginrefr* (10.7–8)

ond gan y digwydd yng ngair cyrch ac ail linell englyn unodl union a bod hynny'n gyffredin iawn, ni pherthyn iddo unrhyw arwyddocâd. Ar y llaw

[117] Gw. J. Morris-Jones: CD 332.
[118] Gw. sylwadau rhagarweiniol cerdd 10.
[119] Italeiddir y llythrennau perthnasol a dynodi'r orffwysfa pan fernir bod hynny'n fanteisiol.

arall, er mor gyffredin ydyw, nid anorfod mohono o bellffordd, ac yn 10.15–16 ceir yn yr un safle gynghanedd sain nad yw'n bengoll. Ni welwyd enghraifft o groes o gyswllt.

Mwy amrywiol yw'r gynghanedd draws, gyda 29 enghraifft o'r draws gyferbyn,[120] 27 o'r draws fantach,[121] a 2 o'r draws wreiddgoll.[122] Yn y llinell ganlynol, ceir odl fewnol o boptu'r orffwysfa:

> A'i dechr*au*, | m*au* gof diochrwych. (7.15)

Ceir traws bengoll yn:

> Geuffel wyd, goffol *barablau* (10.43)

a hefyd yn

> Saws glas ym mhob paliswydr—hyd Fôn:
> Pricmaed, finegr *yn rhëydr*

ond gweler y sylw uchod ynglŷn â'r gynghanedd groes yn 10.7–8. Ceir y llinellau canlynol o draws drychben:[123]

> Dal|m ar y cwadrant elydn (3.54)
> Gair of|*n*, yn gywir ufudd. (7.8)

Peth a ddigwydd yn aml yng nghynganeddion traws Ieuan ap Rhydderch yw gwrthdaro rhwng yr orffwysfa a'r gystrawen.[124] Sylwyd ar 58 enghraifft,[125] megis:

> Da fawrfygr | gnwd, dwf eurfan (1.6)
> I minnau | dôn', em annwyl (2.6)
> Profaf | ddangos rhag prifeirdd (3.9)
> Yr angel | Iesu yngof (4.15)
> Gweinyddwr | serch gwineuddu (6.30)
> A'i caffo | hi mewn cyffes (7.32)
> A darllain | pob awdurllyfr (8.2)
> Cyfodes | bryn, cof ydoedd (8.85)
> Dysgaf | ganu fal disgybl (9.16)
> Lledr crinraen | pwdr, lleidr croenrisgl. (10.6)

Nid yw'r gwrthdaro hwn yn anghyffredin yng ngwaith y Cywyddwyr ond ceir yr argraff ei fod yn fwy cyffredin na'r arfer yng ngherddi Ieuan ap Rhydderch, er y byddai angen astudiaeth ehangach, ystadegol, i fedru

---

[120] 1.2, 43, 3.9, 28, 38, 70, 113, 115, 117, 127, 133, 4.19, 21, 41, 74, 6.21. 7.5, 35, 45, 52, 87, 91, 8.50, 63, 74, 127, 9.15, 16, 33.

[121] 3.41, 56, 87, 4.38, 76, 6.26, 7.1, 7, 18, 38, 46, 54, 56, 70, 76, 84, 8.4, 19, 33, 46, 56, 58, 64, 69, 80, 84, 9.98.

[122] 8.109, 116.

[123] Gw. J. Morris-Jones: CD 155–6.

[124] Gw. hefyd GDG xciv.

[125] 1.5, 6, 11, 15, 31, 36, 2.6, 3.9, 35, 38, 44, 56, 60, 77, 113, 127, 133, 4.15, 62,76, 6.30, 7.32, 35, 46, 54, 57, 58, 64, 91, 8.2, 3, 11, 13, 20, 32, 56, 57, 58, 64, 70, 81, 84, 85, 100, 113, 114, 124, 126, 127, 9.16, 21, 27, 29, 33, 95, 10.6, 12, 17, 61.

datgan yn fwy pendant na hynny. Peth arall a wneir, yn achlysurol iawn,
yw defnyddio sillaf gadarnleddf yn ddeusill ar gyfer cynghanedd gytbwys
ddiacen ond yn unsill ar gyfer yr odl. Sylwyd ar bum enghraifft:

> Da gwybu gael gwallt di-*gabl*,
> Dyfr gares dewfrig eurabl (1.37–8)

> Delwau hoywdeg, lampau *hydr*,
> Disgleirwaith dwys eglurwydr (8.109–10)

> Yw'n gwiwgwbl ymborth a'n *gog'r*,
> A'n Duw er dynion, diagr (9.27–8)

> Bastwn yw'r Prol, nid *abóstl*,
> Bostiwr cerdd chwerwach no'r *bustl*. (10.11–12)

Yn ôl John Morris-Jones, 'ychydig bach' yw nifer llinellau o'r fath ac 'yr
oedd greddf y beirdd yn erbyn y ffurf hon hyd yn oed yn y cyfnod yr
ystyrrid hi'n gyfreithlon'.[126]

O'r cynganeddion sain, sylwyd ar 11 enghraifft o sain drosgl,[127] 13 o sain
gadwynog,[128] un o'r math hwnnw o gynghanedd sain lle y mae'r cytseinedd
mewn sillaf ragobennol yn y bar olaf,[129] dwy sain dro,[130] un sain o
gyswllt[131]—yr unig gynghanedd o gyswllt yng ngwaith Ieuan ap
Rhydderch—a 4 sain deirodl.[132] Fel y disgwylid, prin yw'r sain anghytbwys
ddisgynedig a sylwyd ar 8 enghraifft.[133] Ymysg y rhain y mae 3 yn rhai
pengoll o'r math lle nad yw cytsain ddiweddol yr orffwysfa wedi ei hateb yn
y goben:[134]

> Pan ddêl Gŵyl Fair, gair go*f*yn (4.59)
> Darfu fy nghnawd, wawd oer*w*as (6.41)
> Angel a ddoeth, goeth ge*rr*ynt. (8.55)

Ceir un enghraifft o sain bengoll o'r math lle y mae gair cyfan heb ei ateb:

> Pen baedd coed, hoed hydr *arlwy*. (5.1)

---

[126] J. Morris-Jones: CD 150–1.

[127] 1.4, 14, 2.2, 31, 3.5, 34, 7.6, 14, 36, 8.7, 86.

[128] 1.21, 3.10, 100, 132, 4.36, 6.9, 7.34, 92, 8.23, 43, 99, 123, 9.10.

[129] 3.49.

[130] 3.2, 8.98. Ymhellach ar y math hwn o gynghanedd, gw. Rhian M. Andrews, 'Sain Dro',
LlCy xxvi (2003), 152–3.

[131] 8.97.

[132] 3.68, 102, 132, 6.48.

[133] 3.103, 109, 143, 4.59, 6.41, 9.3, 8.55, 11.2.

[134] Gw. J. Morris-Jones: CD 188.

Un enghraifft a welwyd o sain drychben:[135]

> Pringasgl rasg|*l* rhwysgud, oeron oriau (10.24)

Yng ngherdd 10 ceir rhai llinellau sy'n cynnwys dwy gynghanedd sain. Yn y drydedd enghraifft y mae'r ddwy gynghanedd yn cydasio ond yn yr enghreifftiau eraill safant ar wahân:

> Y Prol goffol glud, pruddlwm hirglwm hud (10.23)
> Prydais, gwyriaist gân, prydwaith braeniaith brân (10.25)
> Pryd gwryd garan, aflan weflau (10.26)
> Brithwas trwyngas trwm, bratog crestog crwm (10.66)
> Trosol oerfol wyd, trawsbren cledren clwyd. (10.70)

Ac yn y canlynol ceir tair cynghanedd sain ym mhob llinell, a'r ail a'r olaf yn cydasio:

> Cerbyd bryd brân, corfoll coll cân, fuan feiau (10.92)
> Carnedd, gwedd gwall, cornawr mawr mall, hwyrgall hirgau. (10.93)

Yn 10.24 a ddyfynnwyd uchod ceir dwy gynghanedd, y gyntaf yn sain ond yr ail yn groes, patrwm gwahanol i'r arfer.

Syml iawn yw patrwm y gynghanedd lusg. Ceir 2 enghraifft o'r llusg wyrdro,[136] ac yn y llinell ganlynol ceir odl gudd:

> Dialwr tr*e* L*y*we*l*yn. (4.53)

Yn olaf, parthed y mathau gwahanol o gynganeddion, ceir cynghanedd seingroes ac ynddi dair odl:

> Praw faw i'th giniaw, pryfiaith genau. (10.28)

Ni ddyfynnir enghreifftiau o gynghanedd seingroes o fwy na dwy odl gan John Morris-Jones[137] ond ni fuasai dim i rwystro llunio llinell o'r fath.

Ceir nifer o linellau ac ynddynt gytseiniaid gwreiddgoll, canolgoll, a pherfeddgoll:

f ganolgoll

> A wna fawl *fy* nyfalu (6.24)

f berfeddgoll neu led-lafarog

> Fal yr oeddwn, fawl rwydd*f*yd (6.3)

m ganolgoll

> Gwir ŷnt, a *m*i a'u gwrantaf (3.12)
> Taer y gwn *m*ai ti yw'r gŵr (4.22)

---

[135] Gw. *ib*. 149 yn enw.
[136] 1.2, 4.53.
[137] Gw. J. Morris-Jones: CD 182–3.

Ai o'r dydd, *m*au air diddan (7.22)
Arglwyddi *m*awr eu gwleddoedd (8.54)

m berfeddgoll

Delw wydrwallt, dal*m* o wiwdrefn (1.20)

n wreiddgoll

Y*n* gorfod Lloegr fal Gwrfan (4.66)
*N*a weinia gledd Owain Glyn (4.78)
Y*n* gyntaf oll a gânt hwy (5.2)
Y*n* y llawr dan gwr y llech (6.14)
Y*n* bennaf o'r saint beunydd (8.90)

n ganolgoll

Dawnus ben y*n* dwyn ysbyrs (1.7)
Dwf hardd hwy *n*o difai hemp (1.26)
Aur f'annwyl, *n*i rof finnau (2.39)
Gwiw ddeall, y*n* gweddïaw (6.5)
Mud iawn wy', *n*i'm edwyn neb (6.44)
Dewi deg, ei*n* diwyd oll (8.76)
A sensau ei*n*ioes iawnsyw (8.105)

r wreiddgoll

Y*r* angel Iesu yngof (4.15)
A'*r* haf hirfelyn hefyd (4.62)
O'*r* diwedd gorfu ym dewi (6.37)

r ganolgoll

Saith lain nod, o'*r* sythlwyn ir (2.20)
Hwn a ddysg i'*r* hen ddisgibl (3.31)
Y bo'r haul a*r* wybr hylathr (3.64)
Ti yw'*r* ych o'*r* tir uchel (4.52)
Mawr ei gwyrth, ai o'*r* meirw gwiw (7.24)
Da fu'*r* gost, a'*r* dwfr i gyd (7.48)
Gargrwm *rh*ag ergryd anafau (10.38)

r berfeddgoll

Y gŵr â'*r* glaif a'i geirw glân (4.65)
Eith*r* yn ball aeth yn byllau (6.46)
Ca*r* herwlwm cyhyrlau (10.67)

I gloi'r adran hon ar y gynghanedd, sylwyd hefyd ar y nodweddion canlynol:

Crych a llyfn

> Pam y tau y *pr*ifgnau *pa*rch (2.8)

Cyfatebiaeth *d* = *t*

> *D*alm ar y cwadran*t* elydn (3.54)

Cyfatebiaeth *t* = *t...t* a thwyll gynghanedd *dd*

> *T*au fydr, *t*aw *t*i oe*dd* Fedrod (4.18)

Cyfatebiaeth *d* = *d...d*

> *D*wysglaergerdd *D*uw *d*isgleirgwbl (9.18)

Ieithwedd

Yr un yn ei hanfod yw ieithwedd Ieuan ap Rhydderch ag eiddo ei gyfoes-wyr, ond y mae dau beth yn neilltuol ynglŷn â hi sy'n ein taro.

Yn gyntaf, ceir nifer sylweddol o eiriau benthyg o'r Hen Ffrangeg neu o'r Saesneg Canol.[138] Cyfrifwyd 124 o'r rhain,[139] gan gynnwys nifer o eiriau llai sicr eu tarddiad.[140] Ni chynhwyswyd geiriau a allent, yn ôl *Geiriadur*

---

[138] Ar anhawster gwybod ai yn uniongyrchol o'r Ffrangeg ai trwy gyfrwng y Saesneg y daw benthyciadau sy'n digwydd yn y ddwy iaith, gw. Marie Surridge, 'Romance Linguistic Influence on Middle Welsh', SC i (1966), 63–92. Trafodir ffonoleg benthyciadau o'r Saesneg yn EEW.

[139] Ni chynnwys y ffigur enghreifftiau o eiriau sy'n digwydd fwy nag unwaith.

[140] Yn y rhestr ganlynol, dodir gofynnod o flaen y cyfryw, ac ymhellach, gw. y nodiadau arnynt isod. Dyma'r benthyciadau S.C. / H.Ffr. (gan nodi'r ffurfiau cysefin ym mhob achos): *abl-* (1.36), *acstre* (3.119), *afans* (11.4), *albastr* (1.29), *art* (3.19), *astrlabr* (3.30), *awgrim* (3.60, 4.7), *bastwn* (10.11), *bost* (6.38, 8.47, 10.13), *bostied* (10.14), *bostiwr* (10.12), *brawn* (5.4), *caes* (3.73), *capitl* (3.51), *cloc* (3.74), *clòs* (4.11 ac mewn cyfuniad yn *eurglos* (7.75) a *myfyrglos* (3.5)), *coffr* (3.50, 138), *copr* (1.45), *cost* (7.48), ?*crestog* (10.66), *cronig* (3.24, 4.11), *cwadrant* (3.54), *cwmpas* (10.31; cf. y ffurf l. *cwmpasau* (3.56) ac mewn cyfuniad yn *cwmpasddwbl* (3.77)), *cwncwerwr* (4.45), *cwncwest* (4.80), *cwpl-* (1.45), *cwrel* (2.30), ?-[*c*]*wrp* (10.21), *cwrs* (3.35, 44), *deinticls* (3.55), *chwimp* (9.10), *desg* (3.75), -[*p*]*ropr* (1.46), *disiau* (2.33), *ditans* (11.4), *dwbl* (1.8, 21, 35, 42 ac mewn cyfuniad yn *cwmpasddwbl* (3.77), *hoywddwbl* (3.126), *sinddwbl* (1.23)), *Ebryw* (7.58), *finegr* (9.29, 11.2), -*ffel* (10.43), *ffilas* (3.57), *ffilosoffr* (3.49), -*ffol* (10.23), *ffwrm* (3.82), *galawnt* (4.74), *gerlont* (1.42, 5.3 (*garlawnt*)), *glaif* (4.65), *gold* (1.9), *gras* (7.96, 8.72), *gwrantaf* (3.12), *hawnt* (9.44), *help* (4.42), *hemp* (1.26), *herber* (2.7), *igmars* (3.88), *lamp* (6.48) a'r ffurf l. *lampau* (8.109), ?*malau* (9.48), *mên* (8.104), *miragl* (9.4), *mwstart* (5.4), *nobl* (1.33, 36, 2.24) a'r ffurf fachigol *noblen* (2.40), *offis* (7.17), *oribl* (3.21), *orlaes* (3.74), *palis-* (11.1), *parablau* (10.43), *parsel* (3.116), *peintier* (3.47), *perc* (3.116), *perl* (3.58), *perles* (2.7), *pert* (10.46), ?*pin* / *pina* (10.17, 39), *plas* (6.42), ?*pricmaed* (11.2), *prig* (3.23), *pwynt* (1.17, 2.15, 3.47, 65), *rasgl* (10.24), *registr* (3.18), *reiol* (2.28), ?*rhagman* (3.88), ?*rhanc-* (10.29), *rhelics* (8.108), *saffr* (1.31 ac mewn cyfuniad yn *eursaffr* (1.32)), *Sain Siâm* (8.106), *sampl* (1.44) a'r ffurfiau ll. *siamplau* / *siamplon* (2.4, 24. 38), *saws* (11.1), *seifs* (11.3), *sengl* (3.114), *sens* (8.106) a'r ffurf l. *sensau* (8.105), *sestan* (10.13), *sewer* (5.5), ?*siad* (7.96), *sicls* (3.56), *Sieb* (1.9), *siecr* (3.56), ?*sïer* (3.110), *sies* (3.110), *sifil* (3.18), *simpl* (1.44), *sinddwbl* (1.23), *sinobl* (1.34 ac mewn cyfuniad yn

Prifysgol Cymru, fod wedi eu benthyca'n uniongyrchol o'r Lladin yn hytrach na thrwy'r Saesneg Canol neu'r Hen Ffrangeg.[141] Nid yw presenoldeb y geiriau Saesneg Canol neu Hen Ffrangeg, wrth gwrs, yn syndod: yr oedd llawer ohonynt wedi plwyfo yn y Gymraeg cyn amser Ieuan ap Rhydderch ac fe'u ceir yng ngwaith beirdd eraill. At hyn, buasai Ieuan, ac yntau wedi treulio cyfnod sylweddol o'i fywyd yn Rhydychen, yn rhugl yn y Saesneg, ac yr oedd, ar ei addefiad ei hun, wedi dysgu Ffrangeg,[142] felly haws fyth fyddai iddo fenthyca geiriau i'w farddoniaeth o'r ieithoedd hynny pe dymunai. Serch hynny, y mae rhai pethau ynglŷn â hwy y mae'n werth eu crybwyll.

Sylwer ar ddosbarthiad y geiriau benthyg yn y cerddi:

Cerdd 1 'I wallt merch' (48 ll.)	20
Cerdd 2 'Chwarae cnau' (40 ll.)	8
Cerdd 3 'Cywydd y fost' (144 ll.)	52
Cerdd 4 'Brud' (80 ll.)	9
Cerdd 5 'Y gwasanaeth bwrdd' (6 ll.)	5
Cerdd 6 'Ymddiddan â'r ysbryd' (56 ll.)	4
Cerdd 7 'Yr Offeren' (102 ll.)	5
Cerdd 8 'I Ddewi Sant' (130 ll.)	9
Cerdd 9 'I Fair' (98 ll.)	8
Cerdd 10 'Dychan i'r Prol' (93 ll.)	17
Cerdd 11 'Saws gwyrdd' (4 ll.)	8

Y cerddi lle y maent amlycaf yw cerddi 1, 3, 5, 10, 11. Yr hyn sy'n gyffredin i 1, 3, 5, 11 yw eu bod bob un yn disgrifio gwrthrychau diriaethol. Y mae cyfran y benthyciadau yn neilltuol o uchel yng ngherdd 3 a diau mai'r prif reswm am hyn oedd yr holl bethau dieithr i fyd cerdd dafod yng nghyrsiau Prifysgol Rhydychen yr oedd Ieuan ap Rhydderch yn ceisio eu disgrifio. Yng ngherdd 10, nid yr un yw'r rheswm am y benthyciadau ag yn achos y cerddi eraill, oherwydd peth cyffredin yn y cerddi dychan yw benthyca mwy na'r arfer o'r Saesneg.

Ymysg y benthyciadau ceir rhai sydd yn ôl *Geiriadur Prifysgol Cymru* naill ai'n unig enghreifftiau neu ynteu heb fod yn digwydd drachefn tan ar ôl cyfnod Ieuan (sef wedi 1500). Unig enghreifftiau yw'r canlynol: *astrlabr* (3.30), *capitl* (3.51), *deinticls* (3.55), *ffilas* (3.57), *?pricmaed*[143] (11.2); ac ni

---

sinoblrudd (1.4)), ?*sistl* (10.13), *Siwdea* (8.96), *sugr* (9.25), *sodïac* (3.38), *soffistr* (3.18), *sud* (1.15, 6.22), *swmp* (9.8), *Sythwerc* (3.115), *syw*ff*erm* (3.20), *tabl* (3.80, 82 ac mewn cyfuniad yn *mwyndabl* (3.82)), *tabler* (3.110), *tasg* (9.17), *term* (3.19), ?*tirmart* (3.19), *titl* (3.52), *trebl* (8.104 ac mewn cyfuniad yn *tewdrebl* (9.14)), *tŵr* (4.45, 10.53), *usier* (5.5), *wystr* (3.118), *ysbyrs* (1.7), *ystrac* (3.37), *ystriciais* (3.37).

[141] Sef: *compod* (3.78), *-sygn* (3.40), *-salm* (3.105), *ffalsiai* (7.80), *mantell* (2.30), *meistr* (3.97), *miwsig* (8.114), *organ* (8.112), *padrïarch* (8.65), *planed* (3.39, 4.28), *prelad* (7.53), *ystad* (3.76, 7.93). Cymherir *tawlbwrdd* (3.109) â'r Hen Norseg yn GPC 3458.

[142] Gw. 3.25–6.

[143] Y mae'n bosibl mai'r un gair yw hwn â *pricmadam*, gw. GPC 2881. Os felly, dylid ei

cheir enghreifftiau eraill o'r canlynol tan ar ôl y bymthegfed ganrif: *albastr* (1.29), *acstre* (3.119), *cwadrant* (3.54), *desg* (3.75), *prig* (3.23), *registr* (3.20, *rhelics* (8.108), *ystrac* (3.37), *ystriciais* (3.37).

Y mae'n bosibl y benthyciwyd rhai o'r geiriau hyn am y tro cyntaf gan Ieuan ap Rhydderch, yn enwedig y rhai yng ngherdd 3 sy'n ymwneud â'r cyrsiau a ddilynodd yn Rhydychen. Ni fyddai hynny'n syndod: buasai cynnwys y cyrsiau hynny yn faes anhysbys i'r mwyafrif llethol o Gymry, ac Ieuan ap Rhydderch oedd y Cymro cyntaf, hyd y gwyddys, i geisio disgrifio peth o'r cynnwys hwnnw ar fydr.

Ceir hefyd y benthyciadau canlynol nas rhestrir yn *Geiriadur Prifysgol Cymru*: *sïer* (3.110), *soffistr* (3.18), *rhanc-* (3.29), *sestan* (3.13), *sistl* (3.13)[144] a'r enwau lleoedd *Sythwerc* (3.115) a *Siwdea* (8.96) na welwyd enghreifftiau eraill o'r ffurfiau hynny arnynt.

Yr ail brif bwynt sy'n taro dyn ynglŷn ag ieithwedd Ieuan ap Rhydderch yw'r nifer uchel iawn o sillafau cadarnleddf a geir.[145] Cyfrifwyd 153

---

gynnwys yn yr ail ddosbarth.

[144] Ymhellach arnynt, gw. y nodiadau isod.

[145] Sef: *abl-lamp* (1.36 ac yn *eurabl* (1.38)), *abóstl* (10.11), *albastr* (1.29), *aml* (9.22), *Annwfn* (3.68), *arodr* (9.32), *arogl* (9.2), *aruthr* (9.24, 10.52), *astrlabr* (3.30), *awdl* (3.104), *bagl* (8.77), *banhadlwallt* (1.28), *Bibl* (3.22, 32, 9.13), *budr* (10.30), *bustl* (9.29, 10.12), *bwytgasgl* (10.5 ac yn *pringasgl* (10.24)), *byrgofl* (1.24), *Cadwaladr* (4.16, 35), *callawdr* (10.30), *capitl* (3.51), *caregl* (9.6), *carplawdr* (10.29), *ceidwadr* (4.16), *cethr* (9.22), *clastr* (1.30, 3.141 (*clostr*)), *coffr* (3.50, 138), *congl* (3.102), *copr* (1.45), *croenrisgl* (10.6), *crwybr* (1.41), *cwbl* (1.35, 3.78, 124, 126 ac yn *claergwbl* (1.8), *disgleirgwbl* (9.18), *dwysgwbl* (1.23), *gwiwgwbl* (9.27), *melengwbl* (1.22)), *cwplnen* (1.45), *cynneddf* (3.35), *cyrf* (3.3), *chwedl* (7.39, 8.1), *deddf* (1.12), *destl* (1.12, 45, 3.72 ac yn *diddestl* (1.12, 3.71, 10.14 (*di-ddestl*)), *destlusbropr* (1.46), *deuddecsygn* (3.40), *diagr* (1.27, 9.28), *dieithr* (3.28), *digabl* (1.37, 9.17), *dilwfr* (3.121, 7.60), *dilwgr* (1.5), *diongl* (3.101), *dirwystr* (3.117), *diseml* (1.30, 3.141, 8.99, 101 (*di-seml*)), *disgibl* (3.31, 9.16 (*disgybl*)), *dogn* (1.40, 9.23 ac yn *dognloes* (9.30)), *dwbl* (1.8, 21, 35, 42 ac yn *cwmpasddwbl* (3.77), *hoywddwbl* (3.126), *sinddwbl* (1.23)), *dwfn* (3.67) a'r ffurf f. *dofn* (3.98), *dwfr* (3.122, 7.48, 60, 68, 69, 8.22, 32, 52), *dwyddysgl* (10.3), *dwygengl* (3.113), *dwysalm* (3.105), *Dyfr* (1.16, 18, 25, 38, 8.1), *dygn* (3.39, 9.24, 10.35 ac yn *dygnlwgr* (9.30)), *dysgbobl* (9.15), *efr* (10.7), *eglurlathr* (9.19 ac yn *gloywlathr* (1.16, 8.92), *hylathr* (3.64), *llathrbleth* (1.18), *llathrwallt* (1.10)), *Eigr* (1.5), *eithr* (3.27, 59), *eleidr* (10.15), *elydn* (3.54), *eofn* (3.22, 97), *eurfygr* (1.43 ac yn *geirfygr* (9.26), *mawrfygr* (1.6)), *eurleddf* (1.11), *eurlythrblyg* (1.18 ac yn *gloywlythr* (9.20)), *ewybr* (3.14), *finegr* (9.29, 11.2), *ffenestr* (9.36, 95), *ffwrm* (3.82), *ffyrf* (3.81, 84 ac yn *ffyrfgoeth* (8.129), *hoywffyrf* (3.4)) a'r ffurf f. *fferf* (3.34), *ffilosoffr* (3.49), *garwdrwsgl* (10.2), *gog'r* (9.27), *greddf* (3.36), *gwabr* (3.29), *gwaedlithr* (9.23), *gwaladr* (10.34), *gwefr* (1.40, 10.10), *gweadrestr* (9.36 ac yn *rhestrlwybr* (3.30)), *gwiwdrefn* (1.20), *gwrneidr* (10.17, 65), *gwydn* (3.53), *gwydr* (9.36 ac yn *gwydrwallt* (1.20), *eglurwydr* (8.110)), *hagrbryd* (10.35 ac yn *hagrlun* (10.4)), *hirosgl* (10.1), *hoedlwych* (1.28), *huawdl* (3.103), *hydr* (3.3, 5.1, 8.109, 11.4 ac yn *trahydr* (3.15, 4.2)), *hyfedr* (3.111, 9.33), *iawnferf* (3.33), *llawdr* (10.83 ac yn *carplawdr* (10.29)), *lledr* (10.6, 84), *lleibr* (10.85), *lleidr* (10.6, 18, 84 ac yn *anhyleidr* (10.16)), *Lloegr* (4.7, 48, 66, 72), *llwdn* (10.5), *llwfr* (10.86), *llwybr* (3.13, 10.85 ac yn *bywlwybr* (9.35), *eurlwybr* (1.42), *iadlwybr* (9.23), *rhestrlwybr* (3.30)), *llyfr* (2.1, 3.46, 50, 8.3 ac yn *awdurllyfr* (8.2), *gloywieithlyfr* (1.16)), *medr* (4.29) a'r f. *medr* (1.13, 3.112), *meginrefr* (10.8), *meistr* (3.97), *miragl* (8.78, 9.4), *mwygl* (7.92), *mydr* (3.16, 4.1, 18 ac yn *geirfydr* (10.55), *mydrfawl* (3.2), *tewfydr* (9.31)), *mynwgl* (9.3), *nidr* (3.79 ac yn *dinidr* (3.80, 9.34 (*di-nidr*)), *nobl* (1.33, 36, 2.24), *ofn* (7.8), *oribl* (3.21), *pabl* (3.22), *paladr* (9.35, 10.34) a'r ffurf l. *pelydr* (11.3), *paliswydr* (11.1), *pefr* (2.26, 9.17 ac yn *eurbefr* (1.40), *gwylbefr* (1.29), *hwyrbefr* (10.9), *pefrfrig* (1.15, 48)), *perl* (3.58), *perygl* (9.1), *pryfawdr* (10.30), *pwdr* (10.6, 30), *rasgl* (10.24), *registr* (3.20), *rhëydr* (11.2), *rhugl* (3.122,

ohonynt i gyd,[146] ac unwaith eto y mae eu dosbarthiad yn arwyddocaol:

Cerdd 1 'I wallt merch' (48 ll.)		46
Cerdd 2 'Chwarae cnau' (40 ll.)		3
Cerdd 3 'Cywydd y fost' (144 ll.)		64
Cerdd 4 'Brud' (80 ll.)		9
Cerdd 5 'Y gwasanaeth bwrdd' (6 ll.)		1
Cerd 6 'Ymddiddan â'r ysbryd' (56 ll.)		0
Cerdd 7 'Yr Offeren' (102 ll.)		5
Cerdd 8 'I Ddewi Sant' (130 ll.)		14
Cerdd 9 'I Fair' (98 ll.)		40
Cerdd 10 'Dychan i'r Prol' (93 ll.)		38
Cerdd 11 'Saws gwyrdd' (4 ll.)		5

Y maent yn niferus iawn yn ngherddi 1, 3, 9, 10, a'r gyfran yn llawer uwch yn y gyntaf nag yn un yr o'r tair arall. Sylwer hefyd ar gerdd 11, oherwydd er ei byrred, y mae'r brifodl ym mhob llinell yn gadarnleddf. Ar y llaw arall, y mae'r sillafau cadarnleddf yn llawer llai niferus yn y rhelyw o'r cerddi, ac yng ngherdd 6 ni cheir yr un. Gellir awgrymu mai'r rheswm am yr amrywio hwn yw fod cerddi 1, 3, 9, 10, a hyd yn oed cerdd 11, yn gerddi mwy gorchestol eu natur na'r lleill a bod yr holl sillafau cadarnleddf yn rhan o'r orchest oherwydd nifer eu cytseiniaid.[147] Gallai fod yn ddiddorol edrych ar waith beirdd eraill o'r un cyfnod i weld pa mor lluosog yw sillafau o'r fath yn eu cerddi hwy.

Arddull

Peth anodd yw sôn am arddull Cywyddwr unigol gan mor gyfunrhyw yw cywyddau'r cyfnod fel corff. Gallai arddull bardd amrywio hefyd yn ôl pwnc neu *genre*. Yn gyffredinol, serch hynny, gellir dweud bod arddull Ieuan ap Rhydderch bob amser yn glir a diwastraff ei mynegiant, hyd yn oed pan yw'n traethu ar bynciau technegol, megis yng 'Nghywydd y fost' (cerdd 3). Gall ei frawddegau fod yn gypledol, megis yn 'I wallt merch' (cerdd 1) neu'n amlgymalog, megis ar dro yng 'Nghywydd y fost' (cerdd 3) neu 'Yr Offeren' (cerdd 7); ond y duedd yw iddynt fod yn fyr, a hyd yn oed pan fônt yn hir, ni fyddant yn orgymhleth. Y mae'n hoff o ymorchestu ar dro, megis pan ddefnyddia sillafau cadarnleddf (gw. uchod), a gall ddefn-yddio delweddau llathraid, megis yn ei gywydd i wallt merch (cerdd 1) neu

---

9.5), *rhuthr* (4.27), *saffr* (1.31 ac yn *eursaffr* (1.32)), *sampl* (1.44), *sathr* (3.63, 8.91 ac yn *disathr* (1.15)), *sengl* (3.114), *siecr* (3.56), *simpl* (1.44), *sinobl* (1.34 ac yn *sinoblrudd* (1.4)), *sistl* (10.13), *sofl* (1.23 ac yn *eursofl* (1.32)), *soffistr* (3.20), *sugr* (9.25), *sywfferm* (3.20), *tabl* (3.80, 82 ac yn *mwyndabl* (3.82)), *talm* (1.20, 3.46, 54, 92, 106, 9.72), *taradr* (4.35), *teml* (3.142, 8.91, 99, 124 ac yn *glwysteml* (1.30), *paradwysteml* (8.102)), *term* (3.19), *titl* (3.52), *trebl* (8.104 ac yn *tewdrebl* (9.14)), *tresgl* (10.4), *trwsgl* (10.17), *Uthr* (4.27), *wybr* (3.64, 9.35 ac yn *diwybr* (3.30)), *wystr* (3.118), *ysgwthr* (9.21).

[146] Ni chynnwys y ffigur enhreifftiau o sillafau sy'n digwydd fwy nag unwaith.

[147] Gw. hefyd sylwadau rhagarweiniol cerdd 1.

yn ei awdl i Fair (cerdd 9), a defnyddia wrtheiriad (*oxymoron*) yn effeithiol
yn 'Ymddiddan â'r ysbryd' (cerdd 6).[148] Ni cheir dim cloffni yn ei ddefnydd
o'r gynghanedd, nac yn ei ddefnydd o fesur a chymeriad. Dyma fardd a
oedd â gafael gwbl sicr ar ei gyfrwng, ac nid heb gyfiawnhad y dywedodd
wrth ymffrostio:

> Meistr wyf, rymuster eofn,
> Ar gerdd dafod, ddefod ddofn;
> Gwnawn yn deg uniawn gynnil
> Gwawd ddiwyr, mal y gŵyr mil,
> Cywydd call, deall diongl,
> Cyn hyn, ac englyn heb gongl.
> Prydwn yn loyw hoyw huawdl
> Pob mesur, cofiawdur awdl.[149]

* * * * *

Wrth edrych ar waith Ieuan ap Rhydderch, gwelir sawl edefyn gwahanol yn
dod ynghyd i ffurfio cyfuniad o'r hen a'r newydd, y Cymreig a'r
Ewropeaidd. Er ei fod o ran ei feistrolaeth sicr ar ei grefft yn nodweddiadol
o'r bymthegfed ganrif, eto y mae hefyd, mewn rhai ffyrdd, yn geidwadol.
Gwelir hyn yn ei gynganeddion—er enghraifft yn ei ddefnydd o'r gyng-
hanedd sain drosgl, sain gadwynog a'r sain dro[150]—ac yn 'Nychan i'r Prol'
(cerdd 10) dengys y mesurau a rhai nodweddion cynghanedd duedd y gellid
ei ddisgrifio fel 'osgo hynafiaethol'.[151] O ran cynnwys y cerddi, ar y llaw arall,
naill ai yn y deunydd ei hun neu yn ffordd y bardd o'i drin, ceir rhai
datblygiadau newydd trawiadol. Gwelir hyn yn neilltuol yng 'Nghywydd y
fost' (cerdd 3) lle yr addesir y gorhoffedd traddodiadol i gynnwys darn hir
sy'n disgrifio peth mor wahanol ag addysg brifysgol; yn y cywydd unigryw
'Yr Offeren' (cerdd 7); ac yn yr awdl 'I Fair' gyda'i defnydd helaeth o
Ladin. Gwelir hefyd yr hyn y gellir efallai ei alw'n 'fympwyon personol'
megis gogwydd y bardd at gynganeddion traws lle nad yw'r orffwysfa yn
cyd-daro â'r gystrawen a'i hoffter amlwg o sillafau cadarnleddf.

   Gellir priodoli'r holl nodweddion hyn i ddau ffactor yn neilltuol (heblaw
teithi cynhenid y bardd). Yn gyntaf, fel amryw o feirdd adnabyddus eraill
(e.e. Dafydd ap Gwilym, Dafydd ab Edmwnd, Tudur Penllyn, Siôn Cent,
Ieuan Gethin), bardd a 'ganai ar ei fwyd ei hun',[152] sef bardd amatur, oedd
Ieuan ap Rhydderch. Yn wahanol, felly, i feirdd wrth eu proffes, nid oedd

---

[148] Gw. 6.47–8n.
[149] 3.97–104.
[150] Ymddengys fod y math hwn o gynghanedd yn brin ar ôl cyfnod Beirdd y Tywysogion, gw.
Rhian M. Andrews, *art.cit.* 157.
[151] Ymhellach, gw. sylwadau rhagarweiniol cerdd 10.
[152] Gw. Dafydd Johnston, *op.cit.*

yn rhaid iddo ddibynnu ar ei grefft am ei fywoliaeth a châi trwy hynny y
rhyddid i gyfansoddi mewn dull a oedd yn fwy cydnaws â'i chwaeth a'i
ddiddordebau ei hun nag â'r canu noddedig mwy confensiynol. Fel hyn,
gellir tybio, buasai'n haws iddo ennill yr adnabyddiaeth a welir yn ei waith
o lenyddiaeth draddodiadol Cymru, gan gynnwys bucheddau saint Lladin a
Chymraeg, proffwydoliaethau Myrddin a Thaliesin a chanu'r Gogynfeirdd,
ac i ddod yn gyfarwydd â chynnwys y gyfrol dra phwysig honno, Llawysgrif
Hendregadredd, onid â Llyfr Gwyn Rhydderch hefyd ac, y mae'n fwy na
thebyg, Lyfr Ancr Llanddewibrefi.

Yn ail, cawsai fantais dysg a diwylliant ehangach yr Eglwys trwy dderbyn
addysg brifysgol, a hynny yn Rhydychen yn ôl pob tebyg. Yno, ys dywed ef
ei hun, *Deellais, da uthrais eithr, / Dãed cael pethau dieithr* (3.27–8), ac y mae
effeithiau hyn i'w gweld nid yn unig yng 'Nghywydd y fost' (cerdd 3) ond
hefyd yn ei wybodaeth o'r Lladin, litwrgi'r Eglwys, cyffyrddiadau sy'n
awgrymu cefndir cyfoethog o wybodaeth y gallai dynnu arni'n ddiymdrech,
ac yn gyffredinol yng nghoethder ei feddwl a'i feistrolaeth ddeallol glir ar
bynciau.

Pan ymunodd y ffrydiau brodorol ac estron yn awen Ieuan ap Rhydderch
cafwyd synthesis ffrwythlon na welir yn aml yn y farddoniaeth. Yn hyn o
beth, y bardd tebycaf iddo yn y bymthegfed ganrif yw Siôn Cent, bardd
arall a fuasai, yn ôl pob tebyg, yn Rhydychen, serch mai gwahanol iawn
oedd ei genadwri ef. Megis Siôn, gwnaeth Ieuan, yntau, ei gyfraniad
arbennig ei hun i bosibiliadau cerdd dafod draddodiadol, cyfraniad unigol-
yddol a gwreiddiol, a phe buasai byw ganrif yn ddiweddarach, diau y
buasai'n un o sêr y Dadeni Cymreig. Y mae'n gwestiwn pa faint o ddylan-
wad a gafodd ar hynt a datblygiad barddoniaeth swyddogol y dydd, ond
boed a fo am hynny, ychwanegodd yn sylweddol at ei chyfoeth a'i hamryw-
iaeth a bu ei gerddi yn boblogaidd.

Cerddi amheus neu annilys eu hawduraeth

Cefais, er na fedrais fydr (cerdd 4)

Priodolir y cywydd hwn i Ieuan ap Rhydderch yn y mwyafrif o'r llaw-
ysgrifau. Yn LlGC 668C, 79, LlGC 6499B, 496, LlGC 10893E, 41^v a Llst
41, 108, fe'i priodolir i Faredudd ap Dafydd Fychan, ond diau fod y
pedwar testun yn tarddu o'r un gynsail, ac adysgrif, i bob golwg, yw LlGC
668C o LlGC 6499B. Un priodoliad yn unig a geir, felly, yn hytrach na
phedwar priodoliad annibynnol. Yn LlGC 659A, 14, fe'i priodolir i *Robyn
ddu o Aber y*[ ] yn ogystal ag i Ieuan ap Rhydderch. Yn Pen 197, 212, fe'i
rhoddir i Ddafydd Llwyd ap Llywelyn ap Gruffudd (Dafydd Llwyd o
Fathafarn), ond ar ôl llinell 38 o'r testun, cerdd wahanol a geir wedi ei
chlytio wrth y rhan flaenorol.

Ynglŷn â'r priodoliad i Faredudd ap Dafydd, er y dyddir Llst 41 *c.* 1610–

30, LlGC 10893E yn ail hanner yr 17g., a LlGC 6499B yn yr 17g./18g., eto ni chynigiant ddarlleniadau da iawn ac ni chynrychiolant y fersiynau gwell lle y priodolir y gerdd i Ieuan ap Rhydderch.[153]

Ynglŷn â'r priodoliad i Robin Ddu (ai Robin Ddu ap Siencyn Bledrydd?), er bod LlGC 659C yn perthyn i'r 19g., eto nid copi eilradd o destun hysbys cynharach mo'r testun hwn, a rhaid felly yw ystyried y priodoliad o ddifrif. Ceir adleisiau o'r cerddi a briodolir i Robin Ddu o Fôn yn *Ceinion Llenyddiaeth Gymreig*, gol. Owen Jones (2 gyfrol, Llundain, 1876), i, yn y gerdd hon, ac adlais ychwanegol yn nhestun LlGC 659C (sef cwpled), ond ni ellir dibynnu gormod ar bwyntiau felly, yn enwedig yn achos cerddi brud. Er bod darlleniadau'r testun hwn yn lled dda, eto ni pherthyn i gylch y testunau gorau lle y'i priodolir i Ieuan ap Rhydderch.

Ynglŷn â'r priodoliad i Ddafydd Llwyd, y broblem yw nad ef piau rhan gyntaf y gerdd, ac ni welwyd y rhan olaf yn GDLl.

Ni welwyd dim yn arddull a chynganeddiad y gerdd sy'n anghyson ag eiddo cywyddau eraill Ieuan ap Rhydderch. Ceir enghraifft o dwyll gynghanedd (4.18), cynghanedd lusg ac ynddi odl gudd (4.53), a'r geiryn *taw* (4.18) lle y byddai *mai* yn fwy arferol,[154] ond rhy ychydig yw'r pwyntiau hyn i fedru pwyso arnynt. Ceir yn rhai o gerddi Ieuan nifer helaeth o sillafau cadarnleddf (gw. uchod tt. 30–1) a 14 enghraifft yn unig a geir yn y gerdd hon. Fodd bynnag, isel yw eu nifer yn y cerddi eraill, ac yn 'Ymddiddan â'r ysbryd' (cerdd 6) ni cheir yr un. Ymddengys fod rhyw elfen o orchest i Ieuan ap Rhydderch mewn sillafau cadarnleddf ac nid yw'r gerdd hon yn orchestol ei natur fel y mae, er enghraifft, 'I wallt merch' (cerdd 1) neu 'Ddychan i'r Prol' (cerdd 10). Dylid crybwyll dau bwynt arall. Yn gyntaf, yr oedd cerddi brud, fel y dywed yr Athro Dafydd Johnston, yn un o'r mathau mwy ymylol hynny o ganu y byddai beirdd amatur yn troi atynt,[155] a bardd amatur oedd Ieuan ap Rhydderch. Yn ail, y mae'n bosibl fod elfen o ymffrost yn llinell agoriadol y gerdd, … *er nad fedrais fydr* (3.1), fel pe bai'r bardd yn ymfalchïo iddo lwyddo cystal i ddeall mydryddiaeth math o ganu a oedd (efallai am ei fod yn fardd amatur) yn ddieithr iddo. Byddai agwedd o'r fath yn gwbl gyson â'i gymeriad, yn enwedig fel y'i gwelir yng 'Nghywydd y fost' (cerdd 3). Tybed hefyd ai'r un ergyd sydd i'w eiriau yn yr awdl 'I Fair' (cerdd 9), *Dysgaf ganu fal disgybl … Dwysglaergerdd Duw disgleirgwbl* (9.16–18)?[156] Ond y rheswm cryfaf, wrth gwrs, dros ystyried y gerdd dan sylw yn waith Ieuan ap Rhydderch yw mai iddo ef y mae'r llawysgrifau gorau yn ei phriodoli.

---

[153] Un gerdd yn unig, sef hon, a briodolir i Faredudd ap Dafydd Fychan yn MFGLl 2493 ac MCF (Medi, 2003).

[154] Dyma'r unig enghraifft ym marddoniaeth y Cyfnod Canol a ddyfynnir yn GPC 3456 d.g. *taw*[2].

[155] *Op.cit.* 6.

[156] Ymhellach, gw. 9.16n.

Dilys gan anfedrus gau[157]
Ceir y cywydd hwn mewn 25 o lawysgrifau; fe'i priodolir i Siôn Cent mewn
22 ohonynt, i Ieuan Du ap Dafydd ab Owain o Frycheiniog mewn dwy, ac i
Ieuan ap Rhydderch mewn un llawysgrif. Heblaw mai mewn un llawysgrif
yn unig y'i priodolir i Ieuan ap Rhydderch, y mae'n wahanol o ran ei
arddull i eiddo'r bardd hwnnw. Ceir ynddo ddychan moesol miniog, ac nid
yw'n anodd gweld paham y'i priodolir i Siôn Cent mewn cynifer o law-
ysgrifau.[158]

Dir ir bobol dewr iw yr bwbach
Yn Card 3.68, 133 priodolir y cywydd hwn i *J R ab Lln. Du.* a hefyd, mewn
llaw wahanol, i Ieuan ap Rhydderch. Fodd bynnag, nid gwaith un bardd
yw'r testun hwn ond clytwaith o ddarnau o gywyddau gan wahanol feirdd y
codwyd eu testunau o *Flores Poetarum Britannicorum* John Davies,
Mallwyd.[159]

Doe gwelwn (*carwn pei caid*) (cerdd 1)
Ceir y cywydd hwn mewn 29 o lawysgrifau, ac fe'i priodolir i Rydderch ab
Ieuan Llwyd mewn un ohonynt, sef Pen 195, 18ʳ, ond diau mai cam-
gymeriad yw hyn; cf. y nodyn ar gerdd 3 isod.

Doe profais, oferlais fu
Ceir y cywydd hwn mewn un llawysgrif yn unig, sef Llst 135, 85, ac fe'i
priodolir i *ivan Rydd*. Gallai *Rydd*, yn unol ag orgraff y gerdd, gynrychioli
'Rudd', neu fod yn dalfyriad o 'Rydderch', ac yn IGE 217–19 (LXXVIII)
cyhoeddwyd y gerdd fel gwaith Ieuan ap Rhydderch. Fodd bynnag, y mae
ar gadw rai cerddi gan fardd o'r enw Ieuan Rudd neu Ieuan Rydd o
Forgannwg.[160] Yn unol, felly, â barn ddiweddarach Thomas Roberts,[161]
rhoddir y gerdd i Ieuan Rudd.

---

[157] Cyhoeddwyd testun o'r gerdd hon yn *Gwaith Siôn Cent*, gol. T. Matthews (Llanuwchllyn,
1914), 21–4.
[158] Ni fynnai Ifor Williams ei roi i Siôn Cent, gw. IGE cxliv–cxlvi, clxxvi, ac nis cynhwyswyd
yn y gyfrol honno nac yn IGE².
[159] John Davies, *Flores Poetarum Britannicorum* … (Mwythig, 1710). Yn LlGC 162D, 49,
priodolir y 'gerdd' i Ieuan ap Rhys ap Ieuan Lewis, ac yn Card 4.10 (= RWM 84), 979, ceir
testun byrrach lle y priodolir y cwpled olaf i Guto'r Glyn. Cf. hefyd GIBH 23 dan *Ni bu yma
neb amarch.*
[160] Gw. IGE² xxxvii–xxxviii, MFGLl ac MCF (Medi, 2003). Cyhoeddwyd tri chywydd ganddo
yn Nest Scourfield, 'Gwaith Ieuan Gethin ab Ieuan ap Lleision, Llywelyn ap Hywel ab Ieuan ap
Gronw, Ieuan Du'r Bilwg, Ieuan Rudd a Llywelyn Goch y Dant' (M.Phil. Cymru [Abertawe],
1993), 98–104, ond nid yw hwn yn eu plith ac ni chyfeirir ato wrth drafod gwaith y bardd, *ib.*
xlvi–xlviii. Yn ôl *ib.* xlvi, perthyn Ieuan Rudd i ail hanner y 15g.
[161] IGE² xxxvii.

Dyw Sulgwaith, dewis wylgamp (cerdd 6)

Priodolir y cywydd hwn i Ddafydd ap Gwilym mewn deuddeg o lawysgrifau, i Ieuan ap Rhydderch mewn naw, i Ieuan Brydydd Hir mewn pedair, ac i Siôn Cent mewn un llawysgrif. Yn GDG clxxvii nodir ei fod yn cael ei briodoli i Ddafydd ap Gwilym, i Ieuan ap Rhydderch, ac i Ieuan Brydydd Hir, a chytunir yn bendant â Thomas Roberts mai gwaith Ieuan ap Rhydderch ydyw.[162] Ni chafwyd lle i anghydweld â hyn, ac odid nad yw'r priodoliad i Siôn Cent ond enghraifft arall o'r achosion niferus o gambriodoli cerddi iddo, megis i Ddafydd ap Gwilym. Hawdd credu mai dan ddylanwad cerddi fel 'Cyngor y Biogen'[163] ac 'Ei Gysgod'[164]—cerddi lle y mae'r bardd yn ddedwydd nes bod rhyw ymwelydd anhyfryd yn bwrw cysgod dros ei lawenydd a'i arwain i drafodaeth ddwys ynghylch rhyw bwnc prudd—y priodolwyd y gerdd i Ddafydd ap Gwilym. Y mae arddull a chrefft y cywydd hwn yn berffaith gyson ag eiddo cerddi eraill Ieuan ap Rhydderch, ac y mae'r cipolwg a geir ynddo ar bersonoliaeth yr awdur yn dwyn i gof yr argraff a geir ohono yng 'Nghywydd y fost' (cerdd 3) fel dyn doniog a breintiedig a oedd yn mwynhau bywyd.

Hywel a wnaeth, mab maeth medd (cerdd 3)

Ceir y cywydd hwn mewn 33 o lawysgrifau, ac fe'i priodolir i Rydderch ab Ieuan Llwyd mewn dwy ohonynt, sef Pen 53, 120 a Llst 120, 52ʳ. Er mai testun Pen 53 yw'r cynharaf, prin y gellir credu mai Rhydderch ab Ieuan Llwyd yw gwir awdur y cywydd a dilynir barn Thomas Roberts sy'n ei briodoli i Ieuan ap Rhydderch.[165] Cf. y nodyn ar gerdd 1 uchod.

Mair frenhines, fam Iesu (At.ii)

Ceir y cywydd hwn mewn dwy lawysgrif debyg iawn i'w gilydd ac yn y ddwy fe'i priodolir i Ieuan ap Rhydderch. Y mae arddull y gerdd yn symlach o dipyn nag eiddo cerddi dilys eraill Ieuan ap Rhydderch; fe all mai'r gynulleidfa y bwriadwyd hi ar ei chyfer yw'r rheswm am hynny, ond nid ydyw ychwaith mor gywrain ei chrefft â cherddi eraill Ieuan, a haws, at ei gilydd, yw credu mai gwaith rhywun arall ydyw ac iddi gael ei chambriodoli iddo ef.

Mair yw'n hyder rhag perygl (cerdd 9)

Ceir yr awdl hon mewn 41 o lawysgrifau ac fe'i priodolir i Ieuan ap Rhydderch yn y mwyafrif ohonynt; mewn un llawysgrif, a honno'n un ddiweddar, sef BL Add 15010 [= RWM 21], 136ᵛ, fe'i priodolir i Siôn Cent, ac mewn un arall, sef Card 3.4 [= RWM 5], 76, fe'i priodolir i Ieuan

162 *Ib.* xxxvii a 236.
163 GDG³ 167–71 (cerdd 63), cf. GIBH 22.
164 GDG³ 372–4 (cerdd 141).
165 IGE² xxxvii.

Brydydd Hir.[166] Nid yw'n debyg o ran ei harddull i waith yr un o'r ddau fardd olaf ac y mae ei theithi, yn hytrach, yn gwbl gyson â cherddi eraill Ieuan ap Rhydderch.

O Dduw, mae'r hyn a oedd dda (cerdd 7)

Priodolir y cywydd hwn mewn 13 llawysgrif i Ieuan ap Rhydderch ac mewn 10 i Iolo Goch. Credai Henry Lewis mai Ieuan ap Rhydderch a'i canodd[167] a'i fod yn 'rhy annhebyg i waith dilys Iolo Goch i'w briodoli iddo ef'[168] (er ei fod wedi ei gynnwys yn IGE fel gwaith Iolo[169]), ac yn IGE[2] 238–41 fe'i priodolir i Ieuan ap Rhydderch. Ni ellir llai na chytuno â Henry Lewis, gan fod arddull y gerdd yn gydnaws ag arddull cywyddau eraill Ieuan ap Rhydderch ac yn wahanol i eiddo cywyddau Iolo Goch.[170]

O michti ladi, owr leding—tw haf

Priodolwyd yr awdl Saesneg hon i Ieuan ap Hywel Swrdwal ac i Ieuan ap Rhydderch (gw. uchod). Yn ôl Mr Dylan Foster Evans, y mae pwys y llaw-ysgrifau o blaid y cyntaf: gw. GHS cerdd 33.

Pen baedd coed, hoed hydr arlwy (cerdd 5)

Priodolwyd y darn hwn o gywydd i Iolo Goch gan John Jones, Gellilyfdy,[171] ond gwell gan John Davies, Mallwyd, ei ystyried yn rhan o'r cywydd i'r 'Gwasanaeth bwrdd' (cerdd 5 isod) gan Ieuan ap Rhydderch. Efallai mai hynny sy'n gywir. Pwynt sy'n peri ychydig o amheuaeth yw'r sillaf bengoll a geir yng nghynghanedd y llinell gyntaf (5.1), peth nas ceir yn yr un o gywyddau eraill Ieuan ap Rhydderch ac a fyddai'n fwy nodweddiadol o waith Iolo Goch. Ond ni ddylid pwyso ar y pwynt hwn yn unig ac y mae'n bosibl, pe bai rhagor o waith Ieuan ap Rhydderch wedi goroesi, y ceid enghreifftiau eraill o'r un peth. Y mae'n bosibl, wrth gwrs, nad Iolo nac Ieuan mewn gwirionedd piau'r gerdd, ond yn niffyg gwell tystiolaeth, penderfynwyd ochri â barn John Davies.

---

[166] Yn MCF (Medi, 2003) priodolir y gerdd hefyd i Siôn Brwynog, ond ni welwyd arwydd o hyn yn y llsgrau. Hefyd y mae blynyddoedd y gŵr hwn, sef 1510–62 yn ôl CLC[2] 669, yn rhy ddiweddar. Yn GIBH 23 dywedir ei bod yn bosibl mai Gruffudd ab Ieuan ap Llywelyn Fychan a'i piau ond nis priodolir iddo ef yn y llsgrau. ac y mae blynyddoedd y bardd hwn hefyd, sef *c.* 1485–1553 yn ôl GLC[2] 289, yn rhy ddiweddar.

[167] IGE lxv.

[168] *Ib.* lxvi.

[169] *Ib.* 103–7.

[170] Yn David R. Johnston, 'Gwaith Iolo Goch' (Ph.D. Cymru [Aberystwyth], 1984), 133, hefyd, priodolir y cywydd i Ieuan ap Rhydderch ar sail IGE[2] 238–41 (LXXX) (gw. hefyd *ib.* xxxvii), ac nis cynhwyswyd yn GIG.

[171] Ni chrybwyllir y gerdd yn David R. Johnston, *op.cit.* 134, wrth drafod y cerddi amheus ac annilys eu hawduraeth a briodolwyd i Iolo Goch. Nis cynhwyswyd ychwaith yn IGE[2] ymysg cerddi Ieuan ap Rhydderch, gw. *ib.* xxxviii.

Ti, Dduw, addolwn, ti a weddïwn

Y mae'r awdl hon yn gyfieithiad o'r emyn Lladin enwog *Te Deum laudamus*.
Fe'i priodolir i Ddafydd Ddu Hiraddug mewn deg llawysgrif ac i Ieuan ap
Rhydderch mewn un llawysgrif, sef Pen 53, 60. Daw, fodd bynnag, o'r
cyfieithiad Cymraeg Canol anhysbys ei awduraeth o'r *Officium Parvum
Beatae Mariae Virginis* a elwir *Gwasanaeth Mair*.[172] Ceir y testun cynharaf
ohono yn llawysgrif Amwythig xi, *c*. 1400,[173] ac ni ellir, felly, ei ystyried yn
waith Ieuan ap Rhydderch.

Y Grog aurdroediog drydoll

Ceir y cywydd hwn mewn 27 o lawysgrifau. Fe'i priodolir i Hywel ap
Dafydd ab Ieuan ap Rhys (Hywel Dafi) mewn 22 llawysgrif, i Ieuan ap
Rhydderch mewn pedair llawysgrif, ac i Siôn Ceri mewn un llawysgrif.[174]
Fe'i cynhwysir ymhlith gweithiau Ieuan ap Rhydderch yn IGE[175] ond nid yn
IGE[2]: 'Priodolir ef yn y mwyafrif o'r ysgriflyfrau i Hywel ap Dafydd ab
Ieuan ap Rhys, a chan mai brodor o Frycheiniog oedd ef, mae'n bur debyg
mai ef a'i piau.'[176] Nis cynhwyswyd ychwaith ymysg cerddi Siôn Ceri yn
GSC.[177] Y mae arddull y cywydd yn symlach nag eiddo Ieuan ap Rhydd-
erch a diau mai cywir oedd y penderfyniad i beidio â'i gynnwys yn IGE[2].

Y llawysgrifau

Ceir y testun cynharaf o waith gan Ieuan ap Rhydderch yn Pen 53 a
ddyddir ar ôl 1484. Perthyn yr holl lawysgrifau eraill i'r cyfnod rhwng yr
unfed ganrif ar bymtheg a'r bedwaredd ganrif ar bymtheg.

---

[172] GM 9–11. Am y gwreiddiol Llad., gw. *ib*. 115–16.
[173] *Ib*. lv.
[174] Yn MCF (Medi, 2003) cynhwysir enw Siôn Cent ymysg yr awduron posibl, ond ni rydd yr
un o'r llsgrau. a nodir yno y gerdd iddo ef, ac nis cynhwyswyd ymysg gweithiau'r bardd yn
MFGLl 3546 ychwaith.
[175] IGE 230–2 (LXXXII).
[176] IGE[2] xxxvii.
[177] Gw. GSC 18.

1
I wallt merch

Doe gwelwn (carwn pei caid)
Dwybleth o wallt merch dewblaid;
Dygai frig aur goreuryw
4   Digudd uwch sinoblrudd syw,
Dilwgr liw wallt, delw Eigr lân,
Da fawrfygr gnwd, dwf eurfan.
Dawnus ben yn dwyn ysbyrs,
8   Dwbl dwys glaergwbl disgleirgyrs.
Digiprys gold seiprys Sieb,
Dioer, yw'r llathrwallt dihareb!
Dan arlais pleth dyn eurleddf
12   Deurudd ddestl heb ddiddestl ddeddf.
Dyn a fedr (af i'w hedrych)
Dwyn cwnsallt goreurwallt gwych.
Da yw sud pefrfrig di-sathr
16   Dyfr loywieithlyfr lywethlathr;
Deufwy o bwynt, difai beth,
Dwf eurlythrblyg Dyfr lathrbleth.
Diamau serch loywferch lefn,
20   Delw wydrwallt, dalm o wiwdrefn.
Dwy lyweth dda wiwbleth ddwbl,
Diflaengudd dew felengwbl;
Dwysgwbl aur sinddwbl yw'r sofl,
24   Dwf o eurgamp, da fyrgofl.
Difyr fanwallt Dyfr fwynwemp,
Dwf hardd hwy no difai hemp.
Diagr wen a'i dwg i'r allt,
28   Drych bun hoedlwych banhadlwallt.
Delw wylbefr, da liw albastr,
Diseml oedd, glwysteml iad glastr;
Dilys hoff wallt eiliw saffr,
32   Delw eursofl, deuliw eursaffr,
Dlif blyg, gynhebyg i nobl,
Dloslaes iawn, dlysliw sinobl;
Dwy bleth ddwbl merch gwbl o gamp,
36   Dwy nobl fanwallt dyn abl-lamp.

> Da gwybu gael gwallt di-gabl,
> Dyfr gares dewfrig eurabl;
> Da lliwiodd Duw ei llewych,
40 > Dogn eurbefr o wallt gwefr gwych,
> Dwyn o'r iad (nid cribiad crwybr)
> Dwbl gerlont, dyblyg eurlwybr,
> Difai eurfygr edafedd,
44 > Deg iawn sampl wallt, dogn simpl wedd.
> Destl ar ben cwplnen (nid copr),
> Dwywes dlosbryd destlusbropr;
> Da oedd ôl llaw Duw eiddun,
48 > Da trig aur ar befrfrig bun!

Ffynonellau
A—Bangor (Mos) 11, 84 B—BL 14966, 334ᵛ C—BL 14969, 534 D—BL 15000, 116ᵛ E—BL 15059, 180ᵛ F—BL 31084, 37ʳ G—Brog (y gyfres gyntaf) 2, 542ʳ H—Brog (y gyfres gyntaf) 5, 331 I—Card 2.68 [= RWM 19], 192 J¹—Card 4.9, 138 J²—Card 4.9, 159 K—J 101 [= RWM 17], 729 L—LlGC 170C, 167 M—LlGC 670D, 451 N—LlGC 727D, 206 O—LlGC 832E, 12 P—LlGC 3046D [= Mos 143], 24 Q—LlGC 3049D [= Mos 146], 404 R—LlGC 3057D [= Mos 161], 227 S—LlGC 5269B, 312ʳ T—Llst 53, 228 U—Llst 118, 229 V—Llst 135, 115 W—Pen 77, 431 X—Pen 99, 129 Y—Pen 108, 53 Z—Pen 112, 328 a—Pen 195, 18ʳ b—Wy 1, 71 c—Wy 2, 264

Ymranna'r rhain yn naw math: CFHNQSW, ABIa, DELOR, GJ¹J²KMUYe, P, T, V, Z, b. Barnwyd mai yn nhestunau ABCGHINQ–c y ceir y darlleniadau gorau a chodwyd amrywiadau ohonynt hwy. Ymhellach ar y llawysgrifau, gw. tt. 219–27.

Amrywiadau
1 *AIZa* Doe i gwelwn; *GUY* canwn. 2 *A* dwyblaid. 3 *Aa* lurig, *I* bürig. 4 *T* dygnvdd; *HNQSW* yn; *C* yn synoblrvdd (uwch sinobl); *S* synobl rodd; *A* synabl syw. 5 *c* lyw; *Aa* deilw; *B* delw (deilw), *I* deilw. 6 *AIa* Da fowredd ar dwf; *GQUWXY* gnawd, *T* gawd, *b* gyd (*cywiriad*: gnwd); *Ia* eirian, *c* eirvan. 7 *c* spyrs. 8 *c* Dowll; *GUXY* disglaergwbl; *AIa* dowys; *c* glaergwll; *AIa* disgleirbyrs. 9 *CHQW* digiprs, *N* diprs, *Z* giprs; *AIVa* gowld ssiprys ssieb, *BR* gold a seiprys o siep, *CHNQ* gowld a seiprs o sieb, *GXYc* glod seipris o sieb, *Sb* gowld a seiprys o Sieb, *T* gold seipris o sieb, *U* glod a seiprys o sieb, *WZ* gold a seiprs o sieb. 10 *C* Dioer o lathr wallt (yw'r llathr), *HNPS* Dioer lathar wallt; *G* yw llathrwallt; *W* llathreiddwallt, *b* llathreiddddwf (*cywiriad*: llathrwallt). 11 *H* daü; *GTUXYc* eûrlaes bleth; *V* bleth; *GTUVXY* eirleddf, *b* evrleddf (*cywiriad*: eirleddf), *c* eirledyf. 12 *AISa* ddescl, *GTUVYc* estl; *BR*

ddesgyl a heb, *C* ddest (ddestl) a heb, *HQWb* ddestl a heb, *N* ddest a heb; *B* ddiddesg, *C* ddiddesc (ddiddestl), *N* ddiddest, *ABIRSa* ddi ddesgyl, *c* ddidestl; *c* dedyf.13 *B* fedr af i edrych, *RV* veder mi af i edrych, *CQWb* vedr mi ai edrych, *HNS* fedr mi ai hedrych, *c* vedraf yw hedrych; 13 (*b*) + dyn a vedr af yw hedrych / dwyn cwnsallt goreûrwallt gwych. 14 *ABIQRTVZa* kwnswallt, (*C*) Cowns=wallt; *ABI* gorev walld. 15 *G* sywt y perfrig, *TVX* ssyd y pefrvric, *UY* sut y perfrig, *W* svd y penvric (pefvric), *b* sûd y pefrvrig (pennvrig), *c* siut y pefrvrig; *AB* pefrig, *CHNQSZ* penfric. 16 *C* Deifr (dyfr), *Ia* Difyr, *PSV* daifr; *C* loew eithlyfr, *GUXYc* loyw ieithlythr, *W* lew iaith lyfr. 17 *ABCHINRSZa* day vwy bwynt; *V* bwnt, *c* vwynt; *Wb* bwynt a divai; *ABCGHINRSUVYZac* divai o beth, *X* (*cywiriad*: difai beth). 18 *V* dwy; *GTUXYbc* lethrblyg, *QZ* lathyrblyg, *W* lethrblyg *ond yr -e- yn betrus*; *ABCHINSVa* deifr. 19 *Aa* ferch loyw serch; *V* serch y loywferch. 20 *AIa* deml erwydrwalld aml eürdrefn, *C* Deiml erw wydyrwallt aml evrdrefn (delw wydrwallt dalm o wiwdrefn), *GTUXYc* Deml erw draiglwallt aml eûrdrefn, *BHNRSWZ* demel erw wydyrwallt amal eyrdrefen, *Qb* dieml erw wydyrwallt aml [ ], *V* demlerw eithrwallt aml avrdrefn. 21 *V* dwy lywaith, *c* Dwloweth; *GUXYc* da; *V* wibleth, *c* wywbleth; *X* wiwbleth lathr; *GUYc* dwbl. 22 *ABHINRSZa* di vileingydd; *C* Di fileingvdd dan dew *a* dan *i'w gyflenwi o gwr y ddalen*; *ABHINRSZa* vlaengwbwl, *V* velyngwbl; 22 *b* + divileingvdd dew vlae[ ]. 23 *T* dwyn avr sinobl dynar sofl; *CHNS* Dwysgwbl o avr, *QWb* dysgwbl o avr; *V* dwbl ayr ssinobl; *R* ayr a sinddwbwl; *ABIa* avr sy'n ddwbl yw; (*C*) sinwbl. 24 *ABI* dwyf, *a* dwys; *R* dwf eyrgamp; (*C*) oreu gamp di, *b* eûrgamp y da; *T* eigrgamp hoiw da fawrgofl, *V* eyrgamp oedd davyr gofl; *ABIRa* difyrgofl, *Z* [ ]yrgofl. 25 *QWb* dyfr; *ABCHINRSZa* dwfyr o vanwallt, (*C*) Difyrr fanwallt, *T* deifr o fanwallt; *QWb* vanwallt y deifr; *ACHINSV* deifr, *Z* d[ ]vyr; (*C*) fwynwimp, *QW* vanwhemp, *TV* vwynemp, *Z* [ ]wynwemp, (*b*) vanwemp. 26 *ABCHINQRSWab* dwy ardd hwy, *Z* dwy aerwy hwy, (*C*) deu fwy hwy. 27 *T* da eigr; *QW* diagr yw r wen, *V* diagr yw wen, *b* diagr yw e wen; *ABIa* wên; *RV* dyg; *Z* wallt. 28 *W* dlych; *ABIa* fûn, *b* benn (*cywiriad*: b[ ]n); *H* hoelwych, *V* gwedlwych; *A* [banhadlwallt], *BIa* fanhadlwalld, *H* banhaelwallt. 29 *c* Del; *ABIa* wiwbleth, *CHNRSWXZbc* wylbleth, *Q* wyllbleth; *C* da aleblastr, *G* dal alawblastr, *H* da Alablastr, *NS* da aleblastr, *QT* dal alablastr, *UXYc* dal alblawstr, *WZb* dal alablastr; 29 (*b*) + [ ]lbleth dal alablastr / [ ] glosdeml iad glastr / [ ] wallt eiliw saffr / [ ]ûliw eûrsaffr. 30 *ABCHINQ–TWab* oed; *CGHNUXYbc* gloesdeml, *Q* glsdeml, *SW* glosdeml, *T* gloew steml; *T* glawsvr, *UXYc* glawstr. 31 *GTUXYbc* dlos hoffedd; *GQRTUXYbc* deyliw. 32 *GUXYc* dew eûrsofl; *ABIRa* wyrysobyr, *CS* wyrsobr, *HN* weryssybr, *T* erwfost, *Z* wyrysoffl; *A* diliw, *QRZ* deylin, *T* devli. 33 *ABR* dyblig, *C* Dwy fric, *HNS* dwys frig, *Ia* Dydblig, *V* dilyfblic, *Z* Diplyc; *CNSZ* kynhebic; *BR* gynhebig yw i; *AT* gynhebyg nobl, *GUXY* anhebig nobl, *c* kyn hebig nobl. 34 *V* dlosslais, *Z* dlos las; *BHV* dlyssloyw (dilys-liw), *NRS* dlysloen, *b* dilis (*cywiriad*: dlysloew); *QW* iawn delw o sinobl. 35 *ABCINQSa* lath ddwbl y ferch, (*C*) bleth ddwbl merch, *H* lathgwbl y ferch, *R* lathgwpyl y verch, *W* lath ddesbl y verch, *b* loweth ddwbl merch (*cywiriad*: lath ddwbl y verch); *V* lweth; *Z* verch. 36 *T* dwg nobl lat wallt dyn abl liamp; *V* ssydwallt; *V* ablssamp, *b* ablgamp. 37 *BQRTVWZ* da i gwyby; *AIa* gybi, *b* gwelir (*cywiriad*: gwybû). 38 *A* deûfr, *BCHINRSVZa* deifyr, *b* deivr (*cywiriad*: dyfr); *A* dewfrig abl. 39 *ABCINQ–TZa* da i lliwiodd, *H* da i lluniodd, *V* da y lliwoedd; *RSZ* dyn; *UXYc* y, *b* y (*cywiriad*: i); *V* y llyweth (*cywiriad*: a llewych). 40 *ABCHINRSZ* dogyn o ayr pefer gwallt, *Q* dogn avr pefr gwallt, *V* dogn ayrberf gwallt, *W* dogn avr pefr y gwallt, *a* dogyn o aur perf gwalld; *b* eûr pefr *gydag* o *uwchben yr* e; (*C*) o walld, *GTUXYbc* y gwallt. 41 *ABISZa* Difai gariad kribiad, *RH* dison gariad kribiad, *CNS* Difai gariad gribiad; *V* dy gariad nyd, *b* difai gariad (dwyn or iad) nid; *S* grwybr. 42 *ABITXYa* garlont, *C* gerlond (garlond), *GU* garlant, *H* gerlant, *QWb* gerland, *S* gerlond, *V* garlond, *Z* gerlawnt; *c* garl ond dyblig. 43 *ABCHINQRSVWZa* difyr fanwallt; *G* aûrfyr, *b* difyr ovanwallt (*cywiriad*: difai aûrvygr). 44 (*C*) dogn simpl wallt dygn siampl wedd; *CNQRWb* dygyn swmpyl, *G* degn sampl, *H* dygn swpl, *S* dygn swmp, *TUXYc* Dogn sampl, *V* dign ssampl, *Z* dogn sympl, *b* dygyn (*cywiriad*: dygn) swmpyl; *ABIa* swmpl; *GTUXYc* wallt nid dygn, *b* wallt nid dogn; *Z* digon; *ABCHINQRVWZa* siampyl; *QWb* simpl i wedd, *S* siampwedd. 45 *A* Desg, *B* desl, *H* dest, *S* Desgl; *Ia* Desg or nenn; (*C*) Cwmplen, *V* kwbl nen; *V* kobr. 46 *ABIa* Diwies, *CHNS* Dwy we, (*C*) Duwies, *b* dwy wes (*cywiriad*: dwywes); *V* dwy westlysbryd; *C* ysglyrbryd (dlosbryd), *H* ystlyssbryd, *N* ysglysbryd, *S* ysglyr bwyd, *Z* dlysbryd, *b* ystlysbryd (*cywiriad*: dlosbryd); *ABI* desdlyspropr, *CS* disgleirbropr, (*C*) ystlys bropr, *GUXYc* dav ystlysbropr, *T* dav stlysbropr, *HQR* desdleisbropyr, *N* disgleissbropr, *a* desd lylys propr, *b* destlessbropr (*cywiriad*: ysdlys bropr). 47 *GYc* da yw, *U* Da yw (*cywiriad*: oedd); *ABIZa* waith; *CHNRS* da a oedd llaw; *R* dyn; *ABCINSa* vddyn, (*C*) euddun, *GY* eûdûn, *V* y ddyn. 48 *ABCHINQRTVWab* da i trig; *CNS* dabl fric, (*CS*) befrfrig, *G* berfrig, *Y* befr brig, *Z* bennfric; *CHNS* dyn, (*CS*) bvn.

Teitl / rhaglith
A Cowydd y gwalld hwnn a alwodd Tuder ystordyn meddwdod, *B* Cowydd y gwallt, yr hwn a alwodd Sion Tudur, ysdordyn meddwdod, *C* [   ] y gwallt o waith [   ] ap Rydderch wedi [ ]anv yn orchestol, *H* Cowydd Rhwystrys i ferch yr hwn a elwir Ystordyn Meddod, *I* kydd ir gwalld ai blethy'n orchestol o waith mr Rytherch ap Jvan llwyd wedi gannv'n rhagorol meistr o ddysg mae Arno Rinwedd ni chan vn dyn meddw mono byth am hynny i galwodd Sion Tudyr ef ystordyn, *N* kowydd rhwystrys i ferch ysderdyn meddwdod klod ir gwallt, *Q* kowydd y gwalld ag a elwir ysterdyn medddod, *S* K: y gwallt gwedi i ganv yn orchestol, *T* kow: y gwallt, *W* [   ] ystordyn medddod, *X* J ganmol gwallt merch pob odl yn dechre a d. *mewn llaw wahanol*, *Y* Cywydd i wallt pen merch. a chadw y'r vn llytheren gymeriad

drwy'r cywydd *mewn llaw wahanol*, Z kywydd i Wallt merch a moliant iw
arwainydd, *a* Cydd ir gwalld ai blethy'n orchestol o [ ] mr Rytherch ap
Evan llwyd wedi i ganu'n rhag[ ] meisdr o ddysg mae arno rinwedd ag ni
chan vn dyn meddw mono byth am hyny i galwodd John Tydur ef
ysdordyn meddwdod, *b* y Cywydd hwnn a elwir ystordyn meddod, *c* k.
merch.

Olnod
A Jefan ap Rhydderch ap Jefan lloy[ ], *B* Jeuan ap Rydderch ap Jeuan llwyd
ai Cant, *C* Jeuan ap Rydderch ap Jefan Llwyd, *G* Jeuan ap Rhydderch ap
Jeuan lloyd ai kant, *HU* Jeuan ap Rhydderch ai kant, *I* Jvan ap Retherech
ap Jeuan llwyd, *N* Jeuan ap Rydderch ap Jeuan llwyd, *Q* Jeuan ap
Rhydderch ap Jeuan llwyd, *S* Jfan ap Rydderch ai Cant, *T* Jevan ap
rhydderch ap Jevan lloyd esgwier o lynn aeron ai kant, *V* Jeuan ap
Rhidderch ap Jeuan lloyd ay kant yr hwn y elwir bystyll y beirdd, *W* Jeuan
ap Rydderch ap Jeuan llwyd, *X* Jeuan ap Rhydderch ai kant, *Y* Jevan. m.
Rhyderch ap Evan Lloyd o ogerddan *mewn llaw wahanol*, Z Jefan ap
Rhydderch ap Jefan llwyd, *a* Rhytherch ab Evan ai Cant, *b* Jeuan ap
Rhydderch ap Jeuan Llwyd aû Cant, *c* Jeuan ap Rydderch.

Trefn y llinellau
ABIa 1–12, 29–32, 13–28, 33–48.
CHNQSW 1–28, 33–44, 29–32, 45–8.
GUYc 1–12, 29–30, 41–4, 13–22, [23–8], 31–2, 37–8, 33–4, [35–6], 39–40, 45–
   8.
R 1–48.
T 1–12, 29–30, 41–4, 13–22, 31–2, 23–8, 35–8, 33–4, 39–40, 45–8.
V 1–28, [29–32], 33–48.
Z 1–2, 4, 3, 5–12, 29–32, 13–28, 33–48.
b 1–14, (13–14), 15–22, 22, 31–2, 23–8, 29–30, (29–32), 33–48.

I wallt merch

Ddoe yr oeddwn yn edrych (carwn pe cawn [hwy]) ar
Ddwy bleth drwchus eu gwead o wallt merch;
Cludai [faich o] wallt aur o'r math ardderchocaf
4   [Ac] amlwg uwchlaw grudd goch wych,
Gwallt dilychwin ei liw, llun Eigr lân,
Cnwd mawr ei odidowgrwydd [a] rhagorol, twf melyn a mân.
Pen wedi ei ddonio [oedd ganddi] ac arno flagur,
8   Pâr hardd i gyd [a] thrwchus [o] gyrs disglair.
[Fel] aur llyfn cypres Sieb,
Yn ddiau, y mae'r gwallt llathraid diarheb[ol]!
Islaw arlais pleth [y] ferch wallt felen a mwyn
12   [Yr oedd] dwy rudd hardd heb [arnynt] nodwedd afluniaidd.
Un [ydyw] sy'n medru (af i ymweld â hi)
Gwisgo [fel] mantell wallt euraid gwych.
Ardderchog yw dull gwallt prydferth dilychwin
16   [Yr un fel] Dyfr [a sôn amdani mewn] llyfr o iaith loyw [a]
           llathraidd ei llyweth;
Mwyaf rhagorol [oedd y gwallt] o ran graen, peth di-fai,
Twf trwch euraid ei addurnwaith Dyfr lathraidd ei phleth.
Merch glaer [a] llyfn [ydoedd sy'n wrthrych] serch diamau,
20   [Un â] ffurf gwallt disglair, [ac iddo] gyfran o drefn brydferth.
Dwy lyweth dda rhagorol eu plethiad [a] deublyg,
Amlwg eu blaen [a] thrwchus [a] melyn i gyd [oedd ganddi];
Aur deublyg ei arwydd [a] chwbl solet yw'r bonion,
24   Twf ac iddo wychder, baich byr [a] da.
Gwallt mân hir Dyfr brydweddol a mwyn,
Twf hardd hwy na chywarch di-nam [sydd ganddi].
Y mae'r eneth landeg brydferth yn ei gludo i'r allt,
28   [Un â] gwedd merch wych ei bywyd â gwallt lliw banadl.
[A hithau'n un â] gwedd fwyn a theg, [o] liw rhagorol alabaster,
Urddasol ydoedd, [fel] clwysty [ac iddo] ben eglwys hardd;
Gwallt naturiol [a] hyfryd [o] liw saffir,
32   [Ac arni] ffurf bonion aur, lliw saffir aur o'r disgleiriaf,
Trwch [o wallt megis eiddo] ystof, tebyg i nobl,
Tlws iawn a llaes, lliw hardd sinobl;
Dwy bleth ddwbl merch berffaith ei champ,
36   Dwy nobl [o] fanwallt geneth weddus ei disgleirder.
Da y medrodd gael gwallt di-fai,
Chwaer drwchus ei gwallt [a] rhagorol a gweddus Dyfr;
Da y lliwiodd Duw ei llewyrch,
40   Cyfran ardderchog a gloyw o wallt [lliw] ambr gwych,

[A]'r corun yn gwisgo (nid cribiad annhaclus [mohono])
Plethiad dwbl [sy'n] goronbleth, llwybr euraid dyblyg,
Edafedd euraid ac ysblennydd [a] di-fefl,

44 Gwallt teg iawn sy'n esiampl, cyfran syml ei golwg.
Hardd [ydyw] ar ben nen [ac iddi] gwpl tŷ (nid [fel] peth eilradd y
    mae),
Duwies dlos ei phryd [a] dillyn a hardd;
Da oedd ôl llaw Duw hawddgar,

48 Da yr erys aur ar wallt gloyw merch!

2
Chwarae cnau

Da yw 'nghof am lyfr Ofydd:
Dynion serchogion y sydd.

Syganai erfai eurferch
Wrthyf: 'Mau o siamplau serch
Cnau i'm llaw, brifardd hardd hwyl.'

'I minnau dôn', em annwyl,
Perles pêr herber hirbarch.'

'Pam y tau y prifgnau parch?'

'I mi deuan' o'm hangerdd,
Am eu danfon, cofion cerdd.'

'Pwy,' heb hon, lliw ton tes,
Dan fanwallt, 'a'u danfones?'

'Dyn glaerwen dan eglurwallt,
A lliw'r gwin oll ar ei gwallt.'

'Pwynt cyfrinach yw d'achwyn,
Pam y'th gâr y feinwar fwyn?'

'Os câr, gad yna is coed
Amnifer ym o nwyfoed,
Saith gneuen, fal yr henwir,
Saith lain nod, o'r sythlwyn ir.'

I mi digwyddodd rhoddion,
Amnifer o haelder hon:
Swllt ynial, Esyllt annerch,
Saith nobl aeron, siamplon serch.
Pybyr bron, rhoddion rhwyddweilch,
Pefr anwylyd, gwiwbryd gweilch,
Gleiniau ofydd o ruddaur,
Criafol reiol o'r aur,

4

8

12

16

20

24

28

Cynnydd serch, eurferch erfai,
Cwrel irgyll mentyll Mai,
Calennig fonheddig fwyn,
32   Coelfain gan firain forwyn,
Disiau anrheg, aur teg tawdd,
Dillynion, Duw a'u lluniawdd.

Amnifer y saith seren,
36   Arwyddion oed o goed gwen;
Aeron hoyw a roes gloywferch,
Euraid leiniau, siamplau serch;
Aur f'annwyl, ni rof finnau
40   Er noblen cneuen o'r cnau.

Ffynonellau
A—Bangor 5945, 86 B—BL 31056, 106ʳ C—Brog (y gyfres gyntaf) 2, 228ᵛ
D—J 101 [= RWM 17], 305 E—LlGC 3056D [= Mos 160], 290 F—Llst
133, 167ʳ [= rhif 548]

Tebyg iawn i'w gilydd yw'r rhain, ond ceir rhai gwallau amlwg yn A. Copi
yw D o C. Barnwyd mai yn nhestunau BCEF y ceir y darlleniadau gorau, a
chodwyd amrywiadau ohonynt hwy. Ymhellach ar y llawysgrifau, gw. tt.
219–27.

Amrywiadau
1 *B* a lyfr. 3 *C* eûrfav. 4 *EF* mae o siamplae. 6 *E* mine i don. 7 *BC* perls; *C*
hirber. 8 *F* tau prifgnau. 9 *E* mi i devan. 14 *CE* y gwallt. 18 *BCEF* am y
nifer. 22 *B* am ynifer, *CEF* am nifer. 23 *F* yniall. 25 *BC* pvpvr, *E* pypvr. 28 *C*
keinafol, *E* keiriafol. 29 *BCEF* irfai. 32 *B* genn forain. 35 *CEF* am nifer; *B*
am ynifer yw'r saith. 36 *C* arwyddion o. 37 *B* hoiw o cae.

Teitl / rhaglith
B Cowydd cnav im llaw, *E* k: y knav im llaw.

Olnod
B Jeuan ap Rydderch ap Jeuan llwyd hen, *C* Jeuan ap Rydderch ap Jeuan
lloyd ai k., *E* Jeuan ap rhydderch ap Jeuan llwyd ai kant, *F* Jeuan ab
Rhydderch ab Jeuan Llwyd o Lyn Aeron yn Swydd Aberteifi a'i cant.

Chwarae cnau

Da yw fy nghof am lyfr Ofydd:
Y mae pobl serchog [yn bod].

Sibrydodd merch ardderchog [a] di-fai
4   Wrthyf, 'Yn eiddof o arwyddion serch
[Y mae] cnau yn fy llaw, brifardd hardd [dy] natur.'

'I minnau y deuant, [fy] ngem annwyl,
[Y] perlau pêr deildy mawr ei barch.'

8   'Paham mai yr eiddot ti yw'r cnau rhagorol [sy'n] wrthrych parch?'

'I mi y deuant ar gyfrif fy nghelfyddyd,
Oherwydd danfon meddyliau [ar] gân.'

'Pwy,' meddai hon, [un ar arni] liw ton y tes,
12   Dan [ben o] fanwallt, 'a'u hanfonodd?'

'Merch wen iawn dan [ben o] wallt gloyw,
A lliw'r gwin i gyd ar ei gwallt.'

'Nodwedd cyfrinach yw dy gwyno,
16   Paham y mae'r [un] fain a llariaidd [a] thirion yn dy garu?'

'Os yw hi yn [fy] ngharu, gad yno dan [y] coed
Odrif imi oherwydd man cyfarfod ag anwylyd,
[Sef] saith cneuen, fel yr enwir [hwy],
20   [Neu] saith glain nod, o'r llwyn uchel iraidd.'

Daeth rhoddion i'm meddiant,
[Daeth] odrif o haelioni hon:
[Un sy'n] drysor gwych, [fel] Esyllt [o ran ei] chyfarch,
24   [—Daeth] saith dernyn aur o ffrwyth, arwyddion o serch.
Gwych yw [ei] mynwes, rhoddion [teilwng o] bendefigion hael
        [sydd],
Anwylyd ysblennydd [ydyw], gwiw wrthrych bryd gwroniaid,
Gleiniau anwylyd [wedi eu gwneud] o aur coch [sydd],
28   Aeron ardderchog o aur,
Prifiant serch [sydd], merch ragorol wych,
Cwrel coed cyll iraidd mentyll Mai,
Calennig [gan] ferch fonheddig [a] mwyn,

32   Gwobr gan forwyn firain,
     Anrheg o ddisiau, [fel] aur tawdd hardd,
     Rhai gwych, Duw a'u lluniodd hwy.

     Odrif y saith corff nefol,
36   Arwyddion o['r] coed [o] oed [â'r] ferch landeg;
     Rhoddodd y ferch gampus ffrwyth gwych,
     Gleiniau euraid, arwyddion serch;
     Euraid yw f'anwylyd, ni roddaf innau
40   [Yr un] gneuen o'r cnau yn gyfnewid am ddarn o aur.

3
Cywydd y fost

Hywel a wnaeth, mab maeth medd,
Awen gain, Owain Gwynedd,
Gerdd hydr fydrfawl, gwrawl gyrf,
4   Gwrdd gledd, gorhoffedd hoywffyrf,
I ddangos, myfyrglos mawl,
Ei ragorau, ri gwrawl.
Gwnaf finnau cyn maddau medd
8   Gwawd gair hyffawd, gorhoffedd.
Profaf ddangos rhag prifeirdd
Pynciau hoyw ragorau heirdd.
Od amau neb dim a wnaf,
12   Gwir ŷnt, a mi a'u gwrantaf.

Yn gyntaf, oleuaf lwybr,
Yn ieuanc, anian ewybr,
Dysgais yn brifdda drahydr,
16   Dysg deg, ramadeg a'i mydr.
Bûm 'n yr art, dau dirmart derm,
Yn registr soffistr sywfferm.
Gwn, bûm hyddysg ymysg mil,
20   Gyfraith ddwys hoywfaith sifil.

Cyfarwydd, nid cof oribl,
Eofn babl, wyf yn y Bibl.
Gwn, dysgais, profais y prig,
24   Yn gryno pob iawn gronig.
Dysgais yr eang Ffrangeg,
Doeth yw ei dysg, da iaith deg;
Deellais, da uthrais eithr,
28   Däed cael pethau dieithr.

Dysgais yn graff, wiwbraff wabr,
Diwybr restrlwybr yr astrlabr;
Hwn a ddysg i'r hen ddisgibl
32   Ar rod, heb wybod o'r Bibl,

Rhif a modd, unfodd iawnferf,
Rhod wen y ffurfafen fferf,
A'i channaid gwrs a'i chynneddf
36   Â'i cheingau a'i graddau greddf.

Dysgais, ystriciais ystrac,
Deall modd y sodïac,
A'r saith blaned, dynged dygn,
40   Diddicson, a'u deuddecsygn,
Y rhai a elwir yn rhwydd,
Diddig air, Deuddeg Arwydd,
Eu henwau, wych luniau achlân,
44   A'u hunion gwrs a'u hanian.
Traethais ddeufwy ar ddwyweus,
Talm mawr, ar lyfr Toloméus:
Rhyw bwynt fyth ni rhy beintier,
48   Rhyfedd sôn, rhifoedd y sêr.
Llawer dysg, ffysg philosoffr,
Llyfr mad, a gaffad o'i goffr.
E rannwn, gwypwn gapitl,
52   Eres Aristotles ditl.

Dysgais, dywedais yn wydn,
Dalm ar y cwadrant elydn;
Da yw yntau a'i deinticls,
56   A'i siecr gwmpasau a'i sicls,
A'i ffilas a'i blwm glas gloyw,
A'i berl arno yn burloyw,
Eithr ei fod oll, uthraf dim,
60   O rygraff rif yr awgrim.
Hwn, ni ddiffygiwn, dda ffaig,
Yn fanol ynn a fynaig
Y radd a'r ban, seithran sathr,
64   Y bo'r haul ar wybr hylathr,
A phwynt uchder pob seren,
A phob rhyw dir, a phob pren,
Ac ister dyfnder pob dwfn
68   Hyd ar fyd, ennyd, Annwfn,
Hyd y gellid (bid heb wg)
Gweled bellaf â golwg.
Oriau'r dydd ar air diddestl
72   A ddengys dau ystlys destl;

Wrtho y gwnair, gywair gaes,
Cloc pres, gwirles, ac orlaes.

Astudiais, dysgais ger desg,
76   Astud ddal ystad ddilesg,
Campusdda grefft cwmpasddwbl
Compod a'i gwybod o gwbl.
Da y gwn, nodwn heb nidr,
80   Dabl Denis, dyb elw dinidr;
Ffyrf glod, gwn fod gennyf fi
Ffwrm a thabl mwyndabl *mundi*
A ddengys â bys, heb au,
84   Ffurf y byd, ffyrf wybodau.

Gwn—beth ddorwn?—beth eres,
Ynial yw, er na wna les:
Rhod y dynghedfen a'i rhan,
88   A rhyw igmars a rhagman.
Beth ddorwn bethau eraill?
Tawer â llawer o'r lleill:
Nid iawn i ddyn, nid yw'n dda,
92   Eu traethu, talm a'u traetha.

Trown bellach (try yn bwyllig
Tra doeth ni myn un tro dig)
Ar gerddau deau diasw,
96   A champau a moesau masw.
Meistr wyf, rymuster eofn,
Ar gerdd dafod, ddefod ddofn;
Gwnawn yn deg uniawn gynnil
100   Gwawd ddiwyr, mal y gŵyr mil,
Cywydd call, deall diongl,
Cyn hyn, ac englyn heb gongl.
Prydwn yn loyw hoyw huawdl
104   Pob mesur, cofiawdur awdl.
Dygais (dewisais dwysalm)
Cyn no hyn ar delyn dalm.
Gwn yn ynial mal y mae,
108   Gnawd yn ôl gwirawd, gwarae
Tawlbwrdd yn graff, braff broffes,
Tabler mewn sïer, a sies.
Gwn hefyd, gwnawn yn hyfedr,
112   Gampau hy, myfy a'u medr:

Digio gorwydd rhwng dwygengl
Dan gyfrwy, dilyth syth sengl;
Saethu fal gŵr o Sythwerc
116   Yn isel barsel dan berc;
Torri ar ergyd dirwystr
Gragen deg ar osteg wystr;
Bwrw acstre 'mhell a'i ellwng,
120   A bwrw maen o'r blaen er blwng;
Rhedeg dieiddil dilwfr,
Rhugl neidio, nofio yn nwfr.

Cefais gan rwydd arglwyddi
124   Cwbl gyfarch mawrbarch i mi;
Cefais, tra fynnais, yn fau
Cwbl oes hoywddwbl o swyddau;
Cefais lawer a'm cyfeirch,
128   Cu fagwn milgwn a meirch;
Cefais gan lân rianedd
Cyfun gariad mad a medd;
Cefais serch er fy mherchi,
132   Caffwn 'r hwn a fynnwn i;
Cefais einioes mewn cyfoeth,
Cof digriflawn cyflawn coeth;
Caf, a deuaf o'r diwedd,
136   Cyflawn rad, i wlad y wledd;
Caiff fy nghorff yn fy ngorffen
Cofáu'r pridd mewn y coffr pren
Yng nghôr eglur, mur i mi,
140   Yng nghaer Llan ddiwan Ddewi,
Yng nghlostr Mair ddwysair ddiseml,
Yng nghalchfedd diomedd deml;
A'r nef ddwyre, lle llawen,
144   Ar naid i'm enaid. Amen!

Ffynonellau
A—Bangor 7288, 253 B—Bangor (Mos) 6, 32^r C—BL Add 14902, 36^v
D—BL Add 14971 [= RWM 21], 200^r E—BL Add 15059, 56^r F—BL
31084, 30^r G—Bodley Welsh e 4, 32^v H—Card 1.550, 221 I—Card 2.5 [=
RWM 11], 101 J—Card 2.114 [= RWM 7], 481 K—Card 2.630 [= RWM
Hafod 20], 158^r L—Card 5.44, 224^v M—J 139 [= RWM 14], 197 N—
LlGC 95B, 75 O—LlGC 642B, 42^r P—LlGC 970E [= Merthyr Tudful],
439 [= rhif 294] Q—LlGC 1971B [= Panton 2], 575 R—LlGC 3050D [=
Mos 147], 468 S—LlGC 6511B, 224^v T—LlGC 9048E, 46^r U—LlGC

13062B, 353ᵛ V—LlGC 21290E [= Iolo Aneurin Williams 4], 158ʳ [= rhif 380] W—Llst 53, 230 X—Llst 120, 51ʳ [= rhif 177] Y—Llst 133, 366ʳ [= rhif 1152] Z—Llst 134, 229ʳ [= rhif 371] a—Llst 155, 139 b—Pen 53, 112 c—Pen 82, 309 d—Pen 114, 21 e—Pen 159, 196 f—Pen 221, 170 g—Wy 1, 228

Ymranna'r llawysgrifau yn bedwar math: A–DGHINOQRTWYacdg, EFKLPSUVZ, JM, Xb. Gellir rhannu'r math cyntaf ymhellach yn ADGIQY, B, C, H, N, OR, Td, Wa, c, g, a'r ail yn E, FKLSUZ, P, V. Drylliau yw ef nad oes fodd eu dosbarthu. Barnwyd mai yn nhestunau CDGI–MPS–XZ–dg y ceir y darlleniadau gorau, a chodwyd amrywiadau ohonynt hwy. Y mae rhai darlleniadau yn PVg yn aneglur neu'n anghyflawn oherwydd traul; ni nodwyd y rhain oni bai bod achos i gredu y byddai darlleniad yn wahanol i ddarlleniad y testun golygyddol pe bai'n gyflawn. Ymhellach ar y llawysgrifau, gw. tt. 219–27.

Amrywiadau

1 *d* awen; *T* y; *Ga* vab, *I* Iad (*cywiriad*: mab). 2 *M* ai wain gain owen; *Id* Owen, *J* awain; *G* gwynedh *ond mewn llaw wahanol*. 3 *X* Cerdd; *Za* hydr fawl; *J* groyw (*cywiriad*: gwrawl); *FKMX* gryf, *I* ffyfr (*cywiriad*: gyrf), *Td* gyrdd. 4 *J* glef; *F* gledd hoffedd, *K* gledd a hoffedd, *LPUVZ* gledd ar hoffedd; *I* orrevffledd, *JM* gorhoywedd; *I* hoi Ryffyfr (*cywiriad*: hoyw ffyrf), *JM* groywhyf, *Td* hoywffyrdd, *X* hoew ffyrf (*cywiriad*: fryf), *g* rhyffyrf. 5 *JM* er dangos fyfyrglos fawl; *d* meddvrglos. 6 *V* i ragorav rhagorawl; *JM* o; *IX* rragorav; *CJM* rif, *T* rhi, *X* rhai, *b* ray, *d* vri. 7 *Z* jnn; *J* ir, *MZ* er; *CDb* madde. 8 *DJTd* air, *I* or (*cywiriad*: aur), *KLPSUVZ* aür, *M* ar, *a* gwir; *GKLPSUVYZ* hyffwawd, *JM* hoffwawd, *I* Revffawd (*cywiriad*: hoywawd), *K* hyffwawd, *a* hoffwawd, *b* hyvawt; *DFd* orhoffedd, *JM* or hoffwedd, *KLPSUVZ* ir hoffedd, *T* ar hoffedd. 9 *C* pva, *d* prafaf; *JM* ir; *I* prifairidd, *X* priffeirdd. 10 *C* ragore, *JMTV* rhagorey. 11 *b* Or; *J* di amav neb, *M* di amme i neb; *d* ddym. 12 *I* Gair (*cywiriad*: gwir) ynt mi, *g* y gwir ynte mi; *D* ynt mi; *d* ag; *I* gwrantaf (*cywiriad*: gwarantaf). 13 *I* y; *d* olyaf; *I* lwbr (*cywiriad*: lwybr). 14 *M* iaink; *DGIKPSUVZa* awen. 15 *b* Dykeis yn brif dra y hydyr; *LP* yn dda, *d* yn brifddaf; *X* yn brifdda'r hydyr; *C* drafhydr, *I* dra hyder, *J* dro draydr, *M* dro draydr *ac* e *uwchlaw'r* y, *g* dda hydr. 16 *JM* ddysg; *Ig* teg; *DMTdg* grammadeg; *CDGI–MPS–VZacdg* a; *d* medr. 17 *CGag* bvm yn art ddau dirmart derm, *D* Bvm yn art ddav drimart, *I* bvm yn rrt ddau drimart derm, *I* bvm miter ar dir marterm, *KLPSUVZ* bvm yn art dav dirmart derm, *M* büm miter ar dir mattrin, *X* Bun yn yr art deu dirimwart derm, *b* Buim nyr art deu dirimwart derm, *c* bvm art ddav tirmart terym, *d* bvm yn art ddav dirmart dernir. 18 *JM* yn rrif seister; *Ca* rediestyr, *DIKLPSUVXZb* regester, *G* redsiestr, *c* redriest, *d* roesgester; *C* siphest, *DIMa* ssioffestr, *G* sioffestr (*cywiriad*: Sophistr), *J* soffeister, *KLSUVZ* rwsiestr, *P* rwysestr, *c* ssoffest, *d*

svffester; *C* sopherem, *I* vfferren (*cywiriad*: ssnllfferm), *JM* sawsdrin, *KSUVZ* rwsterm, *LP* rwysterm, *d* syw fferur, *g* sopherm. 19 *G* bv. 20 *C* gyffraith, *Z* kyfraith, *c* ghyfraith (*wedi ei newid o* ynghyfraith *gan yr un llaw*); *b* dwys; *G* hoiwffaith, *JM* hoffwaith, *X* heiwfaith, *Z* hoevaith, *a* goiwfai. 21 *C* bvm kof, *G* mewn kof, *JM* wyf kof, *X* ni cof; *I* oreibl, *JM* aribl. 22 *C* dwyfyw, *J* ion, *M* im, *g* dofn; *D* eofn i bawb wyf, *I* kof j bawb wyf, *KSU* evo n bab wyf, *LPVZ* a vo n bab wyf; *Ga* bawb, *JM* bobyl; *M* ni beibl, *U* ynn bibl; *CMc* beibl. 23 *GI–MPSUVZacg* medrais; *KSV* prwvais, *U* pryvais; *KLPSUVZ* bob. 24 *DGI– MPSUZa* bob. 25 *T* dyscais ddehangl y (*cywiriad*: yr eang *gan yr un llaw*) ffrangeg, *d* dysgais ddeangl ffrangeg; *J–MPSUZ* yn, *V* [ ]n, *Xb* y; *JM* ifanc; *C* ffrangeeg, *Z* Prangeg. 26 *G* deth; *LZ* yw dysg, *Xb* ywr dysc. 27 *I* dyscais dieithrais do eithr, *T* dyellyais dieythrais eithr; *C* daellais, *J* dyhellais, *Ga* dysgais; *C* eithrais, *JM* vthyrais; *Ga* vthrais do eithr, *KLPSUVZ* ythrais do ythr; *C* evthyr, *d* heythyr. 28 *KLPSUZ* a daed; *CG* daied, *I* daied; *g* cael y pethe; *LSVZ* diythr, *Ma* diethr, *c* diaythr. 29 *CLPVXZ* braff, *b* braf; *L* wibraff, *b* wywbraf, *X* wiwbraf; *C* walabyr. 30 *I* dreiglwybr rrestr Rwybr Restrrbr (*cywiriad*: Restabr), *JM* di ewybr ar esdyrlwybr ysdralabr, *K* draigl ewybr rest lwybr rastlabr, *LP* draigl wybr rest lwybr rast labr, *S* draigl ewybr rest lwybr rastlabr, *T* diwybr rester loywybr Rastralabr, *U* draigl ewybr rhest lwybr rhastlabr, *V* [ ]gl ewybr rest lwybr rastlabr, *Z* draiglewybr rest lwybr rostlabr; *X* dawbr, *a* dilwybr, *b* Diwbr, *d* diwoybr; *C* di ewystyr lwybyr; *Gg* restlwybr, *a* rest, *c* estlwyr, *d* rester loywbr; *c* ar; *Cg* astrolabr, *D* astorlabr, *Gc* astlabar. 31 *C* yr hwn, *I* gwn, *JM* hon; *JM* ddysgai hen; *GIKLPS–VZad* i; *T* diskybl. 32 *CDGI–MPTUZacdg* hardd, *S* haodd; *G* rad, *T* rodd; *J* rr veibl, *M* rhüeibl; *CDGIKLPS–VZacdg* y; *Tc* Beibl. 33 *C* rryw annodd anvodd iownferf, *M* rhyw anodd iown fodd vnferf; *GIKLMPSUg* rhyw, *U* [ ], *J* rrvn; *g* ar; *g* fodd; *b* modd y vod iawnverf; *Z* ryw anodd vnfodd, *c* ry anodd anfodd; *DGI* anfodd, *Jag* iownfodd; *J* vnferf. 34 *Ga* ffvrfadden, *L* fferfaven, *U* ffyrfaddenn. 35 *b* a, *U* [a'il]; *CGJ–MPSZacg* chaniad; *CGJ–MSVZacg* ffyrf, *DI* ffvrf, *P* fferf, *U* ffyrdd; *G* a. 36 *b* A; *C* ffyngkie, *Z* chaing, *g* chonglae; *DGKUacg* gwreiddiav; *L* greddav n greddf, *PV* graddiav n greddf, *S* gwraiddav n greddf. 37 *X* ysrcceis; *MXZb* strac. 38 *JM* dyall svtt a dvll sodiak, *KPSUZ* deall disowdwall sodiak, *L* deall di sawdwall sidiek, *V* [ ]all di sowdwall sodiak; *I* dyall amodd; *d* o; *Gc* ssodeiack, *a* ssadeiack. 39 *CDGag* ae, *Td* a, *d* a; *CSbg* planet; *CDGTacd* tynget, *I* dynghedfen, *LMQTVWa* dyged; *Cc* tengyn, *GIa* tygn, *T* hengn (hign, *yna* hengyn hing), *Xb* deghyn, *d* hygn. 40 *g* ai ddigson; *C* digson; *Dc* ar; *g* ddeûddeg; *I* svgvn. 41 *T* y (*cywiriad*: a *gan yr un llaw*); *CI* ar Rai, *G* ywr hai, *KLPSUZc* y rain, *V* [ ] hain; *T* y; *DTd* elwid. 42 *D* ddiddig, *d* devddeg; *Ccd* air y devddeg, *T* air y deudg; *D* ddevddeg. 43 *I* + ai berel arnaw yn burlan *a ll. drwyddo*; *CDGJTacg* ae, *Id* a; *KLPSUZ* [Eu]; *D* wyth, *T* ywch, *c* gwych, *g* gwyrdd; *GLPVa* leiniav, *I* leniav (*cywiriad*: leiniav), *JSXdg* liniav, *c* gleinav; *DG* chlan, *JKLPSVZ* awch lan, *T* wych lan, *cg* glan, *d* ywch lan. 44 *JM* dysgais,

KLPSUVZa treiglais; *C* am dwy wiwdda wevys *ond a thrydedd lythyren* wevys *yn annarllenadwy*, *D* am diwiw ddwy wevs, *G* am ddwy wiwfwy wefus, *I* am dwy fwy wefvs, *JM* ddevfwy ar ddwy wefys, *KLPSUVZ* dda vais ddwy wevys, *T* am dwy wiw vwy wevus, *a* am ddwy wiwflwy wefus, *c* am da wiw ddwywefys, *d* am dwy wiw ddwy wefys, *g* am dwy wiwddwy wefûs, *Xb* om dywys dwywevys. 46 *DJM* dalm; *D* o; *DTX* ptolomeus, *JM* dalmefys, *PUVZg* Tolmeys, *a* tolomefus, *c* talymevs, *d* Talameys. 47 *C* ar ryw fodd na revedder, *DTcd* O ryw vodd na ryvedder, *G* a rryw fodd lle ryfedder, *I* or Riw fodd na Ryfedder, *KLPSVZ* a ryw vodd na ryvedder, *U* a rhyw vôdd na rhyvedder, *a* a rryw vodd lle rryfedder, *g* ar ryw vodd na ryvedder; *M* a rhyw; *Xb* Ryboet vyth; *JM* bwynt nis rry. 48 *C* rryfeddet; *G* swrn, *ILMQTVWa* swm; *JM* son rryw fodd y; *C* rrifiat, *K* rivedd, *Tg* rhivodd. 49 *CGKLPSUWZacg* llawer o ddysg, *I* llawer agad o ddysc, *V* [ ]lawer o ddysg; *C* Soffyr, *DGIKLPSUVWZa* ffioffr, *c* ffywgyr, *d* ffyskgoffor, *g* ffygr. 50 *T* y; *I* gad, *Pad* gafad; *DGITWacd* o; *c* gyfyr. 51 *P* erfynwn pai gwypwn o gapitl; *DGI–MS–VZacdg* Ervyniwn, *C* hyf; *C* oyddwn; *C* gwybyddwn, *JM* gwybyttwn; *KLPSUVZ* gwypwn o gapitl; *JM* gabytl, *Xb* capitil, *T* gabitl (capytl). 52 *PSV* ares; *C* eres o arystotlys, *JM* dilys elis dotlys; *G* erystotles, *KLU* alestotles, *PSV* Alistotles, *a* ales dotles, *c* elisdotles, *d* alystotlys; *CJM* deityl, *T* ditl (titl), *Xbdg* titl. 53 *G* dysgais ni wedais wiwdynn, *W* dysgais ni wydnais wydyn, *a* dysgais ni wydais wedyn; *C* dyskais ni wdiais, *I* dyscais ni wydais, *KLPSUZ* dysgais ny wedais, *M* dysgais a ddywedais, *T* Dyscais m widais, *V* [ ]ysgais ny wedais, *c* dysgais ni wydnais, *d* dysgais ny wdiais; *Dg* newidiais, *J* ddwedais; *JM* ddi wydn. 54 *Cb* Talm, *J* dant (*cywiriad*: dalm); *K* dalm mawr ar gwarter y dolmydn, *LZ* dalm mawr ar gwarter dolmedn, *P* dal mawr ar gwarter Dolmedn, *S* dalm mawr ar gwarter dolmydn, *T* dalm or quarter amdelydn, *U* dalm mawr ar gwarter y dolmydr, *V* [ ]lm mawr ar gwarter dolmedyn, *Wa* dalm ar gwarter y delyn, *c* talm ar gwarter yn telydn, *d* dalm or quarter andelydyn; *X* ar quadrant, *b* ac quadrant, *G* ar gwnter, *g* ar gwadrant; *C* gnadrant, *D* gwadrant, *I* kwarant; *C* telydyn, *G* hendelynn, *I* elnidyn, *JM* dilydn. 55 *X* yntef; *b* ynteu ef ae tenticlys; *M* a; *C* deintilys, *D* dentickls, *Wa* deintlys, *Xg* dentikls, *c* deintkls. 56 *C* seayr, *Xb* stacat, *D* sickir, *IKPSUWZag* sercl, *J* sibyl, *LV* sirkl, *M* sykyl, *d* serker; *Xb* cwmpasseu, *Cag* gwmpas, *GIKPU* gwmpasgron, *LSVZ* kwmpasgron, *Td* gwmpaslen, *W* yn gwmpas; *M* gwmpassaü sicklis; *KUZ* tri, *P* tai, *SV* ti; *C* sialys, *W* sierklys, *a* ssinklys. 57 *C* gwmpas (ystalag); *GI* Solas, *M* blas, *P* [ ]las, *Wa* stolas, *c* silas, *g* bilas; *J* blas blwm; *GLPZ* o, *M* i, *SU* ar; *c* goiw. 58 *W* ain; *JM* berlais yno yn; *Xb* arnei; *W* ain; *C* byrloyw, *c* bvroiw. 59 *KLSUVZ* eithr vod, *P* [ ]hr vod; *JM* y don; *C* yvthra, *PZ* eithraf, *a* arvthraf; *KLSUV* eithraf yw dim, *Td* eythred ym. 60 *a* + *i*; *C* o orevgrefft ar awgrym, *DGTd* o orey grefft yr awgrym, *I* o orrev grefft ar yrawgrym, *JLM* orevgrefft rif yrawgrym, *KSZ* oraügraff rif yr awgrim, *P* [ ]aü grefft rif yr awgrim, *U* orav grâff rhif yr awgrim, *V* [ ]ügraff rhif yr awgrim, *W* o orevgreff yr awgrim, *a* o orevgrefft yr awgrim, *cg* orev greffd ar yr awgrym. 61 *g* gwn; *Xb* yw; *Xb* difygywn; *T* vath; *Xb* da y feic; *JKLSa* ssaig, *T* haig. 62 *CDGIWacg* fanwl; *J* fanwyl byfr ym fynaig, *M* fanwyl lyfr yn fynaig; *CDg* ym, *X* vn, *c* hyn; *IKLPS–WZa* yn y vaneig; *G* i. 63 *Xb* rat; *DGI–MPS–WZacdg* van; *T* saithvan (saithran). 64 *Wa* bair; *DGIKLPS–WZadg* mewn, *c* dan, *Xb* ywch; *J* ar yr wybr, *M* ar i rwybr; *CDGI–LMPS–Wacd* hoywlathr, *Xb* hulathr, *Z* loew lathr. 65 *X* phoint; *b* ywder; *IWd* bob. 66 *C* ffa; *Cc* ryw; *C* prif, *DGWa* bridd, *I* tir, *JM* brif, *cg* radd; *GWa* ffob rryw brenn; *M* brenn. 67 *P* ag yster pob dwfnder dwfn; *J* dyfndyr; *g* bob; *MU* dyfn, *d* dyfwn. 68 *I* anwn (*cywiriad*: anwfn), *MU* annyfn, *d* annyfwn. 69 *g* yd; *T* bod. 70 *X* gweld; *KLPSUVXZb* o; *KLPSUVXZb* golwc. 71 *C* oriav a dyddiav avr diddistyl, *GKLPSUWZa* ag oriav dyddiav diddesdl, *I* ag eiriav (*cywiriad*: oriav) dyddiav di ddystl (*cywiriad*: di ddestl), *V* [ ] oriav dyddiav diddestl, *Z* ag oriav diddiav diddestl, *g* oriae dyddiae air diddestl; *JM* oriav dydd; *Tcd* dyddiey air; *D* ddiddestl, *T* diwestr, *Xb* didestl, *d* dnestr. 72 *I* ddengys y ddav; *DGWacg* ddav; *I* ddis byl (*cywiriad*: ysbys), *Z* hysbys; *DGIWacdg* ddestl, *T* ddestlr. 73 *J* gawair; *M* gaith, *Xb* gach, *g* gaits. 74 *DGIKLPSTUWZad* glok, *c* klog; *TXbc* gwrles, *a* gowirles; *W* gowirles; *JM* ar, *T* a; *J* garlais, *LMQTVWa* oerlais, *M* gorlaith, *TW* gorlais, *Xb* orlach, *g* orlaits. 75 *JM* ysdvdiwn, *T* Etydieis, *V* [ ]ydiais, *a* Astydyes; *JM* dysgwn; *CDGIWacg* wrth, *KLPSUVZ* ar, *Td* ywch. 76 *V* [ ]yd, *Z* ystad; *KLPSUVZ* ddol, *g* dalm; *CGIJKMPS–WZadg* ystod; *g* dilesc. 77 *I* kamvs dda (*cywiriad*: kampvs dda), *KPSU* gwmpasdda, *L* gwmpasa, *V* [ ]mpasdda, *Z* kwmpasdda; *M* greff; *CKLPSUV* gwmpasddwbl, *I* kwmpas ddwbiwl. 78 *C* kampod, *KLPSUZ* gan vod, *V* [ ] vod; *D* tyw (ai); *b* gwbod; *C* tyn (o), *DIJMWg* yn. 79 *JM* da gwyddwn; *G* gwyddwn, *I* da gwn; *g* da iawn a nodwn; *W* gwnn hawdd nodwn; *a* gwnn hab nodwn heb; *JM* neidiwn; *Td* neidr. 80 *JM* dwbwl, *g* tabl; *GIg* deinis; *J* denis dablav dinidr, *M* denis dabl di nidr, *W* deinis ai dwbl denidr, *a* deinis a dwbl dinidr, *c* denis babelw dinidr; *g* eb; *DGIKLPSTUZdg* elw; *C* dinibir, *T* dineidr. 81 *G* ffyrff, *Jc* ffvrf, *KLPSUZ* dan, *V* [ ]n; *KLPSUVZ* nod; *W* gwm. 82 *D* fform, *b* Fvrm; *C* ffwrwm abl, *G* fforma pabl, *I* ffroma pabl, *KPU* ffor notabl, *L* ffor natabl, *S* ffordd notabl, *T* fform abl, *V* [ ]or natabl, *W* fformatabl, *Z* ffor natabl, *d* fforma pabl, *g* ffirim babl; *JM* fformassiwn abl a mwyndabl; *a* fformoitabl maen dabl mwndi, *c* ffurym tabl mwndabl a mandi; *D* pabl; *CKLPSUVZ* mwndabl, *W* maendabl, *d* moyndabl; *I* mowndi (*cywiriad*: mundi), *b* mndi. 83 *KLPSUVZ* o; *I* aev. 84 *C* ffwrf, *Ga* ffyrf, *KS* ffyrdd, *LP* ffordd, *UZd* ffyrdd, *T* ffyrdd (ffurf), *V* [ ]dd; *L* bydd; *DGW* fferf, *KSUVZ* ffordd, *L* ffyrdd, *a* fferff. 85 *GVWa* gwyddwn; *V* [ ] byth arwn beth; *C* bath orwn beth, *DGMcdg* be thorwnn beth, *I* bethorrownbeth, *J* botharwn beth, *KPSZ* byth arwn beth, *L* byth jawn beth, *T* ber thorwn beth, *U* bâth arwnn beth, *Wa* torwn gant, *b* beth or a vu byth. 86 *T* A mal yw, *U* [ ]; *JMb* iawn; *M* ar, *Wa* yn; *C* nai, *I* wn, *b* wnai, *c* wa. 87 *a* a rod; *W* a rhod tynghedfen; *d* a; *Xb* tynghedven; *ad* a. 88 *CJPSUVcg* ai; *I* Ar Ryw, *J–M* ai rrvw; *J* rigmars, *M* figmars, *T* nigromans, *W* igmas, *Z* jgmers, *d* figmers; *CI–MPSUVZcg* ai; *PSUVZ* regman. 89 *Cg* bethawr, *G* bythawr, *IJMPTZ* byth awr, *KLSUcd* beth awr, *Xb* Byddawr; *Wa* bethorwn bethav; *C* arall. 90 *KLPSUXZb* llawer a llawer. 91 *Wa* nid yw; *JMc* ond; *CW* yw, *DI–MPSUVZcg* yn, *a* oedd, *Xb* int. 92 *I* + ar saith gelfyddyd ar son; *JM* oi; *Xb* traeth, *a* trethv, *V* traetha, *c* taethv; *KLPZ* swm, *SV* swrn; *I* trvthrvia, *JM* trvthia. 93 *C* Trowyn, *d* gwn, *b* Trovn; *Xb* tri, *CJ–MPSUVWZg* nid, *DGITWacd* mewn; *CLPV* rhann, *DGIJM* trin, *KSU* rin, *Td* trwm, *Wa* tron, *Z* kann, *c* terym, *g* gan. 94 *X* ni mynwn tro; *C* nid mewn antvr a dig, *DTcd* nyd mewn antyr dig, *GW* nid mewn natvr dig, *Ia* nid mewn nadvr dig, *KLPSUVZ* nyd trwy natür dig; *g* wn vn; *J* dim tra dig, *L* myn tra dig. 95 *KLPSUVZ* a cherddav; *JM* graddav, *c* gerav, *g* gerddeaû; *GJMWa* ddeav, *K* ddosaü, *LSV* desav, *P* desalav, *U* ddesav, *Z* desar, *d* deey; *GJ* ddiassw, *I* di asaw, *KU* ddisalw, *LPSVZ* disalw, *MWa* ddiasswy, *Tc* diasswy. 96 *JM* o gampav; *GW* champav moesav; *X* moessen; *M* massw, *TWac* maswy. 97 *KLPSUVZ* a meistr; *I* rrymystr (*cywiriad*: rrymyster), *KLPSUVZ* grymvs; *I* dofyn (*cywiriad*: deofyn), *J* dofn (*cywiriad*: eofn), *KLPSUVZ* diofn, *Xb* cofa. 98 *S* ddevawdd, *Xb* devawt; *Xb* dofa. 99 *D* A gwnawn; *M* yn gan; *I* vnion (*cywiriad*: vniawn). 100 *g* gerdd (gwawd); *GIJMWa* diwyr, *JKORTUVY* da i wyr, *Td* tihwyr, *c* ddwyr; *G* mold, *J* mal; *JM* na wyr. 101 *JM* kall mewn deall; *GTWad* ddeall; *CDJ–MPSUVg* deongl, *GTWadg* ddeongl, *I* dieongl. 102 *S* enlyn. 103 *Xb* y; *Z* hoew loew; *U* hüaodl. 104 *J* kyfiownder, *KLPSUVZ* kof awdür, *M* kyfiawnbür. 105 *CDGI–MPS–WZacdg* kanwn; *X* dyfeisais; *C* milyswn, *DGIKLPSUVZadg* ni lyswn, *JM* dywisswn, *T* ni leiswn, *W* ni laeswn, *c* ni lyssvn; *CDGITWacd* loywsalm, *J–MPSUVZ* wiw salm, *g* hoewsalm. 106 *GWa* kynt; *CJLMPSVZ* kynn hynn; *CKLPSUVZ* ar y delyn; *a* delynvs. 107 *T* gwnawn yn ol ymal mal y may; *Xb* Gwn y ti anyal; *Xb* eu; *Z* mav. 108 *DGIKLPS–WZacdg* Gwawd; *C* girawd, *I* gwirod, *S* gwirwawd, *T* gwniawd, *UV* gwiriawd; *Z* gorav. 109 *IKPSUVZ* talbwrdd, *Xb* Tablbwrdd, *L* talbardd; *P* y; *KLPSUVZ* gras; *KLPSUVZ* bras; *C* broffe[ ], *KPSUVZg* broses, *L* brofes. 110 *C* siamber, *D* ssiaer, *GITWacdg* seler, *KLPSZ* syler, *UV* svler, *Xb* chaer; *X* a'i; *U* thês, *Xb* ches. 111 *GIKLPSUVZ* gwnhawn; *C* gwna, *GIKLPSUVZ* gwnn. 112 *DSb* kampeu; *CDGIWacg* a minav, *KLPSUVZ* a mi. 113 *G* digiav (*cywiriad*: di gae), *JM* digiwn, *d* gigio; *I* gorwed (*cywiriad*: gorwyd), *JM* orwydd, *U* gornydd, *Xb* gwrwyd; *Z* dw gengl. 114 *T* gyffrwy; *I* dilithr, *a* dylyth. 115 *JM* saethwn a bwa sythwerk; *C* saythwn; *KLPVZ* a; *C* sythwerke, *I* sythwalk (*cywiriad*: southwerk), *KLPSUVZd* swythwerk, *DTg* sowthwerk, *X* Swthwerk, *b* svthwerk. 116 *Xb* bersel; *C* berke, *I* barel (*cywiriad*: barsel), *S* barsen. 117 *X* Torri argyd arwystr; *b* Torri argyt tirwystr; *C* Torwr, *JM* torwn. 118 *CD* kragen, *GLPSUVWZa* gwragen, *IJ* grogen, *K* goragen, *M* groen, *g* crogen; *W* a; *Ga* redeg, *W* rhedeg; *D* osteg heb rwystr, *I* ostec heb rrwystr; *CGJ–MPSUVZb* rwysdr, *T* oystr, *W* rhwysdr. 119 *C* extre, *DJg* egsdro, *GMWac* agksdro, *I* axrdro, *KLPSUV* asgri, *Z* asgre; *JM* yn bell, *L* ymheb; *I* a, *J* yw, *M* gwell; *C* ollwng, *DGKLPSUVWZa* gellwng,

I gollwng (*cywiriad*: gellwng), *JMc* gollwng. 120 *CKLPSUVZ* oi; *JM* wr, *W*
mor. 121 *KXb* Rydec; *LSVZ* rydeg yn ddi eiddil; *P* rydeg yn aiddil; *J* kynta
(*cywiriad*: dieiddil), *KU* ddieiddil, *M* dal ofeg, *T* duiddil; *KLPSUVZ* ddilwfr,
M di lyfr, *d* dilyfwr. 122 *Xbg* neidyaw a nofyaw; *a* ynd wfr, *d* yn nyfwr. 123
D yngwydd; *IKUV* rrwydd. 124 *CDGIKLPS–WZacdg* kyfarch a mawrbarch;
Xb a mi. 125 *JM* kaffwn; *DGIWa* a; *JM* fynnwn; *g* vyn[   ]. 126 *JM* kwbwl o
swyddwbl swyddav; *Wa* gwbl. 127 *Jcg* llawer; *CGKLPSUVWZa* im. 128 *P*
kovagwn; *JMcd* magwn; *X* filgwn. 129 *X* ei, *b* y; *TUV* rhianedd. 130 *CMg*
kyvan, *I* kyfyn (*cywiriad*: kyfun); *W* gariad a mad medd; *PXb* ay. 131
KLSUVZ kevais vawr serch am perchi. 132 *KLUVZ* kevais a ovynnais vi, *S*
kevais a avynais vi. 133 *I* enioes; *g* c[   ]. 134 *CDIKTUcd* digri iawn kyfiawn,
G ddigrifjawn kyfiawn, *LPSVZ* digryf jawn kyflawn, *W* digriflaw kyflaw, *g*
digrif iawn cyfiaw[   ]. 135 *LPSVZ* dawaf. 136 *D* kyflownrhad i; *Xb* Kyfyn
gariat wlat; *KLPS* kyviawn kad y wlad ar, *U* kyfiawn rhâd ir wlâd ar, *V*
kyviawn rhad y wlad ar, *g* cyfran rad o wlad y; *I* rrad; *Td* y wlad, *Z* yr wlad,
c o wlad; *G* ir wladd ar wledd; *IZ* ar wledd. 137 *CDGTWacdg* yn ddiorffen, *I*
yn dda orffen, *J* pen fo gorffen, *KMSU* pan vo gorffenn, *LPVZ* kyn bo
gorffen. 138 *MXb* Koffawr; *a* koffav ar pridd; *CDGIJMTXbcg* mewn cofr,
KLPSUVZ yny koffr, *a* ar koffr, *d* myn koffor. 139 *CDGIKLPS–WZacdg* lhe,
JM llef; *JM* eglvr gaer mvr; *X* eglur i mi; *d* myr; *CDGITWad* a mi. 140 *C* yn
llan wiw ddwyfran ym ddyfri, *DTZdg* yn lhann wiw ddiwan ddewi, *GIWa* yn
llann wiw ddoewann ddewi, *J* yn llan gor ddivan ddewi, *KLPSUV* yn llann
wiw ddaüwan ddewi, *M* yn llann gor ddi wan ddewi, *c* yn llan wiw ddinam
ddewi; *b* diwan dewi. 141 *C* yng hylyvst, *IGJg* ynghor, *L* ynglost, *M* ynyhor,
PV ynglostair, *S* ynglostai, *DGWXa–d* ynghlust, *U* ynghlestr; *Xb* dwyseir, *d*
ddiwair; *TXb* disseml. 142 *CDGIJMTWXadg* ynghalchwedd, *KLPSUVZ*
ynghalchedd; *C* diom wedd. 143 *CGIKLPSUVZ* a; *J* ag yn y nef llef, *M* ag yn
i nef llef; *C* ddwydref, *KLPSUVZ* ddwydre, *TWacd* ddwyref, *Xb* dwyre;
TWacd lhef [   ]. 144 *CJM* wrth raid; *c* im enaid im enaid amen; *T* A[   ].

Teitl / rhaglith

DI kowydd yfôst, *Ga* kowydd y vost yw hwnn, *JM* llyma gowydd
gorchesdol, *KLPSZ* llyma gywydd y ffrost, *U* kywydd y ffrost, *V* llyma
gywydd y [   ], *W* kowydd y fost o waith yr vn gwr.

Olnod

C Jeuann ap Rydderch ap Jevann lloyd ai kant, *G* Jeuann ap Rrydderch ap
Jeuann lloyd ap jeuann ap gruffudd voel o lynn aeron mastr ofart ai kant, *I*
tervyn I.R.I.Ll., *DJ–MPSUVZd* Jevan ap Rydderch ap Jevann llwyd ai kant,
W Jevan ap rhyddr esgwier ai kant, *X* Rhydderch ap Jefan Lloyd, *a* Jevan
ap Rydderch ap jevann llwyd docktor or gyfraith ai kannodd nid oes mwy
ai kant, *b* Rydderch ap Jevan llwyd ay kant, *cg* Jeuan ap rydderch ap jeuan
llwyd.

Trefn y llinellau

C 1–48 (23–4 *yng nghwr y ddalen mewn llaw wahanol*), 51–2, 49–50, 53–74,
   79–80, 75–8, 81–8, 90, 89, 91–102, [103–4], 105–30, [131–2], 133–44.

DGI 1–48, 51–2, 49–50, 53–88, 90, 89, 91–102, [103–4], 105–30, [131–2],
   133–4.

JM 1–36, 45–8, 51–2, 49–50, 37–8, [39–42], 43–4, 53–78, 81–8, 90, 89, 91–6,
   79–80, 97–106, [107–12], 113–22, [123–4], 125–30, [131–6], 137–44.

KLSUZ 1–48, 51–2, 49–50, 53–78, 81–8, 90, 89, 91–4, 79–80, 95–124, 127–8,
   125–6, 131–2, 129–30, 133–44.

P 1–48, 51–2, 49–50, 53–78, 81–8, 90, 89, 91–4, 79–80, 95–124, 127–8, 125–
   6, 131–2, 129–30, [131–2], 133–44.

T 1–20, [21–4], 25–32, [33–6], 37–48, 51–2, 49–50, 53–6, [57–8], 59–88, 90,
   89, [91–2], 93–102, [103–4], 105–10, [111–12], 115–18, [119–20], 121–2,
   113–14, 123–30, [131–2], 133–44.

V 1–48, 51–2, 49–50, 53–78, [79–80], 81–8, 90, 89, 91–124, 127–8, 125–6,
   131–2, 129–30, 133–44.

W [1–48], 49–50, [51–2], 53–102, [103–4], 105–30, [131–2], 133–44.

X 1–16, 19–20, 17–18, 21–78, [79–86], 87–8, 90, 89, 91–132, [133–4], 135–44.

a 1–48, 51–2, 49–50, 53–60, + *i*, 61–102, [103–4], 105–30, [131–2], 133–44.

b 1–16, 19–20, 17–18, 21–88, 90, 89, 91–132, [133–4], 135–44.

c 1–48, 51–2, 49–50, 53–5, [56], 57–88, 90, 89, 91–102, [103–4], 105–30,
   [131–2], 133–44.

d 1–20, [21–4], 25–32, [33–6], 37–48, 51–2, 49–50, 53–6, [57–8], 59–88, 90,
   89, [91–2], 93–102, [103–4], 105–10, [111–12], 115–18, [119–20], 121–2,
   113–14, 123–30, [131–2], 133–44.

g 1–16, 19–20, 17–18, 21–48, 51–2, 49–50, 53–88, 90, 89, 91–102, [103–4],
   105–30, [131–2], 133–44.

i

hwnn a ddysg i genn ddysgadr
heol jawn gyd rrwl yn gadr

Cywydd y fost

Gwnaeth Hywel, mab wedi ei fagu ar fedd,
[Mab] Owain Gwynedd, [ac un] gwych [ei] awen,
Gerdd eofn [o] fawl ar fydr, [gerbron] dynion gwrol,
4   [Un a chanddo] gleddyf cadarn, [sef] ymffrost gwych a grymus,
Er mwyn dangos, tyn a dysgedig yw [ei] fawl,
Ei ragoriaethau, [y] brenin gwrol.
Gwnaf finnau cyn ymadael â medd
8   Gân ddedwydd [ei] gair, ymffrost.
Rhoddaf brawf ar ddangos o flaen prifeirdd
Bynciau gwych [eu] rhagoriaethau [a] hardd.
Os amheua unrhyw un unrhyw beth a wnaf,
12   Gwir ydynt, a gwarantaf hynny.

Yn gyntaf, y llwybr mwyaf disglair,
[Pan oeddwn] yn ieuanc, [yn] barod [fy] natur,
Dysgais yn ardderchog [ac yn] dra grymus,
16   [Dyna] ddysg deg, ramadeg a'i mydryddiaeth.
Bûm ar y [cwrs] celfyddyd[au], [wedi] dau gyfnod [o] gyfnod
        celfyddyd[au],
Yng nghofrestr dadleuw[y]r cywrain [am] dâl ardderchog.
Cyfarwydd wyf, bûm yn hyddysg ymysg mil,
20   Â chyfraith sifil ddoeth [a] helaethwych.

Hyddysg wyf, nid [â] chof brawychus,
[Ond] eofn egnïol, yn y Beibl.
Gwn, dysgais, rhoddais brawf ar y pwyntil,
24   Yn wych bob llyfr hanes cywir.
Dysgais y Ffrangeg helaeth,
Doeth yw ei dysg, iaith wiw a hardd;
Deallais, rhyfeddais yn dda er hynny,
28   Mor dda yw cael pethau estron.

Dysgais yn ddeallus, gwobr wiw a phraff,
Gwrs rhesog clir yr astrolab;
Y mae hwn yn dysgu i'r hen ddisgybl
32   Trwy rod, heb wybodaeth o'r Beibl,
Rifedi a dull, yr un modd â gair cywir,
Cylch golau y ffurfafen gadarn,
A'i chwrs disglair a'i natur
36   Â'i hisraniadau [ac] â'i graddau.

Dysgais, trewais farc,
Ddeall dull y sidydd,
A'r saith corff nefol, tynged ddreng,
40 Hyfryd sôn, a'u deuddeg nod,
Y rhai a elwir yn rhwydd,
[Ar] air hyfryd, yn Ddeuddeg Arwydd,
[A'u] henwau, [y] ffurfiau godidog i gyd,
44 A'u hunion gwrs a'u natur.
Traethais ddeufwy â dwy wefus,
Cyfran fawr, ar sail llyfr Ptolemaeus:
Rhyw bwnc nas darlunnir byth,
48 Rhyfedd yw dweud, [sef] rhifedi'r sêr.
Llawer o ddysg, [yr] athronydd bywiog [ganddo],
Llyfr daionus, a gafwyd o'i drysorfa.
Gosodwn, gwyddwn bennod,
52 Gyfrol ryfeddol Aristoteles.

Dysgais, dywedais yn daer,
Rhyw gymaint, ar sail cwadrant efydd;
Da yw yntau a'i bwyntiwr,
56 A'i gwmpasau siecrog a'i gylchoedd,
A'i linyn a'i blwm llwydlas gloyw,
A'i berl arno yn ddisglair,
Serch ei fod i gyd, peth mwyaf aruthrol,
60 Yn seiliedig ar rifiant tra sicr yr arwyddion Arabaidd.
Y mae hwn, ni flinwn [arno], [offeryn] braf [ei] wedd,
Yn dangos inni yn fanwl
Y cwrs a'r pwynt, [ar] drywydd ysblennydd,
64 [Lle] y bo'r haul mewn wybren ddisglair,
A man uchder pob seren,
A phob rhyw dir, a phob pren,
A gwaelod dyfnder pob lle dwfn
68 Hyd at, [am] ennyd, fyd Annwn,
Hyd y gellid (bydded [y sawl a wnêl hynny] heb wg)
Weld bellaf â['r] golwg.
Dengys dwy ochr gain
72 Oriau'r dydd â gair bras;
Yn ôl hwn y gwneir, blwch cyfaddas,
Gloc efydd, [yr hyn sy'n] wir les, ac awrlais.

Astudiais, dysgais ger desg,
76 [Gan] gynnal yn ddiwyd ystad ddiflino [o feddwl],
Grefft ragorol a buddiol fawr ei chwmpas

[Y] grefft o gyfrifo amser ac ymgydnabod yn llwyr â hi.
Da y gwn, nodwn heb rwystr,
80 Dabl Denis, tybiaeth [o] fantais;
Yn [wrthrych] clod cadarn, gwn fod gennyf
Ffurf a thabl tabl teg [y] byd
Sy'n dangos â bys, heb dwyll,
84 Siâp y byd, gwybodau sylweddol.

Gwn—paham yr ymddiddorwn?—beth hynod,
Rhyfeddol ydyw, er na wna les:
Olwyn tynged a'i ffawd,
88 A rhyw ddewiniaeth a hapddewiniaeth.
Paham yr ymddiddorwn mewn pethau eraill?
Tawer â [sôn am] lawer o'r lleill:
Nid yw'n iawn i ddyn, nid yw'n dda,
92 Sôn amdanynt, y mae ychydig [o eiriau yn ddigon i]'w crybwyll.

Trown bellach (troi yn bwyllog
A wna dyn doeth na ddymuna yr un anffawd)
At gerddi celfydd deheuig,
96 A gorchestion ac arferion hyfryd.
Meistr ydwyf, [un o] rymuster eofn,
Ar gerdd dafod, arfer bwysfawr;
Lluniwn yn hardd [ac] union gywrain
100 Gân reolaidd, fel y gŵyr mil,
Cywydd da, [a'i] ystyr [yn] rhwydd,
Cyn hyn, ac englyn heb [iddo] afrwyddineb.
Prydwn yn loyw [a] sionc [o] huawdl
104 [Ar] bob mesur, [a minnau'n] un doeth [ar] awdl.
Dygais gyfran [o ganu], dewisais ddwy gân,
Cyn hyn ar [y] delyn.
Gwn i'r dim sut y mae,
108 Arferol ydyw ar ôl diod, chwarae
Tabler yn rymus, proffes braff,
[Ar] fwrdd mewn cadair, a gwyddbwyll.
Cyfarwydd wyf hefyd, [fe'u] cyflawnwn yn hyfedr,
112 Â champau beiddgar, yr wyf yn eu medru:
Ffyrnigo march rhwng dau rwymyn
Dan [ei] gyfrwy, [march] egnïol [a] diwyro [a] phur [ei natur];
Saethu fel gŵr o Southwark
116 Darged dan glwyd [adar] yn isel;
Torri ag ergyd diatal
Gragen wystrysen hardd ar goedd;

Taflu trosol ymhell gan ei ollwng,
120   A hyrddio carreg [fel ei bod] ar y blaen er dig [i eraill];
Rhedeg [yn] rymus [ac yn] eofn,
Neidio['n] rhwydd, nofio mewn dŵr.

Cefais gan arglwyddi hael
124   Gyfarch[ion] llwyr mawr eu parch i mi;
Cefais yn eiddo [imi], tra mynnais,
Oes lwyr ddwbl-wych o swyddau;
Cefais lawer sy'n fy nghyfarch,
128   Magwn gydag anwylder filgwn a meirch;
Cefais gan rianedd glân
Gariad gytûn [a] dedwydd a medd;
Cefais serch oherwydd fy mharchu,
132   Cawn yr hyn a fynnwn;
Cefais oes ynghanol cyfoeth,
[Testun] atgof llawn hyfrydwch [a] chyflawn [a] gwych;
Caf ras cyflawn, a deuaf
136   Yn y diwedd i wlad y wledd;
Caiff fy nghorff ar ddiwedd fy oes
Gofio'r pridd yn yr arch bren
Mewn côr enwog, amddiffynfa i mi,
140   Yng nghaer Llan rymus Dewi,
Yng nghlwysty Mair fonheddig aml ei heiriolaeth,
Ym medd calch eglwys ddiwahardd;
A [deled] y nef ddyrchafedig, lle llawen,
144   Ar amrantiad i'm henaid. Amen!

4

Brud

Cefais, er na fedrais fydr,
Gyhwrdd draw â'r gerdd drahydr,
Dull Tal-, tri hual tra heirdd,
4 -Iesin, a'r ddau Fyrddin feirdd,
A dull, gwn nad deall gau,
Yr eryr gynt ar eiriau
O du Lloegr, deall awgrim,
8 Dwrch daer, ni bu daerach dim.
Erioed y buont ar un
Oleugerdd, Owain loywgun,
Yn glòs ar bob cronig lân,
12 O iaith rygaeth, i'th ddrogan.
Gwn a wyddiad (caniad cain
I ti ac atat, Owain)
Yr angel Iesu yngof
16 Wrth Gadwaladr, ceidwadr cof.
Tybiwyd, da gludwyd dy glod,
Tau fydr, taw ti oedd Fedrod.
Eisoes yn niwedd oesoedd
20 Y'th roed, gwae fi on'd oed oedd.
Hiroed lle'dd oeddid herwr,
Taer y gwn mai ti yw'r gŵr.
Dawn llwyr yn fuan dan llaw,
24 Praff awdur fu'n proffwydaw.
Arwydd yw'r seren wen wiw,
Stella cometa ytyw,
Ni bu er oes Uthr, ruthr ri,
28 Rhyw blaned, rhaib oleuni.
Ar dy fedr, iôr diledryw,
Hylwydd, yr ail arwydd yw.
Tri o enwau, gleiniau glân,
32 A drig ar y mab drogan.
Mae arnad, ganiad, od gwn,
Tri o henwau tra honnwn:
Cadwaladr, liw taradr tân,
36 Owen, cain awen, Cynan.

Mae i'th gwmpas, ail Iaswy,
Mil o brifenwau, a mwy.
Yn syth gadarn y'th farnwn,
40   Trwy ddeall hengall yw hwn.
Dyfod yr oedd, dydd difyr,
Yn help ynn un o hil Pŷr.
Da yw henw, Duw Ei hunan
44   A'th orug di a'th ddraig dân.
Cwncwerwr llawer tŵr tau,
Hwyliwr, dillyngwr llongau,
Dialwr tre Lywelyn
48   Ar Loegr falch ydyw'r gwalch gwyn.
Ti yw'r arth a gyfarthwyd,
Ti yw'r blaidd, uniondraidd wyd,
Ti yw'r hydd, cynnydd a'i cêl,
52   Ti yw'r ych o'r tir uchel,
Ti yw'r ddraig o lan eigiawn
Tywi deg, ti yw ei dawn.
Nesnes a achles, wychlyw,
56   Wyt ti, o addewid Duw.
Pan fo oed Crist ddidrist dda
O fewn clwm *circumcirca*,
Pan ddêl Gŵyl Fair, gair gofyn,
60   O nef a'r Groglith yn un,
A'r Pasg cynnar claear clyd,
A'r haf hirfelyn hefyd,
A'r llu'n bwhwman ar lled,
64   Un Duw gwir, ynn daw gwared.
Y gŵr â'r glaif a'i geirw glân
Yn gorfod Lloegr fal Gwrfan.
Gwedy bod yn hir odech
68   Yn yr Alban, lydan lech,
Gwisg dy siapled, fo'th gredwyd,
Owain ddrogan eirian wyd,
Ac o'r resgyw goresgyn
72   Lloegr, Cernyw, heddyw hyn;
A rhan Brydain feddgain fydd
Galawnt o'r môr i gilydd;
Rhan y Pwyl, bryswyl bresych,
76   A rhan Iwerddon i'r ych.
Dos a chymell yr Ellmyn,
Na weinia gledd Owain Glyn;

Pâr ynn bacs o dir Macsen,
80   A chwncwest Hors Hinsiest hen.

Ffynonellau
A—Bangor 1267, 16ᵛ B—BL 14886 [= RWM 47], 12ᵛ C—BL 31057, 61ᵛ
D—BL 31061, 36ᵛ E—Card 2.619 [= Hafod 5], 151 F—Card 5.44, 76ʳ G—
LlGC 659A, 9 H—LlGC 668C, 77 I—LlGC 970E [= Merthyr Tudful], 132
[= rhif 14] J—LlGC 2033B [= Panton 67], 11ʳ K—LlGC 3047C [= Mos
144], 67 L—LlGC 3049D [= Mos 146], 477 M—LlGC 3056D [= Mos 160],
291 N—LlGC 3077B, 135 O—LlGC 6499B, 493 P—LlGC 8330B, 505
Q—LlGC 10250B, 1 R—LlGC 10893E, 41ʳ S—LlGC 13063B, 16ᵛ T—
LlGC 13069B, 17ᵛ U—LlGC 13080B, 5 V—LlGC 21290E [= Iolo Aneurin
Williams 4], 42ʳ [= rhif 124] W¹—Llst 41, 107 W²—Llst 41, 150 X—Llst
48, 52 Y—Llst 118, 352 Z—Llst 133, 219ᵛ [= rhif 691] a—Llst 134, 81ʳ [=
rhif 107] b—Pen 90, 31 c—Pen 94, 254 d—Pen 112, 106 e—Pen 197, 210
f—Stowe 959 [= RWM 48], 186ʳ

Gellir rhannu testunau'r llawysgrifau hyn fel a ganlyn: AG, BEFIS–VXZa,
Ce,[1] DLMYd (gyda pherthynas agos rhwng MYd), JPb, K, N, HORW¹Qc,
W², f. Barnwyd mai yn nhestunau ACDGJ–NPW²Ybcdf y ceir y darlleniadau gorau a chodwyd amrywiadau ohonynt hwy. Y mae rhai darlleniadau yn W² yn aneglur neu'n anghyflawn oherwydd traul; ni nodwyd y rhain oni bai bod achos i gredu y byddai darlleniad yn wahanol i ddarlleniad y testun golygyddol pe bai'n gyflawn. Ymhellach ar y llawysgrifau, gw. tt. 219–27.

Amrywiadau
1 *D* keisias, *J* [Ceisiais] *gan fod y gynsail yn aneglur*, *K* llefais (*cywiriad*: kefais), *b* kafais. 2 *DKN* gwrdd, *G* Gwhwrdd; *N* rethaw; *C* a cherdd, *N* y gerdd; *K* drahyfedr (*cywiriad*: drahyfydr). 3 *c* a dûll; *DK* dvl, *N* dyall; *ACDKNf* dal, *J* [Tal] *gan fod y gynsail yn aneglur*; *DNf* dri, *c* drei; *G* haul (hual), *Ac* haul, *f* hehal; *C* tra hyrdd, *Dcf* dra heirdd, *N* dro heyrdd. 4 *C* fyrdd, *D* feird. 5 *K* dall, *N* dyall; *AN* na; *N* dyll. 7 *C* dy, *c* dir; *C* loyger; *C* dial; *N* awgrin. 8 *L* drwch, *P* dwch; *ADGKc* daiar, *C* dv; *Jb* daear heb daerach, *P* daear heb daeraf, *f* daer ny by dayrarch; *N* daer bo drech a drin; *D* [dym], *f* drin. 9 *c* yn glod a roed y vn glain; *C* ir oedden, *DJLMPYbd* ni bvont, *N* bant vant; *K* fain, *N* vin. 10 *A* o hengerdd, *C* o liwgerdd, *N* olevarf, *c* o loeger, *f* o lewgerdd; *Kc* loewgain, *N* lewfin, *f* leywgan. 11 *N* ar; *C* a chlos, *c* a gloew, *f* ath glos; *D* gos, *K* glost; *D* ar kroniglain; *K* bob koringlain; *C*

---

[1] Yn nhestun llsgr. e, llau. 1–38 yn unig sy'n cyfateb i'r gerdd; cerdd wahanol ydyw'r gweddill wedi ei chydio wrthi ac fe briodolir y cwbl ar y diwedd i Ddafydd Llwyd ap Llywelyn ap Gruffudd [o Fathafarn]. [Methwyd â dod o hyd i unrhyw gerdd ganddo yn Pen 197, 210 (lle y ceir y gerdd wahanol) yn MFGLl), ac ni welwyd y ll. olaf yn GDLl.]

knonigls, *N* kroniy; *CMNcf* glan, *G* glain, *AL* lain. 12 *Jb* [O], *K* oi; *K* daith; *D* rygoeth, *G* rygaith, *K* rhygaeth, *MY* rhygaith, *d* ryaith; *A* athrigain, *D* athyrvgan, *G* ith ddrogain, *K* ar higain, *L* othrogain. 13 *C* hyd pan ddyfod kyfnod; *GKNc* na; *N* ganiad gain. 14 *A* ti attad; *N* ar. 15 *c* Angel gwir Jesu yngof; *JP* ys, *AG* ar, *L* [Yr]; *CDLJK* Jesin yngof; *P* vngof. 16 *f* gadwadr; *C* kadr fvr kof, *D* kasadr kof, *GMYdf* cadvadr cof, *L* gadr i gof, *N* geidvad cof, *JPb* cadadr cof, *c* cadr yw'r cof. 17 *K* Tybiwyd tybygrwydd dy, *W²* Tyriwyd clydwyd dy; *c* da y clywyd clod; *C* lle, *DLMYd* tav, *AG* pan, *Jb* dau, *N* taer; *C* klydwyd, *MYdf* glydiwyd, *N* glowid, *f* klydywyd. 18 *AG* Tai, *N* tew, *W²* te, *c* doeth; *L* tav wedd fydr; *W²* bydyr; *K* fydr ti; *CLN* mae; *JPb* ta wyt i fedrod; *AGcd* di, *LW²* fi; *A* oth, *G* ath (oedd), *c* ath; *A* fed rodd. 19 *W²* disswys yn y roedd oysoedd; *K* Jessüs; *C* ymiwedd. 20 *L* erioed gwae; *D* gwafi; *J* gwae ond; *C* pand, *G* gynt, *L* nad, *M* ond, *N* pynt, *W²* pent, *f* veint; *K* ond oedd, *c* vthr oedh. 21 *C* pand hir i bvost, *K* yr hioed ple'r oeddyd, *N* hir oedd oedd lle roeddit, *c* Eiroed lle'r oeddyd, *f* hir oedd lle y royddyd; *ADGJMPW²Yb* lle ir oeddvd. 22 *L* nad ti; *AG* mae trwy rgwr. 23 *f* drawn; *C* draw yn llwyr i bvom, *L* dan llawr i bvon; *A* i kawn, *D* i bvn, *G* i buawn, *KW²cf* y bvont, *N* a buan. 24 *CGKLNcf* braff, *D* brff, *W²* pryf; *CNcf* yn dy bryffwydaw, *ADGKL* ith broffwydaw. 25 *D* fvr, *K* ir; *W²* yw seren; *JP* wyw. 26 *Ld* ysdela; *A* gonita, *D* gomita, *K* gometa, *N* committa, *f* kwmitta. 27 *A* ni bü er yn oes rüthürki, *C* ni bv er yn oes vthvr rvthvr ri, *D* ni bv er yn oes Rythri, *G* Ni bu er yn oes ein brenin ni, *JP* ni bv'n oes vthr benn rhi, *K* ni bv er yn oes rhythūr rhif, *L* ni roed er oes arthvr ri, *MY* ni by er hynn yn oes vthr rhi, *N* ni bu er yn oes rhyddyr ki, *W²* ny bi er yn oes Redri ri, *b* ny bv er oes vthr benn rhi, *c* ny by yn oes vthr rûthr ri, *d* Ni bu er yn oes Uthr rhi, *f* ny by er ynoes Rythr Ri. 28 *D* blened; *N* rhub; *C* raib y leni; *K* oleinif, *W²* ola[ ]. 29 *ADGKNf* A difedr, *MYd* ar difedr; *CKW²f* wr, *L* wir. 30 *C* arglwydd; *D* ir; *DNf* arglwydd, *G* arwydd *a* gl *wedi eu hychwanegu ar ôl yr* r, *K* arghwydd, *f* arglwydd. 31 *N* tri enway; *W²* glinie, *f* gliniaū. 32 *W²* y dryg arfab y dr[ ]; *f* ū; *K* drig (*cywiriad*: draig); *A* at; *JPb* ar fab dyrogann, *N* ar mab dy rogan; *f* ū mab. 33 *N* arnad gan ni oed od; *C* ga[ ]iad *a'r drydedd lythyren yn ansicr*; *W²* kaniad; *K* kaniad id; *A* ganiad dy gwn, *G* ganiad dygwn; *f* o. 34 *K* dri; *DN* trai, *f* try; *ACDGKLcf* henwn. 35 *N* gadwaladr; *K* lliw, *W²* lin; *N* daradyr; *N* dan. 36 *CGW²cf* awen, *DJKb* owain; *N* gain; *CMY* owen, *ADGKNW²cf* owain. 37 *MNW²Ydf* i mae; *G* gwmpos, *c* gompos; *CG* ai; *ACNf* iosswy, *DGW²cd* sioswy, *MPY* Saswy. 38 *D* dwyn mil o henwav am mwy; *N* a mil; *A* o henwaü; *W²* o firdd enway mwy. 39 *L* faith kadarn, *N* sych gadarn; *W²* farnwir, *c* varnwyd. 40 *W²* trwy ddial yr artal hir; *K* duall; *c* dheall a hengall wyd; *A* hen kalla; *D* gwn. 41 *W²* dyfod a redid tidifyr; *A* dy fod erioed, *G* Dyfod erioed (yn oed), *N* dyfod erioed; *D* oed tydd difyr; *N* difydyr. 42 *G* help ini o, *K* help vn i o; *L* yw ynn o, *MY* yn vno, *W²* y vn o; *D* o lili. 43 *N* hanan. 44 *N* yth; *K* a thorag, *W²* ath throi; *C* ath [ ] dic; *A* ar ddraig. 45 *L* kwnkerwr; *C* llawr ytwr; *W²* tai. 46 *ACD* gollyngwr, *G* gollyngwr (dillyngwr), *Jb* ddillyngwr, *K* dylyngwr

(*cywiriad*: dyllyngwr), *c* gellyngwr; *c* lloagaû. 47 W^2 dial y doe am Lywelyn;
D dialwr ain dre; *G* gwaed, *N* dref, *d* tretad; *d* Llywelyn. 48 *N* loyger falch y
gwalcc; $ACDGJKMW^2Ycd$ ywr, *b* yw y. 49 *D* ac, *f* ū. 50 *L* ti'n flaidd; *MY* ti'r
blaidd, *d* ti blaidd; *K* blaidd mewn dvraidd; *N* blaidd aniawn raidd; *D* blaidd
mewn blaiaiddllwyd, W^2 blaidd iniawn draithwyd; *A* iniawn, *C*
aniowndraidd, *f* aniwaindreidd; *L* vnionaidd yn wyd, *Yd* vniowndraidd yn
wyd. 52 *L* awch ir. 53 *Gc* yw dreic; W^2 draig; *A* olaü, *D* oben, *G* o le. 54 *L* deg
a anrheg iawn; *ACMYd* tew fo i, *DK* ttew afo i, *G* tewa ei, NW^2 tew fo y, *f*
treyw vo y; *c* y; W^2 ddawn. 55 *A* Nes nes oni weles owchliw, *G* Nes nês oni
weles wiwlyw (Nes nês o achles wychlyw), *K* Messeies o echles awch lyw; *C*
nesnes awchles; *D* an, *M* o; *D* owchliw, *L* owchlvw. 56 *CD* a wyd; *Y* wytti
gaddewid; *N* ti gaddew ittyw; *c* ti yn nos agos yw; *C* o ddewid, *M* a
gaddewit; *f* o aeddeit ti liw; *JPb* yw. 57 *D* grist; NW^2 didrist; W^2 da. 58 *G* + *i*;
W^2 o fwin; *N* cwlen, *d* kwlwn; *Jc* circwn; *C* semlwn semla, *D* sirkvm seirka,
GNb Sircwn Sirca, *AKd* syrcwm ssyrca, *P* circwm circa (Sircwm sirca), *Y*
circw cirga, *f* ssyrkwin ssyrca. 59 $CDKLMW^2Ybcdf$ gyfyn, *AG* gytyn. 60
ACDGNYf or, W^2 ar; W^2 ner; W^2f kroglith. 62 *K* + *ii*; *c* A. 63 W^2cf a; W^2 llin;
Df llv bwhwman; *C* bvhwman, *LP* bohwman. 64 *N* daw; *N* gwir daw; CW^2
gwar, *G* gŵyr, *Ac* gwyn; *A* i ni, *CK* yno, *f* y. 65 *CN* ar, *G* A, *K* [Y]; $JLPW^2b$ ai,
Gc a; *A* glaiff, *D* gloi; *C* ar, *K* a; *C* garw. 66 *CD* yn garfan; *K* gwirfan, *AN*
gwyr fan. 67 W^2 vn; *AG* bür; *K* odieth. 68 *c* yn Alban, *f* [   ] alban; *C* yr alm
an dan lydan, *D* or albaen dan lydan; AGW^2 alban dan lydan, *K* alban dan
heleth. 69 *f* [s d] siapled; *DK* di; *D* siabled, W^2 syapled; *A* ef ath, *JLMPbd* [
oth, *K* ith, *Y* eth; *L* gadwyd. 70 *A* Owen aniben o vn wyd, *D* Owen aniben
am wyd, *G* Owen aniben un wyd, *K* owen am ben o vn wyd, *c* ywein drwy
gan Jeûan wyd, *a* [   ]gan aū ann wyd; *MY* owen; *N* drogan; *C* iefan, *J*
eiriau, *N* afon, W^2 un. 71 *K* [Ac]; *K* gorysgyn a goresgyn, *N* bycch yn disgel
ioresesgin, W^2 kyrch yn ddyrgel y wresgyn, *c* cyrch yn ddilesc orescyn; *C*
kyrch yn ddirgel, *AD* a gorysgiw, *G* Ag or ssgoed, *L* a gorysgyn, *JPb* agor
resgyw, *MY* ag o resgyw. 72 *G* Loegr a Chernyw hedd yw hyn; *A* keirniw. 73
K ar hen trydain hedd gan hydd; *N* ar ran; *L* prydain; *C* yfyddgain, *D* fer
gain. 74 *C* golof, *D* galivant, *AG* galwant (Gofyn), *JPb* galawn, *K* galaw, *MY*
golwyn, W^2 golofon, *c* goleu, *d* galawn (*cywiriad*: golwyn *gan yr un llaw*);
AGK yw, *M* bwy. 75 W^2 a ran; *C* bwyll, *D* pwnel; *A* brifwyl, *C* bryswyll, *D*
bryswyl, *K* brosswyl; *A* brosych, *C* bryswych, *G* brosych, *Y* brysych. 76 *K*
[A]; *N* allan ywerddon; *C* yn wych, *DJLMPYbd* ir rrych, *c* bob rhych. 77 *C*
dir, *N* dyriaw; W^2 dyra chimmell *c* Ti a gymell; *d* ir; *D* ellyn. 78 W^2 gleth;
ACW^2 owain y glyn. 79 *D* paran; *G* ein; *A* pask, *GN* Pax, *I* pasg (*cywiriad*:
pacs), *D* basg; *L* vt dir. 80 W^2 chwkwest; *A* Hengistr, *C* hingest, *D*
heinsiester, *G* Hengestr, *J* hinsioss, *K* hengest, *MNYcd* hensiest, W^2 heinsiest.

Teitl / rhaglith
Jb Cywydd i Owain Glyndŵr a ganwyd Anno 1402 Jeuan ab Rhydd. ab

Jeuan ll. k., *L* kowydd ir vn ryw wr; *M* k: ir mab dyrogan, *P* Brud, mae Owain oedd y mab Dyrogan Jeuan ap Rhydderch ap Jeuan ll. k., kywydd i owen Glyndwr a ganwyd Anno 1402, *d* kywydd moliant ir ardderchawc farwn Owain arglwydd glyndyfrdwy ap Gruffydd fychan ap Gruffydd o Ruddallt a thraethiad am y seren gynffonnoc a ymddangosses yn amser Owain glyndwr.

Olnod
A robin ddü ai kant; *C* Jeuan ap Rydderch ai k, *D* Jeuan ap rrydderch ap Jeuan llwyd Ai kant, *G* Robyn ddu o Aber y[ ] Jeuan ap Rhydderch ap Jeuan llwyd medd eraill, *JP* Evan ap Rydderch ap evan llwyd, *K* Jevan ap Rhetherech ap Jevan llwyd ai kannt, *L* Jeuan ap Rydd ap Jeuan llwyd, *MY* Jeuan ap Rydderch ap Jeuan lloyd ai kant, *N* Euan ap rydderch ap jeuan lloyd, *W²* Ifan ap Rydderch ap Ifan lloid, *b* Evan ap Rydderch ap Evan lloyd, *c* Jeuan ap Rydherch ap Jeuan llwyd a ganodh y kywydh hwn i Owen Glyndwr, *d* Jefan ap Rhydderch ap Jefan llwyd ai kant.

Trefn y llinellau
A 1–15, [16], 17–80.
C 1–72, 75–6, 73–4, 77–80.
DLMYd 1–80.
G 1–58, + *i*, 59–80.
JPb 1–48, [49–50], 51–80.
K 1–62, + *ii*, 63–80.
N 1–73, [74–5], 76–80.
W² [1–16], 17–60, [61–2], 63–80.
c 1–46, 49–54, 47–8, 55–80.
f 1–40, [41–2], 43–70, [71–80].

i
Ar prif pump herwdymp hir
Rhy filain yrhyfelir

ii
i bydd sychion y fonydd
a ffrwythaü ar gangav'r gwydd

Brud

Cefais, er nad oeddwn yn medru [ei] mydr,
Gyffwrdd draw â'r gerdd rymus,
Dull Taliesin, tri hual [o fardd] tra hardd,
4   A'r ddau fardd [o'r enw] Myrddin,
A dull, gwn nad yw['r] ystyr yn ffals,
Yr eryr gynt ar eiriau
O gyfeiriad Lloegr, [dyna] ystyr [yr] arwydd,
8   [Wele] dwrch daear, ni fu dim enbytach [nag ef].
Buont erioed ar
Loyw gerdd ddihafal, Owain y pennaeth disglair,
Yn ddyfal ym mhob llyfr hanes teg,
12   Mewn ymadroddi tra chaethiwus, yn dy ddarogan.
Gwn yr hyn a wyddai (y mae cân wych
I ti ac [ar ei ffordd] atat, Owain)
Angel Iesu yno
16   Am Gadwaladr, ceidwad cof.
Tybiwyd, taenwyd dy enwogrwydd yn dda,
[Trwy] fydryddiaeth amdanat, mai ti oedd Medrod.
Fodd bynnag, yn niwedd yr oesoedd
20   Y'th ddodwyd, [a] gwae fi os nad [dyna] oedd [yr] amser.
[Bu] oediad hir lle yr oeddit yn herwr,
Yn daer y gwn mai ti yw'r gŵr.
[Daw] un godidog ei gyneddfau yn fuan [ac] yn ddirgel,
24   Bu awdurdod praff yn proffwydo.
Arwydd yw'r seren wen wiw,
Seren gynffon ydyw,
Ni bu er oes Uthr, brenin [yn dwyn] cyrch,
28   Y fath blaned, goleuni swyngyfaredd[ol].
Yr ail arwydd ydyw, arglwydd bonheddig,
Ffyniannus, ar dy awdurdod.
Erys tri o enwau, gleiniau pur,
32   Ar y mab darogan.
Y mae arnat, [ar] gân, yn wir,
Dri enw tra honnwn [hynny]:
Cadwaladr, lliw taradr tân,
36   Owain, [gwrthrych] awen wych, Cynan.
Y mae o'th gwmpas, un cyffelyb i Iaswy,
Fil o brifenwau, a mwy.
Yn gywir gadarn y barnwn di,
40   Trwy [ei] ddeall un hirben yw hwn.
Yr oedd yn dyfod, [ar] ddydd llon,

Un o hil Pŷr yn gymorth inni.
Da yw['r] enw, Duw Ei hunan
44   A'th wnaeth di a'th ddraig dân.
Concwerwr llawer tŵr o'th eiddo,
Hwyliwr, lansiwr llongau,
Dialwr cartref Llywelyn
48   Ar Loegr falch ydyw'r gwron bendigaid.
Ti yw'r arth a ddwrdiwyd,
Ti yw'r blaidd, syth dy gwrs wyt,
Ti yw'r hydd, y mae llwyddiant yn ei guddio,
52   Ti yw'r ych o'r tir uchel,
Ti yw'r ddraig o lan [y] môr
[Ger Afon] Tywi deg, ti yw ei thrysor.
Amddiffyn sy'n nesáu o hyd, arglwydd gwych,
56   Wyt ti, trwy addewid Duw.
Pan fydd oed Crist gwynfydedig [a] daionus
O fewn cwlwm *circumcirca*,
Pan ddaw Gŵyl Fair, [un a'i] gair [yn] erchi,
60   O['r] nef a'r Groglith yn un,
A'r Pasg amserol tirion [a] chynnes,
A'r haf hirfelyn hefyd,
A'r llu'n treiglo ar led,
64   [Myn yr] unig Dduw gwir, daw gwaredigaeth inni.
Y gŵr â'r waywffon a'i geirw hardd
Yn trechu Lloegr fel Gwrfan.
Wedi bod yn hir ymguddio
68   Yn yr Alban, llechfa eang,
Gwisg dy goronbleth, fe'th gredwyd,
Owain [gwrthrych] darogan disglair ydwyt,
A thrwy'r cymorth goresgynna
72   Loegr, Cernyw, heddiw y mae hyn;
A bydd tiriogaeth Prydain rhagorol ei fedd
Yn wych o'r naill fôr i'r llall;
[Eled] tiriogaeth Apulia, trigfan [bwytawyr] bresych,
76   A thiriogaeth Iwerddon i'r ych.
Dos a gyr yr Ellmyn,
Paid â dodi yn y wain gleddyf Owain y Glyn;
Pâr inni heddwch o dir Macsen,
80   A choncweriad Hors [a] Hengist hen.

5
Y gwasanaeth bwrdd

Pen baedd coed, hoed hydr arlwy,
Yn gynta' oll a gânt hwy;
A garlawnt o'r eiddew gorlas,
4   Mwstart glew iawn a brawn bras.
Usier a sewer y sydd,
A'r toriawdwr yw'r trydydd.

Ffynonellau
A—Pen 98, ii, 51 B—Pen 111, 77

Tebyg iawn yw'r ddau destun i'w gilydd. Y mae darlleniadau A yn rhagori ar eiddo B, ond y mae B yn hŷn. Codwyd amrywiadau o'r ddau destun. Ymhellach ar y llawysgrifau, gw. tt. 219–27.

1 *B* hyder. 3 *B* gwrddlas. 6 *A* torriawdr, *B* torriadvr.

Teitl / Rhaglith
A Darn o gywydd pen y baedd, a gad ar dafod leferydd gan william Thomas o Bant y llongdy, o waith Jol-lo Goch. Ond tebyccaf gennyfi mai darn ydyw o gywydd y Gwasanaeth bwrdd, o waith Jeuan ap Rydderch ap Jeuan llwyd; *B* Vrddassol ddarlleydd llyma hynn a fedrais i ei gael o Gowydd penn y baedd yr hwnn yr ydis yn dywedvd wnevthvr o Jollo Goch ef, ag ar dafod leferydd fy ewythvr Wiliam Tomas o Bant y llongdv y kefais i hynn.

Y gwasanaeth bwrdd

Pen baedd coed, [achos] hiraeth [am] wledd arbennig,
A gânt hwy yn gyntaf oll;
A thorch o eiddew gwyrddlas,
4   Mwstard cryf iawn a baeddgig danteithiol.
Ceir hebryngwr a gwasanaethwr bwrdd,
A'r cerfiwr yw'r trydydd.

6
Ymddiddan â'r ysbryd

Dyw Sulgwaith, dewis wylgamp,
Brynhawn hwyr, loywlwyr lamp,
Fal yr oeddwn, fawl rwyddfyd,
4   Mewn eglwys, baradwys bryd,
Gwiw ddeall, yn gweddïaw
Ar Dduw nef a'i urddau naw,
Clywn y ddaear yn barawd
8   Yn crynu cyn gwëu gwawd;
Gofynnais, drud adlais dro,
Byth i ddyn beth oedd yno:

'Yn enw'r Mab o'r Aberth
12   A'r Glân Ysbryd, cyngyd certh,
Beth sydd isod yn godech
Yn y llawr dan gwr y llech?
Ai ysbryd marw, garw ei gân,
16   Ai gŵr a glywa' i'n geran?
Os dyn wyd is dan adail,
Mae'n ddrwg dy wedd, sylwedd sail.'

Ysbryd marw, garw ei gawdd,
20   Mud tybus, a'm hatebawdd:

'Aros yr wyf mewn oerin
Yn ddrwg fy sud mewn crud crin;
Ai rhaid yt, ŵr, cyflwr cu,
24   A wna fawl fy nyfalu?
Bûm ifanc, ddidranc ddedryd,
A balch ym mhob lle 'n y byd;
Mi a fûm, hynod glod glau,
28   Filwr taith, fal 'r wyd tithau,
Â llwyn o wallt, cwnsallt cu,
Gweinyddwr serch gwineuddu,
A llygaid cain buain bas
32   Amlwg, a golwg gwiwlas.
Gwelais y caid, gwiwlwys cain,
Yr haf gusanu rhiain,

	A rhodio mewn anrhydedd
36	A gweled merched a medd.
	O'r diwedd gorfu ym dewi,
	Mawr fu 'y most, marw fûm i.
	Treulio fy ngwallt fal alltud
40	Dan y ddaear fyddar fud.
	Darfu fy nghnawd, wawd oerwas,
	Pregeth wyf i'r plwyf a'r plas;
	Darfu fy nhrwyn a'm hwyneb,
44	Mud iawn wy', ni'm edwyn neb.
	Nid oes na llygad na dau,
	Eithr yn ball aeth yn byllau,
	Nac elgeth ond un gulgamp,
48	Domlyd briddlyd ludlyd lamp.
	Nid oes lle rwy'n chwarwy'n chwyrn
	Ond hynod wasgod esgyrn.
	Taith o ddig, tithau a ddaw
52	I'r ddaear i'th orddwyaw,
	A Duw a ro, diau raid
	Yno'th ddwyn, ne' i'th enaid;
	Duw a ro trugaredd heddiw
56	I feirw'r byd, ludlyd liw.'

Ffynonellau

A—Bangor 6, 172   B—BL Add 14870 [= RWM 53], 105ʳ   C—BL Add 14900, 117ʳ   D—BL Add 14932, 61ʳ   E—BL Add 14979, 62ʳ   F—Add BL 14985, 2ᵛ   G—Bodley Welsh e 1, ii   H—Bodley Welsh e 7, 104ʳ   I—Bodewryd 1, 126   J—Brog 4, 162   K—Card 1.2 [= RWM 12], 38   L—Card 2.114, [= RWM 7], 49   M—Card 2.1069, 89   N—Card 4.10 [= RWM 84], 1204   O—Card 5.11 [= RWM 33], 115   P—CM 125, 145   Q—CM 207, 13ᵛ   R—LlGC 436B, 49ᵛ   S—LlGC 644B, 66ᵛ   T—LlGC 832E, 6   U—LlGC 6471B, 220   V—LlGC 10748D, 19   W—LlGC 13064D, 10   X—LlGC 21700D [= Llawysgrif o Goleg Heythrop], 253ʳ   Y—Llst 125, 677   Z—Llst 165, 40   a—Pen 76, 142   b—Pen 198, 242   c—Pen 221, 166   d—Pen 239, 151   e—Stowe 959 [= RWM 48], 208ʳ

Gellir rhannu'r rhain yn ddau brif ddosbarth. Yn gyntaf, A–DG–JOPQUWYa. O fewn hwn gwelir perthynas agosach o fewn y grwpiau A–DOP, GHJUWa, ac yn yr olaf o fewn GHUW, Ja. Y prif ddosbarth arall yw EFK–NRSTVXZb–e, ac ynddo gwelir perthynas agosach o fewn y grwpiau EKMNRXZe, Vbd. Codwyd amrywiadau o'r holl destunau. Ymhellach ar y llawysgrifau, gw. tt. 219–27.

Amrywiadau

1 *J* Die; *Q* swlgwayth; *FKMUe* hwylgamp. 2 *E* pyrnhawn, *H* byrhawn, *S* vyrnhawn; *Q* birnawn mewn loywlwyr; *ELNRSXce* hwyr ar loywlwyr, *F* hwyr ar loew lwybr, *GUW* hwyr laswyr, *H* hwyr losswyr, *KM* hwyr ai loiwlwyr; *Ja* loywlwybr, *T* loew losŵyr. 3 *GHJUWa* hwyr; *Q* wyddwn; *A–EOPY* ar weddvyd, *FHJNSTUWae* arveddvyd, *G* Arfeddyd, *I* arwedd fyd, *Q* arwaith fyd; *KMRX* rwyddyd. 4 *F* meawn; *F* byrawys; *JS* byd. 5 *S* giw; *GHJWa a*r wiw vaingk yn, *U* ar wiw ddüw yn; *R* deall. 6 *S* + *i*; *O* duw; *GHW* fyrdde, *T* wrddief, *e* Radde; *F* draw. 7 *HW* klwn; *Yb* mi glown; *F* glown i y, *I* clown i y; *C* ddayar barawd (*cywiriad*: ddayar yn barawd), *EFIJLNQVYZbd* ddayar barawd, *GHIWZa* ddayar ar barawd. 8 *F* grynv, *GHUW* kynhyrfu; *J* crynny gynenv gwawd; *F* yn; *A* gwenu'r (gwenu), *BCGHTUW* gweny, *DOP* gwenu'r, *IQY* gweiny'r, *RX* gwany, *S* gwniaw; *e* gway ü gwawd; *Ha* gwad. 9 *Q* drwy; *Y* drvd adlais (drwy o glais); *RX* drvd o glais dro; *CEFLMNTVZbde* oglais; *F* draw, *LVZ* drof. 10 *Q* beth; *Z* [   ] ddyn; *F* ynaw, *LVZ* ynof. 11 *A–DIJOPQYa* enw; *F* tad; *A–DIJOPQYa* yr, *E–HNSTWZ* ar, *b* ai. 12 *Y* ar glan ysbryd cengyd certh (ar tad ar ysbryd cad certh); *I* cengyd, *e* kyd; *F* gerth. 13 *F* vchod; *Q* pen y. 14 *EN* llwyn. 15 *A* Ai byw ai marw (ai Dyn marw), *DPT* Ai byw ai marw, *BCGHJQUWa* ai dyn marw, *O* a byw ai marw; *X* gann. 16 *U* i; *EFG–NQRSXYa* gylowa yn, *PW* glowi yn; *RX* gerwan. 17 *V* wyd y dan; *ACDIOP* ydwyd dianwadal, *BY* ydwyd di anwadal, *GHJUW* ydwyd dyst anwadal, *a* ydwyd dyst amwadal. 18 *A–DGIOPUWY* drwg yw dy; *H* drwg yw dwedd, *Ja* drwg yw diwedd; *RX* selwedd; *A–DG–JOPUWY* ssal, *R* sul. 19 *e* ü Ryssbryd; *F* gar; *A–DOPY* garw gawdd. 20 *A–FIL–TVXYZd* byd, *K* mvd (bvd), *b* By; *X* am y atebawdd; *F* yteawdd. 21 *EFK–NRTVXZbd* J rwy yn aros, *S* yr wy i yn aros, *U* aros y rwyd, *e* amin aros; *FQ* meawn; *A* oerni (Oerin), *FO–RXY* oerni, *M* oer rynn, *T* oeri, *Z* oernin. 22 *Q* fe, *U* dy; *EK–NSVZbd* fy myd, *a* fv fyd; *F* meawn; *F* gryd, *GHU* kyd; *A* Cri (crin), *F* gri, *MU* kin, *OPRTX* kri. 23 *A–DGIJOPQUWYa* Afraid it, *H* afrai yt; *F* gyflwr; *F* gv, *S* krv. 24 *A–FK–PSTXYe* anwy fawl, *HJUa* ana vawl, *IM* amwy fawl, *Q* yna fawl, *R* anwyl fael, *VZd* mwy fawl, *X* annwvl fawl, *b* Mwy o fawl. 25 *R* byn; *Q* bvm yn ifanck; *F* ifang, *L* ifainc; *EK–NRSTVXZbd* ddibrank, *F* ddibrang, *Q* ddidrak, *e* ddibank; *EK–NRSTVXZbd* ddybryd, *GHW* ddidryd, *Ja* ddydryd, *U* ddidrud. 26 *J* ym [mhob] lle; *F* gwr ir, *Q* man yn y. 27 *KMTZ* mi fvm; *F* [Mi a]; *F* bvm i hynod; *A–DGHIOPQUWY* a hynod yn yglod, *Ja* a hynod yn glod; *T* hynod i glod; *AO* gau. 28 *ESb* wiliwr, *NRX* wibiwr, *Y* filwr (liw); *M* taith fel fal rwyt. 29 *A–DG–JOPQUWYa* gwelais ym wallt; *A–DGHJOPWae* kwnswallt, *Ed* cownswallt, *F* hyswalld, *R* cownwallt, *Y* cynswallt (cydwallt); *F* gv. 30 *A–DJOPa* gwinwyddawl, *G* gweinyddawl, *HUW* gwinyddawl, *I* gwinwddawl, *Q* gwiw thawl, *Y* gwinwddawl (gwawn addfwyn), *EFNZ* gwinyddwr, *S* gwmyddwr, *T* Gwineddwr, *KLMVbd* gwnyddwr, *X* gwniddiwr, *e* gwnn addwr; *M* ferch, *RX* merch, *d* serth; *FRX* gwineddv, *Q* gwinnethv. 31 *F* gain; *A–FIJ–OQSTVX–bd* bvrain, *P* bwrain, *R*

curain, *e* brain; *R* bas (*cywiriad*: cas *gan yr un llaw*), *e* bas *wedi ei newid o*
bras. 32 *ABCDG–JOPQSWa* + *ii*, *Y* (+ *iii*) + *ii*; *IUe* wiwlas. 33 *A* ceid (cawn),
BCG–JUWY kawn, *a* karwn, *F* gaid; *VZd* gwinlwys, *R* gwilus, *X* gwiwlvs; *F*
gain. 34 *F* gwleidio. 35 *C* meawn. 36 *L* gwelyd. 37 *e* diwedd ve or vym dewi.
38 (*Y*) fawr (*cywiriad*: mawr) fy most marw fym i; *A–DLOPTUVZabde* mawr
fy most, *EQS* mawr vy ymost, *KMNRX* mawr fv most, *F* marw fv most, *J*
mawr fv fy most, *GHW* mawr yw most, *I* marw fy most; *Q* bvm. 39 *A–DG–*
JOPQTWYa treiliais, *K* trelio, *RX* treio, *U* [   ]loedd; *J* ngwallt [   ]. 41 *Q*
fyngwawd wawd, *R* fynghawd wawd; *ABO* eurwawd, *F* wayw; *F* oerfas, *Te*
wiwlas. 42 *A–DIOPQY* + *vi*; *V* ywf; *Q* wyfi yr. 43 *Q* fynhirwn, *S* fynghwyn.
44 *H* my; *Ue* mydan wy; *E* jewn; *M* iawn nim. 45 *E* oes ym na *neu* oes ynn
na, *FLNRSXZ* oes ym na, *Vbd* oes yn na; *Q* llygaid, *X* lygaid. 46 *N* neithyr, *T*
[Eithr]; *G–JTUWae* bell, *R* bwll; *T* aethon; *R* byll. 47 *R A* lletteua mewn lle
tywyll *mewn llaw wahanol*; *Y* nag aelgerth nag vn gvlgain (nag aelgerdd ond
yn gvlgain); *A–EGHIK–QS–XZbde* aelgerth, *F* ael gerdd; *ADEIN–QS* nac, *C*
nag (*cywiriad*: ond), *GHW* onid, *M* on; *FGHUWe* yn; *GHJUWa* gvlgain. 48
A–DIOPQ + *iv*, *GHJUWa* + *iv* + *vi*, *Y* (+ *v*) + *iv*; *A* domled (domlyd),
DEFIK–NPQY domled, *GHUWa* briddled, *JT* brvddled, *e* bryddled; *A*
bruddled (bruddlyd), *DP* bruddled, *EFIK–NY* briddled, *Q* bridld, *GHJUWa*
domled, *Te* tomled, *OZbd* bruddlûd, *SX* briddlvd; *A* luddled (luddlyd),
BCFSVZbd lvdlyd, *DEG–NPWYa* lvdled, *O* luddled, *Q* lwdled, *RX* lydlyd, *T*
hudled, *UW* lydled, *e* led led; *GHJUWYa* lain. 49 *FRTX* lle ir wy, *e* lle
Rrwydd; *ENRSX* chwrny chwyrn, *F* chwern wv chwyrn, *KM* chwrnwy
chwyrn, *T* chwerŵyf chwŷrn, *e* chware chwyrn. 50 *d* wsgod, *Ie* wastod, *Y*
owscod, *Z* gysgod. 51 *A–DG–JOPUWYa* i ddyn; *R* ddig i tithe; *X* dithe. 52
ABDOP arddwyaw, *C* forddwyaw (*cywiriad*: arddwyaw), *F* orddaw, *IJQa*
vorddwyaw, *RX* arwyddaw, *T* arddûaw, *Y* weddiaw. 53 *GHJUWa* [A];￼*GJUa*
duw o nef die i naid, *H* dvw onief die in aid, *W* Duw o nef die i enaid; *Q*
ddvw, *T* Duuw. 54 *EKMNRXZd* o do ith, *FV* a do ith, *GHW* odof ith, *T* Un
i'th, *U* dos ith, *b* Do ith; *Ja* odoithwyn nef, *e* naf ychwyn nef. 55 *e* dyw a
Roddo nef hevyd; *EFNRSXZbd* a Duw; *ADGHOPUW* agaro, *B* a Boed, *C* a
garo (*cywiriad*: a boed), *IJYa* ac aro; *JTVY* drvgaredd, *a* tvgaredd; *M*
heiddiw. 56 *e* O vawr boen yvairw r byd; *AO* farn Byd, *BCDGHJKMPTUW*
feirw byd; *A* lydlud (ludlyd), *DIOPU* lydlvd, *EZb* lvdlvd, *F* lvdled,
GHMNRTW lydlyd, *d* ledlûd; *J* yw.

Teitl / rhaglith
ADOP Cywydd i'r yspryd, *BS* Cowydd yr ysbryd, *F* [   ]owvdd rwng dvn ag
ysbrvd, *GH* Cywydd y Benglog, *J* Cyw. ymddiddan ar marw, *K* Cowydd
ymddiddan ag ysbryd, *M* Cowydd ymddan ag Yspryd, *R* Dafydd ab gwilym
a'r yspryd, *T* Cowŷdd ymddiddan rhwng Davŷdd ap Gwilim a'r Ysbrŷd, *U*
kowüdd i lais gwr marw, *V* Cowydd yr Ymddiddan a fu rhwng Jfan ap
Rhydderch ar Ysbryd, *W* Cywydd rhwng y byw ar Marw (*cywirwyd* rhwng

... Marw *yn*: y benglog), *X* kowydd rwng davydd ap Gwilim ar ysbryd mewn ymryson, *Y* Cyw: ymddiddan rhwng y bardd ag ysbryd yn yr eglwys, *Z* Cowydd o Ymddiddan rhwng Jeuan ap Rhydderch ar Ysbrud, *b* Cowydd ymddiddan rhwng Jfan ap Rhydderch ar ysbryd.

Olnod
BJa dafydd ap gwil, *C* Jeuan ap rytherch ap Jeuan lloyd (*cywiriad*: Dafydd ap Gwilym. medd Dr Dav e M Wms), *DGHPTUWX* dafydd ap gwilym ai kant, *EKSZ* Jeuan ap Rydderch ai k, *FMb* Ifan ap Rydderch ai kant, *I* Jeuan brydydd hir ai kant, *J* Jeuan brydydd hir ai kant, *N* Jeuan ap Rhydderch, *O* Terfyn, *Q* doctor Sion kent ai kant, *R* Dafudd Gwilim ai cant, *Y* Jfan brydydd hir ai cant Dafydd ap Gwilym medd eraill, *e* Jeuan brydydd hir.

Trefn y llinellau
A–DOP 1–32, + *ii*, 33–42, + *vi*, 43–8, + *iv*, [49–50], 51–6.
EKMNRXZe 1–56.
F 1–10, 13–14, 11–12, 15–56.
GHW 1–18, [19–20], 21–8, 33–6, 29–32, + *ii*, 37–8, 43–8, [49–50],+ *iv* + *vi*, 39–42, 51–6.
I 1–32, + *ii*, 33–42, + *vi*, 43–8, + *iv*, 49–56.
Ja 1–18, [19–20], 21–8, 33–6, 29–32, + *ii*, 37–8, 43–8, [49–50], + *iv* + *vi*, 39–40, [41–2], 51–6.
L 1–48, [49–56].
Q 1–16, [17–18], 19–27, [28], 29–32, + *ii*, [33–6], 37–42, + *vi*, 43–8, [49–50], + *iv*, 51–4, [55–6].
S 1–6, + *i*, 7–32, + *ii*, 33–56.
T 1–40, 43–4, 41–42, 45–56.
U 1–18, [19–20], 21–8, 33–6, 29–32, 37–8, 43–8, [49–50], + *iv* + *vi*, 39–42, 51–6.
Vbd [1–2], 3–56.
Y 1–32, (+ *iii*) + *ii*, 33–42, + *vi*, 43–8, (+ *v*) + *iv*, 49–56.
c 1–2, [3–56].

i
Ag ym gwirdd vm am gweddi
ar fadde fy meie imi

ii
a thavod ac[a] iaith ddivai
a balchder[b] mewn amser mai

---

[a] *AO* mewn, *A* (ag).
[b] *S* mwynder.

iii

a deintws mwyndlws a mîn
a gwefvs ddihagar gvfin
a geni dioganair
a danedd glan man myn Mair

iv

pann weled[a] ymysc[b] keric
vesgyrn yn gyrn lle bv gic[c]

[a] *ABCIOUY* weler, *DP* welir, *Q* elir.
[b] *A–DIOPQY* ymhlith.
[c] *A–DIOPY* yn gegyrn heb gig, *Q* yn gegir heb gyg, *W* yn gyrn heb gig.

v

na golwg ddiwg ddvael
heb diddi hoyw Dewi hael

vi

pregeth oedd[a] pie'r gwaith[b] hwnn
pwy a wyddiad[c] pwy oeddwn

[a] *Q* oer.
[b] *GHUW* oydd prydd ywr gwaith.
[c] *O* wyddau.

Ymddiddan â'r ysbryd

Un dydd Sul, gŵyl ardderchog ddethol,
[Yn] hwyr [y] prynhawn, [yng ngoleuni] lamp tra disglair,
Fel yr oeddwn, [yng] ngwynfyd mawl,
4   Mewn eglwys, [a'm] meddwl ar baradwys,
[Â] deall da, yn gweddïo
Ar Dduw nef a'i naw gradd,
Clywais y ddaear yn sydyn
8   Yn crynu cyn [imi] lunio cân;
Gofynnais, [trwy] weithred llef beiddgar,
Beth oedd yno i ddyn byth:

'Yn enw'r Mab o'r Aberth
12   A'r Ysbryd Glân, bryd sicr,
Beth sydd isod yn ymguddio
Yn y ddaear dan ymyl y llech?
Ai ysbryd un marw, cras ei gân,
16   Ai gŵr a glywaf yn nadu?
Os dyn ydwyt isod dan [yr] adeilad,
Gwael yw dy gyflwr, [dydi sy'n] sylwedd [y] sylfaen.'

[Yr] ysbryd un marw, mawr ei drallod,
20   Mudan tybiedig, a'm hatebodd:

'Ymaros yr wyf mewn hinsawdd oer
Yn wael fy stad mewn crud wedi crino;
Ai rhaid iti, ŵr, stad hoff [yw'r eiddot],
24   Sy'n llunio mawl fy ngwatwar?
Bûm yn ifanc, [datganwr] barn diflino,
A balch ym mhob lle yn y byd;
Bûm, [achos] enwogrwydd hynod [a] buan,
28   Yn filwr taith, fel yr wyt tithau,
A llwyn o wallt [arnaf], gorchudd hoff,
Gweinyddwr serch tywyll [ei bryd],
A llygaid hardd chwim llesmeir[iol gennyf]
32   [Ac] eglur, a golwg hardd ac iraidd.
Gwelais y ceid, [a minnau'n] landeg [a] rhagorol,
Gusanu boneddiges[au] yn yr haf,
A rhodio mewn parch
36   A gweld merched a medd.
O'r diwedd bu'n rhaid imi ymdawelu,
Bu fy most yn fawr, bûm farw.

Treulio fy ngwallt fel gŵr deol
40 Dan y ddaear fyddar [a] mud.
Dihoenodd fy nghnawd, dyn anhyfryd [bellach a fu gynt yn llunio]
     mawl,
Esiampl wyf i'r plwyf a'r plas;
Dihoenodd fy nhrwyn a'm hwyneb,
44 Rwy'n fud iawn, nid oes neb yn fy adnabod.
Nid oes [gennyf] nac [un] llygad na dau,
Ond aeth[ant] yn ddiffyg[iol a] throi'n dyllau,
Na gên ond un gul ei champ,
48 Gŵr disglair [sydd bellach yn] llawn lludw [a] phridd [a] baw.
Nid oes lle rwy'n chwarae'n dost
Ond gorchuddfan hynod [i] esgyrn.
Fe ddeui dithau, [ar] daith o chwerwder,
52 I'r ddaear i'th lethu [ganddi],
A bydded i Dduw, angen sicr
Sydd i'th ddwyn yno, roi nef i'th enaid;
Bydded i Dduw roi trugaredd heddiw
56 I feirwon y byd, rhai lliw lludw.'

7
Yr Offeren

O Dduw, mae'r hyn a oedd dda
I ddyn, pawb a'i heidduna,
Ei wneuthur, awdur ydwyf,
4   Tra fai, a minnau tra fwyf?
Gwirddaly y ffydd a gerddodd,
Gatholig fonheddig fodd,
A bod, gwae ef oni bydd,
8   Gair ofn, yn gywir ufydd.
Oed budd, bod wrth ehud ben,
Orau ffair, yw'r Offeren.
Offeren dan nen i ni,
12   Ardwy iawn, yw'r daioni.

Berw drythyll, bu ar draethawd
Ac ar gân, weddeiddlan wawd;
A'i dechrau, mau gof diochrwych,
16   Iawn waith, yw cyffesu'n wych;
A'i hoffis, aml ddewiso,
I bawb o'r deunydd y bo:
Ai o'r Drindawd, ddoethwawd ddwyn,
20   Ai o Fair iawnwiw Forwyn,
Ai o'r Ysbryd gloywbryd Glân,
Ai o'r dydd, mau air diddan,
Ai o'r Grog, oediog ydiw,
24   Mawr ei gwyrth, ai o'r meirw gwiw,
Ai o lawer, rhwydd-der rhad,
Modd arall, meddai uriad.

Llawer ar yr Offeren
28   Rhinwedd, myn Mair wiwgrair wen.
Dyn wrthi, Duw a'i nertho,
Ni hena, ni fwygla fo.
Rhwydd fydd rhawg, dyledawg les,
32   A'i caffo hi mewn cyffes.
A gyrch, drwy orhoff goffa,
Offeren, daw i ben da.

Angel da a fydd yngod
36 Yn rhifo, cludeirio clod,
Pob cam (medraf adameg)
O'i dŷ hyd yr eglwys deg.
O bydd marw, chwedl garw i gyd,
40 O'i sefyll yn ddisyfyd,
Oddyno 'dd â ei enaid
I'r nef cyn oeri ar naid.
Pei cyfraith loywiaith, heb lid,
44 Dda, yn ôl, Dduw a wnelid,
Anodd i arglwydd yna
Ddwyn un geiniogwerth o'i dda.
Bara Offeren ennyd,
48 Da fu'r gost, a'r dwfr i gyd
A'n pair, cysbell yw felly,
Yn gymunol freiniol fry.

Gwnair ar Offeren Fair fwyn
52 Heddiw gorff ei Mab addwyn
O waith prelad â'i Ladin,
A'i waed bendigaid o win.

Teiriaith hybarch ddiwarchae
56 Mewn yr Offeren y mae:
Y Ladin berffaith loywdeg
A'r groyw Ebryw a Groeg.

Rhaid yw tân wrth ei chanu,
60 Rho Duw dilwfr, a dwfr du.
Mi a wn pam (on'd damwain)
Y mae rhaid tân cwyraid cain:
Wybrennoedd ar gyhoedd gynt
64 I dduo'r haul a ddeuynt;
Rhaid yw felly, gwedy gwad,
(A glywais) gael goleuad.
Llyma'r modd pam y rhoddir,
68 Da frawd, yn y gwin, dwfr ir:
Dwfr du o fron Iesu wiwsain
A ddoeth gyda gwaed o ddain.

Pam y cyfodir, wir waith,
72 I fyny, neud mau fwyniaith,

Ym mhob lle pan ddarlleer,
Fyngial pwyll, efengyl pêr?
Er dangos, eurglos erglyw,
76   O ddyn ufudd-dod i Dduw,
Ei fod yn barod berwyl
I ymladd o radd yr ŵyl
Â'r neb diwyneb-uniawn
80   A'n ffalsai, ni wnâi a wnawn.

Pell ddrem (ponid pwyll oedd raid
Pum dewin?), pam y dywaid
Yr offeiriad y Bader
84   Yn ôl dyrchafael corff Nêr?
Er dysgu a ffynnu ffydd
Inni fod yn iawn fedydd.

Aro, pam yr â eraill
88   O'r llu i 'fengylu'r lleill
Yn ôl *Agnus*, ni rusia,
Dei qui tollis, Deus da?
Arwydd tangnefedd eirian,
92   A maddau mwygl eiriau mân.

Uchaf ystad, nis gwad gwŷr,
Ar y Pab, eiriau pybyr;
Eillio tröell, wellwell wiw,
96   Ar ei siad, o ras ydiw;
A sôn am bêr Offeren,
Orau 'i bwyll, a ŵyr o'i ben.

Wyth rym meneginiaeth raid
100   Yw ar unwaith i'r enaid;
A rhwydd-der a gwarder gwiw,
Cywir ffawd, i'r corff ydiw.

Ffynonellau
A—Bangor 5946, 159   B—BL Add 14967 [= RWM 23], 152   C—BL Add
14970, 16ᵛ   D—BL Add 31063, 96ᵛ   E—BL Add 31084, 20ʳ   F—Bodley
Welsh e 7, 100ʳ   G—Card 2.201 [= RWM 63], 96   H—Card 3.4 [= RWM 5],
79   I—Card 5.44, 22ʳ   J—CM 12, 425   K—J.R. Hughes 6, 441   L—LlGC
435B, 85ᵛ   M—LlGC 970E [= Merthyr Tudful], 40   N—LlGC 9166B, 323
O—LlGC 13062B, 182ʳ   P—LlGC 13071B, 24   Q—LlGC 13079B, 77   R—
LlGC 13081B, 140   S—LlGC 19904B [= JGE II, 1], 60ᵛ   T—Llst 47, 100

U—Llst 117, 22 V—Llst 120, 52^r [= rhif 178] W—Llst 133, 76^r [= rhif 57]
X—Llst 134, 29^r [= rhif 28] Y—Pen 100, 187 Z—Pen 221, 32

Ymranna'r rhain yn A, BEIJKMO–RT–Y, CDS, F, G, H, L, N, Z, a gellir
rhannu BEIJKMO–RTV–Y ymhellach yn BUV, E, IKMOPQX, JRTWY
(gyda pherthynas agosach rhwng JWY). Gan mai dryliau yw AZ, ni ellir
pennu eu perthynas yn fanwl, a'r mwyaf y gellir ei ddweud yw fod A yn
dwyn rhyw berthynas â BCDFGHNSUV. Codwyd amrywiadau o'r holl
destunau. Ymhellach ar y llawysgrifau, gw. tt. 219–27.

Amrywiadau

1 *A–DGMSTVZ* dduw am yr hynn oedd, *EIKOPQX* dduw am yr hwnn oedd,
U dduw hyn ydoedd; *FN* mae hynny oedd, *J* mae'r hyn ydoedd, *R* mae ym
oedd; *L* maer rhinwedd dda. 2 *R* a heneidda; *AGS* addvna, *BEO* heddvnna,
CVZ hadduna, *D* heddyna, *L* eddvna, *N* yddvna, *Q* eiddyna, *U* heddona. 3 *C*
ydwyd (ydwyf), *DS* ydwyd. 4 *IMX* try; *V* rhofai a; *AFLNR* vo; *H* vo ef a; *M*
try; *C* fwyd (fwyf), *D* vwyd. 5 *B* Gwerddal, *D* Gwerddal (Gwirddal), *L* gwir
dal a, *V* Gwir dal; *E* Ag arddel ffydd (Gwir dal y ffydd), *IMOPQTX* ac arddel
ffydd, *K* y arddel ffydd, *U* agwyrddal ffydd; *C* gerddod, *L* garodd, *U* gerddo,
V gredodd; *E* gerddodd (gredodd). 6 *N* gatholoig; *H* voheddic; *U* vo. 7 *E*
gwyn i vyd o (gwae vo oni), *IKMOPQTX* gwyn y vyd o, *U* gwae oni ; *AV* fo;
G na bydd. 8 *E* A gwir ovn y gwr (Gair o van gywir), *IOPTX* a gwir ofn y
gwr, *K* gair o ofn y gwr, *M* a gair ofn y gwr; *H* gwir; *B* ovyn gywir, *D* ovyn
(ovn) gywir, *L* ofn vn gowir, *V* o fan cywir. 9 *BS* oed budd a bod wrth i
benn, *C* Oed bydd a bob rhith i benn, *D* Oed budd a bod wrth (bob rhith) i
ben, *E* A bod hevyd ywch i (ar i air yw, *yn cyfateb i* hevyd ywch i) benn, *F*
hoed bydd bvdd bod wrrth hvd benn, *G* aed bvdd j bob golvd benn
(*cywiriad*: oed byd a bod wrthiyd ben), *H* hod hud bed wrth ehud ben,
IKOPTX a bod hevyd ywch i benn, *L* gore bydd bevnydd oi, *M* a bod hevyd
hevyd (*sic*) ywch i benn, *N* hoed bûdd bod wrth hvd ben, *Q* oed byd a bod
wrthyd ben, *U* poed bvdd abod wrthi ben, *V* A bod ar ei air yw ben. 10 *L* a
gore, *FHNU* gorrev; *N* ffair gair yw; *BEIKMOPQTX* yr, *D* yr (yw'r), *V* i'r. 11
U yr yfferen; *HQR* dan y nen. 12 *H* oair idaw yn ai daioni; *BCDGLSUV* air
da iawn, *E* O'r dwy (Air da) iawn, *FKN* ar dwy iawn, *IMOPTX* or dwy jawn;
E yw'r (er), *V* er. 15 *B* Ai dechrav mae gof dychwrych, *CS* dechre mau go
dychwrych, *D* Ai dechrau (*cywiriad*: dechrau *gan yr un llaw*) mau grv
dychwrych, *E* J (ai) ddechrau mae gov (air, *yn cyfateb i* mae gov)
ddichrwych, *F* yw dechre mav gof dichwrych, *G* ai dechrav mwy
diochrwych, *H* ar dechre mav go dwchwych, *I* i ddechrav mae gof
ddichrwych, *JW* Y dechreu maes gof dy chwrych, *KMOPTX* i ddechrav mae
gof ddichrwych, *L* i'w dechre mae yn go diochyrwych, *N* kyn i dechrav kost
dichrwrych, *Q* y dechrau maen gof dychwrych, *R* y ddechre may cof
dychyrwych, *U* ai dechrae vav goddychwrych, *V* A'i dechreu air

dychrwrych, *Y* y dechreu 'maes gos dychwrych. 16 *FN* + *i*; *GN* jawn yw kyffessv yn, *H* iawn waith kyffessv yn, *U* iawn iwaith achyffesv yn; *L* oedd. 17 *C* A (ai), *S* A; *N* offis; *E* hoffis mal i (val i) dewaisio (dewiso), *I* offis val i devaiso, *J* hoffis iawn ddewiso, *KOP* hoffais mal y dewaiso, *L* offvs sydd ynial ddewiso, *MV* hoffis mal i dewiso, *T* offais mal i dewaiso, *X* offis mae i dewiso; *R* amel; *F* ddawisso. 18 *E* deunydd (offis), *H* devynydd, *V* offis. 19 *N* ai or tad keidwad kadair; *H* oe; *B* o; *K* drindod ddoethwawd; *S* ddoithiawd, *U* oediawd; *U* wyn. 20 *N* ai or mab o ryw mair; *K* ato; *TX* or; *J* Fair y wen forwyn, *WY* fair y wyry forwyn; *BDU* jownna, *CFHS* wiwia, *E* orau (ddivair), *IKMOPTX* orav, *L* wiria, *R* wyry, *V* ddifai. 21 *CFLNS* glendyd, *D* gloyw brud (glendyd), *U* golevbryd; *N* glad. 22 *N* o diriawnder ar drindod; *K* x x yr (*sic*); *E* dydd oriau (dyddiau air) diddan, *IKMOPTX* dydd airav diddan, *U* dydd mab mair diddan, *V* dyddiau air diddan; *CJSWY* mae, *FL* maen. 23 *K* x x yr (*sic*); *E* odidog (oediog), *HKOPX* odidog. 24 *EMOPTX* mawr gwyrth, *I* mawr gwyr, *K* x x gwr gwyrth (*sic*), *Q* mawrgwaith; *BCDSUV* ywr; *U* gwaith; *B* marw, *D* marw (meirw), *U* myr- *a'r gweddill yn aneglur*; *D* gwyw. 25 *JWY* A llawer gwedd rhinwedd rhad, *R* allawer gwedd rinwedd rhayd; *BU* Ac, *D* Ac *ac i uwchben yr* c, *N* [Ai]; *N* mae llawer; *M* rwyder, *PV* rhwydder, *Q* rwythder. 26 *B* Moddav, *D* Moddau (*cywiriad*: Modd *gan yr un llaw*), *H* medd, *JWY* meddai; *JWY* modd, *L* medd; *E* airad (uriad), *IKMOPTX* airad, *JWY* irad, *N* iriad, *QR* eyrad. 27 *QV* mae llawer ar yfferenn; *F* yferen. 28 *N* rhinwedd agair myn mair amen; *BCDF–MO–UWXY* ddiwair, *E* ddiwair (wiwgrair). 29 *I* wrthe, *L* wrthie; *D* ath, *K* an. 30 *F* vygyla, *K* vwkla. 31 *E* rawg (rhag), *IMTX* hawg, *V* rhag; *FN* vydd ddiledwydd, *Q* vydd ddiledydd; *T* dailedawg, *V* diledwag; *N* vles. 32 *F* ni kaffo yniawn kyffes; *E* caffo (coffa); *N* o fewn. 33 *EIKMOPQTX* gaffo, *N* gaiff, *R* eirch, *U* chyrcho, *Y* gyrcho; *JWY* o'i, *L* drwy'r; *R* oi gorff i goffa; *EOPT* wiw, *IKMQX* wir, *L* hoff, *N* fynnych, *U* oreth. 34 *U* yr yfferen; *JLP* duw, *S* dau (daw); *W* o'i. 35 *JRWY* glan, *L* duw; *HU* da vydd. 36 *R* rhudd; *E* clydweirio (clodvorio), *H* klvderio, *JWY* clud evro, *FL* klvdeirie, *IKOPQT* klydwairo, *M* klydwairod, *R* klud euraw, *V* clodforio, *X* klod wairo. 37 *FN* kam or mydr ddydameg, *Q* kahan medraf a damec, *U* kam medran i damec, *V* man medraf a dammeg; *B* medraf a damec, *CS* mydr ddi ddammeg, *D* medrav a (mydr di) dammeg (ddammeg), *E* medrav i dameg, *H* mydyr o damec, *IMOPT* medraf i dameg, *JWY* medraf ei dammeg, *KRX* medraf y dameg, *L* nidr i dameg. 38 *CJVW* ei, *D* yr (ei), *EFHIKLMOP–TXY* i; *K* da hed, *Q* du y hyd. 39 *CS* Os marw; *H* garw rryd; *V* ei. 40 *K* sefyff. 43 *B–EIKM–VX* Os; *C* loywfaith, *DFIKMOPX* loewaith, *L* lywiaith, *R* lawiaith; *Q* loywiaith lid, *T* loewaith ddi lid. 44 *CS* dduw, *V* da; *CS* dda, *V* Duw; *H* nellid, *X* welid. 45 *L* ir; *D* yma. 46 *E* Ddwyn (Gael); *K* vü; *BEKOQV* geinhiagwerth, *CFGNS* geiniegwerth, *H* gynhigwerth, *LU* genhiegwerth, *P* ganiagwerth, *R* kûmhagwerth, *Y* genhiogwerth; *K* aÿ. 47 *E* Bara (Y Bara); *BCDFGHJLNQSUVWY* y bara; *Q* yffern, *R* afferen; *L* hefyd. 48 *E* Diover (Da yw'r) gost dyvr (ar dwr, *yn cyfateb i* dyvr) i gyd; *F* a da; *D* vo'r, *UV* ywr; *IKOPT* diover gost dwfr, *MX* diover gost a dwfr, *Q* ddiofer gost ddyvwr; *J* a'i; *L* ar dy frig yd; *F* dofr; *R* y, *V* ei; *R* gwîn. 49 *Q* ay, *V* a; *EIMOPQTX* pair yn gysbell velly, *KV* bair yn gysbell felly; *R* kuspell velly; *FLN* oedd. 50 *Q* y; *E* gymunawl vrainiol; *JWY* freuol. 51 *B* vo nair o efferren, *CS* fe wnai'r Offeren, *D* Vo nair o efferen (*cywiriad*: nair efferen *gan yr un llaw*), *E* Vn (Ev) wnair Offeren, *GIKLMOPTQV* vo wnai r yfferen, *JY* fe wnair ar fferen, *N* gwnair ar yr yfferen, *R* ef awneir fferen, *U* yvo nai fferen, *W* Fe wnair o'r 'fferen, *X* vo wnair o fferen. 52 *B* Moddus, *CEIKMOPQSTX* o ddyvwr, *D* Moddus (O ddwvr), *FLN* ddeddvol, *H* ddivyr, *R* oedd hir, *U* owdur, *V* iddi; *KQ* gorff mab; *H* gorff mab duw addwyn; *EGIJL–PRTWXY* y; *CEFIJKM–SVWX* addvwyn. 53 *HJRUWY* a, *GL* o; *HJRWY* lladin, *U* aladin. 54 *BD* J, *JRWY* a; *JRWY* gwaed; *LU* bendigedic; *JRWY* a, *K* au, *LP* oi, *S* ai (o); *JRWY* gwin. 55 *E* iaith (arch), *V* arch; *EIKMOPQ* hoywbarch, *L* brydferth; *BCDU* di warchae, *E* ddiwarchau (ai harchae), *F* ddiwarchad, *H* ddiwarche, *L* ddiwahan, *N* hyfarch, *V* a'i harchae, *X* hobarch. 56 *CE–IKM–QSVX* y mewn yfferren, *L* o fewn y fferen; *U* yffren; *F* ymad, *L* a naan. 57 *F* oy; *CDS* [Y]; *CDS* Lading. 58 *CS* [A'r]; *CS* Gryw Ebryw a, *FN* ag ebryw groyw a, *H* obrif iaith Ebryw a, *L* ag ebriw gloyw a. 59 *L* rhaid kael tan; *R* y cany. 60 *U* rroid; *E* Rag (Rho duw) dylwvr a chael dwvr, *ITX* rag dü lwfr a chael dwfr, *OP* rag dylwfr a chael dwfr; *R* dduw; *BKQU* duw yn ddilwfr, *D* duw yn ddilwvr (*cywiriad*: duw ddilwvr *gan yr un llaw*) a (*cywirwyd gan yr un llaw trwy ei ddileu*); *L* dilwrf; *U* ddilwvyr ddwvr; *R* y; *L* dwrf, *M* dy[ ] *neu* dv[ ]. 61 *FN* [Mi]; *JLRWY* [Mi a]; *R* dyna pam ymaer damwain; *Q* mi wn; *FN* val hyn paham, *JWY* dyma pam, *L* gwn paham; *E* pam (paham), *HNV* paham; *BJLUWY* onit, *I* on, *V* o; *CS* damunaw, *D* damwain (damunaw), *V* ddamwain. 62 *EFH–KM–PQRTV–Y* [Y]; *BDU* y bydd, *C* y mae'n, *EIMNORX* may yn, *FHJKPQTVWY* mae; *JRWY* raid y tan; *E* cyweiriad, *F* gwyraid, *IKMOPTUX* kowiriaid, *L* kwyriaid, *RV* kowrain; *C* caw, *D* kain (caw). 63 *X* wybrennodd; *R* gywodd, *U* gowoedd, *X* güodd. 64 *CGHS* ddvo; *D* dduo'r haul (dduo byd); *CE–TV–Y* byd; *EIKMO–RTX* ddewynt, *F* ddelynt. 65 *JRWY* rhaid amhynny; *FHQV* oedd, *N* vedd; *U* vely; *U* gweddi. 66 *CDS* arglywais; *H* goelevad. 67 *IL* dymar; *V* modd y; *K* vam; *E* pam i (y, *yn cyfateb i'r ddau air*). 68 *EIKLMOPTUVX* dy, *JWY* dduw, *R* duw; *F* fraw; *LNV* frawd mewn gwin a dwfr; *BDF* gwin y dwfr, *JWY* gwynddwfr, *S* gwin dwfr da, *U* gwin ar dwr; *H* dwyr. 69 *RV* dyfwr o fron; *CS* fry, *D* du (vry o), *L* fv; *B* du vronn, *E* du bron (do vron), *IKMOPQTX* dy bron; *IMX* wiwsaint, *Q* riwsant; *J* du 'fron. 70 *K* [A] aeth; *JVWY* fu; *E* ddaeth (vu) gyda (gwaed); *BQRUVW* gwedi, *D* gwedi (gyda i), *Y* gwedi'r; *CFNS* gyda'i waed, *HJ* gwedi y gwaed; *QR* oy; *D* ddrain, *E* ddain (vain), *IM* ddaint, *JUVWY* vain, *Q* ddant, *R* asain, *X* ddaint. 71 *U* pan godir yn wir aren waith; *B* penn, *K* ag; *GJWY* paham; *D* Pen i kyvodir (Pa ham y kodir); *CGJSWY* kodir; *E* cyvodir wir (cyvyd heb wyd), *HLQR* kodir o wir; *V* cyfyd heb wŷd waith. 72 *B* J vyny vod mab, *C* J fynu

modd mau, *D* J vyny vod mab (modd mae), *FN* i vynvr ner mav, *JRWY* j
fynu pond mau, *L* i fynvr ner mav o, *S* i fynu modd mau, *U* i vynv pob dyn
ar, *V* i fynu pawb o; *E* J vyny maen gyviawnwaith (pawb o vwyniaith), *G* J
vynnv o gyfiown waith, *IMOTX* i vynnydd maen gyviawnwaith, *K* i vynu i
maen gyviawaith, *P* i vyny i mae n gyfiawnwaith, *Q* y vyn os may
vwynwaith. 73 *E* tra (try) darllëer, *GV* y darlleer, *Q* y darlleyr, *IKMOPTX* tra
darlleer; *JWY* ddarlleir, *N* ddarlever, *U* ddarlleuer. 74 *B* vongial, *D* Vongial
(Vyngial), *EGIMOPTX* angel, *FW* vyngyl, *K* muragl, *L* fengial, *N* vangel, *Q* o
vyangel; *JWY* hen, *L* bwyll, *R* pwnk; *V* [   ] bwyll; *U* pwyll yr; *GN* yfeingl, *H*
yvenil, *R* efangel, *V* Efangyl; *JWY* hir, *LV* ber, *Q* pyr. 75 *E* eurglyw. 77 *CS* Er
ein; *BDGU* yn; *V* Ai fod; *R* brwyl, *W* berwyd. 78 *FN* oi; *B* hoyw radd, *CGS*
ryw radd, *D* hoywradd (ryw, *yn cyfateb i* hoyw), *JRWY* jawn radd, *U* gida
gradd; *R* y. 79 *F* [Â'r], *L* a; *FGHLN* ddiwyneb, *U* diwyneb (diniwed). 80 *L* A
ffawb o ddiwno i ddawn; *CGJSWY* a, *FNRU* ai; *EV* [   ] ni; *C* nill nai *a
dotiau o danynt*, *S* nill nai, *U* ddinai; *GJ* yn jawn, *R* ywnawn; *N* wnwn. 81 *U*
pell irrym pwyll iraid, *V* pell yr ym on pwyll o raid; *JRWY* pwyll; *CDS* Pell i
rym, *G* pell yr ym; *B* rym, *L* drom, *F* drem, *R* ddyrem; *E* ddrem onyd (yr ym
on); *FN* pvm, *G* pam nad, *HL* pen, *Q* ond; *JRWY* pell; *BCDGS* pwyll raid. 82
K pen; *E* dewis (dewin), *FG–JL–PRTWXY* dewis, *K* dewi, *Q* ddyall; *R* pan; *Q*
dywawd. 83 *B–HJM–PS–Y* i. 84 *H* ynoll; *BCDHMSU* dyrcha, *E* cyvod
(drychor), *F* dyrchai, *G* dyrchaf (*cywiriad*: dyrchafy), *IMX* drychaf, *JQRWY*
kodi, *N* dyrchafv, *KOPT* cyvod; *L* dyrchafel duw ner, *N* dyrchafv dûw ner, *V*
drycha fy Ner; *BRU* korff y ner, *C* corph ein ner, *D* korff y (ei) ner,
EIKMOPQTX korff vy ner, *F* korff dvw ner, *H* korf vy nerr, *JWY* corph ei
ner. 85 *R* oy; *E* J ddysgu (Er dysgu), *F* er yn dysgv, *IJKMOPQTWXY* y
ddysky; *EIJKMO–RTWXY* er; *JV* ffennu; *B–EGHIKL–TWXY* ffynvr ffydd,
FHR ffynnv y ffydd. 86 *B–KM–PRSTV–Y* J ni y vo yn vfvydd, *Q* y ni fod yn
yfydd. 87 *JW* Erof, *R* ero, *Y* Eros; *F* pam yw eraill; *JNWY* y rhydd, *L* y
rhyad, *M* i dda; *CH* ai. 88 *D* ar, *L* o; *BDHJMRWY* llu evengil ir llaill, *K* llü
yfengil yn llaill, *LN* llv y feingl ir lleill, *U* llv i roi yvengil ir llaill, *V* llu i
[   ]gil i'r aill; *CFIOPSTX* vengil ir llaill, *E* vengil y llaill, *Q* vengil ar llaill.
89 *F* angwss, *GHN* angnvs; *L* lysa. 90 *G* de; *FGL* kwei; *CDS* cytolus; *N* talys;
FN ddownys dda, *L* daionys da. 91 *B* Arrlwydd, *D* Arglwydd; *FL*
tynghevedd, *JVWY* tangneddyf, *Q* tangneddef, *U* dyngynefedd; *K* avrian, *V*
meddan. 92 *T* [A]; *R* [A maddau] y mwygul; *FH* madder mwygyl, *LU* madde
ymwygyl; *E* Maddau maswy (mwygl), *IKMOPQTX* madde masswy; *N*
maddav y mwyglav man. 93 *E* Pennav (Ucha), *IKMOPQTX* pennaf; *R* jacha
ycha ystad; *B* onid gwad gwyr, *CFNSU* nis gwad gwyr, *D* onid (nid) gwad
gwyr, *E* nid (mysg) gwâd gwyr, *GIKMOPQTX* nid gwad gwyr, *H* ni ir gwad,
J ac nis gwwâd (*sic*) gwŷr, *L* nis gwad y gwyr, *R* ac nisgwad gwyr, *V* myst
gwad gwŷr, *WY* ar nis gwad gwyr. 94 *Q* ar y eray; *H* pab ieirie. 95 *U* eilloi; *K*
ai lle troiell; *JWY* troell oedd well wiw, *Q* troell wellwiw; *G* wellwell yt ryw,
U well ewel wiw; *L* iw. 96 *R* ar jstad o; *DKLQX* y; *FN* ai, *L* i, *H* oi; *CJW* eres,

D o ras (eres), *Y* o ras (*cywiriad*: eres *gan yr un llaw*); *M* vas. 97 *JRWXY* pen sonier am y fferen; *BCDS* O, *F* ar; *V* [ ] am; *L* Aronn amber, *EIKMOPTX* pan sonier per, *Q* pa sain am ber. 98 *BCDGLS* pvr; *EIKMOPQTVX* pyr bwyll, *H* orav bwyll, *JWY* o bwyll, *N* orav pwyll, *R* pa bwyll; *GL* o, *F* oi; *BD* y pair, *CGLS* an pair, *EKOP* nav pa air, *FN* a wyr, *I* no pa air, *JRWY* na ffa ayr, *MTX* ne pa air, *Q* pa ai, *V* am pair; *CGLS* i, *N* y, *RWY* o, *V* ar. 99 *G* wrth; *BDIKMOPQTX* rwym, *E* rwym (rym), *FJNWY* ryw, *R* rhyw; *F* venigieth, *H* vn gymwerth, *JLNWY* feddyginiaeth, *P* meddegniaeth, *R* ameddeginiath, *X* nediginaeth. 100 *EFHJKLN–RTVWY* ar vnwaith yw. 101 *CH* Rwyddder, *E* Pob rwydd-der (Arwydder), *F* a rrwydder, *IKMOPTX* pob rwyddder, *L* rhwyder, *Q* pob rwythder; *V* Arwydder gwarder; *JRWY* hyder; *F* agalvrder, *N* ag vnder. 102 *CS* gywir; *I* phawb; *E* ir (y), *V* y; *H* korf.

Teitl / rhaglith
CJY Cywydd i'r Offeren, *D* IR OFFEREN, *EFOW* kowydd yr y fferen, *G* kowydd yr yfferen (*cywiriad*: kowydd i dduw *gan yr un llaw*), *L* kowydd i dduw, *U* kowyth (kowydd) yr yfferen, *X* llyma gywydd yr Offeren.

Olnod
BCFGHLNSU Jolo Goch ai kant, *D* Jolo Goch, *IJMO–RTXY* Jevan aprydderch ab Jeuan llwyd ay kant, *K* Jeuan Rhydderch au kant, *V* Jefan ap Rhydderch ap Jefan Lloyd ae cant *mewn llaw wahanol, fe ymddengys, W* Jeuan ap Rhydderch ap Jeuan Llwyd o Lyn Aeron a'i cant.

Trefn y llinellau
A 1–8, [9–102].
B 1–10, 15–16, 11–12, [13–14],17–28, [29–32], 33–40, [41–2], 43–56, [57–8], 59–74, [75–6], 77–88, [89–90], 91–102.
CDS 1–10, 15–16, 11–12, [13–14], 17–30, [31–2], 33–40, [41–2], 43–74, [75–6], 77–102.
E 1–12, [13–14], 15–28, 33–4, [35–6], 29–32, 37–40, [41–2], 43–56, [57–8], 59–74, [75–6], 77–88, [89–90], 91–102.
F 1–12, [13–14], 15–16, + *i*, 19–20, 23–4, 21–2, 17–18, 25–32, [33–4], 35–40, [41–2], 43–74, [75–6], 77–86, 89–90, 93–8, 87–8, 91–2, 99–102.
G 1–10, 15–16, 11–12, [13–14], 17–18, [19–44], 45–74, [75–6], 77–102.
H 1–12, [13–14], 17–18, 15–16, 19–20, [21–2], 23–30, [31–2], 33–40, [41–2], 43–74, [75–6], 77–86, 89–90, 87–8, 91–102.
IKMOPX 1–12, [13–14], 15–28, 33–4, 29–32, 35–40, [41–2], 43–56, [57–8], 59–74, [75–6], 77–8, [79–80], 81–8, [89–90], 91–102.
JWY 1–4, [5–10], 33–8, 27–30, [31–8], 39–42, [43–4], 45–50, 11–20, 23–4, 21–2, 25–6, 59–74, [75–6], 77–88, [89–90], 91–2, 51–4, [55–8], 93–102.
L 1–12, [13–14], 15–30, [31–2], 33–40, [41–2], 43–74, [75–6], 77–86, 89–90, 87–8, 91–102.

N 1–12, [13–14], 15–16, + *i*, 19–22, [23–4], 17–18, 25–8, 33–4, 29–32, 35–40, [41–4], 45–74, [75–6], 77–86, 89–90, 93–8, 87–8, 91–2, 99–102.

Q 1–12, [13–14], 15–28, 33–4, 29–32, 35–40, [41–2], 43–56, [57–8], 59–70, 73–4, 71–2, [75–6], 77–8, [79–80], 81–8, [89–90], 91–102.

R 1–4, [5–10], 33–8, 27–30, [31–2], 39–40, [41–2], 43–50, 11–20, 23–4, 21–2, 25–6, 59–74, [75–6], 77–88, [89–90], 91–2, 51–4, [55–8], 93, [94–5], 96–102.

T 1–12, [13–14], 15–28, 33–4, 29–32, 35–40, [41–2], 43–54, [55–8], 59–74, [75–6], 77–8, [79–80], 81–8, [89–90], 91–102.

U 1–10, 15–16, 11–12, [13–14], 17–28, [29–32], 33–40, [41–2], 43–8, [49–50], 51–6, [57–8], 59–74, [75–6], 77–84, [85–6], 87–8, [89–90], 91–6, [97–102].

V 1–12, [13–14], 15–28, [29–30], 31–2, [33–4], 35–40, [41–2], 45–6, 43–4, 47–56, [57–8], 59–88, [89–90], 91–102.

Z 1–2, [3–102].

i

o bwy bynnac ddinag ddyn[a]
mynne wiw[b] ddvw maen[c] addysg

[a] *N* ddysc.
[b] *N* myn y wiw.
[c] *N* mae.

Yr Offeren

O Dduw, b'le mae'r hyn y byddai'n llesol
I ddyn, y mae pawb yn dymuno hyn,
Ei wneud, bardd ydwyf,
4   Tra byddai [byw], ac [i] minnau tra byddwyf [byw]?
Cynnal yn berffaith y ffydd a aeth ar led,
[Sef y ffydd] Gatholig ardderchog ei natur,
A bod, gwae ef os na fydd [felly],
8   Gair ofn[adwy i'w draethu], yn ffyddlon ufudd.
Achlysur bendith, dilyn parabl buan,
[Peth] mwyaf prydferth, yw'r Offeren.
Offeren yw'r daioni dan [y] nef i ni,
12   Amddiffyn gwirioneddol.

Yn fyrlymus fywiog, bu ar lafar
Ac ar gân, cerdd weddus o brydferth;
A'i dechrau, cof diwyro a rhagorol o'm heiddo,
16   Gweithred briodol, yw cyffesu'n dda;
Ac [y mae] ei ffurfwasanaeth, [gwrthrych] dewis mynych,
Ar gyfer pawb [ac] o [ba] ddefnydd bynnag y bo:
Ai o'r Drindod, [achlysur] arfer cerdd ddysgedig,
20   Ai o Fair Forwyn ddi-fai a rhagorol,
Ai o'r Ysbryd Glân disglair Ei harddwch,
Ai o'r dydd [neilltuol], gair hyfryd o'm heiddo,
Ai o'r Groes, hynafol ydyw,
24   Mawr ei rhinwedd, ai o'r meirw teilwng,
Ai o lawer dull arall, helaethrwydd gras,
Meddai henuriad.

Llawer rhinwedd, myn Mair annwyl fendigaid,
28   Sydd yn yr Offeren.
Ni fydd dyn [a fo'n] agos ati, boed i Dduw ei nerthu,
Yn llesgáu, ni fydd yn meddalu.
Llewyrchus fydd am amser hir, gwir les,
32   [Y sawl] a'i caiff yn [edifeirwch] cyffes.
Bydd y sawl a gyrch [yr] Offeren, gan [gadw] coffa hyfryd [amdani],
Yn dod i ddiwedd da.
Bydd angel da gerllaw
36   Yn cyfrif, [achos] pentyrru clod,
Pob cam (gallaf [sôn ar] ddameg)
O'i dŷ hyd yr eglwys hardd.
Os bydd yn marw'n ddisymwth yn ei sefyll,

40   Digwyddiad cwbl chwerw,
      Fe â ei enaid oddi yno ar unwaith
      I'r nef cyn [i'w waed] oeri.
      Pe gweid [ganddo] gyfraith ddisglair ei hiaith [a] da
44   Duw, heb lid, ar ôl [yr Offeren],
      Anodd wedyn fyddai i arglwydd
      Ddwyn un geiniogwerth o'i eiddo.
      Y mae bara['r] Offeren [a ddangosir am] ennyd,
48   Da fu'r gost, a'r dŵr ynghyd
      Yn ein gwneud, priodol yw felly,
      Yn freintiedig fry oherwydd y Cymun.

      Gwneir [yn bresennol] heddiw yn Offeren Mair dirion
52   Gorff ei mab addfwyn
      Trwy waith prelad â'i Ladin,
      A'i waed bendigaid o win.

      Tair iaith wiwbarch [a] di-gêl
56   Sydd yn yr Offeren:
      Y Lladin perffaith disglair-hardd
      A'r Hebraeg eglur a'r Roeg.

      Rhaid wrth dân wrth ei chanu,
60   Myn Duw eofn, a dŵr tywyll.
      Gwn paham (onid damwein[iol yw hyn)
      Y mae'n rhaid wrth dân cwyr hardd:
      Daeth cymylau gynt ar goedd
64   I dywyllu'r haul;
      Rhaid felly, wedi['r] gwadiad,
      ([Yn ôl] a glywais) gael goleuni.
      Dyma paham y rhoddir,
68   [Fy] mrawd da, ddŵr ir yn y gwin:
      Daeth dŵr tywyll o ystlys Iesu sanctaidd
      Gyda gwaed ebrwydd [ei lif].

      Paham, gweithred gywir, y sefir i fyny,
72   Iaith bêr sydd eiddof,
      Ym mhob man pan ddarllenir,
      [Gan] sibrwd [yr] ystyr, [yr] efengyl bêr?
      Er mwyn i ddyn ddangos, [trwy] wrandawiad [mewn] clos
            ardderchog,
76   Ufudd-dod i Dduw,
      [A]'i fod yn barod [ei] fwriad,

I ymladd oherwydd urddas yr ŵyl,
Ag unrhyw un ffals
80 A wenieithai inni, [ac] na fyddai'n gwneud [yr hyn] a wnawn [ni].

[Achlysur] trem o bell (oni fyddai'n rhaid wrth ddeall pum gŵr
       dysgedig?),
Paham y dywed
Yr offeiriad Weddi'r Arglwydd
84 Ar ôl dyrchafu corff [yr] Arglwydd?
Er mwyn dysgu, a pheri llwyddiant i'r ffydd,
Inni fod yn gywir [ein] Cristnogaeth.

Aros, pam yr â eraill
88 O'r dorf i gusanu'r lleill
Ar ôl [yr] *Agnus*, ni phetrusa,
Dei qui tolus, Deus da?
Arwydd hardd [o] dangnefedd [yw'r rheswm]
92 A rhoi heibio ofer eiriau mân.

Y mae'r stad uchaf, nid yw dynion yn gwadu hyn,
Yn perthyn i'r Pab, [gŵr o] eiriau grymus;
Y mae eillio cylch, cynyddol well [a] rhagorol [ydyw],
96 Ar ei gorun yn [arwydd] o ras;
A chyfarwydd ydyw, un gorau ei ddeall,
Â sôn am yr Offeren bêr â'i dafod.

Wyth nerth meddyginiaeth angenrheid[iol]
100 Ydyw ar unwaith i'r enaid;
Ac [achos] ffyniant a hynawsedd daionus,
Gwir fendith, ydyw i'r corff.

8
I Ddewi Sant

Wrth glybod chwedl tafod Dyfr,
A darllain pob awdurllyfr
O lyfr eurlythyr loywfraint,
A sôn am fucheddau saint,
Nid gwell sant, ffyniant ei ffawd,
No Dewi, iawn y dywawd.

Deng mlynedd, cyfannedd côr,
Ar hugain, teg fu rhagor,
Cyn geni Dewi y doeth,
Canu teg, cennad hoywgoeth
I yrru Padrig eurior
Er mawl i Ddewi i'r môr,
A gadu'r tir a gadwyd
O Dduw lân i Ddewi lwyd.

Sant o'i dad, da fwriad fu,
A 'nillwyd o iawn allu
O Non, santes wen annwyl,
Ferch Gynyr, naf hoywaf hwyl.
Rhwydd y mynegaf yrhawg
Fuchedd Non dra fu feichiawg:
Bara haidd a berwr rhif
A dwfr fu ymborth difrif.

Gildas yna gas anair
Gan fethu pregethu gair
Am fod Non wiw, geinlliw gynt,
Is gil y ddôr, nis gwelynt.

Yn Eglwys y Groes Oesir
Y ganed hwn, ganiad hir:
Pan esgores y pennaeth,
Y llech yn ddwylech ydd aeth.
Duw wrth fedyddio Dewi
A wnaeth ffons o ddwfr i ni;

Rhoes i'w dad bedydd, medd rhai,
Ei olwg, gynt ni welai.

Peulin esgob, dewin doeth,
36   A'i dysgodd, fab dewisgoeth;
Gweled colomen wen wâr
Yn ei ddysgu, iawn ddwysgar.
Paulinus, gwn pa luniaeth,
40   Dull o nych, dallu a wnaeth;
Gwnaeth Dewi roddi ar hynt
Ei lygaid fel na lwygynt.

Pan fu ŵr, wiw gyflwr wedd,
44   Aeth i Rufain, waith ryfedd;
Clych Rhufain, eurgain ergyd,
A gant eu hunain i gyd.

Croeses heb fost ar osteg
48   Yr Ennaint Twym, ryw nant deg;
Gwnaeth yn rhydd luniaeth y wlad,
Gwanwyn y Grawys, gwynad.

Bwyd Dewi gu dra fu fyw
52   Bara a dwfr, bwriad afryw:
Ei dad ef a'i holl daid oedd
Arglwyddi mawr eu gwleddoedd.

Angel a ddoeth, goeth gerrynt,
56   I gôr Llangyfelach gynt
I yrru Dewi euriaith
I fedd Caerusalem faith;
Dug hynt y ddeusant deg hael
60   Gydag ef i gadw gafael:
Pwy dry yn rym Padarn rwydd
A Theilo sant iaith hylwydd?
Daethant ill tri heb duthiaw
64   I dref Caerusalem draw;
Y padrïarch a'u parchawdd,
Dydd a nos da oedd ei nawdd.
Daethant, â phob meddiant mawr,
68   I Fynyw, santaidd faenawr.

Duw a roes meddiant, nis dwg,
I deml Dewi, naid amlwg;
Rhyw dud nef, rhydid i ni,
72   A roes Duw o ras Dewi.
Rhoes yn deg Lyn Rhosyn dir,
Rhydid i Gymry, lle rhedir.
Felly y gwnaeth, eurfaeth arfoll,
76   Dewi deg, ein diwyd oll.

Da y gwnâi Fagna â'i fagl
O farw yn fyw o firagl.

Mawr fu'r nifer am gerynt
80   A gad yng nghwm Brefi gynt:
Saith ugain mil, syth hoywgad,
A saith mil, cynnil y cad,
A ddaeth i'r bregeth ddethol
84   A wnaeth Dewi Sant yn ôl.
Cyfodes bryn, cof ydoedd,
Dan ei draed, arglwyddwaed oedd;
Clywad ef, clau wawd ofeg,
88   Mal cloch yn Llandudoch deg.
Cafas fod, cyfoesi fydd,
Yn bennaf o'r saint beunydd.

Teml Dewi Sant seithgant sathr,
92   Teg oleule, tai gloywlathr.
Dafydd Broffwyd loywlwyd lem
A seiliodd Gaerusalem
Yn unrhodd i Dduw'n anrheg
96   Yng ngwlad dda Siwdea deg;
Felly Dafydd, ddedwydd ŵr,
Da ddifri, Dewi Ddyfrwr:
Seiliodd deml, glân ddiseml glau,
100   Ail Caerusalem olau,
Pefrwaith dwys amlwaith di-seml,
Pryd ystaen, paradwysteml,
A thoi y plas â tho plwm,
104   A threbl a mên a thryblwm,
A sensau einioes iawnsyw,
Sens a mwg ail Sain Siâm yw,
Rhyw le hardd, rhy olau hoyw,
108   Rhelics a gwisgoedd rhyloyw,

Delwau hoywdeg, lampau hydr,
Disgleirwaith dwys eglurwydr,
Eglur gôr a gwiwlwyr gân
112 O glaergerdd a gloyw organ,
A chlywed cerdd iach lewych,
A chlau lef miwsig a chlych.

Cystal o'm hardal i mi
116 Fyned dwywaith at Dewi
Â phed elwn, cystlwn cain,
O rif unwaith i Rufain.
Myned deirgwaith, eurwaith yw,
120 Â'm henaid hyd ym Mynyw,
Y mae'n gystal â myned
I fedd Crist unwaith, fudd cred;
Bedd Crist Cymru ddidrist cain,
124 A'i rhyfedd deml a'i Rhufain.

Dewi a bair, gywair ged,
I werin Cymru wared.
Dewi Ddyfrwr yw'n diwyd,
128 Dafydd ben sant bedydd byd.
O'r nef y doeth ffyrfgoeth ffydd,
I'r nef yr aeth yn ufydd.

Ffynonellau
A—BL Add 31084, 14ᵛ B—Bodley Welsh f 4, 62 C—Cardiff 5.44, 57ʳ D—
J.R. Hughes 5, 49 E—LlGC 970E [= Merthyr Tudful], 110 [= rhif 115] F—
LlGC 2010B [= Panton 42], 273 G—LlGC 13061B, 69ᵛ H—LlGC 13071B,
177 I—LlGC 21290E [= Iolo Aneurin Williams 4], 31ʳ [= rhif 104] J—Llst
6, 251 K—Llst 47, 242 L—Llst 134, 66ᵛ [= rhif 134] M—Pen 114, 32

Ymranna'r rhain yn ddau brif fath, sef A–IKL a JM. O fewn y math cyntaf
gwelir perthynas agosach na'i gilydd rhwng AG a braidd yn gymysglyd yw
darlleniadau D. Barnwyd mai yn nhestunau CEG–M y ceir y darlleniadau
gorau a chodwyd amrywiadau ohonynt hwy. Y mae rhai darlleniadau yn J
yn aneglur neu'n anghyflawn oherwydd traul; ni nodwyd y rhain oni bai
bod achos i gredu y byddai darlleniad yn wahanol i ddarlleniad y testun
golygyddol pe bai'n gyflawn. Ymhellach ar y llawysgrifau, gw. tt. 219–27.

Amrywiadau
1 *E* difr, *I* tifr, *J* tifyr. 2 *H* darllani; *CEGIKL* diwair llyfr. 6 *I* dywad. 10 *GI*
teg kaniad, *L* teg knaiad. 11 *C* yr yrry; *CEGHIKL* orior. 13 *EHIKL* güdiwyd,

G güddiwyd. 14 *J* law. 15 *CEI* sanct; *CGHIKL* i dad, *E* dy dad; *CEGHIL* o vwriad. 16 *I* a nillawdd. 20 *E* dry. 22 *J* dyfwr. 24 *CEGHIKL* heb allv. 25 *H* ganilliw. 26 *C* yr ddor. 28 *H* ganaid hir. 29 *J* peaeth. 30 *J* yn lech. 32 *G* ffons (ffwnt); *J* ddyfwr. 33 *J* y dad. 37 *CEGHK* kalomen. 38 *M* dysgy; *M* dwysgar. 39 *CGIL* Palinvs, *E* Palinws, *H* pawlinws, *K* Pavlinvs, *M* Pawlinis; *J* pawl nys gwyr pa; *K* gwrt. 44 *H* ryvani; *M* wyth orey vedd. 45 *J* ryfai, *H* ryvani. 46 *K* gan; *H* hvnani, *JM* hynaint. 48 *M* enain; *J* twyn; *EJ* naint. 49 *CE* gweniaeth y, *IL* gweniaith y. 50 *M* wanwyn; *J* gwnad, *M* wnad. 52 *J* bara dyfwr, *M* bara dwfr. 53 *M* ay dad. 54 *JM* ayr y. 57 *EIL* airiaith. 58 *M* ffaith. 59 *M* y doy. 60 *M* geidw. 61 *C* pwy a dry n rym, *EI* pwy a dry rym, *GL* pwy a dry rann, *HK* pwy dry ym rym, *M* pedyryn (*gyda dau ddot o dan yr* e) rym. 62 *C* hoewlwydd. 69 *M* dvw rhoes. 70 *J* dew; *EK* nod. 72 *CEKL* i ras, *M* e ras. 73 *LM* glyn. 74 *C* Gymrv redir, *I* lle redir *ond a llau. trwy* lle. 75 *GJ* velly gwnaeth. 77 *GHK* a da; *M* gwnaeth; *J* vangna; *GHKL* oi. 78 *E* varw vyw; *G* oi; *K* vriagl. 73 *H* vü niver; *M* ymgerynt. 81 *CEGHIKL* ganiad. 83 *CIM* i bregeth. 84 *M* y gwnaeth. 86 *G* arglwydd gwaed; *M* arglwydd oedd; *J* oed. 89 *CIL* kyvoesi a vydd. 91 *J* saith gansathr. 93 *M* loywssyw; *H* lonn. 94 *GJM* kaer isalem, *H* caerysalenn. 95 *M* yn ynrhodd. 96 *CEGHIKL* diwidia, *J* siwedia. 97 *JM* ddafydd. 98 *EIJ* dda; *H* difri, *M* ddifai; *EJ* ddewi. 99 *JM* seilioedd teml; *CGIKL* diseml, *H* ddseml. 100 *M* gaerissalem. 103 *M* thei y. 104 *CEGHIKL* nenn, *J* main. 105 *GIL* sainsav, *M* senssi. 106 *H* sani siam. 108 *CEH–K* rylex, *M* relex. 109 *M* [Delwau]. 111 *C* eglügor; *CEGHIKL* a gloew organ. 112 *CE* eglür gor a gloew ar gan, *GHIKL* eglür gerdd a gloew ar gan; *J* gole. 113 *M* kerdd arch loywwych; *CEHL* jaith, *GI* wych. 114 *L* lais mvsig. 115 *K* ortal. 116 *CGHIK* dwywaith vyned at Dewi; *J* dywaith, *M* ddwywaith; *M* ddewi. 117 *M* ffy elwn; *H* cani. 118 *EJ* yn waith; *H* rivani. 119 *HJ* tairgwaith; *CEGIL* araith, *M* avr ieith. 122 *GHJM* ynwaith. 123 *J* kymr; *H* cani. 124 *GL* a ryvedd; *CEGIK* a ryvain, *H* a ryvani, *L* o ryvain. 125 *J* bair y wair ged. 126 *H* werni; *CEH* kymry. 128 *G–JM* saint. 129 *CEGHIKL* o; *M* yr aeth. 130 *CEGHIKL* i; *CEGIL* i ddaeth.

Teitl / rhaglith
CEG llyma gywydd Dewi sant, *I* kywydd Dewi sant, *K* kywydd Dewi, *L* llyma gwydd Dewi sant.

Olnod
CEH–M Jeuan ap Rydderch ap Jeuan Llwyd ai kant, *G* jeuan Rydderch ap jeuan llwyd ai kant.

Trefn y llinellau
CEG–L 1–34, [35–6], 37–62, [63–6], 67–130.
M [1–32], 33–130.

I Ddewi Sant

Wrth glywed [yr] hanes [ar] dafod [am] Ddyfr,
A darllen pob cyfrol awdurdodol
O lyfr disglair ei ragorfraint [a] choeth ei eiriau,
4   A sôn am fucheddau saint,
Nid oes well sant, ffyniant yw ei fendith,
Na Dewi, yn gywir y mynegodd [y llyfr hynny].

Deng mlynedd, dymunol oedd [y] cylch,
8   Ar hugain, hardd fu['r] flaenoriaeth,
Cyn geni Dewi daeth,
[Gyda] chanu persain, negesydd hardd a gwych
I yrru Padrig [yr] arglwydd ardderchog
12   Er mawl i Ddewi tua'r môr,
Ac ymadael â'r tir a gadwyd
Gan Dduw sanctaidd i Ddewi glân.

Enillwyd sant o'i dad, da fu['r] bwriad,
16   Â gwir nerth
Trwy Non, santes dduwiol [ac] annwyl,
Merch Cynyr, arglwydd [o'r] anian ardderchocaf.
Yn rhugl y datganaf yn awr
20   Fuchedd Non tra bu'n feichiog:
Bara haidd a berwr niferus
A dŵr fu['n] ymborth gwirioneddol.

Yna profodd Gildas warth
24   Gan fethu â phregethu gair
Am fod Non ragorol, un brydferth gynt,
Y tu cefn i'r drws, nis gwelent.

Yn Eglwys y Groes Oesir
28   Y ganed hwn, [trwy] enedigaeth faith:
Pan esgorodd [hi] ar y pendefig,
Aeth y llech yn ddwy lech.
Wrth fedyddio Dewi
32   Gwnaeth Duw ffynnon o ddŵr i ni.
Rhoddodd i'w dad bedydd, medd rhai,
Ei olwg, nid oedd [hwnnw] yn gweld gynt.

Dysgodd Peulin esgob, gŵr doeth dysgedig,
36   Ef, [y] mab dethol a choeth;

Gwelwyd colomen wen [a] llariaidd
Yn ei ddysgu, cyfaill sobr [a] chywir.
[Am] Bawlinws, gwn pa fodd,
40   Mynd yn ddall a wnaeth, [trwy] fath o nychdod;
Gwnaeth Dewi roi ar unwaith
Ei olwg [iddo] fel na ddiffygiai.

Pan ddaeth yn ŵr, dull ystad ragorol,
44   Aeth i Rufain, tro rhyfedd;
Canodd clychau Rhufain, [dyna] ergyd ddisgleirwych,
Eu hunain ynghyd.

Bendithiodd yn wylaidd ar goedd
48   Yr Ennaint Twym, [fel bod iddo bellach] natur nant deg;
Gwnaeth luniaeth y wlad yn rhydd,
[Adeg] gwanwyn y Grawys, [trwy ganiatáu bwyta] gwyniad.

Bwyd Dewi annwyl tra bu byw,
52   Bara a dŵr fu, [trwy] fwriad croes i natur:
Yr oedd ei dad ef a'i holl gyndadau
Yn arglwyddi mawr eu gwleddoedd.

Daeth angel, [ar] hynt ddisglair,
56   I gysegr Llangyfelach gynt
I anfon Dewi wych ei iaith
I fedd Caersalem faith;
Dug y ddau sant hardd [a] bonheddig eu hynt
60   Gydag ef i roi cynhaliaeth:
Pwy a dry yn [feddiannwr] nerth Padarn hael
A Theilo sant rhugl ei iaith?
Daethant ill tri heb deithio ar feirch
64   I dref Caersalem draw;
Anrhydeddodd y patriarch hwy,
Dydd a nos da oedd ei nawdd.
Daethant, gyda phob awdurdod mawr,
68   I Fynyw, bro gysegredig.

Rhoddodd Duw awdurdod, ni fydd yn ei ddwyn ymaith,
I eglwys Dewi, ffawd hysbys;
Rhoes Duw inni trwy ras Dewi
72   Ryw wlad nef, rhyddid.
Rhoddod yn deg, [yn] seintwar i Gymry,
Dir Glyn Rhosyn lle y rhedir.

Felly y gwnaeth, [trwy] gyfamod gwych ei fagiad,
76   Dewi deg, pleidiwr inni oll.

Da y gwnaeth Fagna â'i fagl
O farw yn fyw trwy wyrth.

Mawr fu'r nifer oherwydd cyfeillion
80   A gafwyd yng nghwm Brefi gynt:
Saith ugeinmil, llu bywiog cywir,
A saith mil, yn fanwl y cafwyd [hwy],
A ddaeth i'r bregeth ddethol
84   A draddododd Dewi Sant wedyn.
Cododd bryn, yr oedd cof [amdano],
Dan ei draed, o waed bonheddig yr oedd;
Clywyd ef, [gyda] lleferydd eglur [datganwr] cerdd,
88   Fel cloch yn Llandudoch deg.
Cafodd fod, bydd [hyn yn] broffwydoliaeth,
Yn bennaf o'r saint beunydd.

Eglwys Dewi Sant [lle y mae] sathr saith cant [o draed],
92   Lle disglair teg, [gyda] thai gloyw a llathraid.
Sylfaenodd Dafydd Broffwyd disglair a sanctaidd [a] llym
          Gaersalem
Yn anrheg i Dduw [a oedd] yn rhodd arbennig
96   Yng ngwlad dda Judea deg;
Felly [hefyd] y gwnaeth Dafydd, ŵr dedwydd,
Da a sobr, Dewi Ddyfrwr:
Seiliodd eglwys, [un] amlwg [a] gwych [a] chysegredig,
100   Ail Gaersalem ddisglair,
Gwaith campus [a] chadarn [ac] wedi ei addurno'n wych [ac]
          urddasol,
[Ac iddi] liw plwm gwyn, eglwys baradwysaidd,
A thoi y plas â tho plwm,
104   A threbl a mên a thuser,
Ac arogldarthau [gŵr o] fuchedd ddoeth,
[Lle] ydyw [o] arogldarth a mwg tebyg i [eiddo] Sain Siâm,
Rhyw le hardd, tra disglair [a] gwych,
108   [Ac ynddo] greiriau a gwisgoedd tra gloyw,
Delwau hardd a theg, lampau grymus,
Gwaith disglair [a] phraff [ac ynddo] wydr gloyw,
Côr eglursain a chân ragorol a pherffaith
112   O gerddoriaeth glaer ac organ ddisglair,
A chlywed cerdd iach ei llewyrch,

A sain uchel miwsig a chlychau.

Cystal i mi fynd o'm hardal
116 Ddwywaith at Ddewi
Â phed awn, [trwy] arddeliad rhagorol,
O ran rhifedi unwaith i Rufain.
Y mae myned deirgwaith, llafur rhagorol,
120 Gyda'm henaid hyd Fynyw
Cystal â mynd
I fedd Crist unwaith, budd [i] grefydd;
Bedd Crist Cymru ddedwydd [a] gwych,
124 A'i heglwys ryfedd a'i Rhufain [ydyw].

Y mae Dewi yn peri, [trwy] rodd berffaith,
Waredigaeth i bobl Cymru.
Dewi Ddyfrwr yw'n pleidiwr,
128 Dafydd sant pennaf gwledydd Cred y byd.
O'r nef y daeth [yr] un praff a gwych ei ffydd,
I'r nef yr aeth yn ostyngedig.

9
I Fair

Mair yw'n hyder rhag perygl,
Morwyn wyry, myrr un arogl,
Mirain nefol fain fynwgl;
4   Mawr yw ynn gael o'i miragl
Gorff Duw lwys o'r eglwys rugl
A geirw Ei waed o garegl.

Da Fair loywair oleuwemp,
8   Dangos *Rex*, nid *simplex* swmp;
Da beth y cefaist dy bump
Llewenydd, chwaer ddedwydd chwimp;
Da anrheg deg fu dy dymp:
12   Dwyn Duw goeth, da iawn dy gamp.

Diasgen bwynt, dysg iawn Bibl,
Disgyn Crist didrist dewdrebl,
Dwysgbarch, i'th fru, Fair dysgbobl.
16   Dysgaf ganu fal disgybl,
Dysg deg awdl, pefr dasg di-gabl,
Dwysglaergerdd Duw disgleirgwbl.

Mawr glaerles, Mair eglurlathr,
20   Gwaith hoyw a'n gwnaeth Crist loywlythr:
Goresgyn croes, garw ysgwthr;
Dug heb gudd aml gythrudd gethr,
Dogn iadlwybr digon waedlithr,
24   Dygn hoelion oeron aruthr.

Mair loyw mal blas hoywgroyw sugr,
Crist Bab dy eurfab eirfygr
Yw'n gwiwgwbl ymborth a'n gog'r,
28   A'n Duw er dynion, diagr,
A fynnodd bustl a finegr
Ar groes dognloes rhag dygnlwgr.

Euraf wawd tafawd tewfydr
32   I'r lân wyry ar lun arodr;

Hoywfab Duw aeth yn hyfedr
I'th fru, Fair ddawnair ddinidr,
Mal haul wybr, bywlwybr baladr,
36   Drwy ffenestr weadrestr wydr.

    Mair urddedig ganmoledig,
Mair garedig, mawr gariadau,
Mair waredig fendigedig,
40   Etholedig o'th aelodau.
Mam Grist Wledig difethedig,
Iôr ganedig o'r gwiw nodau,
Clyw dy garant, clod yt barant,
44   Hwynt a'th garant, hawnt iaith gorau.
Nerth dy weision, nid ŷnt freision,
Rhai culgleison, rhag cael gloesau;
Cei fawl telyn, n'ad i'n gelyn,
48   Cythraul melyn, caethrol malau,
Ein dibwyllo na'n godwyllo,
Er cyrbwyllo, i'r corbyllau.
Dwg forynion a gwŷr gwynion
52   A holl ddynion o hyll ddoniau.
Cei wawd laredd heb waith caredd,
I'th drugaredd o'th dro gorau.
Dwg brydyddion yn wŷr rhyddion,
56   Awenyddion i wiw noddiau.
Cei yn llawen air gorawen
O gain awen, wiw ganuau.
Morwyn loywswydd, maent i'th groywswydd,
60   Y saint hoywswydd a'r santesau:
Gwasanaethant, yt arfaethant,
Nef yr aethant, nwyf areithau.
Dy gerdd traethant, ac nis caethant,
64   Ac ni wnaethant egni wythau.

    Mam Grist Celi, seren heli,
Luna celi, lain y suliau.
Oportere nos habere,
68   *Miserere*, moes ar eirau.
Mair *amena, gratia plena*,
Sine pena, sôn heb boenau.
Quae vocaris salutaris
72   *Stella maris*, talm o eirau.

Imperatrix, consolatrix,
Miseratrix, moes arotriau.
O Maria, virgo pia,
76   *Recta via,* rhag tew feiau.
Peperisti Iesum Cristi,
Sine tristi, sôn nid tristau.
Mundi rosa preciosa,
80   *Speciosa,* hysbys oesau.
Nunc clamamus et ploramus,
Adoramus, daear rwymau.
Et cantamus ut vid'amus,
84   *Te laudamus,* tâl diamau.

Mair forwynaidd, Mair addfwynaidd,
Mair gyflwynaidd, mawr gyflawnau.
Er d'arweddiant anrhydeddiant,
88   Er dy feddiant, aur dy foddau,
Arch i'th Dduwner ddwyn holl nifer,
Pan y'u rhifer (poen i'w rhwyfau),
I le tradwys lle mae'n Tadwys,
92   I baradwys o bur oedau,
Yn lle telir cerdd ni chelir,
Yn lle gwelir ein Llyw golau.

Mair, ffenestr nef, mawr ffyniaw,
96   Mam y drugaredd, gwedd gwiw,
Henffych well, ystafell Duw,
A budd i'r holl ddynion byw.

Ffynonellau
A—BL Add 14866 [= RWM 29], 23ᵛ B—BL Add 14875, 10ʳ C—BL Add
14971 [= RWM 21], 80ᵛ D—BL Add 15010, 135ᵛ E—BL Add 31067, 27ᵛ
F—BL Add 31084, 7ᵛ G—Bodley Welsh f 1, 102ᵛ H—Card 1.51 [= RWM
53], 98 I—Card 2.5 [= RWM 11], ii, 23 J—Card 2.114 [= RWM 7], 706
K—Card 3.4 [= RWM 5], 74 L—Card 4.10 [=RWM 84], 1214 M—Card
5.44, 2ʳ N—CM 14, 73 O—CM 23, ii, 1 P—Esgair 1, 55 Q—Gwyn 3, 19ʳ
R—J 139 [= RWM 14], 300 S—LlGC 37B, 69 T—LlGC 436B, 67ʳ U—
LlGC 872D [= Wrecsam 1], 245 V—LlGC 3046D [= Mos 143], 297 W—
LlGC 3048D [= Mos 145], 35 X—LlGC 3051D [= Mos 148], 408 Y—
LlGC 3056D [= Mos 160], 293 Z—LlGC 6209E, 317 a—LlGC 6681B, 433
b—LlGC 7191B, 60ᵛ c—LlGC 13068B, 18ʳ d—LlGC 13071B, 55 e—Llst
16, 83 f—Llst 47, 5 g—Llst 118, 417 h—Llst 133, 78ᵛ [= rhif 269] i—Llst
135, 114 j—Llst 137, 354 k—Pen 53, 43 l—Pen 72, 474 m—Pen 126, 52

n—Pen 312, vi, 20 o—Wy 1, 224

Gellir rhannu'r rhain yn bum dosbarth: ABEFQWkmn, CDI–LORSUXb, GHMNVZac–fhijlo, PYg, T. Gellir rhannu'r dosbarth cyntaf ymhellach yn AFQ, BE, W, k, m, n; yr ail yn CU, DO, I, JR, K, LX, S, b; a'r trydydd yn GHVc–fijo, M, NZal, h. Gellir hefyd rannu grŵp cyntaf y dosbarth olaf ymhellach yn GHejo, V, cdf, i. Y mae H yn adysgrif o G neu o gynsail dra thebyg, ac y mae F yn adysgrif o A neu o gynsail dra thebyg. Codwyd amrywiadau o'r holl destunau. Ymhellach ar y llawysgrifau, gw. tt. 219–27.

Amrywiadau

1 *I* mawr (*cywiriad*: mair *gan yr un llaw*); *X* yw; *K* hyd, *Pb* hŷdr, *k* hedyr; *D* mewn; *H* pergl. 2 *C* marwyn; *K* wyrsi, *Z* wrryf; *J* myn; *C* myrn arogl, *D* Murain arol, *L* Murain arogl, *R* myrain eiragl, *V* mirain arogl, *b* myrn arogl; *GHMNUcdfhi* yn; *g* arog. 3 *Z* mwrain; *BCEIRSUXb* Nefawl riain, *DL* Nef Riain, *J* nefawl rriain; *d* vani, *eij* vam. 4 *d* mawr *neu* niawr; *G* Mawr i'n gael (*cywiriad*: Mawr yw i'n gael), *I* mawr yn gael (*cywiriad*: mawr yw yn gael *gan yr un llaw*), *E* Mawr ym gael, *H* Mawr i'n gael, *ej* Mawr i'm gael; *K* oedd; *BRZo* ym, *Qh* i'n, *S* ei; *AFQn* a; *J* meiragl, *V* miregl. 5 *CKo* korff, *k* corf; *Z* dduw; *AFQSn* glwys, *GH* lwyd; *AFGHQVhn* ir, *Mdf* ynyr, *c* nyr; *D* rogl. 6 *Sb* ai, *ABEIJNPQX–agln* [A]; *GHMcdfk* ac eirw; *B–EIJLNPSTUX–bglo* geirie, *AQn* gywrain, (*Q*) eirw; *R* ag eir' waed, *j* A geirjau waed; *h* Ac eirw ei waed o (Geiriau ai waed ei); *V* geirw waed, *ej* geirjau waed; *A–EINPQSUX– bgln* ai waed; *A* i (o), *ILbn* oi, *J* i, *V* ir; *V* gerugl, *o* carecl. 7 *X* Da fv fair; *b* Mair; *DL* loyw Fair, *E* oleuwair, *Z* lowair; *GH* oeleuwemp, *KRk* oleu wymp, *L* o lew omp, *Q* oleuwemp (*cywiriad*: oleuwymp), *T* oleulemp (oleulamp), *eijo* oleuwimp. 8 *E* Ner; *C* rex ind symplex, *D* Rex dan Simplex, *k* rex dysimplex, (*Q*) rex di simplex; *F* siwmplex, *I* symplesx, *Mdfi* ssamplex; *DL* symp. 9 *KR* da obeth; *P* cefais; *Ti* dymp, *Z* bwmp. 10 *I* lywenydd; *J* Dy lywenydd; *T* dedwydd, *k* dewydd; *DL* chwemp, *k* wymp, *FV* chwymp. 11 *IJ* Dy, *P* [Da]; *k* tec; *DGHLMNRTZac–fijlo* yw, *h* yn (yw), *k* vydd. 12 *C* dvn; *CUb* gwynn; *L* da yw. 13 (*h*) Da; *NRZa* da asgen; *X* Deffynbwynt dyst; *F* dyst; *k* iawawn; *DIKRSVX* beibl, *NPTYaegjlo* bobl, *U* beybl (*cywiriad*: bibl *gan yr un llaw*), *k* bibl. 14 *NRZaej* grist; (*F*) ddidrist, *I* ddidrist; *AQej* dewr- drebl, *BE* dewdrwbl, *DL* dew dreibl, *F* dewr drebl (ddeudrebl), *I* ddev drebyl, *k* deu trebl, *o* dudrewbl. 15 *AFIKP–Tgkln* dwysbarch, *CNYZa* dwysbarth, *DLb* Dwyscbarth, *GHV* dosbarth, *J* dwysd barch, *X* Dwysgboyn, *i* ddwysbarch; *BE* dosbarth wyd fair; *b* it; *P* fŷw, *X* gorff, *Z* fro; *L* fry dysg bobl, *S* frû dewis bobl; *Xb* mair, *h* pair (Fair); *CIJk* dyst bobl, *P* dysgubl, *R* dysbobl, *T* dyscobl, *Yg* ddisgybl, *i* ddysgbobl. 16 *DFL* Dysga, *Q* discaf, *V* dysgais, *i* dysgan; *G* fab (vel *gan law arall*); *FI* disgbyl, *i* gysgybl. 17 *AFQn* dasg; *ej* Dysg owdl, *o* dysc i owdl; *IK* tec; *ABCE–IQSXbn* befr, *DJLPRUYgh* berf, *K* bardd, *NZa* pars, *Tejlo* perf, *V* beref, *k* penyt; *ABEFQSn* dwys, *IJRX*

dwysg, *V* dysk; *I* discabyl. 18 *ABDEFIJLQRSXfn* disglaer, *e* Dwysglaiar, *k* aer; *BE* duw gerdd; *k* ger; *R* tüw; *R* ddisgleirgwbl, *b* disgleir gabl. 19 *ACDFIJLQRUXbfn* mair; *AFIJSn* gloriws, *CU* glaiarles, *P* glaerllês, *Q* gloriws (glaerlen *mewn llaw arall*), *R* glir loyw, *X* glirles, *b* glayarlais, *c* glaerlaes, *k* glaerleu; *ADFIJLQSXfn* mawr, *R* mai, *ej* mam, (*h*) mam; *G* eglurlythr (eglurlathr *mewn llaw arall*), *HTX* eglvrlythyr, *U* egleyrlathr. 20 (*G*) vab duw groew hoew loew lythr, *Mc* vab düw groew hoew loew i lythr, *df* val duw groew hoew loew i lythr; *AFQn* maeth, *GH* Gaith, *K* krist; *S* hoyw gwnaeth; *AFQ* hoyw gwnaeth i grist, *n* hoyw gwnaeth i Crist; *CPUVYbg* a, *D* au, *GHh* y, *L* am, *k* yn; *CPUVYbg* wnaeth, *K* gwaith, *L* gowaeth; *D* crisc; *DLTVX* loyw lathr, *FQk* loewlethr, *S* loywlathr (*cywiriad*: loywlythr *gan yr un llaw*), *X* hoywlathr, *ej* loew lithr. 21 *Mcdf* er gwresgin; *D* droes; *V* arw; *L* garw loes ysgwthr, *GV* ysguthr, *HIRX* yscythr, *Jk* yskothyr, *T* yscythr (yscwthr), *i* essgethr. 22 *e* Dug cû cûdd, *j* Dûg cû ûdd; *T* heb amyl; *GHMcdfi* gyd; *CUb* am; *GHMf* kethryd, *IUh* gethrrydd, *L* gythryth, *NPTYZaglo* cythrudd, *cd* kathryd, *i* kythryd; *GMNPTYZacdfgiklo* kethr. 23 *G* Dogn (deg yn *gan law arall*), *JMR* dvg yn, *K* digan, *Xb* Dygyn, *cdf* deg n; *CDG–KMRUbcdfik* wawd lwybr, (*F*) wawdlwybr, *L* wawd lwybl, *NPSXYZagl* waedlwybr, (*Q*) wawd- lwybr *gan law arall*, *T* wawd llwybr, *ehj* waew lwybr, *o* waywyd lwybr; *DGHKMTc–fhijo* dygyn, *L* dydyn; *IJb* waed lythr, *K* waed leithyr, *L* wawd lithr, *NZal* wad lithr, *R* wawtlyfr, *ejo* wae lithr, *i* waedlathr. 24 *R* dygn n; *U* holion; *M* ovrion, *ci* orion; *R* ar'thr; *H* aryth. 25 *AHMP–TVYgn* hoyw, *G* hoyw (loyw *gan law arall*), *I* hoiw *ond ac* aer *uwchben yr* h *i'w osod rhyngddi a'r* o; *Mcdf* megis; *K* blaen; *AS* blas y croyw, *PYg* blâs y groyw, *Q* blâs y croiw (*cywiriad*: blâs hoiwgroiw), *GHMcd* blas Croyw, *i* blas groyw, *n* blas y hoyw; *I* hoyw groes, *R* fal krvyn, *h* hoyw croyw; *C* hoyw groesygr, *b* hoyw groesgr; *APQSZgn* siwgr, *DLNaehjlo* sigr, *GHMVXci* sywgr, *I* swgwr (svgr), *J* swgur, *R* sywg, *T* seigr, *U* sygr, *X* svwgr, *Y* swgr, *d* syvgr. 26 *CDLQUb* Crist dy fab eurfab, *P* Crist fâb dy evrfâb (*cywiriad*: Crist dy fâb evrfâb *gan yr un llaw*); *AFGHJMNSTVYZac–lo* vab, *R* fad; *G* da (duw *gan law arall*), *HR* da, *Mcdfi* düw, *T* du, *h* da (dy); *X* dy fab evrfab, *k* deyrvab; *A* artfugr *neu* arffugr, *C* arfagr, *D* anfigr, *F* arffygr, *JSUXb* arfigr, *K* eyrvygyr, *Ln* arfvgr, *P* argyfr, *Q* arfugr (eirfugr *gan law arall*), *R* arfygr, *Z* fygr, *c* air vegr. 27 *VX* ynn, *k* yo n; *S* yw yn gwbl ein nerth; *JR* giw gwbwl, *b* gwyw gwbl; *AFn* nerth, *I* ymorth, *L* yn borth, *Q* nerth (ymborth *gan law arall*); *X* arogl, *Z* gwobr. 28 *ACFG–jLMNPQ–VX–fhijlno* a; *V* duw ion ir; *ACFGHLPQTUXYbeghjlno* ir, *I* ar, *JRS* a; *R* dynionion, *S* ddynion; *V* diegr. 29 *k* anyvawdd; *K* vynnod, *Q* dynnodd (*cywiriad*: yfodd *gan law arall*; *a'r amrywiad* fynnodd *gan law arall eto*), *R* fynoedd; *NPYg* fystl; *I* ag yfinegr (*cywiriad*: yfinegr *gan yr un llaw*), *J* ag yfinagr; *k* vinagr. 30 *AFIJLMQRSVXcdfn* ar y groes; *D* Ar y Groes rhag dygun Loes; *ej* gloes; *F* ddogn loes, *GH* dug loes, *JLPR* dygyn loes, *k* dongloes; *Mdfi* dognloes dygnlwgr; *GH* rai; *R* dygyn lwyr, *S* dygn lygr, *V* dygyn lwbr, *X* dygnlwybr, *k* dynglogr. 31 *DLXY* pvrav, *F* Curav, *GHJMNT–*

WYZa–jlo puraf; *ACPYbgn* tew fudr, *DL* tew fedr, *GHMNZahl* difvdr, *I* dewfydr, *JR* tew wydr, *Q* tew-fudr (ty-fudr *gan law arall*), *T* tifidr, *Wcdej* tivedr, *f* di vwdr, *i* tifydr, *k* tyvydr, *o* dividr. 32 *Mc* ar, *i* yr; *K* wyrvy, *Z* wrri; *V* wyry erlyn erodr; *b* ar lun ar ardar; *G* lun (lan *gan law arall*), *X* lvr, *d* lan, *i* lyn; *ACDFHIJLRSUWXejn* aradr, *BE* erawdr, *GQ* aradr (arodr *gan law arall*). 33 *GH* Dduw; *J* duw a aeth; *H* hefedr, *Q* hyfedr (howifedr *gan law arall*), *V* hufedr, *k* hoyw vedr. 34 *i* vry ddawnair; *GH* fam, *JRWbehj* mair; *L* ddiwair, *k* dawneir; *D* ddinedr, *GHNWZaehjlo* dinidr, *T* ddifwdr, *c* ddianidr, *d* ddinaidr, *k* divydr. 35 *S* lwybr; *BE* byw wybr, *DLU* loiwlwybr, *I* lyw lwybr, *V* buw lwybr, *k* benllwybr; *k* beledr. 36 *V* mal drwy; *BEIJR* drwyr; *o* fenesc; *D* ffenestr o wiw drest, *HKNTWZaehjkl* fenestyr o wawt rester, *L* Ffenestr o wyw drest; *G* ffenestr o wawdrestr wydr (*cywiriad*: ffenestr o wawdrestr o wydr), *b* ffenester wydr; *BEIJPRU* wiw dresdr, *C* wiwdref, *Vi* wawdrestr, *X* owdestr, *o* wawdresc; *Mcdf* wawd restr o wydr. 37 *W* waredig; *M* vendigedig, *R* fendigedig (ganmoledig). 38 *I* gredig. 39 (*G*) Ner, *H* Ner; *GHVWc–fijk* urddedic, *NZal* wyrfedic, *h* urddedig (wyrfedig). 40 *AFNPQSZaln* ddetholedig, *Yg* detholedig; *AFMPQSYcdfgn* ith, *DGHJL* ath; *V* alodeu. 41 *Z* Mair; *G* Mam Crist (Jesu); *AFIPQSYgn* mam weledig, *H* Jesu Grist wledig; *Wbjko* crist; *JRb* weledig; *k* gwledic; *ACDFJ–MP–SUVbcdfin* ddivethedic, *k* dyvethedic. 42 *GH* Jon, *K* Joor, *P* ŵr; *AFJQRSn* organedig; *AFKQSno* ar; *AFQSn* ganiadau, *I* ganiadau (nodau), *J* ganadav, *R* genadaü; *V* gwiu *neu* gwin, *k* gwyw; *k* naddieu. 43 *H* Glyw; *MRcdfi* warant, *V* geraint; *H* Glod, *X* clo; *AFHMPQSVYcdfgn* a, *CDI–LNRUWYZabehijlo* ath, *G* a (a'th *gan law arall*), *H* ath a, *X* ith. 44 *ACFQSXbn* hwy, *NWZaeijlo* hwnt, *U* hwynt (*cywiriad*: hwy *gan yr un llaw*); *ACFIJQRSUXbn* hoyw, *D* hawnd, *K* hynt, *V* whant, *W* hawnt (*cywiriad*: hoyw), *Z* Hawn, *l* hwnt; *P* oraü, *X* geirav. 45 *G* Ner (Car *gan law arall*), *H* Ner, *Mcdfi* kar; *Cb* ni; *Mcdfi* yn; *K* [nid ŷnt freision]; *I* freson, *J* brission, *k* vrison, *o* wreison (vreison). 46 *NZal* rrag; *b* rhai, *i* roc; *o* g[ ]sae. 47 *M* kav, *d* can; *AI* m'n, *CQno* ni'n, *DLb* ni in, *F* vm, *GHh* i'm, *NZa* im, *P* y, *Um* ni yn, *W* mm (*cywiriad*: ni in *gan yr un llaw*), *e* min, *i* nyd, *j* myn (*cywiriad*: min *gan yr un llaw*), *l* inn. 48 *I* kythel, *KX* gythrel; *AFn* cathrol, *I* koethryw, *K* gaethrwyl, *M* koeth rol, *P* kaethor, *Q* cathrol (*cywiriad*: caethrol), *V* kaeth riwl, *X* gayth rwol, *k* baethrol; *CUXb* mowlav, *DL* mowriau, *GHh* maelau, *KPSVYZgmn* molav, *Mcdf* moelav, *Q* molau (malau *gan law arall*). 49 *A* im, *C* An, *DFG–QRUWbehn* In, *KMNPX–acdfgijlmo* yn, *L* Ni, *O* a, *S* Ein, *V* ynn, *k* ay; *Mcf* dü bwyllo, *O* diowyllaw, *P* ddîbwŷllaw, *bk* dy bwyllaw, *m* debwllo; *AFo* na'm, *GHVm* an, *k* ay; *DL* dodwyllaw, *I* god dwyllaw, *K* goddwyllaw, *O* dowyllaw, *R* gordwyllaw. 50 *AF* nam, *CDLQSUXYbgn* na'n, *IV* or, *JK* ir, *OP* nau, *d* ev, *k* au, *m* an; *Mcdf* kür bwyllo, *b* crybillaw, *m* rybwll; *ACFG–JL–OQRSUWXZabd–hjlno* ir, *D* in, *K* y. 51 *b* Drŵg; *m* gwr *ac* or *uwchben yr* w; *DIJOVXYbgim* gwnion, *G* gweinio, *HNSe* gwejnion, *L* gwchion, *P* gwŵion, *Za* gwenion, *h* gweinion (gwynion), *l* gweym. 52 *VYk* ar, *R* ai; *ACFG–OQRSUVYabglno* dynion; *LOW* i; *L* hil, *b* holl; *ACFGIJNPQSUYZabgln* donav, *H* dynnau, *KLOV* doniav, *R* danaü, *V* doniay, *h* ddoniav (donnau), *n* domae. 53 *bk* O, *c* kar, *d* can; *OX* wawdd; *AFQSgn* haredd, *K* karedd, *P* gwaredd, *R* laraerdd, *Vk* llaredd, *m* waredd; *GHNZaehjlo* werth, *W* werth (waith *gan law arall*), *k* porith; *Y* garedd. 54 *CLOUb* oth; *CHk* trugaredd, *m* drvgareth; *CLOUXZb* ath, *k* or; *k* tro; *o* dragorae. 55 *O* brydythion, *P* bryddion, *R* brydydion, *V* brûdyddion; *V* rhuddion. 56 *O* awenythion; *ko* o; *H* Nodau, *MOk* naddyeu. 57 *Mcdfi* kair, *S* Roi, *m* Gair; *K* kai er yn llawen; *CJ–MORUVXbcdfikmo* geir, *GH* jaith, *h* Jaith (Air). 58 *CDIJRXb* gann, *L* Gân; *X* hawen; *CDJORUXb* gwiw; *ACFIKLN–SUWXYabcegjl* ganevav, *D* Ganeua, *J* genevav, *M* genaüau, *Z* gan efau, *c* ganaüav, *d* genanav, *f* genyav, *o* ganeae. 59 *U* mvarwyn, *ej* Morwy; *G* glywsut, *H* bywsut, *M* bwysyt, *P* loywsydd, *V* loiw syd, *W* brwysyd (loywsyd), *X* lwyswydd, *c* lwysyt, *dfi* bwyssyd, *ejo* brwysyd, *h* brwysyd (loywswydd), *km* loywfydd; *ACDF–IL–QSU–lo* meint, *J* main, *R* mam; *Y* maint groyw swydd; *i* ytg, *k* y; *GH* grywsut, *IJR* groysswydd, *K* hoywswydd, *M* grwysyt, *S* groeswydd (*cywiriad*: groywswydd *gan yr un llaw*), *U* gwiwswydd, *V* groysyd, *Wc–fjo* grwysyd, *h* grwysyd (groywsydd), *i* grywssyd, *k* croeufydd, *m* groywfyth. 60 *GMcdfim* o, *HNVWZaejlo* a, *R* i; *Hb* sant, *d* sanit; *GHMc* hoewsyt, *O* howyswydd, *VWdefijo* hoiwsyd, *h* hoywsyd (hoywswydd), *k* hoywfydd, *m* howsvth; *GHMVWZac–fhijlo* a, *Ikm* ae, *N* a a (*sic*); *V* santassey. 61–4 *Yn W ceir y cywiriad mewn llaw arall*: Gwysnaethasant yt arfaethant / nef ir aethant nwyf or ieithiav / dy gerdd traethant ag nis caethant / ag ni noethant egni noethav; (*h*) Gwasnaethasant, Jt arfaethant, / Nef yr aethant, nwyf areithiau. / Dy Gerdd traethant, Ac nis caethant; / Ac ni wnaethant, egni noethau. 61 *DILOPRWXYg* gwsnaeth asant, *GHMNVZac–fhijlo* [Gwasanaethant], *J* gwanaethant; *AFQ* Da a wnaethant; *A* duw (*cywiriad*: yt *gan yr un llaw*), *DO* ut. 62 *AFP–S* ir nef, *K* ynef, *Yg* ar ne; *GHMNWZac–fhijlo* a wnaethant, *Kg* araythant, *k* y traethant; *CU* or ieithiav, *DL* Jor Jeithiau, *GHMNVWZac–fhijlo* [nwyf areithiau], *O* or eithiav, *P* areithaiü, *U* iethiav, *X* ar ieithiav, *b* or iethau, *k* arenheu, *m* arathav. 63 *m* Ai; *m* gerth; *R* kerdd a draethant; *I* draethant, *J* a draethant. 64 *GHM–PVWZac–fhjlo* ag a wnaythant; *k* waethant; *FMRWefij* egin, *G* o gan (egni *gan law arall*), *H* o gan, *V* y gann, *h* o gan (egni); *N* [egni]; *ACDFJLO–SUXbg* noethav, *G* jeithau (weithau *gan law arall*), *H* jeithau, *I* noethav (weithiav), *MWZac–fj–mo* weitheu, *N* [wythau], *V* ieithay, *Y* moethav, *h* ieithau (weithiau), *i* withav. 65 *ACFIJKOSU–Zglmo* dduw, *DGHLNPQRabehj* Duw, *k* crist; *Mcdfm* geli; *Z* serai *a dotiau o dan* -rai; *a* seren seren (*sic*) Celi; *G* eli (heli *gan law arall*), *HRhm* eli. 66 *CDIKORUVYabgil* luwna, *Z* puwna, *d* lana; *GSWYeghj* caeli, *IK* sili, *Z* soli; *A* lam, *CGHJKMNRUVZa–fh–lo* lan; *H* ei (*cywiriad*: y *gan yr un llaw*), *NRZalo* i. 67 *ik* Oportare, *I* opostari, *K* Oporteri, *m* Oportiri; *i* nos a bore; *IK* abiri, *MOd* a bere, *m* habiri. 68 *I* miseryri, *K* Meseri, *LO* mei serere, *S* misere, *m* meseriri; *U* mos (*cywiriad*: moes *gan yr un llaw*), *W* môs (moes), *ej* mos; *CUb* yr, *J* y, *P* ar (*cywiriad*: yr *gan yr un llaw*); *CDLOUb* oriav, *J* rariav, *P* eiriaü (*cywiriad*: oriaü *gan yr un llaw*), *W* eiriav (oriav), *X* oeriav, *m* eyrriv. 69 *CKMUWbcdfik* ny hena, *DL* ni Huna, *G* ynn (ni *gan law arall*) hena (bena), *HNZaejlo* yn hena, *I* in hena, *JOX* ni hyna, *PYg* lawena, *RV* ynn hyna, *S* Omena, *h* yn hena (yn hyna); *K* gracea; *O* plina. 70 *Cd* snie, *DLZal* seine, *K* Senne, *N* seina, *O* seni; *AGWe* paena, *K* pinna, *QShj* poena; *m* sow; *k* y; *D* poena, *GHSh* boenau. 71 *A* qua', *CMbcdfikm* Qui, *F* Qua, *HJKNRVXZagjlo* Que, *I* kwev, *L* Cuei, *P* quae (*cywiriad*: Qui *gan yr un llaw*); *I* fogarvs, *m* ficarys; *CILNUabi* saliw tarvs, *m* salutar- *a'r diwedd yn aneglur.* 72 *C* y stella, *P* stella (*cywiriad*: y stella), *U* y stella (*cywiriad*: stella *gan yr un llaw*), *Z* stola; *I* marvs, *m* marsi; *CK–NPWYZ–gijlo* dalm, *S* tâl, *V* estalm; *S* am; *I* tal amorav (talm o eiriav), *J* talam oriav, *X* dalm orav; *ACFNPQRUWYabegjo* oriae, *L* riau, *S* orau, (*h*) oriau. 73 *I* ymper atrigs, *K* ymperattrix, *b* Jmperatix, *g* impatrix; *V* conservatrix, *X* miseratrix, *m* consoltrix. 74 *X* consolatrix gwin fal atrav; *K* meseratrix, *LNOZai* mei seratrix, *M* miseatrix, *m* mesatryx; *AFQ* mos; *AFQ* erioed tau, *D* Orotria, *GH* ar wtrau, *J* arotraw, *L* or otriau, *P* ar eiriaü (*cywiriad*: yr eiriaü, *yna* arotrav, *gan yr un llaw*), *R* arwttraü, *S* arotrau *a dotiau o dano*, *Yg* o rotiav, *h* ar wtrau (ar otrau), *Mk* ar oryeu. 75 *INOZa* mareia; *IO* fyrgo, *K* vyrgw, *N* vulgo, *b* virga; *DIKLNOZai* peia, *U* peia (*cywiriad*: pia *gan yr un llaw*). 76 *I* rregta, *L* Recte, *W* reeta, *Z* Rekia *a dotiau o dano*, *c* recti; *IKLNOZai* veia; *d* variav. 77 *I* pe peristei (*cywiriad*: pe peristi *gan yr un llaw*), *K* peperyste, *L* Perperisti, *O* pepervstei, *R* pereristi, *Z* peperysti, *g* pepisti; *ACFGHJKMO– SV–Yb–gjlo* Jhesu, *D* Jiesuw, *L* Siesw, *U* jesvw, *Z* Jeswm, *i* iessyv; *I* kristei (*cywiriad*: kristi *gan yr un llaw*), *JK* kriste, *O* kristei, *b* Gristi. 78 *DKLNZa* seine, *I* sieni, *O* se[ ]i, *d* snie; *I* tristei (*cywiriad*: tristi *gan yr un llaw*), *J* triste, *K* tryste, *O* trist[ ], *Z* trijts, *i* trysti; *JR* swn; *K* S[ôn nid tristáu]; *R* heb, *k* y; *CUb* tristiav, *R* dristaü, *NVacdfk* trysteu, *o* triste. 79 *HS* Munda, *L* Mwdei, *Na* mwndei, *Z* Mwndi; *CPU* rosa ieth presiosa, *GHJMNRVWZa–dfhjo* rosa et preciosa, *I* rwsa iath pre siosa, *L* rywsa reth Prosywsa, *e* rosa Et praetiosa, *il* rossa eth pressiossa, *m* rosa spec-a *a'r hyn sydd rhwng* -c- *ac* -a *yn ansicr* (*cywiriad*: rosa & preteisa); *k* speciosa. 80 *R* et spetiosia, *IV* yspeciosa, *L* ysbesywsa, *P* specîoa, *W* et spociosa, *ci* esbesiosa, *d* yspreciosa, *ehjo* et speciosa, *k* preciosa. 81 *F* Mic, *K* nick, *Z* Hunc; *G* vivamus, *H* viuâmus, *I* klamanvs, *J* clamamy, *Mcdf* vidamvs, *Wej* veniamus, *h* veniamus (clamamus), *i* vidamws, *m* clamus; *CIPU* ieth, *Q* &, *il* eth; *CIi* plor amws, *J* ploramy. 82 *J* adoramy, *K* aderamus, *V* via erramus; *KNZalm* ddayar, *d* daer; *CDPUXb* dav o rwymav, *V* i fawr Rwymay. 83 *AFQRSXYbg* Ut, *CDIU* wth, *Na* Nwnk, *P* Owth, *Z* Hwnc, (*h*) ut, *l* [Et]; *AFQSYg* cantemus, *C* kantamws, *G* Cantamus (colamus *gan law arall*), *I* kant emws, *J* cantemy, *Mcf* codamvs, *V* gaudeamus, *X* cantemws, *d* colamus; *AFJKQRSWXYbeghj* et, *CLPU* ieth, *D* ith, *I* iath, *l* wth; *AFQSXYg* fidemus, *CU* fidamws, *D* feidamws, *I* fei demws, *J* videmy, *K* vediamvs, *L* feidamus, *MPRbcdf*

vidamvs, *NZal* vidiamws, *m* laudamus. 84 *Im* Ti, *X* et; *AFQSXYg* laudemus, *I*
lawd amws, *J* laudamy, *L* lawdemus; *X* dianmav, *l* dianiav. 85 *G* Mam (mair
gan law arall), *H* Mam; *k* advwyneid, *m* addvynwaith; *Mcf* mür, *S* ac, *d* mir;
GHIMcdfi addfwynaidd, *L* Ddaiaraidd, *V* vorwynaidd, *k* gyflwyneid, *m*
vorwynwynwaith. 86 *DI–MRVWYc–gijo* gyvlownaidd, *X* gyfiownaidd, *k*
vwrvyneid, *m* giflown waith; *KMcf* mvr, *d* mir; *AFJRSY* gyflanav, *C*
gyflamiav, *I* gyflanav (*cywiriad*: gyflawnav *gan yr un llaw*), *K* gannevav, *NZa*
gyflawna, *Pb* gyflainiav, *Q* gyflannau (*cywiriad*: gyflawnnau), *U* gvflainav, *V*
gyflwynay, *X* gyfannav, *gm* gyflanav. 87 *Dm* Ar; *I* er arweddant; *ADFMcdf*
weddiant, *Q* weddiant (*cywiriad*: arweddiant), *S* rwyddiant, *i* veddiant, *m*
arwddant; *k* arveddyant ath anrydeddyant; *IYbgl* an rydeddant, *Q*
anrhydeddant (*cywiriad*: anrhydeddiant), *m* anryddeddant, *a'r pedair
llythyren olaf a ll. drwyddynt*, lliarant. 88 *i* or; *Wk* veddiant duw;
CDGHLMNPUVXZa–fhijlo er, (*I*) er, *R* o, *m* ir; (*Q*) er Duw faddeu *gan law
arall*); *CDGHLMPRUVXb–fhjlo* duw, *R* düw, *i* dyw; *CDHLMPRUVXb–fh–ko*
vadday. 89 *CDG–JLMNPRSUW–klmo* Dwc holl nifer dayar difer; *AF* dwyn;
KV dwc holl niver dayar ddiver. 90 *AFYg* i, *CKPRV* yn, *DIJLNUXZa* in,
GHMWc–fijlmo ith, *b* i- *a'r gweddill yn ansicr*, *h* i'th (i'n); *GHMWc–fhijlo*
river; *AF* i, *CPUV* ynn, *DL* yw'n, *GHMcdehio* iaith *JR* yw yn, *K* in, *NZa* ieth,
Q eu, *S* eu (*cywiriad*: iw *gan yr un llaw*), *Wejm* iaith, *Y* ai, *b* n, *f* waith, *g* oi, *l*
eth; *C* rwysav, *GHMWZac–fhijlo* rwyfae, *K* rwyvew, *b* rwyffau. 91 *Mcdfm* ir;
m lle; *ej* try dwys, *m* tradlwys; *CPb* tradwys i baradwys; *J* lle i mae n, *V* at
ynn; *GHUYik* mae, *Mcdf* mae r. 92 *CP* a lle mae tadwys o, *b* lle mae tadwys
o; *Rm* beradwys, *V* buradwys; *CPUWbkm* ber, *Q* bur (*cywiriad*: ber), *i* byr; *F*
aedau, *m* wydiv. 93 *GHk* y nef, *MVcdfi* ir nef, *NWYZaeghjlmo* yn nef; *D* Yn y
Nef i telir, *I* ynlle i telir (*cywiriad*: nef i telir *gan yr un llaw*), *L* yn y Nef i
Celir; *CJKPSUb* lle i telir; *AQSYg* helir, *JX* holir. 94 *c* + Mair ywn hyder rag
perigl (sef ll. 1); *i* + mair ywn hyder rac perigl / morwyn wyry myrr yn arogl
/ mirein nefawl vain vwnwgl / mawr yw yn gael oi myragl (llau. 1–4); *V* yny
lle gwelir, *k* lle y gwelyr; *ACFLPQUm* lle j gwelir, *S* lle ei gwelir, *b* lle yn
gwelir; *CDLPUXb* mewn, *k* y; *I* yn lliw (*cywiriad*: y llv *gan yr un llaw*); (*A*)
lliw, *CDFGHK–NPQSVWYZa–hjklo* lliw, *JRi* llew, *U* llaw, *X* lle. 95 *h* ffenest;
JKR ffennestyr mawr; *Yg* mor; *CU* mawr ffynniant yw, *P* ffyniant ŷn, *b*
mawr ffymant yw; *D* ffiniau, *IJLNRXZah* ffiniaw, *l* ffnnaw. 97 *CJPRU* gwell;
b well gwell stafell; *DJLR* sdafell, *Z* ystaphell. 98 *C* i holl y meirw a byw,
DLWX i holl feirw a byw, *PU* i holl y meirw a byw, *b* i hôll y meirw ar byw;
CFJQRYk yr; *FIK* dynion.

Teitl / Rhaglith

A owdyl i fair, nid anwiw i darllain, o ran deunydd a godidowgrwydd y
gerdd, er bod erni (*F* arni) beth oflas yr amser i gnaed yntho, *B* Prost chwe
bannog, *CISU* owdwl fair, *DLRYhl* Awdl i vair, *E J* Fair Prost chwe Bannog,
F Owdl i Vair nid anwiw i darllain o ran deunydd a godidowgrwydd y

gerdd, er bod arni beth o flas yr amser i gnaed yntho Ll [= Llyfr] D. Johns. 17, *J* llyma owdwl i fair, *N* Owdwl voliant i vair vorwyn, *P* owdl y fair forwyn, *Q* Odl i fair nid anwiw ei darllain o ran deunydd a godidawgrwydd y gerdd yn vnic, *V* kowy[   ] *a rhan o frig y ddalen wedi ei thorri ymaith*, *Z* Owdwl Moliant j Fair Forwyn, *a* Owdw voliant i vair vorwyn, *b* Owdwl Mair, *ej* Cân Mair ond celwydd mawr.

Olnod
AF Jeuan ap Rhytherch ap Jeuan llwyd ai cant gwr bonheddig o enau'r glynn. yn sir Aberteifi. amser Hari 5, *CUVYbgi* Jeuan ap Rydderch ap Jeuan lloyd ai kant, *D* Dr. Sion Kent, *GHeh* Jeuan ab Rudderch ap Jeuan Llwyd o Lynn Aeron a'i Cant, *I* Jeuan ap Rythech ai kant, *JR* Jeuan ap Rydderch ai kant, *K* Jevan brydydd hir ai kant, *LSWo* Jeuan ap Rydderch ap Jeuan Llwyd, *M* Mair yw n hyder rag perigl jeuan ap rydderch ap jeuan llwyd ai kant, *NPZadfl* jevan ap Rydderch ap jevan llwyd ai kant, *Q* Ieuan mab Rhydderch fab Ieuan llwyd, gwr bonheddig o enau'r glynn yn sîr Aber Teifi yn amser Harri. 5. ai cant, *T* Evan ap Rhydderch ai cant, *X* Jeuan ap Rydderch ap Jeuan lloyd o lyn aeron ai kant, *c* jeuan ap rydderch ap jeuan llwyd ai kant, *yna mewn llaw wahanol*: i Vair o Benn Rys, *k* Jeuan ap Rytherch ae kant, *ac yna yn llaw Jasper Gruffudd*: a Ieuan lloyd gwr bonheddig o enau'r glyn yn sîr Aberteifi yn amser H. 5. Tad y gwr hwn a bieuodd y llyfr a elwir Y Gwynn i Rydderch ac y sydd yn awr gyda mi, Jasp. Gr., *m* Jeuan ap rytherch ai k.

Trefn y llinellau
AFQk 1–98 (*95–8 mewn llaw wahanol yn k*)
BE 1–18, [19–30], 31–6, [37–98]
CU 1–10, [11], 12–70, 73–8, 71–2, 79–98
D 1–26, [27–8], 29–51, [52–7], 58–70, [71–2], 73–8, [79–81], 82–98
GHejo 1–16, 18, 17, 19–36, [37–8], 39–62, [63], 64–94, [95–8]
I 1–70, 73–8, 71–2, 79–98 (*llau. 47–8, 57–8 wedi'u hychwanegu wedyn*)
J 1–46, [47–8], 49–70, 73–8, 71–2, 79–98
K 1–70, 73–8, 71–2, [79–80], 81–6, [87–8], 89–98
LX 1–70, 73–8, 71–2, 79–98
M 1–16, 18, 17, 19, 22, 20–1, 23–37, [38–9], 40–52, 55–6, 53–4, 57–62, [63],
    64–94, [95–8]
NZal 1–16, 18, 17, 19–62, [63], 64–98
O [1–48], 49–70, [71–2], 73–8, [79–98]
PYg 1–16, 18, 17, 19–98
R 1–19, [20], 21, 23, 22, 24–46, [47–8], 49–70, 73–8, 71–2, 79–98
S 1–70, 73–8, 71–2, 79–94, [95–8]
T 1–16, 18, 17, 19–36, [37–98]
V 1–13, [14], 15–16, 18, 17, 19–21, [22–3], 24–36, [37–8], 39–62, [63], 64–94,

[95–8]

W [1–30], 31–98 (*37–8, 95–8 mewn llaw wahanol*)

b 1–9, [10–11], 12–58, 61–4, 59–60, 65–70, 73–8, 71–2, 79–98

c 1–16, 18, 17, 19, 22, 20–1, 23–36, [37–8], 39–62, [63], 64–94, 1, [95–8]

df 1–16, 18, 17, 19, 22, 20–1, 23–36, [37–8], 39–62, [63], 64–94, [95–8]

h 1–16, 18, 17, 19–38 (*llau. 37–8 yng nghwr y ddalen*), 39–62, [63], 64–98
(*llau. 95–8 yng nghwr y ddalen*)

i 1–4, [5–6], 7–16, 18, 17, 19, [20], 21, 23, 22, 25–36, [37–8], 39–62, [63], 64–
82, [83–4], 85–94, 1–4, [95–8]

m [1–46], 47–64, 70, 65–8, [69], 71–6, [77–8], 79–94.

n 1–56, [57–98]

I Fair

Mair yw ein hyder rhag perygl,
Morwyn wyryf, yr un arogl â myrr,
Un firain [a] nefol [a] main [ei] mwnwgl;
4   Mawr [o beth] yw inni gael trwy ei gwyrth
Gorff Duw glwys o'r eglwys barod
A ffrwd ei waed o gwpan y Cymun.

Mair dda loyw dy air [a] disglair a hardd,
8   Amlygu [a wnaethost] *Rex*, nid sypyn *simplex*;
Da o beth yw dy fod wedi cael dy bum
Llawenydd, chwaer wynfydedig [dy] ffawd;
Rhodd dda a theg fu adeg dy esgoriad:
12   Geni['r] ardderchog Dduw, [dydi sy'n] fawr dy rinwedd.

[A hithau'n] ddiwair [ei] stad, [yn unol ag] iawn ddysgeidiaeth y
        Beibl,
Disgyn [a wnaeth] Crist gwynfydedig [a] grymus driol,
Sypyn [o wrthrych] anrhydedd, i'th groth, Fair pobl ddysgedig.
16   Dysgaf ganu fel disgybl,
[Trwy] ddysg hardd awdl, gorchwyl prydferth [a] di-fai,
Gerdd angerddol a gloyw Duw hollddisglair.

Yn fawr les gwych, Fair ddisglair a llathraid,
20   Gweithred wych a wnaeth Crist gloyw Ei air ar ein cyfer:
Esgyn i groes, golygfa erwin;
Dioddefodd yn agored lawer pigyn poen[us],
[Rhai a oedd] yn llawn groesi'r pen, yn helaeth [achosi] llif gwaed,
24   [A] hoelion creulon [a] thrist ofnadwy.

Mair loyw fel blas siwgr dillyn a pheraidd,
Crist [y] Campwr dy fab ardderchog [a] gwych Ei air
Yw'n hymborth a'n porthiant gwerthfawr a pherffaith,
28   A'n Duw a fynnodd, tirion [o beth], er mwyn dynion
Fustl a finegr
Ar groes lawn ing rhag dinistr tostlym.

Addurnaf gân [gan] dafod grymus ei fydryddiaeth
32   I'r wyry sanctaidd ar ffurf gweddi;
Aeth mab gwych Duw yn gelfydd
I'th groth, Fair rasol dy ymadrodd [a] di-oed,
Fel haul y ffurfafen, paladr llachar ei hynt,

36   Drwy ffenestr [o] wydr plethedig ei drefn.

        Mair wedi eu hanrhydeddu [ac] wedi ei chanmol,
        Mair garedig, fawr [ei] serchiadau,
        Mair iachusol [a] gogoneddus,
40   Dewisedig o blith dy geraint.
        Mam Crist [yr] Arglwydd anffaeledig,
        Iôr wedi Ei eni â'r arwyddion priodol,
        Clyw dy geraint, gwnânt glod iti,
44   Maent hwy yn dy garu, [mewn] corau nwyf[us] eu hiaith.
        Cryfha dy weision, nid ydynt yn gryf,
        Rhai llwm [a] sanctaidd, rhag dioddef gloesau;
        Cei fawl [ar] delyn, paid â gadael i'n gelyn,
48   Cythraul marwol, trefn boenus [lawn] ?drygau,
        Ein gyrru o'n pwyll na'n twyllo,
        Oherwydd crybwyll, i'r trobyllau.
        Dwg forwynion a gwŷr sanctaidd
52   A phob un o [afael] cyneddfau gwrthun.
        Cei diriondeb moliant heb ôl pechod,
        I'th drugaredd oherwydd dy achlysur [gras] gorau.
        Dwg brydyddion yn wŷr rhydd,
56   Beirdd i lochesau teilwng.
        Cei yn llawen air gorfoleddus
        Trwy awen wych, caneuon gwiw.
        Forwyn ddisglair dy wlad, y maent [hwy] yn dy wlad bêr,
60   [Sef] y saint gwych eu gwlad a'r santesau:
        Gwasanaethant, paratoant [bethau] iti,
        Aethant i'r nef, [lle y mae] ymadroddion nwyfus.
        Canant dy gerdd, ac nid ataliant hi,
64   Ac ni chyflawnasant [weithredoedd] grym[us o] lid.

        Mam Crist Arglwydd, seren heli,
        Luna celi, gem y suliau.
        Oportere nos habere,
68   *Miserere*, tiriondeb trwy eiriau.
        Mair *amena, gratia plena*,
        Sine pena, hanes heb boenau.
        Quae vocaris salutaris,
72   *Stella maris*, cyfran o eiriau.
        Imperatrix, consolatrix,
        Miseratrix, tiriondeb [trwy] weddïau.
        O Maria, virgo pia,
76   *Recta via*, rhag beiau difrifol.

Peperisti Jesum Cristi,
Sine tristi, anwiredd trist.
Mundi rosa preciosa,
80   *Speciosa*, ymwybodol yw'r oesoedd [o hyn].
Nunc clamamus et ploramus,
Adoramus, rhwymau daear[ol].
Et cantamus ut vid'amus,
84   *Te laudamus*, tâl sicr.

Mair forwynol, Mair addfwyn,
Mair rasol, mawr rinweddau.
Ar gyfrif dy ymddygiad anrhydedd[us],
88   Ar gyfrif dy allu, [dydi sy'n] euraid dy ffyrdd,
Gofynna i'th Dduw Arglwydd ddwyn [yr] holl lu
Pan gyfrifir hwy (poen [a ddaw] i'w gweithredoedd rhyfygus),
I le helaeth iawn lle y mae'n Tad,
92   I baradwys o oedau pur,
Lle y rhoddir yn dâl gerdd nas cuddir,
Lle y gwelir ein Harglwydd disglair.

Mair, ffenestr nef, bendithio mawr [yw'r eiddot],
96   Mam trugaredd, wynepryd hardd,
Henffych well, ystafell Duw,
A lles i'r holl bobl fyw.

10
Dychan i'r Prol

Hirgau glwth, herwth hirosgl
Yw'r Prol glas, oerdras arwdrwsgl;
Llaw ddiddim, llyai ddwyddysgl,
4   Lledrith hagrlun, trawsglun tresgl,
Llwdn trychlam, bawtgam bwytgasgl,
Lledr crinraen pwdr, lleidr croenrisgl.

Pell glermwnt gofrwnt, ac efr—a gasglawdd,
8   Goesglaf was meginrefr,
Pawl hirboen, pŵl hwyrbefr,
Y Prol brith bryd, gyfrith gwefr.

Bastwn yw'r Prol, nid abóstl,
12   Bostiwr cerdd chwerwach no'r bustl;
Bost aflan, liw sestan sistl,
Bostied mewn tudded diddestl.

Costog oll halog, ŵyll eleidr—chwerwbwnc,
16   Un hylwnc, anhyleidr;
Pin gwyrnadd trwsgl, pen gwrneidr,
Y Prol, brwysg bryf, lledrwysg lleidr.

Croengul yw'r Prol mywn cringarp,
20   Crechydd chwerw, hwyrlerw hirlyrp,
Croch ei angerdd, crach ungwrp,
Crych ei ddelw, crach ei ddwylorp.

Y Prol goffol glud, pruddlwm hirglwm hud,
24   Pringasgl rasgl rhwysgud, oeron oriau,
Prydaist, gwyriaist gân, prydwaith braeniaith brân,
    Pryd gwryd garan, aflan weflau.
Pren yt a gwden, gydyn ysbeiliaw,
28   Praw faw i'th giniaw, pryfiaith genau!
Pritbais ben rhwnclais, rhanclau—i'th garplawdr,
    Bryfawdr budr gallawdr, bwdr ei geillau.

Pryfyn gwrthgorchgas, nid cwmpas campau.
32   Profaist ymryson (gwyron yw'r garrau),
Prawf gwân, â Ieuan prif ganuau,
Prifardd dellt baladr a gwaladr golau.
Pryf hagrbryd glefyd, glwyfau—dygn astrus,
36   Prudd gorff rhus cyrpus o fywn carpau.

Penflwch, croengnwd, llwch, crinfawd, llau,
Gargrwm rhag ergryd anafau,
Pina rhyfrwnt, poniwr rhefrau,
40   Pen gadechyn, pwn gadachau,
Pen garan grwgach, poengyrn grugau
(Piner, esgynner asgennau!),
Geuffel wyd, goffol barablau.

44   Pam yr ymwychaist (oeraist eirau)
Â Ieuan Gethin, haelwin heiliau?
Pert farchog rhwyog, hil rhiau—clotchwyrn,
Traglew i'r cedyrn, treiglwr cadau,
48   Tarian Morgannwg, diwg dehau,
Tirion ei rwyddiaith, terwyn reiddiau,
Treisfaedd anwar dewr tros fyddinau,
Trawsior cywirddoeth, trwsiwr cerddau,
52   Teÿrnwalch gloywfalch gleifau,—aruthr raith,
Tŵr ymerodraeth, taer ym mrwydrau.

Rhuddaur Ieuan, eirian orau,
Rhydd ar eirfydr, rhwyddiwr arfau,
56   Rhwydd yn aros, rhaidd yn aerau,
Rhan gyneddfawr, rhin gyneddfau,
Rhawd o feirddion, rhed o fyrddau,
Rhagorodd clod rhi gẃraidd clau.

60   Braisg walch, ŵyr Lleisawn, loywddawn wleddau,
Brwysgai rawd o glêr, braisg wirodau,
Brwydr waedled a bair brawdwr odlau,
Breiniol a gweddol ei gywyddau.

64   Brwnt ydwyd, y Prol braint oedau,
Bryd gwrneidr, anner brad garnau,
Brithwas trwyngas trwm, bratog crestog crwm,
Car herwlwm cyhyrlau.

68   Trwsiad Gwenerfwch, gimwch gamau,
        Tros yr olwg traws yw'r aelau,
        Trosol oerfol wyd, trawsbren cledren clwyd,
            Hwyr geiswyd, hir goesau.

72   Trasyth biner, traws y'th boenir,
        Trem anghywir, trwm yng nghaeau,
        Trawst ysgeler, trist os gwelir,
        Truan enwir, trwyn annoniau,
76   Tradwys trydar troed ystrodur,
        Trwyn oer bladur, triniwr blodau,
        Tryfer hwyrgar trwy fawr hirgur,
        Trostan fesur, trwst anfoesau.

80   Llesg wyd, y Prol garwfol gau,
        Llaesgorff crin, lliprin llaprau,
        Llodor marw, grotharw greithau,
        Lledoer dwyllwr, llawdr dyllau,
84   Lledr dugrin, lleidr y dagrau,
        Lleibr coesir, llwybr casau,
        Llwfr geirffrom, llafar garwffraeth,
        Llym elyniaeth, llwm ei liniau.

88   Cerdd ni thraetha cyrch ei laetha,
        Cais na weithia, cosyn weithau.
        Corff crogedig cul crynedig,
        Cyswynedig cas ei neidau.

92   Cerbyd bryd brân, corfoll coll cân, fuan feiau,
     Carnedd, gwedd gwall, cornawr mawr mall, hwyrgall hirgau.

Ffynonellau
A—Llst 54, 81ʳ B—Llst 120, 50ᵛ [= rhif 176] C—Pen 53, 54

Tebyg i'w gilydd yw'r testunau hyn, ac ymddengys eu bod i gyd, yn y pen draw, yn tarddu o'r un gynsail. Gan C y ceir y darlleniadau gorau, yna B, yna A. Codwyd amrywiadau o'r tri thestun. Ymhellach ar y llawysgrifau, gw. tt. 219–27.

Amrywiadau
1 *A* Hirgen; *A* hirofyl. 2 *A* gwir prolglas. 4 *A* hargllym, *B* harglym; *AB* trawsglym. 5 *C* llwddwn; *ABC* drychlam. 6 *A* einraen, *BC* eimraen. 8 *A* mygmrestr. 9 *AB* hwylbefr. 10 *A* gyfreith. 11 *A* gw'r. 13 *A* bast; *A* festan; *A*

fistyl. 14 *A* bestied; *A* tuddeddidescl; *B* didestl. 15 *A* Gostawg; *A* chwerw bwcnc. 16 *ABC* hylwng. 17 *A* prin, *BC* pim; *A* gwreidyr. 18 *A* brwysc leidr wysc; *ABC* leidr. 19 *C* Troetgul; *A* gwr. 22 *A* ddwylaw, *B* ddwyloop. 23 *ABC* gofol; *A* pruddlwn. 25 *A* prydeisc; *A* gwyreisc, *C* gwyryest; *A* pridwerth, *BC* pridwaith; *ABC* branyeidd. 26 *A* gweryd. 27 *C* gweden; *AB* gwe, *C* gyden. 28 *A* fawrth; *A* grinniaw; *A* prifeith, *BC* prifieith. 29 *A* pri bais; *AB* cranclau, *C* kranclen; *A* gorplawdr. 30 *A* galawdr. 31 *A* gwrthgerchgas. 33 *A* gwina, *B* gwna. 34 *ABC* golu. 35 *BC* prif; *C* glwneu. 36 *AB* gorff; *A* llyrys. 40 *ABC* pan gydachyt. 42 *ABC* yskynner. 43 *A* goffal. 46 *A* rwawc. 47 *AC* yr. 49 *B* y rhwyddieith; *ABC* reidieu. 51 *A* Trawswr; *C* kywirdoeth. 52 *A* Techrnwalch; *AB* gloewach, *C* gloyach. 53 *BC* ym herodreith; *A* taen. 57 *C* rim. 61 *A* gleir. 62 *ABC* waethwylch. 63 *A* or gweddawl. 64 *C* y ddwyt; *A* odeu. 65 *C* annerdd. 67 *ACD* kaherlwm; *A* ceheyrlen. 68 *ABC* gwener vwch; *AB* gymwch. 70 *A* oerfel. 71 *A* geissiwyd goeseu; *BC* geisswyt. 72 *A* tra sych. 73 *ABC* trwm; *AB* trwyn, *C* trwin; *A* anhae, *B* anhaeu, *C* anghaeu. 75 *AB* annoieu. 78 *C* Tryner; *AB* hirgi. 79 *A* fessur ar foeseu, *BC* vessur anvoeseu. 80 *C* llescwyt; *A* grefol, *BC* gerefol; *A* gen. 81 *C* llaesgorf. 82 *A* lledr; *A* gorpharw, *BC* gortharw; *A* greithen. 86 *ABC* geirfrom. 90 *BC* korf. 92 *ABC* brau; *A* corfoll; *A* gan, *BC* gau. 93 *AB* carned; *AB* gwed; *AB* hirgen. *Yn dilyn y ll. ceir y geiriau*: *A* Hirgen glwth herwth, *BC* Hirgeu glwth herwth. &c.

Olnod
AB Jeuan ap Rhydderch ap Jeuan Lloyd ae cant, *C* Ievan ap Rydderch ay kant.

Trefn y llinellau
ABC 1–93.

Dychan i'r Prol

Un mawr ei gylla [a] glwth, bolgi hir ei gymal[au]
Yw'r Prol gwelw, un anhyfryd ei dras [a] bras a gerwin;
Un diwerth iselwael, llyfai ddwy ddysgl[aid o fwyd],
4   Bwgan hagr ei olwg, traws ei gluniau [a] chrachlyd,
Lleban anffodus ei ffawd, un cam ei fawd sy'n hel bwyd,
[Gwisgwr] lledr crin ei gyflwr [a] phwdr, lleidr â chroen fel rhisgl.

Pell[deithiol] grwydrfardd budr, a chasglodd efrau,
8   Gwas claf ei goesau a chanddo din fel megin,
Polyn [o ddyn] mawr ei boen, penbwl annhebygol o ddod yn wych,
Y Prol gwael [ei] lun, drychiolaeth felynfrown.

Pastwn [o ddyn] yw'r Prol, nid apostol,
12   Ymffrostiwr [ar] gerdd[i] chwerwach na bustl;
[Ac yntau'n] un aflan ei ymffrost, [un a chanddo] osgo clochydd
        ?prysur,
Ymffrostied mewn gwisg aflêr.

Cerlyn cwbl aflan, tylluan frown-goch chwerw ei chân,
16   Un parod i draflyncu, lleidr llwfr;
[Un â] phidyn cam ei wneuthuriad [a] bras, [â] phen sarff,
Y Prol, bwystfil meddw, [un a chanddo] ddiffyg urddas lleidr.

Tenau ei gnawd yw'r Prol mewn carp[iau] crin,
20   Crëyr [o ddyn] chwerw, eiddil [a] hir ei heglau,
Brochus ei lid, [ac arno]'r un afiechyd ag [eiddo] cramennau,
Crebachlyd ei lun, cramennog ei ddwy goes.

Y Prol ffôl [a] chyndyn, diflas lwm [dy fyd a] maith dy gân [lawn]
        twyll,
24   Gwalch prin dy helfa [a] rhy barod, [profwr] oriau diflas,
Prydaist, gwyrdroaist gerdd, prydwaith brau ei iaith brân,
[Dydi â] chorff siâp garan, gwefusau aflan.
[Boed] pren a rhaff iti, [dydi sy'n] ysbeilio pwrs,
28   Blasa faw yn dy ginio, [y] cenau bwystfilaidd dy iaith!
[Un â] cheg chwyrnllyd dy lais [sy'n gwisgo] côt ddrud, [a] llau lu yn
        dy drowsus carpiog,
Bwystfil o fardd [a] chen budr [arno], un afiach ei geilliau.

Anghenfil sarrug a chas, nid cwmpas[wr] campau.
32   Profaist ymryson (cam yw'r coesau),

Prawf brwydr, ag Ieuan ardderchog ei ganeuon,
Prifardd [â] gwaywffon wedi ei hollti ac arglwydd disglair.
Bwystfil [ac arnat] glefyd sy'n hagru dy gorff, heintiau llym [a]
   drwg,
36 Corff diflas ofn[us a] musgrell mewn carpiau.

Penfoel, a chaenen ar ei groen, [llawn] budreddi, gwyw ei fawd,
   [llawn] llau,
Crwm ei goesau oherwydd namau dychryn[llyd],
Pidyn budr iawn, pwywr penolau,
40 Y prif wlanen [o ddyn], [a] charpiau nifer[us amdano],
Pen garan [llawn] grwgnach, chwyddiadau croen caled poenus
(Y llipryn, cynydder [dy] anffodion!),
Cyfrwysddrwg wyt, ffôl [dy] eiriau.

44 Paham y ffromaist (oeraist [dy] eiriau)
Wrth Ieuan Gethin, [rhoddwr] gwleddoedd hael eu gwin?
Marchog hardd [a] haelfrydig [o] hiliogaeth brenhinoedd buan eu
   clod,
Gwron i'r cedyrn, symudwr byddinoedd,
48 Tarian Morgannwg, un hynaws [a] deheuig,
Tirion ei iaith rugl, ffyrnig [ei] waywffyn,
Baedd treisgar tost [a] dewr [wedi ei benodi] dros fyddinoedd,
Arglwydd grymus cywir a doeth, lluniwr cerddi,
52 Arglwydd o wron disglair ac urddasol [a chanddo] bicellau,
   [cynhaliwr] llym cyfraith,
Piler ymerodraeth, taer mewn brwydrau.

Ieuan hael ei aur coch, [gŵr] disglair orau,
Dibrin ar gerdd, hyrwyddwr arfau,
56 Diymdroi yn gwrthsefyll, [â] gwaywffon mewn brwydrau,
[Â] chyfran helaeth ei doniau, teithi rhinwedd[ol],
Lliaws o feirdd, cyfres o fyrddau,
Ffynnodd clod arglwydd gwrol [a] pharod.

60 Gwron nerthol, ŵyr Lleision, [rhoddwr] gwleddoedd tra haelionus,
Meddwai llu o feirdd, [yfwyr] gwirodydd cadarn,
Brwydr waedlyd a bair [y] barnwr odlau,
Un urddasol a chymwys ei gywyddau.

64 Bawaidd ydwyt, y Prol breint[iedig dy] oedau,
[Un â] meddwl sarff, heffer [â] charnau brad[wrus],
Bawddyn cas ei drwyn [a] diflas, carpiog [a] chrachlyd [a] chrwm,

Ffrâm [o ddyn] llwm ei grwydriad[au] a'i gorff yn llawn llau.

68 [Un o] ymddangosiad bwch dydd Gwener, [un â] chamau ceimwch,
Tros [ei] lygaid y mae'r aeliau'n lletraws,
Trosol [o ddyn] annymunol dy fol ydwyt, trawsbren cledren clwyd,
Un sy'n canlyn drygioni yn hir, [un â] choesau hir.

72 Y llipryn balch iawn [dy] natur, yn rymus y'th boenir,
[Un â] threm dwyllodrus, un diflas yn [y] caeau,
Trawst [o ddyn] ysgeler, trist os gwelir ef,
Truan drwg, trwyn [sy'n achos] anffodion,
76 Uchel iawn yw sŵn gwarthol[ion] ei gyfrwy,
Trwyn [fel] pladur annymunol, triniwr blodiau,
Picell driphen [o ddyn sy'n] araf i [gael] cariad[ferch a hynny] trwy
        fawr nychdod maith,
[Dyn o] hyd polyn, [gwneuthurwr] sŵn [sy'n cyflawni] drygfoesau.

80 Llesg wyt, y Prol garw dy fol [a] ffals,
[Un â] chorff llywaeth crin, llipryn carpiog,
Swp marwaidd, [a] chreithiau [ar] fol garw,
Twyllwr oeraidd, [a] thyllau [yn dy] drowsus,
84 [Gwisgwr] lledr du a chrin, lleidr y dagrau,
Un llipa hirgoes, [un ar] lwybr casinebau,
Llyfrgi ffrom ei dafod, [un â] pharabl creulon-dafotrydd,
Llym [ei] elyniaeth, llwm ei liniau.

88 Ni thraetha cerdd gwrs ei gardota llaeth,
Ymchwil nad yw'n tycio, [daw] cosyn weithiau.
Y mae ganddo gorff [fel eiddo gŵr] crogedig [a] thenau [a]
        chrynedig,
Un cyhuddedig cas ei ffodion.

92 Trwsglyn [a chanddo] osgo brân, cam ei goesau [ac â] diffyg [ar ei]
        gân, [llawn] beiau parod,
Carnedd [o ddyn], [a chanddo] wyneb drygionus, utganwr mawr
        mall, hurt [a] mawr ei gylla.

Saws gwyrdd

Saws glas ym mhob plas paliswydr—hyd Fôn:
　　Pricmaed, finegr yn rhëydr,
　　Seifs, pernel, persli, pelydr,
4　　Suran, ditans, afans hydr.

Ffynonellau
A—BL Add 14873 [= RWM 55], 185　B—BL Add 15046, 11^r　C—BL Add 31055 [= RWM 32], 92^v　D—LlGC 3039B [= Mos 131], 767　E—Pen 99, 626

Tebyg iawn yw'r rhain i'w gilydd. Barnwyd mai yn nhestunau AC y ceir y darlleniadau gorau a chodwyd amrywiadau ohonynt hwy. Ymhellach ar y llawysgrifau, gw. tt. 219–27.

1 *C* ydd Vôn. 3 *A* Soivs; *A* pervagl.

Teitl / Rhaglith
AC J wneûthûr Grinsaws, *B* Englyn i wneuthur Grinsaws, *D* y Grinsaws y modd y gwneir.

Olnod
A Jeu. ap Rydh. Jeu. Llwyd yd ydwedir hebai D.W. Phepyg (*sic*), *B* Evan ap Rydderch. ab. E. ll., *C* Jeuan ap Rydh Jeuan Lhoyd yd y dwedir, *E* Jeuan ap Rydderch ap Jeuan llwyd.

Saws gwyrdd

Saws gwyrdd ym mhob plasty gloyw ei barwydydd cyn belled â
　　Môn:
Briweg, finegr yn llifoedd,
Cennin syfi, troed yr asen, persli, llysiau'r pared,
4　　Suran y coed, ditans, mapgoll gref.

Atodiad i
Ieuan ap Rhydderch a Rhys Goch Eryri

> Aed f'uchenaid, ysbaid osb,
> Hwrdd deau herwydd diasb.

Gorchest Ieuan ap Rhydd. ap Ieu. Llwyd at Rys Goch o'r Yri, ac yntau a'i gorffennai fal hyn:—

> Pan êl Nanhwynen yn hesb,
> Neu hen Lyn Tegid yn hysb.

Ac a anfonodd iddo yntau yr englyn chweban hwn:—

5
> Meinwen, ynnill di'r menig;
> Cadw'r ŵyn rhag y llwynog.
> Belin, cais dithau'r bilwg;
> Dal geffyl glas neu gaseg,
> A rhed yn ôl y pwn rhyg;

10
> Mae'r hopran weithian yn wag.

Mair frenhines, fam Iesu,
Gorau un ferch, gwirion fu,
Â'r gofeilon gofaloedd
4   Wrth fagu'r Iesu yr oedd.
Llawer oer bryder, aur bryd,
A gafas Mair, a gofyd.
Cafas pump pryder cyfyng,
8   Ac ni bu un na bai yng.

Cyntaf pryder i'r pumoes,
Marïa lân, mawr fu'r loes:
Simon ddewin a ddywad
12   Wrth Fair, emyn doethair dad,
'Galar a hyllt dy galon,
Fam Iesu, wrth frathu'r fron.'

Ail pryder mewn amseroedd
16   A gafas Mair, eurgrair oedd:
Pan aeth y Gŵr, Pennaeth o Gred,
I'r Gaer (nid oedd egored),
Lladdwyd, a briwyd o'i bron,
20   O febyd y fil feibion.

Trydydd, mam Iesu tradoeth,
Pryder i Fair ddisglair ddoeth:
I Dduw Iesu ddewisair,
24   Ei mab, ymguddiad rhag Mair.

Pedwerydd, heb gelwydd gwyn:
Mawr fu pryder Mair forwyn
Pan ymroddes yr Iesu
28   Yn llaw'r Iddeon a'u llu,
A rhwymo Crist, trwy dristchwaen,
Ei mab, wrth y piler maen.

Pumed pryder i'r pumoes,
32   Marïa lân, mawr fu'r loes:

Pan roed Ef, Brenin nefoedd,
Yn y bedd, da wyneb oedd,
A'i drigo yno drigeinawr,
36   A Mair heb weled Duw mawr.

Yno 'r hwylodd, gwen haelwych,
Mair, y gwaed am ei Hiôr gwych.
Mair a fedd, mwyn ras heddiw,
40   Goleuni nef, glân iawn yw.
Ni roddes y goreuDduw
I un dyn na'i llun na'i lliw.

E roed i Fair ddisglair, ddydd,
44   Yn lle iawn pump llawenydd:
Y dydd y doeth angel da,
Mawr fu'r Afi, Marïa,
I ddodi, trwy ddiwydair,
48   Iesu o fewn mynwes Fair.

Llawenydd ail, lluniaidd oedd,
I'r nifer wir o'r nefoedd:
Rhwydd esgor, ac yn forwyn
52   Y gadai Dduw gwedy Ei ddwyn.

Trydydd llawenydd er lles
Fu ei henwi'n frenhines.

Pedwerydd llawenydd llawn,
56   Mawr yr haeddodd Mair hyddawn:
Fyned Iesu i fynydd
Nef golau, ddyw Iau ddydd.

Y pumed fu myned Mair
60   Yn gadarn i nef gadair;
Ac yna gyda'r gogoned
Y mae Mair yn ben crair Cred.

Arch i fam Grist erchi
64   Nawdd a thrugaredd i ni.

Ffynonellau
A—BL Add 31061, 71ʳ B—Card 2.1069, 48

Ymddengys mai copi yw B o A, neu o gynsail dra thebyg. Codwyd amrywiadau o'r ddau. Ymhellach ar y llawysgrifau, gw. tt. 219–27.

Amrywiadau
5 *AB* bryd aur. 9 *AB* kynta ir. 12 *AB* amyn. 13 *AB* hyllt y galon. 17 *B* peniaith. 18 *B* oed. 19 *B* Lleiddwyd a bruwyd. 21 *AB* y trydydd. 24 *A* roc, *B* roe. 25 *A* y pedwerydd; *AB* gelfydd. 26 *B* fi. 28 *A* eiddon, *B* Jeddewon. 29 *AB* chwen. 31 *AB* y pymed. 39 *A* fy, *B* fi; *A* mwy oras *ond yn ddiweddarach* mwyn ras *a ll. drwyddynt*. 40 *A* gan *ond yn ddiweddarach* glan *a ll. drwyddo*. 47 *AB* ddiwydiair. 50 *A* vyr. 53 *AB* y trydydd. 55 *AB* y pedwerydd; *AB* llwn. 56 *AB* hyddwn. 58 *B* Jon. 61 *AB* goged.

Olnod
A Jeuan ap rrydderch, *B* Jeuan ap Rhydderch ai Cant.

Pum pryder a phum llawenydd Mair

Yr oedd gan Fair frenhines, mam Iesu,
Y ferch orau un, pur fu,
Ofalon [ar ben] gofalon
4   Wrth fagu Iesu.
Profodd Mair, [ferch] ragorol [ei] gwedd,
Lawer pryder a gofid.
Profodd bum pryder trallodus,
8   Ac ni bu un [ohonynt] nad oedd yn ingol.

[Y] pryder cyntaf i'r pumoes,
Marïa lân, [a] mawr fu'r loes:
Dywedodd Simon [y] gŵr doeth
12   Wrth Fair, [ar] emyn tad doeth ei air,
'Bydd galar yn hollti dy galon,
Fam Iesu, wrth drywanu'r fron.'

[Yr] ail bryder yn [yr] amseroedd
16   A brofodd Mair, rhagorol ac annwyl ydoedd:
Pan aeth Iesu, Pen Cred,
I Gaer[salem] (nid oedd [unman yn] agored),
Lladdwyd mil o feibion o [blith] babanod,
20   A brifwyd [hi] yn ei chalon.

[Y] trydydd pryder i Fair ddisglair ddoeth,
Mam Iesu tra doeth:
I Dduw Iesu coeth ei ymadrodd,
24   Ei mab, ymguddio rhag Mair.

[Y] pedwerydd, heb gelwydd gwyn:
Mawr fu pryder Mair forwyn
Pan roddodd Iesu Ei hun
28   Yn llaw'r Iddewon a'u llu,
A rhwymo Crist, trwy dro trist,
Ei mab, wrth y piler maen.

[Y] pumed pryder i'r pumoes,
32   Marïa lân, mawr fu'r loes:
Pan roddwyd Ef, Brenin nef,
Yn y bedd, da ei gwedd ydoedd [hi],
Ac aros ohono yno am drigain awr,
36   A Mair heb weld Duw mawr.

Yr adeg honno llifodd, ferch sanctaidd haelionus a rhagorol,
Mair, y gwaed o gwmpas ei Harglwydd ardderchog.
Bu Mair, [cyfrwng] gras tirion heddiw,
40 Yn ddisgleirder [y] nef, pur iawn ydyw.
Ni roddodd y gorau Dduw
I undyn na'i llun na'i lliw.

Fe roddwyd i Fair ddisglair, [un] diwrnod,
44 Fel iawn bum llawenydd:
Y diwrnod y daeth angel da [ati],
Mawr fu'r Afi, Marïa,
I roi, trwy air ffyddlon,
48 Iesu yng nghroth Mair.

Llawenydd [fu'r] ail, lluniaidd ydoedd [hi],
I'r nifer ffyddlon o'r nefoedd:
Esgor [ohoni] yn ddi-boen, ac yn forwyn
52 Y gadawai Duw [hi] ar ôl Ei eni.

Y trydydd llawenydd er lles
Fu ei henwi yn frenhines.

[Dyma'r] pedwerydd llawenydd cyflawn,
56 Mawr yr haeddodd Mair haelfrydig [ef]:
Myned Iesu i fyny
I['r] nef ddisglair ddydd Iau.

Y pumed fu myned Mair
60 Yn rymus i orsedd nef;
Ac yno gyda gogoniant
Y mae Mair yn drysor pennaf Cred.

Gofyn i fam Crist geisio
64 Nawdd a thrugaredd i ni.

Atodiad iii
Gweddïau Ieuan ap Rhydderch

Hainffych gwell, y bendigetikaf Arglwydd Jessu Grist. Amen.

Arglwydd, trvgarha wrthym.

Krist, trugarha wrthym.

Krist gwrandaw ninav yn gyflym.

Amddiffynnwr y byt, helpa ni, dy ddynyon di.

Santeidd Vair Vorwyn, gweddia drossom ni.

Santeidd Vair, santeiddiaf vrenhinnes, gweddia drossom ni.

Santes Vair, vendigedikaf vorwyn, gweddia drossom ni.

Santes Vair, ostyngetikaf arglwyddes, gweddia drossom ni. [139]

Santes Vair, serchokaf vrenhines, kynfford yr eneidiav yn ffo attad ti, gweddia drossom ni.

Santes Vair, gyflawn o gyf[r]wng ostyngedigaeth a ffob melyster, gweddia drossom ni.

Santes Vair, bentegwch yr engylyon, gwedia drossom ni.

Santes Vair, benblodav y padriarchaid, gweddia drossom ni.

Santes Vair, deissyf y proffwyti, gweddia drossom ni.

Santes Vair, benn tryssor y bostolyon, gweddia dross[o]m ni. [140]

Santes Vair, benn molyant y merthyri, gweddia drossom ni.

Santes Vair, benn kynffort y trablvdd ddynyon, gweddia drossom ni.

Santes Vair, gogonedvs vamaeth Dvw, gweddia drossom ni.

Santes Vair, difagl vorwyn, gweddia drossom ni.

Santes Vair, vorwyn y kosbadedic vorynyon, gweddia drossom ni.

Santes Vair, vendigedic ymysc y gwragedd, gweddia dr[o]som ni.

Santes Vair, [141] dangos[1] ym dy drvgaredd, a rryddha di vi oddy wrth bob tymtassiwn drwc, val y bo ynof i d'ewyllys di, ac val y gellych vy nghafrwyddyaw a'm rryddhav [i] bechadur. Amen. p.

Santes Vair, vamaeth Dvw, er trvgaredd dy Vab di, yn amddiffynnwr ni, yr hwnn a gymerth knawt o'th vrv di, trvgarha wrthyf i, dy wasnaethwr di, a gweddi[a] di dross vy mhech[od]av i.

Santes Vair, tragywyddawl vorwyn, er karyat dy Vab di, [142] drwy yr hwnn y'th garawdd di val i gwnaeth dy drychafel di vwchlaw kwmpayni engylyon nef.

Santes Vair, gwrandaw di vi, a gweddia drossof vi, val y'm hamddiffynno i Ddvw rrac pob rryw ddrwc, yr hwnn a aeth, a rrwnn y sydd, a rrwnn a ddel rrac llaw. Amen. p avv.

---

[1] Llsgr. *dangos dangos*.

Santes Vair, dekaf i gwrthyav, trvgarha wrthyf i.

Santes Vair, serchokaf, vendigaidikaf, ostyngedikaf,[2] gyflawnaf o gyfrrwng
ostyngedigaeth, trvgarha [143] wrthyf i.

Santes Vair, ti a addolaf, ti a vawrhaf, ti a weddiaf, a gogonnyant ytt a
wnaf. Amen. p avv.

Santes Vair, addolaf a gweddiaf dy vchelder di.

Addolaf a gweddiaf dy ogonyant di.

Addolaf a gweddiaf dy nerthoedd di.

Addolaf a gweddiaf dy ddoethineb di.

Addolaf a gweddiaf dy vorwyndod ti.

Addolaf a gweddiaf dy drvgaredd di.

Oherwydd tydi [*sic*: y tydi *a geir yn y llawysgrif*] dy hvn ymysc y gwragedd
[144] vod yn deilwng y ddwyn Arglwydd nef a dayar a mor ac y sydd
yndynt.

Addolaf a gweddiaf dy vendigedikaf groth di, yr hwnn a ymddvc y Jessv
Grist.

Addolaf a gweddiaf dy vendigedikaf vronnav di, a vronhawdd
amddiffynnwr y byt.

A mi a odolygaf ytt, ostyngedikaf vamaeth Dvw, er karyad dy Vab di, vot
yn wiw gennyt vy nghafrwyddaw i yn[3] vy holl gyfreidiav, ac na ado [145]
di vi yn ddi-help yn yr awr ddiwethaf o'm tervyn, pan el vy enaid o'm
korff, eithr, arglwwyddes, helpa di vi ddydd y varn, val i gallwyf i yn
segyr dyfot i byrth Paradwys ger bronn golwc Duw, ac i haeddwyf welet
dy Vab di a chael y llawenydd tragywyddawl. Amen. p avv Maria.

Santes Vair, seren porth y nef, kydwybodwraic dirgeledigion Duw, trvgarha
wrthyf i. [146]

Santes Vair, velyssaf arglwyddes, ostyngetikaf vrenhines nef, ti yw maen
gwrthvawr y byt, trvgarha wrthyf i.

Santes Vair, ti yw porth paradwys; dy Vab di yw'r nefoedd Krist, trwyddot
ti, ostyngedikaf a bendigedikaf[4] vorwyn, vamaeth Dvw, y hagoret pyrth
paradwys.

Santes Vair, trwyddoti y llvnywyt heddwch rrwng dynyon bydawl ac
engylyon y nefoedd.

Santes Vair, trwyddot [*sic*: trwyddoti *a geir yn y llawysgrif*] y
hamddiffynnwyt y byt. [147]

Santes Vair, trwyddot ti y gwnaethbwyt yr holl weithredoedd yn y nef ac ar
y ddayar.

Santes Vair, ti yw gogonyant Kaerysalem.

Santes Vair, ti yw llawenydd y nefoedd; ti yw drychafyad y byt oll; ti a
ddewisswyt yn ordeiniad y byt oll, a'r holl saint, a'r santessav ynheyrnas

---

2 Llsgr. *ostynyngedikaf.*
3 Llsgr. *yn yn.*
4 Llsgr. *benedigedikaf.*

dy Vab di; a'th wasnaethant a'r engylyon, a'r archengylyon, a'r padriarchaid, a'r proffwyti, a'r bostolyon, a'r merthyrri, a'r konffyssoryaid, [148] a'r gweryddon a hobiant ytt: oherwydd hynny mi adolygaf ytt, vendigedikaf Vair, er karyad dy Vab, yr hwnn a roddes ytt y gyffelyb orvcheldeb hwnn, adolwyn ytt na adewych vi yn ddi-help ynydd angav, eithr help di vi, arglwyyddes, yn vy holl gyfreidiav, ac na ado di vi vyth heb dy help di. Poet gwir. Amen. p avv a Dvw gyda ni a Mair. Amen.

Llyma weddiav Jeu[an] ap Rrydderch

Nodiadau

1

Cerdd yw hon i wallt merch nas enwir.[1] Enynnodd y ffaith fod pob llinell yn dechrau â'r llythyren *d* edmygedd y copïwyr; ac yn ôl rhai o'r rhaglithiau (gw. uchod), fe'i galwyd gan Siôn Tudur yn 'Ystordyn Meddwdod'[2] am na allai dyn meddw ei chanu. Nodwedd arall ar y gerdd yw'r nifer mawr o sillafau cadarnleddf ynddi—45 i gyd.[3] Dywed yr Athro Ceri Lewis am y rhain, 'The bardic novitiates were probably required by their teachers to compose poems containing words of this kind, and it has been suggested that ... [this] poem ... may well provide us with an instructive example of such an exercise.'[4] Ond fel y gwelwyd uchod,[5] ceir nifer helaeth o'r cyfryw eiriau yn rhai o gerddi eraill Ieuan ap Rhydderch, er nad yw eu cyfran ynddynt mor uchel ag yn y gerdd hon, ac ymddengys mai un o ffyrdd y bardd ydoedd o arddangos ei gyhyrau prydyddol. Fel y dywed Thomas Parry, 'Byddai'r beirdd yn cyfansoddi cywyddau gorchestol (fel y byddent yn gwneud awdlau gorchestol). Nid cywyddau ymarfer prentisiaid mohonynt, ond campau rhyfeddol meistri'r grefft',[6] a noda'r gerdd hon fel enghraifft.[7] Ceir yn y llawysgrifau amrywio helaeth o ran geiriad a threfn y llinellau[8] sy'n tystio i boblogrwydd y gerdd ac yn awgrymu trosglwyddiad llafar.

Ceir cerddi eraill i wallt merch gan feirdd megis Dafydd ap Gwilym,[9] Dafydd ab Edmwnd (pump),[10] Mastr Harri ap Hywel,[11] Dafydd Nanmor,[12] Huw ap Dafydd,[13] a bardd anhysbys.[14] Tybed a oes yma hefyd adlais o

---

[1] Fe'i golygwyd gan Thomas Roberts yn IGE[2] 224–5 (LXXV) ar sail testun llsgrau. TUWXZ (gw. IGE 224).

[2] Ar *ystordyn*, cf. TW d.g. *arceo*, ' ... rhoi ystordvn, ystordvnio, bwrw o dhywrth, attal, ... '. Yr ystyr felly yw 'ataliad'.

[3] Ymhellach ar sillafau cadarnleddf yng ngwaith Ieuan ap Rhydderch, gw. tt. 30–1.

[4] GWL ii[2], 65.

[5] Tt. 30–1.

[6] GDG lxxxvii.

[7] *Ib*. lxxxviii.

[8] Nid yw'r un drefn linellau yn rhagori ar y llall yn achos y gerdd hon, ac wrth ei golygu dilynwyd trefn testun llsgr. R, sy'n wahanol i eiddo IGE[2] 224–5 (LXXV).

[9] GDG[3] 199–200 (cerdd 73).

[10] DE 24–6 (XIV), 38–40 (XXI), 40–1 (XXII), 41–3 (XXIII), 45–6 (XXV).

[11] GPhE 130–1 (cerdd 10).

[12] DN 82–4 (XXIX). Ceir cywydd i wallt merch gan Ieuan Deulwyn hefyd, gw. ID 6–8 (IV).

[13] GHD 68–70 (cerdd 23).

[14] DGA 6–7 (cerdd 2).

gywydd gorchestol Iolo Goch i ferch?[15]

2 **tewblaid** Ar *plaid* yn yr ystyr 'pared (symudol) o wiail neu ystyllod plethedig' &c., gw. GPC 2815. Y mae'n goleddfu *Dwybleth* yma, yn hytrach na merch, ac yn treiglo ar ôl ffurf ddeuol, gw. GMW 19.

5 **Eigr** Gwraig Gwrlois, tywysog Cernyw, yna gwraig Uthr Bendragon a mam Arthur, gw. G 456; TYP² 366n3. Yr oedd Eigr yn nodedig am ei harddwch.

6 **cnwd** IGE² 224 (ll. 6) *gnawd* (cf. llsgrau. GQUWXY), ond ar y gwallt y mae'r pwyslais.

7 **ysbyrs** Gw. GPC 3198 d.g. *sbyrs, ysbyrs*.

9 Cf. GDG³ 313 (118.25–6) *Siprys dyn giprys dan gopr, / Rhagorbryd rhy gyweirbropr* (i'r wylan).

Sieb Benthyciad o'r S.C. *Cheap*(*side*), ardal yn Llundain, gw. EEW 124, 225.

14 Cf. GDG³ 264 (97.23) *Goldwallt dan aur gwnsallt da.*

16 **Dyfr** Dyfr (neu Deifr) Wallt Euraid, un o dair rhiain ardderchog llys Arthur a grybwyllir yn aml gan y beirdd fel patrwm o brydferthwch, gw. G 414 d.g. *Dyf*(*y*)*r*⁴; TYP² 88, 335. Cyfeirir ati bedair gwaith yn y gerdd hon (gw. hefyd llau. 18, 25, 38) a hynny'n naturiol gan mai mawl i wallt merch ydyw.

18 **eurlythrblyg** IGE² 224 (ll. 18) *eurlathrblyg* (cf. llsgrau. QZ), a gall hyn fod yn gywir er cael peth ailadrodd ar *llathr* felly yn *llathrbleth* yn yr un ll. Ar *eurlythr*, gw. GPC 1260 (d.g. *eurllythyr*) a cf. 8.3 *O lyfr eurlythyr loywfraint.*

20 Yng nghwr y ddalen yn llsgr. C yn unig y ceir y darlleniad hwn o'r ll. (cf. ll. 40n), ond rhydd well synnwyr na'r llsgrau. eraill, yn enwedig yn hanner cyntaf y ll., er y ceir *m* berfeddgoll o ganlyniad (ond cf. yr *r* berfeddgoll a geir yn 4.65, 6.46, 10.67). IGE² 224 (ll. 20) *Deml erw wydrwallt aml eurdrefn.*

23 **sinddwbl** Cymerir mai *sin* 'arwydd' (benthyciad o'r S.C. *sine*, gw. GPC 3282 d.g. *sin*¹) yw'r elfen gyntaf. Arwyddocáu aur o'r math gorau y mae'r ll.

25 IGE² 224 (ll. 25) *Dyfr fanwallt y deifr fanemp* (cf. llsgrau. QWb), ond os felly, braidd yn ailadroddus yw'r gyffelybiaeth o'r gwallt i hemp yn y ll. ddilynol, ac ni cheir y darlleniad *fanemp* yn y llsgrau.

mwynwemp Deellir yr ail elfen yn ffurf f. *gwymp*, er na nodir enghraifft gynharach na'r 16g. o'r ffurf hon yn GPC 1769–70.

---

[15] GIG 101–2 (XXIV).

28 **banhadlwallt** Disgwylid gweld ei dreiglo gan ei fod yn goleddfu *bun*, ond y mae'r gynghanedd yn gofyn am y ffurf gysefin. Gw. hefyd Treigladau 55n *et passim*. Treiglir *bun* a *banhadlwallt* yn llsgrau. BIa ond nid yw eu darlleniadau hwy cystal fel rheol.

29–32 Cyfetyb y llau. hyn i IGE² 225 (llau. 13–16).

29 **da liw albastr** IGE² 225 (ll. 13) *dâl alabastr* (cf. llsgrau. QTUW–Zbc) ond rhy fyr ydyw o sill (rhaid acennu *albastr* ar y sill gyntaf er mwyn y gynghanedd).

30 **oedd** IGE² 225 (ll. 14) *oed* (cf. llsgrau. ABCHINQ–TWab) ond aneglur yw'r arwyddocâd.

glwysteml L.c. *glosdeml*, sef *clos* 'llannerch, caeadle, cae, rhwymyn, côr, llys', efallai, yn ôl G 149, a *teml*, ond os felly, ymddengys mai tebyg iawn yw ystyr *clastr* yn yr un ll. Anghyffredin yw'r gyffelybiaeth *glwysteml iad glastr* ond cf. ll. 45 *cwplnen* am ben y ferch.

clastr Amrywiad ar *clawstr*, gw. GPC 492.

33–44 Cyfetyb y llau. hyn i IGE² 225 (llau. 1–12).

34 **tloslaes** Sylwer ar y ffurf f. *tlos*. At wallt y ferch y cyfeirir, ac eg. yw *gwallt*, ond ymddengys fod y bardd yn meddwl am y ferch, perchen y gwallt, hefyd.

37 Ar y gynghanedd, gw. td. 25.

40 **o wallt** IGE² 225 (ll. 8) *y gwallt* (cf. llsgrau. GTUWXYbc). Yn llsgr. C yn unig y ceir *o wallt* a hynny yng nghwr y ddalen (cf. ll. 20n), ond mwy boddhaol ydyw na'r darlleniadau eraill.

43 Gellid hefyd ddarllen IGE² 225 (ll. 11) *Difyr fanwallt edafedd* (cf. llsgrau. ABCHINQRSVWZa) gyda *difyr* yn golygu 'hir' (gw. GPC 988 d.g. *difyr²*).

44 IGE² 225 (ll. 12) *Dygn sampl wallt, dogn simpl ei wedd* (cf. llsgrau. CGNQ–Zbc) ond anodd gweld priodoldeb *dygn* yng nghyswllt harddwch gwallt na *simpl ei wedd* yng nghyswllt *dogn*.

2

Am ddisgrifiad ac esboniad o'r hen arfer werin 'chwarae cnau i'm llaw', gw. yn arbennig GIG 329.[1] Yn y cywydd hwn[2] y mae amlygu *amnifer* ('odrif') y cnau (llau. 21–2) sydd yn llaw y ferch y mae'r bardd yn sgwrsio â hi yn dangos ei fod yn ei charu, ac ymhyfryda ef wedyn yn hyn, gyda llawer o ddyfalu, hyd ddiwedd y gerdd. Ceir dau gywydd arall sy'n disgrifio'r math

---

[1] Hefyd GDG³ 557.
[2] Fe'i golygwyd gan Thomas Roberts yn IGE² 226–7 (LXXVI) ar sail llsgrau. EF.

hwn o chwarae, un gan Ddafydd ap Gwilym[3] a'r llall gan Iolo Goch,[4] a'r un yw trefn sylfaenol y chwarae yn y tri, ond tynerach ac anwylach yw'r teimladau a fynega Ieuan ap Rhydderch tuag at ei gariad a rhydd fwy o le i'w disgrifio â delweddau hardd.

 1 **Ofydd** Y bardd Rhufeinig Publius Ovidius Naso (43 C.C.–17 O.C. ?) a ystyrid yn yr Oesoedd Canol yn ben-meistr canu serch. Tebyg nad yw *llyfr Ofydd* yn dynodi unrhyw waith neilltuol gan y bardd, ond y mae'n bosibl mai cyfeiriad ydyw at yr *Ars Amatoria*.

 4 **Mau … siamplau** Gthg. IGE² 226 (ll. 4) *Mae … siamplae* (cf. darlleniad llsgrau. EF). Fodd bynnag, ni nodir *siamplae* fel ffurf l. *siampl* yn GPC 3260, a phe diwygid y ffurf yn *siamplau*, ni ddisgwylid gweld ei hodli â *mae*, gw. J. Morris-Jones: CD 244–5.

 8 Crych a llyfn.

 9 **angerdd** Sylwer mai 'an·gerdd' yw'r ynganiad, gw. GPC 50 a cf. GDG³ 300 (114.13) ac uchod 10.21.

 10 **eu** Cymerir bod y rhagenw yn achub y blaen ar *cofion cerdd*. Os felly, sylwer mai arall yw gwrthrych *danfones*, ll. 12, sef y cnau.

 11 Y mae'r ll. yn fyr o sillaf.

   ton tes Gthg. IGE² 226 (ll. 11) *ton y tes* ond ni cheir *y* yn y llsgrau.

 18 **amnifer ym o** Llsgrau. *am y nifer om*. Fel y nodir yn GDG³ 557, y mae'n amlwg mai gwall yw *am y nifer* am *amnifer*. Y mae'r ll. hefyd yn fyr o sillaf a cheir gwell synnwyr o ddiwygio *om* i *ym o*.

 20 **glain nod** GPC 1399 '*paternoster, special bead in a rosary indicating that a paternoster is to be said, usually fig.* … '.

 23 **Esyllt** Cariad chwedlonol Trystan, gw. TYP² 349–50, CLC² 730–2.

 27 **ofydd** Ar ei ystyr yma, gw. GPC 2633, 1(a). Ar yr odl lusg yma â *ruddaur*, gydag -*udd*- yn ateb i -*ydd*, gw. D.J. Bowen, 'Pynciau Cynghanedd: Odli I, U ac Y', LlCy xx (1997), 138–43.

 29 **erfai** Llsgrau. *irfai*, ond o'i gadw y mae gormod o ailadrodd ar y syniad o irder mis Mai yn y ll. nesaf, ac felly diwygir.

 30 **mentyll** Sef trwch dail y coed; cf. GDG³ 71 (24.35–6) *Minnau dan fedw ni mynnaf / Mewn tai llwyn ond mentyll haf.*

 31 **calennig** Efallai mai anrheg a roddid ar ddechrau mis Mai (gw. llau. 29–30) a olygir yn yr achos hwn, gw. GPC 393.

 35 **y saith seren** Fe'u rhestrir yn DB 65, 67 fel y lleuad, Mercher, Gwener, yr haul, Mawrth, Iau, a Sadwrn. Yr oedd y system hon yn seiliedig ar

---

³ GDG³ 134–6 (cerdd 50).
⁴ GIG 107–9 (XXVI).

waith Ptolemaeus (gw. 3.46n); gw. hefyd GPC 2816 d.g. *planed* (b), 3170 d.g. *saith*, 3226 d.g. *sêr* (a); DrOC 109–11. Yn uchod 3.39 fe'u gelwir y *saith blaned*.

39 **aur** Yn IGE[2] 227 (ll. 11) dodir coma ar ei ôl, fel pe bai'n wrthrych i'r f. *r(h)of*; ond *cneuen* yn y ll. ddilynol yw'r gwrthrych.

3

Cywydd yw hwn[1] a ysbrydolwyd gan orhoffedd—sef 'ymffrost'[2]—enwog y bardd-dywysog Hywel ab Owain Gwynedd[3] (*fl.* 1140–70[4]), fel yr eglura'r bardd yn y llinellau agoriadol, ac y mae'n fwy na thebyg mai trwy adnabyddiaeth o Lawysgrif Hendregadredd y daeth Ieuan ap Rhydderch yn gyfarwydd ag ef.[5] Fel cerdd Hywel ab Owain Gwynedd, y mae i hon ddwy ran, sef llinellau 1–92 a llinellau 93 hyd y diwedd. Gwahanol iawn, fodd bynnag, yw'r cynnwys. Lle y mola Hywel brydferthwch Gwynedd ac yna'r gwahanol ferched yr oedd yn eu hadnabod neu wedi eu gordderchu, ar ei addysg a'i yrfa, oddi mewn ac oddi allan i Gymru, y mae holl bwyslais cerdd Ieuan ap Rhydderch. Fel y sylwodd J.E. Caerwyn Williams, y mae'r cwpled *Gwnaf finnau cyn maddau medd / Gwawd gair hyffawd, gorhoffedd* (llau. 7–8) yn awgrymu bod y bardd yn canu ei gerdd ar ddiwedd gwledd.[6] Sylwa hefyd fod 'ffrost' yn cael ei ystyried yn 'anweddus' yng Ngramadeg y Beirdd.[7] Pa un a oedd yr ymffrost yn y math hwn o gerdd yn tarddu yn bennaf o'r cyfrwng neu o'r unigolyn, diau i Ieuan ap Rhydderch gael y cyfrwng yn gydnaws â rhai o'i deithi ei hun. Ceir llawer mwy o wybodaeth am Ieuan yn y cywydd hwn nag mewn unrhyw ffynhonnell arall, ac y mae'n amlwg oddi wrth yr holl amrywiadau o ran geiriau a threfn llinellau a welir yn y llawysgrifau fod hwn yn waith pur boblogaidd.

Gellir rhannu'r gerdd fel a ganlyn:

1. (llau. 1–12). Y bardd yn datgan ei fwriad i ganu gorhoffedd, megis y gwnaeth Owain Gwynedd gynt, gerbron prifeirdd, eithr un am [*B*]*ynciau hoyw ragorau heirdd* (ll. 10).
2. (llau. 13–20). Crynodeb byr o'r addysg a gafodd y bardd: [*g*]*ramadeg a'i mydr* (ll. 16), *yr art* (ll. 17), a'r *Gyfraith ddwys hoywfaith sifil* (ll. 20).

---

[1] Fe'i golygwyd yn IGE[2] 228–32 (LXXVII), 376–7 ar sail llsgrau. WYbc uchod. Ceir cyfieithiad Saesneg ohono yn Patrick K. Ford, *The Celtic Poets: Songs and Tales from Early Ireland and Wales* (Belmont, Massachusetts, 1999), 218–22.

[2] Ar y *genre* hwn, gw. J.E. Caerwyn Williams, 'Cerddi'r Gogynfeirdd i Wragedd a Merched, a'u Cefndir yng Nghymru a'r Cyfandir', LlCy xiii (1974–9), 86–97; *id.* GMB 192–5.

[3] Gw. GLlF 119–22 (cerdd 6).

[4] CLC[2] 353.

[5] Gw. td. 18.

[6] GMB 192–3.

[7] *Ib.* 193. Gw. GP 135.42–3 *Tri pheth annweddvs ar gerddor: ffrost, a gogangerdd, a chroessanaeth.*

3. (llau. 21–8). Gwybodaeth ddofn y bardd o'r *Bibl* (ll. 22), *pob iawn gronig* (ll. 24) (sef hanes), a'r *Ffrangeg* (ll. 25).

4. (llau. 29–84). Ceinciau seryddiaeth: disgrifiad o'r *astrlabr* (llau. 29–36), sêr-ddewiniaeth (llau. 37–52), y *cwadrant elydn* (llau. 53–74), tablau (llau. 75–84).

5. (llau. 85–92). Dewiniaeth.

6. (llau. 93–122). Y bardd fel prydydd a mabolgampwr.

7. (llau. 123–44). Yr holl barch, swyddau, ac ati, a gafodd y bardd yn ei oes ynghyd â datganiad hyderus ganddo y caiff fynd i'r nef wedi ei farw.

Ni ddywed Ieuan ymhle y cafodd ei addysg, ond y mae'n amlwg iddo astudio yng nghyfadran gelfyddydau rhyw brifysgol. Gwelir hyn yn y termau a ddefnyddia, megis *art* (ll. 17), *registr* (ll. 18), *soffistr* (ll. 18) (gw. isod), yr astudiaethau a ddisgrifia, a oedd yn rhan o'r cwricwlwm ym mhrifysgolion Ewrop, ac enwau awduron a oedd yn gysylltiedig â'r astudiaethau hynny, sef *Tolméus* (ll. 46), *Aristotles* (ll. 52), a *Denis* (ll. 80). Y mae'n bur debygol hefyd, fel y dadleuwyd uchod,[8] mai ym Mhrifysgol Rhydychen yr addysgwyd ef.

Cyn dilyn camau Ieuan ap Rhydderch yn y brifysgol, sylwer ar ei eiriau yn y gosodiad cyntaf a wna ynglŷn â'i addysg, sef iddo, yn gyntaf, ddysgu [g]*ramadeg a'i mydr* (ll. 16). Barn Thomas Roberts oedd mai cyfeiriad yw hyn at un o bynciau'r *Trivium* canoloesol a ddysgid yn y prifysgolion,[9] a dichon ei fod yn gywir. Y mae'n bosibl hefyd, fodd bynnag, mai cyfeirio a wneir at addysg Ieuan ap Rhydderch mewn ysgol ramadeg cyn iddo fynd i Rydychen. Gallai'r ysgol honno fod wedi bod mewn sefydliad eglwysig neu fynachaidd yng Ngheredigion lle y trigai Ieuan.[10] Fodd bynnag, yr oedd ysgolion gramadeg yn Rhydychen yr âi bechgyn iddynt yn ifanc er mwyn derbyn yr hyfforddiant yr oedd ei angen cyn dechrau astudio yng nghyfadran y celfyddydau.[11] Ai dyna yw arwyddocâd sylw Samuel R. Meyrick fod Ieuan ap Rhydderch wedi ei fagu yn Rhydychen?[12]

Pa fodd bynnag, y mae gweddill sylwadau Ieuan yn ymwneud yn bendant â'i addysg brifysgol ac y mae'n bosibl dilyn ei hynt yno. Dywed iddo fod ... *'n yr art, dau dirmart derm, / Yn registr soffistr sywfferm* (llau. 17–18), cyfeiriad digamsyniol at gwrs gradd B.A. cyfadran y celfyddydau a'r proses o dderbyn y radd. Ar ôl dwy flynedd cyntaf y cwrs pedair blynedd hwn, gelwid myfyriwr yn *sophista* (S. *sophister*, Cym. *soffistr*) gan y byddai llawer o fyfyrwyr, am y flwyddyn nesaf, o leiaf, yn cymryd rhan mewn ymarfer-

---

[8] Gw. tt. 5–6.

[9] IGE² xxx.

[10] Cf. *ib.* xxxi.

[11] Gw. J.M. Fletcher, 'Developments in the Faculty of Arts', yn *The History of the University of Oxford. Volume II: Late Medieval Oxford*, ed. J.I. Catto and Ralph Evans (Oxford, 1984), 320–1.

[12] Gw. td. 6.

iadau academaidd llafar a elwid yn *disputationes de sophismatibus*, sef
dadleuon ynghylch cwestiynau yn ymwneud â rhesymeg ffurfiol.[13] Yna cyn
ei dderbyn i radd B.A, yng ngeiriau J.M. Fletcher,

> A payment of half-commons was also made to the university by each
> candidate before his admission; a note of his name and his payment was
> registered by the proctors.[14]

Ni chrybwylla Ieuan ap Rhydderch gwrs M.A. ar ôl cyfeirio (yn anunion-
gyrchol) at y cwrs B.A. Wrth ystyried cwestiwn ymwneud Ieuan â'r cwrs
hwn, ymddengys i Thomas Roberts gymryd bod pynciau'r *Quadrivium*, y
cyfeirir at beth o'i gynnwys, yn cyfateb i'r pynciau a astudid ar gyfer gradd
M.A., gyda phynciau'r *Trivium* yn cyfateb i radd B.A., ac iddo ddefnyddio
hyn yn rheswm dros gasglu bod Ieuan wedi dilyn y cwrs M.A.[15] Ond
astudid pynciau'r *Trivium* a'r *Quadrivium* ar gyfer y cwrs B.A. ac M.A. *fel ei
gilydd* a'r gwahaniaeth rhwng y ddau gwrs oedd nid y pynciau ond rhai o'r
testunau a ddefnyddid ar gyfer y pynciau hynny.[16] Cynhwysai'r cwricwlwm
celfyddydau hefyd bynciau eraill tra phwysig heblaw'r *Trivium* a'r
Quadrivium nas crybwyllir gan Thomas Roberts a astudid, megis hwythau,
ar y ddau gwrs. Pynciau'r cwricwlwm, yn llawn, oedd: y *Trivium* (gramadeg,
rhethreg, a rhesymeg / dilechdid[17]), y *Quadrivium* (rhifyddeg, cerddoriaeth,
meintoniaeth, a seryddiaeth), a'r 'tair athroniaeth' (sef athroniaeth
anianol,[18] athroniaeth foesol, a metaffiseg).[19] Ni ellir, gan hynny, dderbyn
cyfeiriadau Ieuan ap Rhydderch at beth o gynnwys y *Quadrivium* fel prawf
iddo ddilyn y cwrs M.A. Pe dadleuid na ddilynodd y cwrs hwn, gellid apelio
at ddwy ystyriaeth. Yn gyntaf, ar ôl derbyn gradd B.A., byddai llawer o
fyfyrwyr yn barod i ymadael â'r brifysgol heb ymgymryd â'r cwrs hir a
chostus a arweiniai at radd M.A.[20] Fodd bynnag, os graddiodd Ieuan ap
Rhydderch yn y gyfraith sifil (gw. isod), y mae'n amlwg iddo aros ymlaen
yn Rhydychen wedi iddo dderbyn ei radd B.A. gan na cheid mynd i un o'r

[13] James A. Weisheipl, 'Curriculum of the Faculty of Arts at Oxford in the Early Fourteenth
Century', *Mediaeval Studies*, xxvi (1964), 147, 154–6; J.M. Fletcher, 'The Faculty of Arts', yn
The History of the University of Oxford. Volume I: The Early Oxford Schools, ed. J.I. Catto and
Ralph Evans (Oxford, 1984), 379–80. Gelwid y myfyrwyr a oedd wedi cyflawni nifer penodol
o'r ymarferiadau hyn yn *generales sophiste*, ib. 380.

[14] *Ib*. 381; cf. hefyd IGE[2] xxxi.

[15] *Ib*. xxxi–xxxii, xxxiv.

[16] James A. Weisheipl, *art.cit.* 147; J.M. Fletcher, 'The Faculty of Arts', 385, 'As with the
curriculum for the lower degree, that of B.A., it is apparent that the course for the mastership
included a solid core of traditional material to which other peripheral texts were added.'

[17] Ar ddarostwng gramadeg yn gynyddol i resymeg, proses a ddechreuodd yn gynnar yn y
12g. yn ysgolion Chartres ac a gysylltid â'r *grammatica speculativa*, gw. Louis John Paetow, *The
Arts Course at Medieval Universities with Special Reference to Grammar and Rhetoric*
(Champaign, Illinois, 1910).

[18] S. '*natural philosophy*', sef gwyddorau'n ymwneud â'r byd materol, megis ffiseg, cemeg,
beioleg, swoleg, botaneg, seicoleg; sef gwyddoniaeth.

[19] James A. Weisheipl, *art.cit.* 168–76.

[20] J.M. Fletcher, 'Developments in the Faculty of Arts', 327.

cyfadrannau uwch cyn astudio yng nghyfadran y celfyddydau.[21] Yn ail, byddai myfyrwyr a oedd â'u bryd ar y gyfraith yn aml yn mynd i'r cyfadrannau cyfraith (h.y. cyfraith sifil a chyfraith ganon) heb dreulio ond cyfnod byr, 'symbolaidd' o astudiaeth yn y gyfadran gelfyddydau, peth a achosai lawer o ddrwgdeimlad ymysg y celfyddydwyr.[22] A neidiodd Ieuan ap Rhydderch o fod yn faglor yn syth i astudio cyfraith sifil? Bernir bod yr ateb i'r broblem i'w gael yn nes ymlaen yn y gerdd lle y dywed Ieuan, *Traethais ddeufwy ar ddwyweus, / Talm mawr, ar lyfr Toloméus* (llau. 45–6) ac *E rannwn, gwypwn gapitl, / Eres Aristotles ditl* (llau. 51–2), oherwydd fel darlithydd y mae'r bardd yn siarad yn y geiriau hyn. Yn awr, bagloriaid a meistri yn unig a ddarlithiai,[23] a gall y geiriau hyn gyfeirio at Ieuan yn darlithio naill ai fel baglor neu ynteu fel meistr. Rhaid, felly, ei fod wedi dilyn y cwrs M.A. ac y mae'r cyfeiriadau ato mewn pedair llawysgrif, gan gynnwys un gymharol gynnar, sef Bodley Welsh e 4, 35ʳ (*c.* 1580–1603),[24] fel un a chanddo radd M.A. yn awgrymu iddo nid yn unig astudio ar gyfer y radd honno ond iddo hefyd ei derbyn.

Yn olaf, dywed ei fod yn hyddysg mewn cyfraith sifil (llau. 19–20). Naturiol meddwl mai ystyr hyn yw iddo ennill gradd yn y pwnc hwnnw, ac mewn nodyn yn Llst 155, 143 (a ddyddir *c.* 1575–1600),[25] cyfeirir at Ieuan ap Rhydderch fel *docktor or gyfraith*. Gan nad yw'r bardd yn 'aros mwy yn y cywydd ar ganghennau'r cwrs, fel yr ymhelaethodd ar geinciau Seryddiaeth a Meintoniaeth', credai Thomas Roberts nad yw'r cywydd yn profi iddo ennill gradd o'r fath, er cydnabod y dichon iddo 'gasglu rhywfaint o wybodaeth am y gyfraith sifil yn ystod ei gyfnod yn Rhydychen'.[26] Fodd bynnag, y mae'n bosibl mai'r rheswm nad ymhelaethodd Ieuan ap Rhydderch oedd na feddyliai y byddai ceinciau pwnc mor dechnegol o gymaint diddordeb i'w gynulleidfa, ac efallai mai'r un rheswm sy'n peri na cheir yn ei ddisgrifiad o gwricwlwm y celfyddydau ond detholiad (gw. isod). Odid na fyddai'r detholiad hwnnw, gyda'r sôn am offerynnau cywrain megis y cwadrant elydn, y cyrff nefol, ac ati, yn fwy ei apêl nag, er enghraifft, bwnc haniaethol a ffurfiol fel rhesymeg, a lenwai tua hanner y

---

[21] *Id.*, 'The Faculty of Arts', 370.

[22] *Id.*, 'Developments in the Faculty of Arts', 320.

[23] *Id.*, 'The Faculty of Arts', 385–6, 391. Dywed Thomas Roberts, IGE² xxxii, y disgwylid i fagloriaid ddarlithio ar un o weithiau Aristoteles, gan gymryd 3.51–2 yn arwydd fod Ieuan ap Rhydderch yn gyfarwydd â pheth o'i waith. Nid yw'r adnabyddiaeth hon o Aristoteles, serch hynny, yn profi mai fel darlithydd arno, yn benodol, yr oedd Ieuan yn gyfarwydd ag ef, ac nid yw'n eglur a sylweddolai Roberts mai cyfeiriad at Ieuan yn darlithio sydd yn y cwpled a ddyfynna.

[24] Y llsgrau. eraill yw Bangor 7288, 261; Card 1.550, 229; Llst 133, 366ᵛ [= rhif 1152]. Felly hefyd Robert Williams, Josiah Thomas Jones, a R.I. Prys (Gweirydd ap Rhys), yn y gweithiau a enwir yn nhroednodyn 16 y Rhagymadrodd.

[25] Ymhellach ar y llsgr., gw. td. 226.

[26] IGE² xxxv, xxxvi.

cwricwlwm.[27] Gan mai cerdd ymffrost yr oedd Ieuan ap Rhydderch yn ei chanu, yr oedd yn bwysig iddo fanteisio ar y pethau hynny a fyddai â mwyaf o botensial i beri edmygedd a syfrdandod—'eres bethau'[28]—ac i wrthod pa beth bynnag a allai dynnu oddi wrth y nod. Rhwng popeth, felly, bernir bod digon o le i gredu iddo dderbyn gradd Doethur yn y Gyfraith Sifil.

Y mae'n deg casglu oddi wrth y dadansoddiad uchod o dystiolaeth y cywydd am addysg Ieuan ap Rhydderch, iddo yn gyntaf astudio *gramadeg a'i mydr* naill ai mewn ysgol ramadeg, boed yng Nghymru neu yn Rhydychen, neu ynteu yng nghyfadran gelfyddydau Prifysgol Rhydychen; iddo ymuno â'r gyfadran honno naill ai y pryd hwnnw neu'n ddiweddarach, gan raddio'n B.A. ac yna'n M.A.; ac yn olaf, iddo fynd i gyfadran uwch y gyfraith sifil lle y graddiodd yn Ddoethur yn y Gyfraith Sifil.

Wrth gyfeirio at gynnwys cwricwlwm y celfyddydau, rhydd Ieuan ap Rhydderch bron y cwbl o'i sylw i bwnc seryddiaeth a rhai o'i cheinciau.[29] Byddai seryddiaeth, yn ddiau, yn fwy ei apêl i'w gynulleidfa na rhai pynciau eraill, fel yr awgrymwyd eisoes, ond cofier hefyd mai o'r gwyddorau mathemategol, seryddiaeth, fel meintoniaeth, oedd y pwnc mwyaf datblygedig o bellffordd yn Rhydychen yn y cyfnod,[30] ac odid na fyddai ei bri yn ysbardun ychwanegol i Ieuan ap Rhydderch i'w chrybwyll. Yr unig bwnc arall y cyffyrddir ag ef, a hynny'n ysgafn iawn, yw gwyddoniaeth pan grybwyllir gwaith gan Aristoteles (gw. ll. 52n).

Yn llinellau 21–6 cyfeiria Ieuan at ei wybodaeth o'r Beibl, hanes, a'r Ffrangeg, eithr nid pynciau megis pynciau'r cyrsiau uchod oedd y rhain yn gymaint â phethau a ddaeth yn sgil ei astudiaethau neu a oedd yn iswasanaethgar iddynt (ymhellach arnynt, gw. y nodiadau). Yr oeddynt, er hynny, yn bethau gwiw i ymffrostio ynddynt.

Yr unig fan lle na cheir ymffrost digymysg yw llinellau 85–92 lle y cyfeiria'r bardd at ryw ymyrryd mewn pethau tywyll. Ar y naill law, y mae'n awyddus i ddatgan ei fod yn gyfarwydd â pheth mor gyfrin â *Rhod y dynghedfen a'i rhan*, / *A rhyw igmars a rhagman* (llau. 87–8), ond ar y llaw arall teimla rhyw ddyletswydd neu reidrwydd i rybuddio pobl rhag ymhél â phethau mor ddi-fudd. Dyma groestynnu diddorol.

Y mae sawl peth sy'n taro dyn ynglŷn â'r rhan gyntaf hon o'r cywydd. Y peth pennaf, wrth gwrs, yw'r cynnwys, oherwydd ni welwyd yr un gerdd arall sy'n anelu at ddisgrifio *pethau dieithr* (ll. 28) addysg brifysgol, chwaethach ymffrostio ynddi. Rhaid edmygu medrusrwydd y bardd wrth

---

[27] James A. Weisheipl, *art.cit.* 169.

[28] Cf. llau. 27 *da uthrais*, 48 *Rhyfedd sôn*, 52 *Eres Aristotles ditl*, 59 *uthraf dim*.

[29] Ar y dosbarthiad hwn o'r deunydd, cf. James A. Weisheipl, *art.cit.* 172–3. Gwahanol ydyw i ddosbarthiad Thomas Roberts, a gredai mai tri o bynciau'r cwricwlwm a grybwyllir, sef seryddiaeth (ynghyd â sêr-ddewiniaeth), meintoniaeth, a rhifyddeg, gw. *ib.* xxxii–xxxiv. Gallai rhai pynciau, wrth gwrs (megis meintoniaeth a seryddiaeth), orgyffwrdd mewn mannau.

[30] James A. Weisheipl, *art.cit.* 171, 172.

wneud hynny, a llwydda yn bennaf trwy ei afael sicr ar dechnegau cerdd dafod. Ni welir y ddawn hon yn gliriach yn unman nag yn ei ddisgrifiad estynedig o'r cwadrant elydn (llau. 53–74). Ceir cyfran o eiriau benthyg y dichon i rai ohonynt, o leiaf, gael eu benthyca ganddo ef i'r Gymraeg am y tro cyntaf—geiriau megis *astrlabr* (ll. 30), *sodïac* (ll. 38), *capitl* (ll. 51), *cwadrant* (ll. 54)[31]—o ganlyniad i'w sefyllfa anghyffredin fel Cymro o fardd yn derbyn addysg yn Rhydychen, a cheir peth tebyg yng ngwaith Siôn Cent. Diddorol hefyd yw ffordd y bardd o gyflwyno, trefnu, a dethol ei ddeunydd, megis pan ddynoda bwnc nid wrth ei enw ond wrth offeryn neilltuol cysylltiedig ag ef, neu pan grybwylla'r cwrs M.A. nid yn sgil ei gyfeiriad at y cwrs B.A. ond yn ddiweddarach yn y gerdd a hynny'n dra anuniongyrchol, neu pan grybwylla rai pethau yn hytrach nag eraill a manylu ar rai ohonynt ond nid ar eraill. Gall y dull hwn ymddangos yn ddigyswllt a mympwyol braidd i ni heddiw, ond er mor ddisgybledig a chlir, yn ddiau, oedd meddwl Ieuan ap Rhydderch, cofier nad fel lluniwr math o draethawd ysgolaidd mydryddol yr oedd yn gweithredu pan ganodd y gerdd hon eithr fel bardd yn y traddodiad Cymreig. Golygai hyn ddarostwng y deunydd newydd i idiom y traddodiad hwnnw gyda'i ddulliau cynnil a'r hoffter mynych o gyfuno syniadau trwy lif byw y dychymyg yn hytrach na thrwy ymresymu oer, a'r cwbl er mwyn datgan gorhoffedd a fyddai'n syfrdanu'r gynulleidfa.

Yn ail ran y gerdd ymffrostia Ieuan yn ei fywyd a'i yrfa yng Nghymru fel bardd rhagorol, telynor, chwaraewr gemau a mabolgampwr hyfedr (llau. 93–122). Yna ceir litani o'r holl swyddi, breintiau, anrhydeddau, a phleserau hynny a fwynhaodd (llau. 123–34). Yn olaf, ar ôl disgrifio'r holl wychder hwn, y mae'n cloi â datganiad yr un mor hyderus y caiff fynd i'r nefoedd ar ddiwedd ei oes (llau. 135–44)!

Oherwydd osgo hunangofiannol y gerdd hon, y mae'n bosibl dweud ychydig am adeg ei chyfansoddi. Amlwg mai wedi i Ieuan ap Rhydderch gwblhau ei astudiaethau yn Rhydychen y canwyd hi, a dadleuwyd uchod mai tua 1422 yr oedd hynny.[32] Dadleuwyd hefyd ei bod yn bosibl mai dychan i Ieuan yw'r cywydd i bwrs a gysylltir gan amlaf ag enw Siôn Cent.[33] Os dyna ydyw mewn gwirionedd, yna, gan mai *c.* 1400–30/45 yw cyfnod Siôn Cent, gellid cynnig mai rywbryd yn ail chwarter y bymthegfed ganrif y canwyd 'Cywydd y fost'.

Os cywir hynny, diddorol yw gweld canran mor uchel o gynganeddion sain—57.6 y cant—mewn cerdd o'r cyfnod hwnnw ac efallai mai fel enghraifft arall o geidwadaeth ymwybodol Ieuan ap Rhydderch y dylid gweld hyn.[34]

---

[31] Ymhellach ar y geiriau hyn ac eraill, gw. tt. 28–30.
[32] Gw. td. 8.
[33] Gw. td. 15.
[34] Gw. tt. 22, 32.

1–6 Ar Hywel ab Owain Gwynedd a'i gerdd, gw. y sylwadau rhagarweiniol uchod.

1 **mab maeth medd** Cf. GMB 25.18 (Einion ap Gwalchmai); GBF 2.4 *mab maeth metgyrn* (Y Prydydd Bychan).

2 Cynghanedd sain dro, gw. tt. 25, 32.

3 **cyrf** Ffurf l. *corf*. Gallai *corf* olygu 'corff'; gw. GPC 558, felly deellir y ffurf l. yma i olygu 'dynion, gwŷr'.

13 **goleuaf lwybr** Ar y treiglad meddal i e. yn dilyn gradd eithaf yr a., gw. Treigladau 52.

16 **gramadeg a'i mydr** Gall mai gramadeg fel y'i dysgid mewn ysgol ramadeg neu ynteu fel rhan o'r *Trivium* a olygir, gw. y sylwadau rhagarweiniol uchod. IGE² xxx, 'Dysgid cystrawen yr iaith a rheolau ei mydrau o lyfrau Priscian a Donatus ...' Am restr o'r gweithiau ar ramadeg a astudid ar y *Trivium*, gw. James A. Weisheipl, 'Curriculum of the Faculty of Arts at Oxford in the Early Fourteenth Century', *Mediaeval Studies*, xxvi (1964), 168–9; ac ar yr awduron clasurol a ddarllenid (megis Fyrsil ac Ofydd), gw. Ernst Robert Curtius, *European Literature and the Latin Middle Ages* (London and Henley, 1953), 42–61, 436–43.

17–20 Yn IGE² 228 (llau. 17–20) dodir y llau. hyn yn y drefn 19–20, 17–18, megis yn llsgrau. Xbg. Fodd bynnag, nid dyna'r drefn a ddisgwylid gan nad tan *ar ôl* astudio'r cwrs celfyddydau y gellid mynd rhagddi i astudio cyfraith sifil (gw. y sylwadau rhagarweiniol uchod), a dilynir y drefn a geir yn y llsgrau. eraill.

17 **art** Cyfeiriad at y saith celfyddyd freiniol a oedd yn un o brif golofn-au'r cwrs a ddilynai'r bardd (gw. y sylwadau rhagarweiniol uchod).

dau ... derm Y mae'r gair *term* yn amhenodol (arno, gw. GPC 3485) ond yng nghyd-destun y cwpled odid nad yw *dau ... derm* yn cyfeirio at y cyfnod o ddwy flynedd rhwng adeg galw myfyriwr yn *sophista* ac adeg derbyn gradd B.A., gw. y sylwadau rhagarweiniol uchod ac IGE² xxix.

tirmart Gair ansicr nas ceir y GPC 3507. Fe'i deellir yn betrus yn fenthyciad o'r S. *term of art*. Benthyciwyd y S.C. *terme* i'r Gym. yn y ffurf *term* (gw. GPC 3485) ond fe all mai amrywiad seinegol yw *tirm-* (cf. MED d.g. *terme* lle y nodir hefyd y ffurf *tierme*). Yn IGE² 228 (ll. 19) darllenir *drimwart* ac ymddengys fod hyn yn ffrwyth dehongli *dirimwart* llsgrau. Xb i ddynodi hynny yn hytrach na *dirmart*, ond achosa'r bai crych a llyfn. Gw. hefyd G 623 d.g. *gwart* lle yr amheuir y darlleniad hwnnw.

18 **Yn registr soffistr sywfferm** Gw. y sylwadau rhagarweiniol uchod; IGE² xxxi.

soffistr Gw. y sylwadau rhagarweiniol uchod. Fe'i deellir yn fenthyciad o'r S.C. *sophister*. Os felly, dyma'r unig enghraifft hysbys, er y ceir y ffurf *sofister* yn yr 16g. a'r 17g. (gw. GPC 3316). Ar gywasgu *-er* y S. yn y Gym., cf. e.e. llau. 18 *registr*, 48 *philosffr*, 118 *wystr*. Yn GPC 3317 d.g. *soffistri*, ar y llaw arall, fe'i deellir yn fenthyciad o'r S.C. *sophistri* (crefft y *sophister*), a chymherir y diffyg *-i* ar y diwedd â geiriau benthyg eraill o'r S. megis *libart* a *seiat*.

20 **cyfraith ... sifil** Gw. y sylwadau rhagarweiniol uchod a tt. 6–7.

22–4 **Bibl / ... gronig** Dywedir yn IGE² xxxiv, ar sail H.C. Maxwell Lyte, *A History of the University of Oxford from the Earliest Times to the Year 1530* (London, 1886), 151, 192, 'Mewn rhai colegau darllenid y Beibl ar ginio bob dydd gan un o'r offeiriaid oedd yn perthyn i'r sefydliad. Yn yr iaith Ladin, wrth gwrs, y darllenid yr ysgrythurau, a darlithid arnynt yn yr ysgolion diwinyddol. Eto ... [yr oedd] rhai o fyfyrwyr y colegau ar wahanol ddyddiau gŵyl yn treulio'u hamser yn darllen croniclau teyrnasoedd, ac yn myfyrio ar ryfeddodau'r byd. Dichon mai hyn a fu cyfle'r bardd i ennill gwybodaeth o'r Beibl, ac o hanes teyrnasoedd y ddaear.' Fodd bynnag, nid yw sylw Thomas Roberts ar wybodaeth Ieuan ap Rhydderch o'r Beibl yn gwneud cyfiawnder â geiriau Ieuan ei hun. Ac yntau'n fyfyriwr mewn prifysgol, yr oedd ganddo, *ipso facto*, statws clerigwr, rhagor lleygwr, a byddai ganddo, felly, rwydd hynt i astudio'r Fwlgat faint a fynnai. Yr un modd yn achos croniclau, gallai fod wedi eu hastudio'n ddwys mewn llawysgrifau, yn hytrach na'u clywed a'u trafod ar lafar yn unig; cf. 8.1–4.

23 **profais** Os 'rhoi prawf ar' yw ystyr y f. yma, ymddengys mai'r ergyd yw fod Ieuan ap Rhydderch wedi defnyddio'i bwyntil i'r eithaf (?i gopïo croniclau).

prig Ymysg yr ystyron a roddir yn GPC 2881 d.g. *pric* (a), y mae 'darn o bren, ffon, gwialen; darn o bren neu ffon at droi bwyd neu ddiod mewn crochan, &c., uwtffon, mopren; pren neu erfyn blaenllym (e.e. ierthi); brigyn (crin), cangen, cainc ...' ond hawdd yn y cyd-destun yw deall 'erfyn blaenllym' yma i olygu 'pwyntil'; cf. hefyd y f. *priciaf* 'ysgrifennu neu gopïo (cerddoriaeth)', *ib.* (b). Benthyciad o'r S. *prick* yw *pric* (*prig*), *ib.*, ac ymysg yr ystyron a roddir iddo yn MED d.g. *prik(e)* sylwer yn arbennig ar 1(a) 'a pointed object, something that punctures or stabs; spike'; (b) 'a tapering end, point; the point of a spear'; 4 (e) 'any one of several tapering, pointed instruments'; 5 (b) '... ?also, a tool for making a mark or scratch'. Dyddiad yr enghraifft gyntaf o *pric* yn GPC yw 1547 ond nid oes rheswm paham na all fod wedi ei fenthyca o'r S. cyn hynny.

25 **Ffrangeg** Fel y dywedir yn IGE² xxxv, 'Ffrangeg oedd yr iaith a ddefnyddid yn gyffredin mewn breinlenni yn y bedwaredd ganrif ar ddeg, a chlywid hi yn aml yn llysoedd y deyrnas', ac nid tan y 15g. y

dechreuodd ildio i'r S. Naturiol, felly, fuasai i Ieuan ap Rhydderch ei siarad. Ar argymell myfyrwyr i sgwrsio yn Ffrangeg a Lladin, gw. H.C. Maxwell Lyte, *op.cit.* 141, 144, 151, ac ar ei defnyddio wrth ddysgu gramadeg, gw. *ib.* 235. Byddai Ieuan ap Rhydderch yn medru pedair iaith—Cymraeg, Lladin, Saesneg, a Ffrangeg; cf. moliant Hywel Swrdwal i Hywel Siancyn o Nanhyfer, GHS 13.39–42 *Yn ei ddysg, awenydd oedd, | Yr aeth llawer o ieithoedd; | Hwn a ddysgodd ohonun' | Bedair iaith heb ado'r un.*

27 **eithr** Sylwer ar safle anghyffredin y cysylltair. Yn rhesymegol dylai fod o flaen *da*, ond trech oedd gofynion y gynghanedd.

30 **astrlabr** Gw. *Dictionary of the Middle Ages*, ed. Joseph R. Strayer (12 vols., New York, 1982–9), i, 602: 'The most widely used astronomical instrument of the Middle Ages, the astrolabe is a hand-held device for measuring the height of the sun or a star above the horizon. This is combined with a series of movable plates that can be used for solving graphically otherwise complex geometrical problems of astronomy or astrology. The astrolabe ordinarily consists of a brass body into which are inserted a number of circular brass plates. A decorative extension at the top connects with a suspension for holding the device, and on the back of the instrument a movable sighting bar called an alidade is pivoted on the central axis ... the great majority [of astrolabes] range between 7 and 30 cm in diameter.' Ymhellach, gw. *ib.* 602–4; J.D. North, 'The Astrolabe', *Scientific America*, ccxxx (January, 1974), 96–106. Yn *The History of the University of Oxford. Volume II: Late Medieval Oxford*, ed. J.I. Catto and Ralph Evans (Oxford, 1984), plât IV, tt. 180–1, ceir llun o astrolab o tua 1360 ym meddiant Coleg Merton, yr 'astrolab mwy', y mae'n debyg, a roddwyd yn anrheg gan Mr Simon Bredon (a oedd yn gymrawd *c.* 1330–48) yn 1372. Disgrifia Ieuan ap Rhydderch yr offeryn yn llau. 31–6. Cyfaddasiad yw'r gair o'r S.C. *astrolabre* (*astrolabe*), GPC 222. Cf. hefyd l. 54n ar y *cwadrant elydn.*

31 **i'r** Llsgr. Xb *yr*, a ddehonglir yn IGE² 229 (ll. 3) fel y fan., eithr ni rydd gystal ystyr.

36 **Â'i ... a'i** Cyfeirir at *rod* (ll. 32). Gthg. IGE² 229 (ll. 8) *A ... a*, er na cheir yr olaf yn y llsgrau.

37–52 Ymhelaethir yma nid yn unig ar seryddiaeth ond hefyd ar sêr-ddewiniaeth, megis wrth sôn am ddylanwadau'r saith planed ac arwyddion y sidydd. Dysgid egwyddorion sêr-ddewiniaeth yn y prif-ysgolion gan fod gwyddonwyr y cyfnod bron i gyd yn credu ynddynt; gw. IGE² xxxii–xxxiii.

37 **ystriciais ystrac** Yn ôl IGE² 376, y mae *ystriciais* yn fenthyciad o'r S.C. *strik*, *stryk* 'strike' (cf. GPC 3344 d.g. *striciaf*, 3866), ac *ystrac* o *strak*, *strake* 'stroke' (cf. *ib.* 3345 d.g. *strôc*), a chymherir yno'r priod-ddull *to*

strike a stroke 'llwyddo, cael y llaw uchaf ar rywbeth'. Y mae'r cyd-destun, er hynny, yn awgrymu nad '*stroke*' yw'r ystyr yma. Un o'r ystyron a roddir yn GPC *l.c.* i *strôc* yw '... marc a wneir i'r un cyfeiriad ar bapur, &c., gan bensil, pine, brwch, &c. ...', a cf. ll. 23n ar *prig*. Y tebyg, felly, yw mai 'marc' yw ystyr *ystrac* yma, cyfeiriad efallai at lunio tablau sidydd.

39 **saith blaned** Gw. 2.35n.

  tynged dygn Gthg. y geiriau sy'n ei ddilyn yn y ll. nesaf, *Diddicson.* Efallai fod y bardd yn meddwl am y troeon anffodus yn ogystal â'r troeon ffodus a oedd yn gysylltiedig â'r planedau.

40 **diddicson** Cf. ll. 42 *Diddig air* a gw. y nodyn blaenorol.

  a'u Gthg. IGE² 229 (ll. 12) *a'r* (llsgrau. Dc). Yr oedd cyswllt agos rhwng y *saith blaned* (ll. 39) a'r *deuddeg sygn*, sef arwyddion y Sidydd, gan fod gan y cyntaf reolaeth ar un neu ddwy o'r olaf, gw. GPC 2816.

42 **Deuddeg Arwydd** Dywed Thomas Roberts am y Sidydd (S. *Zodiac*), *art.cit.* 27, 'Cylch dychmygol yn yr wybren oedd y sodiac, lle rhed llwybrau y prif blanedau. Rhennid ef yn ddeuddeg arwydd, sef yr Hwrdd, y Cranc, y Fantol, yr Afr, y Tarw, y Llew, y Sarff, y Dyfrwr, y Gefeilliaid, y Forwyn, y Saethydd, a'r Pysgod. Maentumiai'r ser-ddewinion fod arwyddion y sodiac yn fwy pwysig na'r planedau hyd yn oed, am y tybid eu bod yn ddangoseg nid yn unig ar agweddau cymeriad dyn ond ar hyd ei oes hefyd. Tybient fod dyn a enid dan arwydd yr Hwrdd yn nwydwyllt, o dan arwydd y Tarw yn greulon, o dan arwydd y Llew yn hael, &c.' Gw. hefyd DrOC 111–14.

43 Y mae'r ll. yn hir o sillaf oni chywesgir *luniau achlân*.

45–6 Dengys y llau. hyn Ieuan ap Rhydderch, megis llau. 51–2, yn ei swyddogaeth fel darlithydd, gw. y sylwadau rhagarweiniol uchod.

45 **ddeufwy ar ddwyweus** Seiliwyd y darlleniad hwn ar eiddo llsgrau. JM *ddevwy ar ddwy wefys* eithr gan drin *ddwy wefys* fel un gair. Fel hyn ceir cynghanedd, saith sillaf, a synnwyr da yn y ll. Gthg. IGE² 229 (ll. 17) *Traethais o'm dwys dwywefus* lle na cheir cynghanedd na'r nifer iawn o sillafau na phrifodl acennog. Ni welwyd ychwaith y darlleniad *dwys* yn yr un o'r llsgrau. Gellid deall *ar* y llsgrau. i gynrychioli *â'r* hefyd.

46 **llyfr Toloméus** Wrth *Toloméus* golygir Claudius Ptolemaeus o Alex-andria, y seryddwr a'r daearyddwr enwog a oedd yn ei flodau yn y ganrif gyntaf O.C. Nid yw'n eglur pa lyfr o'i eiddo a olygir. Y ddau waith ganddo a astudid ar gyfer seryddiaeth oedd yr *Almagest*, a oedd yn sylfaen seryddiaeth ddamcaniaethol, a'r *Theorica Planetarum* lle y trafodid cyfundrefn Ptolemaeus o symudiadau'r planedau. Cyfieithwyd y cyntaf gan Gerard o Gremona o'r Arabeg i'r Llad. a dyma oedd y fersiwn cyffredin. Yn gynnar yn y 14g., y fersiwn mwyaf cyffredin o'r ail

lyfr oedd trosiad Lladin a briodolid i'r un cyfieithydd, er iddo gael ei
ddisodli yn ddiweddarach gan *Theorica Planetarum* Campanus o
Novara. Defnyddid y *Theorica Planetarum* yn amlach yn yr ysgolion
na'r *Almagest* anos. Ar gyfer sêr-ddewiniaeth, astudid gwaith arall
Ptolemaeus, y *Quadripartitum* (neu'r *Tetrabiblos*) a gyfieithwyd gan
Plato o Tivoli. Gw. James A. Weisheipl, 'Curriculum of the Faculty of
Arts at Oxford in the Early Fourteenth Century', *Mediaeval Studies*,
xxvi (1964), 172.

47 Seilir darlleniad y ll. hon yn betrus ar ddarlleniadau llsgrau. Xb sydd,
   gan amlaf, yn rhoi'r darlleniadau gorau, *Ryboet vyth ny rybeityer*, a JM
   sy'n ymdebygu mewn rhai mannau i Xb, *rrvw* (M *a rhyw*) *bwynt nis rry
   baintier*. Os felly, ymddengys mai arwyddocâd [*p*]*eintier* yw fod y bardd
   yn meddwl am lyfr gan Ptolemaeus a gynhwysai ddarluniau (cf. H.J.
   Rose, *A Handbook of Greek Literature* (London, 1965), 380, lle y disgrifir
   yr *Almagest* (gw. y nodyn blaenorol) fel 'a textbook of astronomy, with
   tables and diagrams suggestive of a modern author'). Gellid ystyried
   hefyd ai bai, efallai, yw *beintier* am *bwyntier* o'r f. *pwyntiaf* 'pennu,
   penodi, gosod, trefnu, ordeinio', gw. GPC 2952 d.g. *pwyntiaf²*. Ystyr
   pwyntio pwynt (neu *point* / *poent*) felly fyddai 'setlo cwestiwn, torri dadl'.
   Gthg. IGE² 229 (ll. 19) *O ryw fodd, na ryfedder* (cf. darlleniadau'r
   llsgrau. eraill) lle y mae'r ystyr yn wannach ac y ceir ailadrodd rhwng
   na ryfedder a'r sangiad *Rhyfedd sôn* yn y ll. ddilynol. Gellid hefyd ddeall
   y ll. hon yn frawddeg enwol.

49 Cynghanedd sain a'r cytseinedd mewn sillaf ragobennol yn y bar olaf.

50 **gaffad** Gthg. IGE² 229 (ll. 22) *gafad*, ond ni rydd gystal cytseinedd.

51–2 Cf. llau. 45–6n; IGE² xxxii.

52 **Aristotles ditl** Wrth *Aristotles* golygir yr athronydd Groeg mawr (384–
   322 C.C.). Gan fod Ieuan ap Rhydderch newydd grybwyll seryddiaeth
   a Ptolemaeus, y tebyg yw mai gwaith Aristoteles mewn pedwar llyfr, y
   De Caelo et Mundo, a olygir wrth *ditl*. Yr oedd yn un o'r testunau a
   astudid ar gyfer athroniaeth anianol (gwyddoniaeth), ac ynddo trafodid
   ymsymudiad yn y bydysawd a'r ddamcaniaeth ffisegol am y cyrff nefol
   a oedd yn gwrthdaro â chyfundrefn seryddol Ptolemaeus. Hefyd, os at
   Ieuan ap Rhydderch yn darlithio fel baglor yn hytrach nag fel meistr y
   cyfeiria llau. 51–2 (ond gw. hefyd y sylwadau rhagarweiniol uchod),
   sylwer y câi bagloriaid roi darlithiau elfennol (*lectiones cursorie*) ar y
   gwaith hwn ar gyfer derbyn y radd M.A. Gw. James A. Weisheipl,
   art.cit. 174.

53–74 Y mae'r disgrifiad hir a manwl hwn o'r *cwadrant elydn* (ll. 54) yn
   dwyn i gof sylw Saunders Lewis, *Braslun o Hanes Llenyddiaeth Gymraeg*
   (Caerdydd, 1932), 107, 'Darllener cywydd *Y Fost* gan Ieuan ap
   Rhydderch ac fe welir mai fel cartref arbennig y *scientia experimentalis*

ac efrydiau gwyddonol y cofiai am Rydychen.'

54   Cyfatebiaeth *d* = *t*. Gellid diwygio *Talm* yn *Dalm* ond torrai hynny ar y cymeriad.

    cwadrant elydn Dywedir am y *quadrant* yn Joseph R. Strayer, *op.cit*. x, 236, ei fod 'an astronomical instrument with a graduated arc of ninety degrees for measuring altitudes of the sun and stars. It originated in late antiquity, when it was described by Ptolemy in the *Almagest*, and was later developed by Arabic astronomers. In the West it had been known since the tenth century as a portable instrument that also had hour lines enabling its use as a sundial. The "old" quadrant (*quadrans vetus*) was first described in detail in the thirteenth century by Robert the Enlishman in Montpellier and by others. It was developed by Jacob ben Machir Ibn Tibbon (Prophatius Judaeus, *ca*. 1236–1305) into a "new" quadrant (*quadrans novus*) that incorporated features of the astrolabe'. Ceid rhai wedi eu gwneud o bres, fel hwn. Ymhellach ar yr offeryn, gw. R.T. Gunther, *Early Science in Oxford* (2 vols., Oxford, 1923), ii, 154–74; cf. ll. 30n ar yr *astrlabr*.

55   **deinticls** Nodai wahanol raddau ar gylchau'r cwadrant, IGE² 376. Benthyciad yw'r gair o'r S. *denticles*, GPC 924, ac efallai i hynny ei gwneud yn haws peidio â'i dreiglo er mwyn y gynghanedd ar ôl *a'i*. Cf. GC 11.58n ar *bwlian*.

56   **siecr gwmpasau ... sicls** Cyfeiriad at gylchau'r cwadrant pres. Fel y dywedir yn IGE² 376, 'Y mae cymaint o raniadau a manylion a ffigurau ar y plat pres nes bod "siecr" yn air hollol briodol i ddisgrifio cylchau yr offeryn.'

57   **a'i ffilas a'i blwm** Sef y llinyn plwm ar y cwadrant, *ib*. 376.

60   **awgrim** DGG² 182, 'Yn Saesneg fe geir *algorism, algrim, augrim*, ac *awgrim*, y cwbl yn ffurfiau ar lysenw rhifyddwr o Arab, Al-Khowarazmi, Abu Ja'far Mohammed Ben Musa, a flodeuai yn y nawfed ganrif. Trwy gyfieithiad o'i waith ef ar Algebra y daeth y rhifnodau Arabaidd yn hysbys i Ewrop. Ystyr *awgrim* yn Saesneg oedd y dull Arabaidd o rifo, yna rhifyddiaeth.' Y mae'n llai tebygol mai Al-Khowarazmi ei hun a olygir yma, megis yn IGE² 376 er cydnabod yno hefyd y gall mai'r hyn y mae Ieuan ap Rhydderch yn ei ddweud yw 'mai ar gyfundrefn Awgrim yr oedd cyfrifon y cwadrant yn seiliedig'.

68   Efallai mai ffordd yw hyn o ddweud y gallai'r cwadrant bron â chyflawni'r amhosibl.

71–4   Cyfeirir at allu'r cwadrant i fynegi'r amser hefyd megis deial haul, gw. ll. 54n.

73   **wrtho** Sef y *cwadrant elydn* (ll. 54).

74   **Cloc pres ... orlaes** Cyfystyron, fe ymddengys.

gwirles Gthg. IGE² 230 (ll. 14) *gwrles* (llsgrau. TXbc), unig enghraifft a ddeellir yn betrus yn GPC 1711 i olygu 'budd i ddyn, buddiol i ddyn'. Gall hyn fod yn gywir, ond bernir mai gwell o ran ystyr yw *gwirles* (ffurf a restrir yn G 684 ond nid o *gwrles*, *ib.* 702).

78 **compod** Rhydd GPC 549 yr ystyron 'cylch, cwmpas; mesur, safon; calendr, cyfres o dablau at fwrw cyfrif am ddigwyddiadau seryddol a dyddiadau symudol y calendr ...' Fodd bynnag, y mae'n fwy tebygol mai'r hyn a olygir yw '*computus*'. Diffinnir hwn yn Joseph R. Strayer, *op.cit.* iii, 509, fel 'the art of reckoning time or a book containing knowledge of this art (narrowing the word's original meaning of an enumeration, computation, or account). Its chief purpose was to determine the date of Easter, an aim accomplished through an intricate coordination of lunar and solar cycles with the cycle of the days of the week. Computistical books were often accompanied by the Easter tables and a perpetual calendar'. Tebyg mai'r grefft o gyfrifo amser yn hytrach na llyfr ar y pwnc a olygir yma, a chyfeirir at *Dabl* yn ll. 80 (gw. n). Dysgid *Compotus* yn gwrs mewn seryddiaeth ymarferol yn Rhydychen er mwyn galluogi myfyrwyr i gyfrifo gwahanol ddyddiau gŵyl y calendr. Ymddengys mai'r testun sylfaenol yn y 13g. oedd *Compotus* Grosseteste, ond mai *Compotus* Sacrobosco a ddefnyddid yn gyffredin o ddechrau'r 14g.; gw. James A. Weisheipl, *art.cit.* 172–3.

80 **tabl Denis** Cyfeirir at Dionysius Exiguus ('Denis Bychan'), mynach o hanner cyntaf y 5g. a oedd yn bwysig fel canonydd, cyfrifwr dyddiadau, a chyfieithydd o'r Roeg i'r Llad. Fel cyfrifwr dyddiadau, fe'i cofir yn bennaf am gychwyn yr arfer o rifo blynyddoedd o eni Crist, er iddo ddyddio'r digwyddiad hwnnw bedair i saith mlynedd yn rhy hwyr. Dangosai ei *dabl* pryd oedd Gŵyl y Pasg (gw. hefyd ll. 78n); gw. Joseph R. Strayer, *op.cit.* iv, 193–4; David Ewing Duncan, *The Calendar* (London, 1998), 96–101.

82 **mwyndabl *mundi*** Cyfeiriad diddorol iawn at fap o'r byd a oedd ym meddiant Ieuan ap Rhydderch (ll. 81 ... *gwn fod gennyf fi*). Ceid dau brif fath o fap o'r byd yn y cyfnod, sef y *mappa mundi*, a oedd yn aml yn gylchog ac â Chaersalem yn ei ganol, a'r math modern ei ddull a seiliesid ar waith Ptolemaeus. Y mae'r geiriau 'mwyndabl *mundi*', fodd bynnag, yn awgrymu mai'r math cyntaf, mwy traddodiadol, a oedd gan Ieuan mewn golwg. Os map a brynodd neu a dderbyniodd yn rhodd a oedd ganddo, gallai fod wedi bod yn un bach mewn llawysgrif (megis mapiau Gerallt Gymro ac Adda o Frynbuga, gw. td. 18) neu'n un mawr ar fur (megis yr un tra enwog yn eglwys gadeiriol Henffordd), er mai o'r ddau bosibilrwydd y cyntaf efallai sydd fwyaf tebygol. Ymhellach ar fapiau yn yr Oesoedd Canol, gw. R.V. Tooley, Charles Bricker, Gerald Roe Crone, *Landmarks of Mapmaking* (Ware, 1989), *passim*; ac ar y *mappa mundi* yn benodol David Woodward, 'Medieval

Mappaemundi', yn *The History of Cartography. Volume One*: *Cartography in Prehistoric, Ancient, and Medieval Europe and the Mediterranean*, ed. J.B. Harley and David Woodward (Chicago and London, 1987), 286–370. (Annhebygol mai map print torlun-pren (S. '*woodcut*') a oedd gan Ieuan ap Rhydderch. Dywed Mr Peter Lord wrthyf fod dylanwad printiau o'r fath i'w weld ar weithiau celf yng Nghymru drwy'r 15g. ond nid ymddangosodd y *map* print cyntaf tan 1472 a hynny yn yr Almaen, gw. R.V. Tooley, Charles Bricker, Gerald Roe Crone, *op.cit.* 45.) Ar y llaw arall, ac yntau'n ŵr tra llythrennog, gall mai adysgrif o *mappa mundi* a wnaethai ei hun o ryw gynsail a oedd gan Ieuan ap Rhydderch yn ei feddiant ac mai ymffrostio yn ei gamp yn cyflawni hynny y mae. Os felly, odid nad map bach mewn llawysgrif a oedd ganddo. Nid yw sôn Ieuan ap Rhydderch am ei fap yn canlyn yn rhesymegol ei sôn blaenorol am seryddiaeth. Ceir cysylltiad ffurfiol yn y gair *tabl* sy'n gyffredin i *Dabl Denis* (ll. 80) a *mwyndabl*—ac efallai y byddai hynny yn ddigon o gyfiawnhad yn ei feddwl i grybwyll ei fap er mwyn ei frolio—ond, wrth gwrs, *tabula computi*, S. '*reckoning-board, abacus*' (gw. R.E. Latham, *Revised Medieval Latin Word-list from British and Irish Sources* (London, 1965), 474) oedd y naill, a *tabula* yn yr ystyr 'map' oedd y llall.

mundi   Ffurf enidol y Llad. *mundus* 'byd'.

83   **bys**   Nid yw'r eglur beth a olygir. Ai un o'r lluniau hynny o fys a geir yn llsgrau. y cyfnod yng nghwr y ddalen yn cyfeirio sylw'r darllenydd at ryw ran o'r testun?

85   **beth eres**   Gthg. IGE² 230 (ll. 25) *Gwn beth ddorwn byth eres*. Ceir y darlleniad hwn yn llsgr. b ond gwell o ran synnwyr yw *beth* a geir yn y llsgrau. eraill a dehongli *beth ddorwn* yn gwestiwn.

88   **igmars a rhagman**   Cyfeiriad at ddewiniaeth a oedd hefyd yn destun diddordeb i ysgolheigion yr oes. Gw. ymhellach Richard Kieckhefer, *Magic in the Middle Ages* (Cambridge, 2000), 151–75. Ar ystyr *rhagman*, gw. Andrew Breeze, 'Ieuan ap Rhydderch and Welsh *rhagman* "game of chance" ', ZCP xlviii (1996), 29–33, a gthg. GPC 3019. Diddorol yw dull ymatalgar Ieuan ap Rhydderch o gyffwrdd â'r maes hwn; gw. hefyd y sylwadau rhagarweiniol uchod.

89–90   Yn llsgrau. Wa yn unig y digwydd y llau. yn y drefn hon ond mwy boddhaol ydynt felly o ran dilyniant yr hyn a draethir, cf. IGE² 230 (llau. 29–30).

89   **beth ddorwn**   Cf. ll. 85. *bethawr, bythawr* / *byddawr* a geir yn y llsgrau. eraill, sef *by 'th ddawr o* 'o ba bwys ydyw iti?', ond eithriadol yn y gerdd hon fyddai i'r bardd gyfeirio ato'i hun yn yr ail berson yn hytrach na'r cyntaf, a dilynir felly ddarlleniad llsgrau. Wa. Ar *peth*? 'paham?', gw. GMW 76. Ar galediad *-th dd-* yn *th*, gw. WG 183.

91 **nid yw'n** Gthg. IGE² 230 (ll. 31) *ond yn* (llsgrau. JMc). Dilynir llsgr. G.
a cf. CW *yw*. Fe ellid, er hynny, ddadlau mai ergyd *Nid iawn i ddyn ond
yn dda / Eu traethu* ... fyddai 'nid peth da i ddyn yw eu crybwyll ond yn
yr ysbryd iawn', hynny yw wrth fynd heibio iddynt neu gan fraidd
gyffwrdd â hwy; os felly, parhad o'r un syniad fyddai *talm a'u traetha*.

92 Ceir yn llsgr. I y ll. ychwanegol *ar saith gelfyddyd ar son*; cf. GPhE
At.i.17–18 *Dysgais dalm ar lyfr Salmon / A'r saith gelfyddyd a'r sôn* (Syr
Phylib Emlyn neu Siôn Cent).

93–5 **Trown ... / ... / ... diasw** Y mae'r llau. hyn yn dynodi'r trobwynt yng
ngyrfa Ieuan ap Rhydderch pan droes o ddilyn addysg brifysgol i ymroi
i ddysg a diwylliant beirdd ac uchelwyr Cymru, ac y mae'r geiriau *yn
bwyllig* yn awgrymu iddo ystyried yn ofalus cyn gwneud hynny.

93 **try** Diau mai dyna a ddynodir gan *tri* llsgrau. Xb.

94 **ni myn** Ar gadw cysefin *m* ar ôl y neg. *ni*, gw. Treigladau 357.

102 **cyn hyn** H.y. cyn iddo lunio'r cywydd, ffordd arall o ddweud 'gynt, o'r
blaen'. Y mae'n llai tebygol mai cyn i Ieuan ddechrau dilyn addysg
brifysgol a olygir. Cf. ll. 106.

103 **yn** Gthg. IGE² 231 (ll. 9) *i* (cf. llsgrau. Xb) y gellir ei ddehongli'n rh.
ategol. Ond ni cheir enghreifftiau eraill o'r rh. ategol yn y cywydd hwn
ar ôl bf. lle y cyfeiria Ieuan ap Rhydderch at ei orffennol, a mwy
boddhaol o ran synnwyr yw *yn*.

104 **cofiawdur** Gthg. IGE² 231 (ll. 10) *cofiadur* (ond cf. IGE 222
(LXXIX.104) *cofiawdur*). Ni cheir *cofiadur* yn y llsgrau., a gwell yw
cofiawdur o ran ystyr (ar y ddau air, gw. GPC 536–7).

105 **dwysalm** Efallai mai cerdd dafod a cherdd dant a olygir.

106 **cyn no hyn** Gw. ll. 102n.

107–22 Rhestr o chwaraeon a oedd yn hoff gan foneddigion Cymru; ym-
hellach, gw. 'Y pedair Camp ar hugain' ar ddiwedd D a ddosberthir yn
wrolgampau, mabolgampau, a gogampau; IGE² 387; Bleddyn Owen
Huws, *Y Canu Gofyn a Diolch c.1350–c.1630* (Caerdydd, 1998), 64–5.

107 **gwn** Gthg. *Gwnawn*, IGE² 231 (ll. 13), ond os felly, goleddfir *Gwnawn
... / ... / Tawlbwrdd* ... yn chwithig gan *yn ynial* ac *yn graff*, a gwell o ran
ystyr yw *Gwn* llsgrau. Xb. Cyfetyb hefyd i *Gwn hefyd* ll. 111.

110 **sïer** Ymddengys mai benthyciad ydyw o'r S.C. *chaier(e)*, gw. MED d.g.
a sylwer ar y sillafiad *chaer* yn llsgr. b (cf. *ches* yno hefyd). Yn MED
l.c., 1(a), rhoddir i *chaier(e)* yr ystyr '*A comfortable seat, such as a chair,
armchair, couch, or lounge*'. Gall *mewn sïer*, felly, gyfeirio at y chwarae-
wyr *tabler* yn chwarae yn eu cadeiriau (neu ohonynt) neu yn eistedd
mewn math o lolfa.

115 **Sythwerc** Y mae'n amlwg fod rhyw ragoriaeth a bri yn perthyn i wŷr

Southwark, Llundain, fel trinwyr bwa saeth. Ni welwyd enghraifft arall o'r ffurf Gym. hon ar yr e. lle hwn.

118 **wystr**   Fe'i deellir yn ffurf un. y gair ll. *wystrys* (benthyciad o'r S.C. *oystres*, *oistres*, gw. EEW 99), gw. GPC 2661 a cf. *oystr* llsgr. T. Cydier ef wrth *Gragen* yn yr un ll. Ni rydd *ar osteg rwystr* IGE² 231 (ll. 24) lawer o synnwyr (a gwell yn hynny o beth yw *a rhedeg rhwystr* IGE 223 (LXXIX.118)). Cf. hefyd J. Lloyd-Jones, 'Nodiadau Cymysg', B xi (1941–4), 124.

125 **cefais**   Y mae'r gair hwn (gw. hefyd lau. 127, 129, 131, 133) a'r hyn y dywed y bardd iddo ei gael yn dwyn i gof eiriau marwysgafn enwog Meilyr Brydydd lle y dywed, GMB 4.21–2 *Keueis-y liaƀs aƀr eur a phali / Gan ureuaƀl rieu yr eu hoffi*; cf. hefyd GPhE 9.5–10.

140 **Yng nghaer Llan ddiwan Ddewi**   Gthg. IGE² 232 (ll. 12) *Yn Llan, wiw Ddoewan, Ddewi*, ond nid yw'n eglur paham y crybwyllir y sant Doewan, felly, ar yr un gwynt â Dewi, ac yn ôl LBS ii, 347, cysylltid Doewan â Llanrhaeadr-ym-Mochant, sir Ddinbych. Y mae'r darlleniad *Yng nghaer* hefyd yn cydweddu'n well â llau. 139, 141–2 sydd bob un yn dechrau â'r ardd. *yng* a'i ddilyn gan e. gyda threiglad trwynol. Y mae'n debyg mai Llanddewibrefi (yn ardal Tregaron, Ceredigion), yn hytrach na Llanddewi Aber-arth, a olygir wrth *Llan … Ddewi* gan fod y lle yn bwysicach yn hanes yr eglwys, gw. IGE² xxxi.

141 **yng nghlostr**   Gthg. IGE² 232 (ll. 13) *Yng nghlas*, darlleniad nas ceir yn y llsgrau.; *ynghlust* yw'r darlleniad mwyaf cyffredin (cf. IGE 223 (LXXIX.141) ond ni rydd ystyr foddhaol, tra ceir yr elfen *-st* neu *-st-* yn y rhan fwyaf o'r llsgrau., a'r tebyg yw, felly, mai *yng nghlostr*, megis yn llsgrau. SZ, sy'n gywir (cf. hefyd lsgr. U *ynghlestr*). Dylai'r cyfeiriad at glostr Mair olygu bod allor iddi mewn rhan o eglwys Llanddewibrefi, ond ni welwyd tystiolaeth i'r perwyl hwnnw.

144 **ar naid**   Gw. Gregory FitzGerald, 'Barddoniaeth a'r Hen Ffydd', *Ysgrifau Catholig*, ii (1963), 6, 'Ystyr yr ymadrodd hwn sy'n dyfod yn aml iawn yn y marwnadau, yw mynd i'r nef yn ddi-oed, heb fynd i'r Purdan.' Digwydd hefyd yn 7.42.

4

Ar awduraeth y cywydd brud hwn,[1] gw. tt. 33–4. Cyfeirir at y gwrthrych fel *Owain* / *Owen* (llau. 10, 14, 36, 70) ond y mae'n ansicr at bwy yn union y cyfeirir ac ni ellir ond awgrymu rhai posibiliadau. Mewn rhai o'r llawysgrifau deellir mai Owain Glyndŵr ydyw, ac ar sail y cyfeiriadau at y

---

[1] Fe'i golygwyd gan Thomas Roberts yn IGE² 233–5, 377–8 ar sail llsgrau. IKLMYZad uchod.

comed (llau. 25–6) a Gŵyl Fair a'r Groglith (llau. 59–60), dyddiodd J.E. Lloyd y gerdd yn bendant i'r flwyddyn 1402.[2] Fodd bynnag, dadleuodd Thomas Roberts[3] mai i ail hanner y bymthegfed ganrif y mae'n perthyn gan y gwelai hi o ran idiom, cyfeiriadaeth, delweddaeth, terminoleg, a meddyl-fryd yn nodweddiadol o ganu brud Rhyfeloedd y Rhosynnau[4] (1455–85). Credai Roberts i ddechrau mai Harri, Iarll Rismwnt (Harri VII yn ddiweddarach) oedd gwrthrych y gerdd.[5] Yn ddiweddarach cynigiodd mai Siasbar Tudur o linach Tuduriaid Penmynydd ydoedd am y rhesymau canlynol: i. dywedir bod y gwrthrych wedi bod yn hir lechu yn yr Alban (llau. 67–8), a gwyddys i Siasbar gilio i'r Alban yn 1462–3[6] (cf. llau. 67–8); ii. y mae'r disgrifiadau o'r gwrthrych fel *Cwncwerwr llawer tŵr tau, / Hwyliwr, dillyngwr llongau* (llau. 45–6), a'r *... ddraig o lan eigiawn / Tywi deg ...* (llau. 53–4) yn gweddu'n burion i'r hyn a wyddys am ei yrfa[7]; iii. ieithwedd y cywydd; iv. defnyddiai brudwyr y cyfnod yr enw 'Owain' am Siasbar a Harri Tudur;[8] v. y mae'n bosibl mai at y comed a welwyd yn 1465 y cyfeirir yn llinellau 25–6.[9] Y mae'r rhain yn rhesymau teg, er bod yn rhaid gwrthod y rhan o'r ddadl a seiliwyd ar y cyfeiriad at y *... ddraig o lan eigiawn / Tywi deg ...*: deallodd Roberts hyn i olygu prif lys Siasbar Tudur yng nghastell Dinbych-y-pysgod, eithr ni saif Dinbych-y-pysgod ar lannau Afon Tywi. Gellid, er hynny, ddefnyddio'r un cyfeiriad i ategu dadl Roberts trwy awgrymu, yn hytrach, mai castell Llansteffan, a oedd ym meddiant Siasbar Tudur yn 1456,[10] a olygir.

Y mae un peth yn y cywydd hwn, peth na sylwodd Thomas Roberts arno, sy'n ein rhwystro rhag derbyn ei farn yn ddigwestiwn, sef y ffaith y *cyferchir* y gwrthrych fel Owain yn llinellau 10 ac—yn gwbl ddiamwys—14.[11] Un peth yw cyfeirio'n ffigurol at rywun fel 'Owain' (y mab darogan), peth arall yw ei gyfarch yn uniongyrchol wrth yr enw hwnnw. Gellid dadlau, wrth gwrs, fod y cyntaf yn ddatblygiad naturiol o'r ail, ond rhaid, er hynny, wynebu'r posibilrwydd mai Owain oedd *gwir* enw'r gwrthrych. Os felly, y ffigur cyntaf sy'n ymgynnig yw Owain Tudur,[12] tad Siasbar Tudur, ac yn y cyswllt hwn dylid sylwi bod Ieuan Gethin ab Ieuan ap Lleision wedi

[2] J.E. Lloyd, *Owen Glendower* (Oxford, 1931), 156.
[3] Thomas Roberts, 'Pedwar Cywydd Brud', B vii (1933–5), 234–41; IGE[2] xxvii–xxviii.
[4] Thomas Roberts, *art.cit.* 235–8; IGE[2] xxvii–xxviii.
[5] IGE xci–xcii.
[6] Thomas Roberts, *art.cit.* 234–5; IGE[2] xxvii.
[7] Thomas Roberts, *art.cit.* 235; IGE[2] xxvii, 377–8.
[8] Thomas Roberts, *art.cit.* 234, 235–6; IGE[2] xxvii. Gw. hefyd GDGor 6.63n; EVW (mynegai) d.g. *Owain*.
[9] Thomas Roberts, *art.cit.* 238–9; IGE[2] xxviii.
[10] Thomas Roberts, *art.cit.* 235.
[11] Yr unig enghreifftiau yr ymdrinia â hwy yn benodol yw'r rheini yn llau. 70, 78 (sef Owain Glyndŵr), gw. IGE xci; Thomas Roberts, *art.cit.* 236.
[12] Arno, gw. WWR[2] *passim*; ByCy 652.

canu cywydd marwnad iddo sy'n frudiol ei naws.[13] Posibilrwydd arall
fyddai Owain ap Gruffudd ap Nicolas—a gallai hynny esbonio'r cyfeiriad
at Afon Tywi, oherwydd ymddengys ei fod wedi dal swydd yng Nghydweli,
efallai fel dirprwy dros gwnstabl y castell.[14] Rhaid cyfaddef, er hynny, nad
oedd yn ffigur gwleidyddol mor bwerus ag amlwg ag Owain Tudur ac
ymddengys yn llai tebygol mai amdano ef y sonnir.

Parthed dyddiad y gerdd, os Siasbar Tudur ydyw'r gwrthrych, yna 'Yr
oedd Iaspar ar ffo er 1461, ond yr oedd ei gyfeillion Roger Puleston a John
Hanmer yn dal i weithredu o'i blaid yn y gogledd, a Philip Mansel a
Hopkin ap Rhys a Lewis ap Rhydderch ap Rhys yn y Deau. Torrodd
gwrthryfel allan yn y Deheubarth, ond gorchfygwyd y gwrthryfelwyr ym
mrwydr Dryslwn yn 1464. Yr oedd gwarchodlu Harlech, fodd bynnag, yn
parhau i ddal y Castell o blaid y Lancastriaid, a defnyddiai Esgobion
Bangor a Llanelwy eu dylanwad o blaid Iaspar. Yr oedd yn ddiau yn yr
amser hwnnw fudiad cryf yng Nghymru o blaid dial ar y Saeson am ladd
Owain Tudur, ac i gynorthwyo ei fab ymhob rhyw fodd.'[15] Efallai hefyd
mai at y comed a welwyd yn 1465 y cyfeirir yn llinellau 25–6 (gw. uchod).
Dichon, felly, mai rywbryd yn y cyfnod *c.* 1465–70 y canwyd y gerdd. Os
Owain Tudur yw'r gwrthrych, yna teg fyddai ei dyddio rywbryd ym
mhumdegau'r ganrif rhwng dechrau Rhyfeloedd y Rhosynnau, neu efallai
rywfaint yn gynharach, a marw Owain yn 1461. Os Owen ap Gruffudd ap
Nicolas yw'r gwrthrych, yr oedd yn weithgar ym mhumdegau a chwe-
degau'r ganrif[16] ond anodd yw manylu mwy na hynny.

1 **er na fedrais fydr** Ar yr ergyd bosibl, gw. td. 34 a 9.16n.

2 **cyhwrdd** Y mae lle i gredu bod y beirdd yn 'gyfarwydd â deunydd
brudiol a gâi ei gylchredeg mewn ffurf ysgrifenedig', gw. GDGor 81;
Henry Lewis, 'Rhai Cywyddau Brud', B i (1921–3), 247.

draw Math cyffredin o gyfeiriad amhenodol.

â'r gerdd drahydr Credir mai at gorff neu ffrwd o ganu yn hytrach na
cherdd unigol y cyfeirir; cf. llau. 9–10 ... *ar un / Oleugerdd* ... Diffinnir y
math o ganu yn llau. 3–8, sef y canu brud. Gellid cydio *Gyhwrdd* wrth
Dull, ll. 3, a darllen *ar gerdd* ('mewn cerdd'), ond mwy cyffredin yn y
cyfnod hwn yw i wrthrych *cyhwrdd* fod dan reolaeth yr ardd. *â*, gw. G
228, GPC 734.

---

[13] Gw. Nest Scourfield, 'Gwaith Ieuan Gethin ab Ieuan ap Lleision, Llywelyn ap Hywel ab
Ieuan ap Gronw, Ieuan Du'r Bilwg, Ieuan Rudd a Llywelyn Goch y Dant' (M.Phil. Cymru
[Abertawe], 1993), 40–1 (cerdd 11). Canodd gywydd arall iddo hefyd pan oedd yng ngharchar
yn Newgate yn Llundain, *ib.* 15–16 (cerdd 4).

[14] Gw. GLGC 530.

[15] Thomas Roberts, *art.cit.* 238–9.

[16] Arno, gw. WWR² a Ralph A. Griffiths, *Sir Rhys ap Thomas and His Family* (Cardiff, 1993),
passim.

3–4 **Tal- ... / -iesin** GDGor 5.8n, 'Yn "Llyfr Taliesin" ceir nifer o gerddi daroganol sy'n perthyn i gyfnod diweddarach na'r Taliesin gwreiddiol ac a dadogwyd arno er mwyn rhoi awdurdod i'r cynnwys ac am fod ei enw yn dwyn cof am oes aur cenedl y Cymry. Yr oedd y beirdd yn gyfarwydd â'r daroganau hyn a astudient fel rhan o'u hyfforddiant, a cheir mynych gyfeiriadau yn y cywyddau brud at Daliesin fel awdurdod yn y maes.'

3 **tri hual** Cyfeiriad, fe ymddengys, at natur anodd iaith y tri bardd (sef Taliesin a'r ddau Fyrddin); cf. ll. 12 *O iaith rygaeth.*

4 **[y] ddau Fyrddin feirdd** GDGor 2.40n, 'Y Myrddin cyntaf oedd Myrddin Wyllt, y bardd honedig o'r 7g. y datblygodd chwedl yn ei gylch y ceir olion ohoni yng "Nghylch Myrddin" ... Creadigaeth Sieffre o Fynwy oedd yr ail Fyrddin. Dyma'r enw a roddodd ar *Ambrosius* yr "Historia Brittonum" pan fenthycodd yr hanes am ddarogan y dreigiau. Y mae'n debyg nad oedd Sieffre yn ymwybodol o hanes y Myrddin gwreiddiol pan ysgrifennodd yr "Historia Regum Britanniae", ond yn ddiweddarach ceisiodd uno'r ddau Fyrddin fel *Merlinus Ambrosius* yn y "Vita Merlini" ... Fodd bynnag, sonia'r beirdd am ddau Fyrddin ...'; *ib.* 5.8n, 'Ceir hefyd ddosbarth o gerddi a dadogir ar Fyrddin ... Cyfeirir yn y gerdd ddarogan gynnar, "Armes Prydain", at broffwydoliaeth gan Fyrddin ... Yn ei "Historia Regum Britanniae" a'i "Vita Merlini" cyhoeddodd Sieffre o Fynwy ddaroganau o enau'r Myrddin honedig a oedd, y mae'n debyg yn crynhoi ystôr o ddeunyddiau brodorol llafar, ac ysgrifenedig o bosibl, ac yn bennaf oherwydd poblogrwydd y gwaith hwnnw, y mae dyled y beirdd brud yn fawr iddo.'

6 **yr eryr** Eryr Caersepton, gw. RB 64 (llau. 1–7) *A gϬedy marϬ lleon y deuth Run palatyruras y vab ynteu yn vrenhin ... A hϬnnϬ ... a adeilϬys kaer geint. A chaer wynt. a chaer vynyd paladur yr hon a elϬir kaer septon. Y lle y bu yreryr yn dyϬedut daroganeu tra adeilϬyt y gaer.* Diddorol hefyd sylw John Jones, Gellilyfdy, yng nghwr y ddalen yn llsgr. d, *yr Eryr o gaer Septon.* Defnyddid *eryr* hefyd fel un o enwau'r mab darogan, gw. R. Wallis Evans, 'Trem ar y Cywyddau Brud' yn *Harlech Studies: Essays Presented to Dr. Thomas Jones, C.H.,* ed. B.B. Thomas (Cardiff, 1938), 162, ond nid dyna a arwyddocâ yma.

8 **twrch daer** *Twrch (daear)* neu *gwadd* oedd yr enw arferol ar Risiart III yn naroganau cyfnod Rhyfeloedd y Rhosynnau, gw. R. Wallis Evans, *art.cit.* 156, 158, 159, ond gan fod blynyddoedd teyrnasiad Rhisiart III (1483–5) yn rhy ddiweddar i'r cywydd hwn, dichon mai enw am y gelyn ydyw yma, cf. GDGor 2.35n, 6.42n d.g. *y wadd.* Os felly, efallai y cyfeirir yn y fan hon at Edward IV. Yr oedd ef yn teyrnasu rhwng 1461 a 1483 ac fe'i cydnabyddir fel y brenin cyntaf i lywodraethu Lloegr mewn dull gormesol.

9–10 **... un / Oleugerdd ...** Gw. ll. 2n.

10 **Owain** Gw. y sylwadau rhagarweiniol uchod.

11 **pob cronig lân** Gellir nodi yn neilltuol 'Broffwydoliaeth Myrddin' yng ngwaith Sieffre o Fynwy, gw., e.e., BD 103–16.

13–16 **Gwn a wyddiad ... / ... / Yr angel Iesu ... / Wrth Gadwaladr ...** Adlais o 'Frut y Brenhinedd' Sieffre o Fynwy, gw., e.e., RB 254 (llau. 7–11) *ef a deuth egylyaᴓl lef y gan duᴓ y erchi idaᴓ* [*sc.* Cadwaladr Fendigaid] *peidaᴓ ae darpar am ynys prydein. Kany mynnei duᴓ gᴓledychu or brytanyeit ynyr ynys a vei hᴓy. hyt pandelei yr amser tyghetuennaᴓl a broffᴓydassei vyrdin.*

14 **atat, Owain** Yr ergyd, fe ymddengys, yw y bydd cywydd y bardd hefyd yn cael ei ddwyn at ei wrthrych. Ar *Owain*, gw. y sylwadau rhagarweiniol uchod.

15 **yngof** Yr adf. *yngo* (gw. GMW 60, GPC 3753) gydag *f* anorganig i odli â *cof* yn y ll. nesaf (cf., e.e., *daf, brof, llef* am *da, bro, lle*, gw. *ib.* 867).

16 **Cadwaladr** Cadwaladr Fendigaid ap Cadwallon ap Cadfan, brenin Gwynedd yn ail hanner y 7g. Daeth yn enwog yn y canu proffwydol fel arwr a ddychwelai i arwain ei wlad i fuddugoliaeth, gw. J.E. Lloyd: HW³ 230–1; G 92; EWGT 38; TYP² 292–3. Hefyd, yr oedd y Tuduriaid yn honni eu bod yn hanfod ohono.

18 Twyll gynghanedd *dd*.

Medrod GMB 86, 'Fel patrwm o ddewrder a chwrteisi yr edrychai'r beirdd cynnar ar Fedrawd. Ymddengys mai Tudur Aled yw'r bardd cyntaf i gyfeirio ato fel twyllwr.' Gw. TYP² 454–5; TA 266 (LXVI.49).

24 **praff awdur** Gall hwn gyfeirio naill ai at y bardd neu'r seren gynffon a grybwyllir yn y llau. nesaf.

25–6 Gw. y sylwadau rhagarweiniol uchod.

26 *stella cometa* Llad. *stella* 'seren' a *cometa* 'comed, seren gynffon' ond *cometes* (o'r Roeg) yw'r ffurf gywir. Ceir yr un ymadrodd mewn cywydd i seren a briodolir i Robin Ddu o Fôn yn *Ceinion Llenyddiaeth Gymreig*, gol. Owen Jones (Llundain, 1876), i, 216b.15–16 *Ystella Gometa mwyn, / Gwawr lliwus o'r Gorllewyn.*

27–8 Adleisir yr hanes a geir yn 'Brut y Brenhinedd' am y seren a ymddangosodd yn oes Uthr Bendragon ac y dywedodd Myrddin wrtho ei bod yn arwyddocáu buddugoliaeth iddo a brenhiniaeth Ynys Prydain iddo ef a'i blant, gw., e.e., RB 172 (ll. 8)–173 (ll. 6). Ar Uthr Bendragon, gw. hefyd TYP² 520–3.

27 **Uthr, ruthr ri** Seiliwyd y darlleniad hwn ar lsgrau. Cc. Gthg. IGE² 233 (ll. 27) *er yn oes Uthr ri* lle na cheir cynghanedd.

35 **Cadwaladr** Gw. ll. 16n.

36 **Owen** *Owain* yw'r ffurf a geir yng ngweddill y gerdd (gw. llau. 10, 14, 70) a dyma'r ffurf arferol yn y farddoniaeth. Ar y llaw arall, *Owen* a geir yn y rhan fwyaf o'r llsgrau. a datblygodd y ffurf hon yn gynnar, gw. T.J. Morgan and Prys Morgan, *Welsh Surnames* (Cardiff, 1985), 172–3. Gellid darllen *Owain* a chael naill ai gynghanedd sain neu ynteu gynghanedd groes (gydag odl ddamweiniol rhwng *Owain* a *cain*). Mwy cydnaws efallai â chynganeddion Ieuan ap Rhydderch yw'r gynghanedd sain gadwynog a geir o ddarllen *Owen* na'r sain anghytbwys ddisgynedig—a hynny gydag odl rhwng y bar cyntaf a'r ail—a geid o ddarllen *Owain* (gw. td. 25). Byddai aceniad cynghanedd groes yn peri cymryd *cain* gydag *Owain* ac *awen* gyda *Cynan*, ond diau mai fel sangiad y dylid deall *cain awen*, ac ni cheid cystal synnwyr na llwyddo i grybwyll y *Tri o enwau* (ll. 31) mor effeithiol, heblaw mai *gain* a *Gynan* a ddisgwylid (gw. Treigladau 106–8, 114–16). Ni welwyd enghraifft arall o'r ffurf *Owen* ym marddoniaeth y cyfnod, ond ni fyddai amrywio ffurf fel hyn yn anghyson o gwbl ag arferion y beirdd. Gellid, er hynny, ddarllen *Owain* heb newid synnwyr y ll.

cain awen Cyfeiriad, y mae'n debyg, at gerddi a ganwyd am wrthrych y gerdd, cf. llau. 17–18 … *da gludwyd dy glod, / Tau fydr* …

Cynan Sef Cynan (Dindaethwy) ap Rhodri Molwynog, gorwyr Cadwaladr Fendigaid, gw. J.E. Lloyd: HW[3] 231; G 243 d.g. *Kynan*[7]. Cf. IGE[2] 377, 'Y mae cyfeiriadau mynych at Gynan yn ogystal ag at Gadwaladr yng nghywyddau brudio llwyddiant Siasbar a Harri Tudur.'

37 **Iaswy** Sef Joshua, a gyfrifid yn un o'r 'naw concwerwr', gw. GGl[2] 344 d.g. *y nownyn*.

38 **mil o brifenwau** Gelwid y mab darogan wrth lawer o wahanol enwau, gw., e.e., R. Wallis Evans, *art.cit.* 162, am restr a cf. llau. 49–53n.

40 **hwn** Anodd gwybod ai ato'i hun ai at wrthrych y gerdd y cyfeiria'r bardd. Yn y naill achos neu'r llall sylwer ar y newid person o'r 2 brs.un. yn y ll. flaenorol.

42 **Pŷr** GLlLl 17.16n, 'Cyfeirir at ddau Pyr yn y Croniclau Cymraeg: Pyrrhus, mab Achilles, un o arwyr brwydrau Caer Droea, cf. "Ystoria Dared", RB 33–8, "Brut y Brenhinedd", RB 42; a Pyr, un o frenhinoedd Ynys Prydain, cf. "Brut y Brenhinedd", RB 82, a enwir hefyd yn yr achau, gw. EWGT 50, 109, 121.' Odid nad y cyntaf sydd yma hefyd. Ymhellach arno, gw. OCD[3] 1035 d.g. *Neoptolemus*[1].

44 **draig dân** Sef y seren gynffon (llau. 25–6).

45–6 Gw. y sylwadau rhagarweiniol uchod.

47 **Llywelyn** Sef Llywelyn ap Gruffudd, tywysog annibynnol olaf Cymru.

49–53 **… arth … / … blaidd … / … hydd … / … ych … / … ddraig** Rhai o'r enwau am y mab darogan. Gall *ych* hefyd gyfeirio'n benodol at

Siasbar Tudur, gw. R. Wallis Evans, 'Prophetic Poetry' yn GWL ii², 266–7.

50 Seilwyd y ll. ar ddarlleniadau llsgrau. Gc. Gthg. IGE² 234 (ll. 22) *Ti, blaidd uniowndraidd in wyd* sy'n seiliedig ar lsgr. d ac yn torri ar y patrwm *Ti yw'r* a geir ar ddechrau llau. 49–53.

51 **cynnydd** Gthg. IGE² 234 (ll. 23) *cynydd*, ond ceir dwy *n* yn y llsgrau.

53–4 **… o lan eigiawn / Tywi deg …** Gw. y sylwadau rhagarweiniol uchod.

53 Ceir odl gudd yn y gynghanedd lusg.

54 **ti yw** Fe'i seiliwyd ar lsgrau. JPbc. Gthg. IGE² 234 (ll. 26) *tew fo ei dawn* nad yw'n rhoi cystal ystyr.

57–64 Yn y llau. hyn cais y bardd broffwydo pa bryd y daw gwaredigaeth i Gymru, ond fel y dywed Thomas Roberts, *art.cit.* 239, am lau. 59–63, 'Credaf mai adlais sydd yn y llinellau hyn o ryw hen gerddi brud ac nid cyfeiriad pendant at flwyddyn arbennig.' Ymhellach, gw. *ib.* 239–40.

58 *circumcirca* Yr ardd. neu'r adf. Llad. yn golygu 'o gwmpas' (ynglŷn ag amser yma), gw., e.e., R.E. Latham, *Dictionary of Medieval Latin from British Sources* (London, 1975–), ii, 342.

Ychwanega llsgr. G y cwpled, *Ar prif pump herwdymp hir / Rhy filain yrhyfelir* a diddorol sylwi bod yr un geiriau bron i'w cael mewn cywydd brud a briodolir i Robin Ddu o Fôn yn CLlG i, 213b.6–7 *A'r prif pump, helynt hir, / Rhy filain y rhyfelir.*

59–60 **Pan ddêl Gŵyl Fair, gair gofyn, / O nef a'r Groglith** … Fel y dywed Thomas Roberts, *art.cit.* 239, 'Yn wir, nid oedd y Groglith yn digwydd ar Ŵyl Fair yn ystod hanner olaf y bymthegfed ganrif, er ei fod yn digwydd ddiwrnod o flaen Gŵyl Fair yn 1475, sef y 24ain o Fawrth.' Ceir cwpled tebyg mewn cywydd brud a briodolir i Robin Ddu o Fôn yn CLlG i, 213a.54–5 (yr un gerdd ag y dyfynnwyd ohoni uchod) *Nes del gwyl Fair, gair gofyn, / O'r Nef, a'r Croglith yn un.* Cf. hefyd GDLl 51 15.27–8 *A pha ddelo, tro tramawr, / Gŵyl Fair ar y Groglith fawr.*

59 **gofyn** Gthg. *gyfun* IGE² 234 (ll. 31), darlleniad anfoddhaol. Dichon mai cyfeiriad yw *gair gofyn* at swyddogaeth Mair fel eiriolwraig.

62 Ychwanega llsgr. K y cwpled, *i bydd sychion y fonydd / a ffrwythaü ar gangav'r gwydd.* Anodd gwybod a ddylid ei gynnwys fel rhan o'r gerdd.

65 **ceirw** Cyfeiriad, y mae'n debyg, at ddilynwyr ucheldras gwrthrych y gerdd.

66 **Gwrfan** Gofynnir yn IGE² 378 ai cyfeiriad yw hwn at un o filwyr Arthur, sef Gwrfan Wallt Afwyn, a grybwyllir yn chwedl 'Culhwch ac Olwen' (gw. CO³ 11 (ll. 294)). Gw. hefyd G 708; GCBM ii, 4.183n.

67–8 Gw. y sylwadau rhagarweiniol uchod.

70 **Owain ddrogan** Ar dreiglo *drogan*, cf. y modd y treiglir epithet ar ôl

e.prs. (e.e. *Owain Lawgoch*).

71–80 Yn y llau. hyn anogir gwrthrych y gerdd i oresgyn nid yn unig Brydain gyfan ond hefyd Iwerddon a rhannau o'r Cyfandir (llau. 75–7), peth cyffredin yng nghanu brud Rhyfeloedd y Rhosynnau, gw. Thomas Roberts, *art.cit.* 240 a cf., e.e., englynion Dafydd Nanmor i Siasbar Iarll Penfro, DN 37–40 (XIV).

72 Y mae'r ll. yn hir o sillaf oni chyfrifir *Lloegr* yn ddeusill.

heddyw hyn Efallai mai'r hyn a olygir yw 'heddiw [yr wyf yn cymell] hyn [arnat]'.

74 **galawnt** Gthg. IGE² 235 (ll. 12) *Golwyn* nad yw'n rhoi cystal ystyr.

75 **y Pwyl** Nid *Poland* ond Cymreigiad o *Apulia*, sef rhanbarth o'r Eidal, gw. ChO 97. Cf. GDLl 120 (53.33–4) *Ai'n nhyrau'r Pab, ai'n nhre'r Pwyl / Y'th ofynnaf, iaith fanwyl*.

pryswyl bresych Cf. yr ymadrodd [*b*]*resych adlam* a ddefnyddia Rhys Goch Eryri wrth ddychanu Siôn Cent yn IGE² 184 (ll. 3) a lle yr ymddengys mai edliw distadledd a thlodi yw'r ergyd.

76 **i'r ych** Gthg. IGE² 235 (ll. 14) *i'r rhych*, darlleniad na rydd cystal ystyr. Ar yr *ych* yn dynodi Siasbar Tudur, gw. llau. 49–53n.

78 **Owain Glyn** Sef Owain Glyndŵr.

80 **Hors Hinsiest** Sef arweinwyr y Sacsoniaid cyntaf a ddaeth i Brydain yn ôl 'Brut y Brenhinedd', gw. RB 131 (llau. 4–7). Ffurf ar *Hengist* yw *Hinsiest* (gw. hefyd yr amrywiadau).

5

Ar awduraeth y gerdd hon, gw. td. 37. Ymddengys mai dryll yw o gywydd, ac y mae'n ymwneud â chwrs cyntaf saig foethus mewn cartref bonheddig, sef pen baedd coed,[1] hynny yw y baedd gwyllt a fu farw o'r tir yng ngwledydd Prydain ac yn Iwerddon ganrifoedd yn ôl. Dywedir am hwn:

> The boar is one of the four heraldic beasts of venery, and was the cognizance of Richard III, king of England. As an article of food the boar's head was long considered a special delicacy, and its serving was attended with much ceremonial.[2]

Cymar amlwg iddo yng ngwaith Ieuan ap Rhydderch yw ei englyn ar saws gwyrdd (cerdd 11).

Diddorol yw rhaglithiau John Davies, Mallwyd, a John Jones, Gellilyfdy.

---

[1] Ceir englyn dienw yn Llst. 7, 230, ac iddo raglith sy'n hysbysu ei wneud ar gyfer pen baedd *harri vychan o Ryd ar wen* ... ond arall yw cynnwys yr englyn, gw. ymhellach D.J. Bowen, 'Y Gwasanaeth Bwrdd', B xv (1952–4), 117.

[2] *The Encyclopaedia Britannica* (11th ed., New York, 1910–11), ii, 95.

Dywed John Jones iddo gael y llinellau ar dafod leferydd ei ewythr Wiliam Tomas o Bant y Llongdy ac mai Iolo Goch, *yr ydis yn dywedvd*, oedd yr awdur. Dywed John Davies, yntau, ddarfod cael y llinellau ar dafod leferydd Wiliam Tomas, ond gwell ganddo gredu mai darn o gywydd Ieuan ap Rhydderch i'r gwasanaeth bwrdd ydyw. Diddorol hefyd yw cwestiwn y berthynas rhwng copi John Davies ac eiddo John Jones. Gan fod copi John Davies yn ddiweddarach ac yn well nag un John Jones, ymddengys fod Davies wedi cael y llinellau yn annibynnol ar Jones, naill ai o ryw ffynhonnell gyfryngol ysgrifenedig neu lafar, neu yn uniongyrchol o enau Wiliam Tomas ei hun.

1 **pen baedd coed** Gw. y sylwadau rhagarweiniol uchod. Ar y gynghanedd, gw. tt. 25, 37.

3 Y mae'r ll. yn hir o sillaf.

   garlawnt H.y., i'w roi ar ben y baedd.

5 **usier** Benthyciad o'r S. *usher*, gw. GPC 3720. *Jssier* sydd yn y llsgrau., ffurf arall, gw. *l.c.*

6 **toriawdwr** Llsgr. A *torriawdr* ond darllenir y ffurf *-awdwr* ar y terfyniad gweithredydd hwn (gw. GPC 239) er mwyn y gynghanedd a hyd y ll. (*torriadvr* a geir yn llsgr. B ond nid yw'r ystyr yn gweddu, gw. *ib.*)

6

Ar awduraeth y cywydd hwn,[1] gw. td. 36. Tebyg ydyw i'r math hwnnw o gerdd ystorïol ar ffurf ymddiddan, megis 'Cyngor y Biogen' neu 'Ei Gysgod' gan Ddafydd ap Gwilym, lle y mae'r bardd yn sôn amdano'i hun ar ryw berwyl hapus nes bod ymwelydd anhyfryd yn cymylu ei lawenydd a'i arwain i drafodaeth ddwys ynghylch pwnc pruddaidd.[2] Y mae'r gwrthgyfer-byniad a geir rhwng stad bresennol yr ysbryd a'i stad gynt fel dyn ifanc golygus a oedd yn mwynhau pleserau ac anrhydeddau bywyd yn dwyn ar gof hefyd y chwedl ganoloesol boblogaidd, sef 'Hanes y Tri Byw a'r Tri Meirw'. Yng ngeiriau M. Paul Bryant-Quinn:

> Yn y chwedl, daw tri brenin ifainc, golygus (uchelwyr mewn fersiynau eraill) wyneb-yn-wyneb â chyrff pwdr, drewllyd. Gofynnant i'r celanedd mewn dychryn ac arswyd pwy oeddynt, a chael yr ateb a adleisir yn aml mewn llenyddiaeth grefyddol ganoloesol, 'Fel yr ydych yn awr, felly y buom ninnau gynt; fel yr ydym ni, felly y byddwch chwithau.' Moeswers

---

[1] Fe'i golygwyd gan Thomas Roberts yn IGE[2] 236–7 (LXXIX) ar sail llsgrau. ad uchod.

[2] GDG[3] 167–9, 372–3.

y chwedl enwog honno oedd pwysleisio'r angen am fyfyrio'n barhaus ar fyrder bywyd ac arwyddocâd tragwyddol dadfeiliad y corff.[3]

Er mai un cyfeiriad yn unig at y chwedl hon sy'n hysbys yn llenyddiaeth Gymraeg y cyfnod,[4] eto diau ei bod yn rhan o wybodaeth gefndirol eang Ieuan ap Rhydderch.

Er bod prif thema'r cywydd yn adleisio i ryw raddau y chwedl uchod, eto y mae disgrifiad yr ysbryd ohono'i hun yn llinellau 25–38 pan oedd yn ddyn ifanc, golygus a oedd yn hoff o ferched, anrhydedd, a medd yn dwyn ar gof rannau o 'Gywydd y fost' (gw. yn enwedig 3.123–34), a dichon fod Ieuan ap Rhydderch yma yn ei ddisgrifio ei hun yn ogystal â disgrifio teip o ddyn. Un peth sydd fel petai'n ategu'r dyb yw cyfeiriad neilltuol yn hytrach na chyffredinol yr ysbryd ato'i hun ac Ieuan fel *milwr taith* (ll. 28): fel un a oedd, ymysg pethau eraill, i bob golwg yn swyddog mewn llywodraeth leol dan y Goron, byddai disgwyl i Ieuan ap Rhydderch gyflawni gwasanaeth milwrol.[5] Tybed hefyd a yw'r geiriau *Mawr fu 'y most* (ll. 38) yn arwyddocaol, fel pe bai'r bardd, yn ddiweddarach yn ei oes, yn meddwl am honiadau mwy ymffrostgar ei 'Gywydd y fost'? Pa fodd bynnag, perthyn rhyw ddifrifoldeb tawel a sobr i'r gerdd sy'n taro dyn yn ddiffuant ddigon, er mai anodd, wrth gwrs (fel y digwydd yn fynych gyda'r farddoniaeth), yw gwybod i ba raddau yn union y mae hyn yn codi o brofiad y bardd ei hun ac i ba raddau o'r *genre*. Hawdd y gellid credu mai cynnyrch blynyddoedd aeddfetach, diweddarach, y bardd yw hon.

Y mae angen gair o esboniad ynglŷn â thestun y golygiad o'r cywydd hwn. Ceir dau fersiwn o'r cywydd, y naill yn nhestunau llawysgrifau A–DG–JOPQUWYa a'r llall yn nhestunau llawysgrifau EFK–NRSTVXZb–e (gw. uchod). Galwer y cyntaf yn fersiwn α a'r ail yn fersiwn β. Cynnwys y rhan fwyaf o destunau fersiwn α dri chwpled nas ceir yn y rhan fwyaf o destunau fersiwn β (gw. yr amrywiadau ar gyfer llau. 32, 42, 48),[6] a chyfyd y cwestiwn a ddylid cynnwys y rhain, neu rai ohonynt, ac os felly pa rai. Gan mai gan fersiwn β, at ei gilydd, y ceir y darlleniadau gorau yn y llinellau sy'n gyffredin i'r ddau fersiwn, y mae'n rhesymol tybio mai'r fersiwn hwn sydd agosaf at ffurf wreiddiol y gerdd. Os felly, gellir ystyried y cwpledau yn fersiwn α nas ceir yn fersiwn β yn ychwanegiadau at y ffurf wreiddiol—gwyriadau er mwyn creu 'effaith'—a wnaed gan ryw ddatgeiniad, a gellir dweud yr un peth am y cwpledau eraill a geir yn

---

[3] GIBH 169, a gw. ymhellach *l.c.*

[4] *Ib.* 13.23, 169.

[5] Cf. hefyd awdl foliant Llywelyn Goch ap Meurig Hen i Rydderch ab Ieuan Llwyd o Lyn Aeron (tad Ieuan ap Rhydderch) a Llywelyn Fychan o Anhuniog yn GLlG 4.4, lle y'u disgrifir fel *heirdd ddau filwr* a Rhydderch fel *Milwriaidd gorff*, ll. 5.

[6] Nid yw testun U yn cynnwys y cwpled ychwanegol sy'n dilyn ll. 32 ond dengys darlleniadau eraill ynddo ei fod in perthyn i deulu fersiwn α, a gellir priodoli absenoldeb y cwpled i fai ar ran y copïwr neu i drawsddylanwadu gan destunau fersiwn β. Yr un modd, er bod testun S yn cynnwys y cwpled sy'n dilyn ll. 32, y mae digon o arwyddion mai i fersiwn β y mae'n perthyn.

nhestun S yn unig ac yn nhestun Y yn unig (gw. yr amrywiadau ar gyfer llau. 6, 32, 48). Am y rhesymau hyn, hepgorwyd y cwpledau ychwanegol hyn o'r golygiad.[7]

2 Sylwer bod y ll. yn fyr o sillaf onid ystyrir *gloywlwyr* yn deirsill. Gellid ystyried hefyd ddarlleniad llsgrau. ELNRSXce *hwyr ar loywlwyr*, ond mwy cyson yw patrwm y sangiad *loywlwyr lamp* ag eiddo'r sangiadau eraill yn llau. 1, 3, 4.

7 **ddaear yn barawd** Gthg. IGE[2] 236 (ll. 7) (*Clywwn y*) *ddaear barawd* (cf. llsgrau. EFIJLNQVYZbd) ond ni rydd gystal ystyr.

8 **cyn gwëu gwawd** Cyfeiriad diddorol os yr awgrym yw fod Ieuan ap Rhydderch yn bwriadu barddoni yn yr eglwys.

11–12 Cf. GSCyf 14.31–2 *Prydawdd i'r Mab o'r aberth, / Prydawdd i'r Ysbryd cyd certh* (Llywelyn ab y Moel).

11 Y mae'r ll. yn fyr o sillaf oni chyfrifir *enw* yn ddeusill.

18 **sylwedd sail** H.y., y mae corff marw yr ysbryd yn rhan o sylfeini'r bedd.

19 Sylwer bod y ll. yn fyr o sillaf oni chyfrifir *marw* neu *garw* yn ddeusill; gellid ystyried darlleniad llsgr. e, *ü Ryssbryd* ond cf. hefyd l. 2n.

20 **mud** Llsgr. K yn unig a rydd y darlleniad hwn, ond y mae hi'n llsgr. ddigon cynnar a da, a rhydd y darlleniad well cynghanedd a synnwyr na *byd* y llsgrau. eraill. Ergyd y geiriau *Mud tybus* yw fod y bardd wedi tybio, er syndod iddo, na allai ysbryd rhywun marw lefaru. Yn IGE[2] 236 (ll. 20) ceir *Fyd* ond nis ategir gan yr un o'r llsgrau.

24 **a wna fawl** Felly llsgrau. GHJUWa (a cf. *yna fawl* Q). Gellid hefyd ystyried *annwyfawl* A–FKL–PSTYe, ond a fyddai'n briodol, yn ôl meddylfryd y cyfnod, i ysbryd dyn marw alw dyn daearol yn 'annwyfol'?

28 **milwr taith** Darn o wybodaeth am fywyd Ieuan ap Rhydderch, fe ymddengys; gw. ymhellach y sylwadau rhagarweiniol uchod.

30 **gweinyddwr** Ni cheir y darlleniad hwn yn y llsgrau. ond gwell ydyw na'r darlleniadau eraill; cf. yn enwedig lsgrau. EFNZ. 1789 yw dyddiad yr enghraifft gyntaf o *gweinyddwr* yn GPC 1622 ond gan fod tystiolaeth lawer cynharach i'r f. *gweinyddu* (gw. *ib.* 1621), hawdd fuasai ffurfio *gweinyddwr* ohoni. Gthg. IGE[2] 236 (ll. 30) *gwneddwr* (cf. darlleniadau llsgrau. T a KLMVbd) a ddiffinnir fel 'ymladdwr, rhyfelwr, milwr' yn GPC 1690; gellid deall *gwneddwr serch* yn groeseiriad—'ymladdwr [ac ym]serch[wr]'—ond y mae hyn yn llai tebygol, ac yn ôl *l.c.*, gair deusill yw *gwneddwr* (er y gall *gwnedd* fod yn ddeusill hefyd, *ib.* d.g.).

---

[7] Cyfetyb y ddau gwpled olaf i IGE[2] 237 (LXXIX.19–22).

serch Gthg. IGE² 236 (ll. 30) *serth* a geir yn llsgr. d yn unig ac na rydd ystyr foddhaol.

31 **buain** Felly llsgrau. GHUW. *burain* a geir yn y rhan fwyaf o'r llsgrau. eraill (hefyd IGE² 237 (ll. 1)) ond ni restrir *burain* na *purain* yn GPC 348, 2931 a rhydd *buain* ystyr foddhaol.

bas Aneglur fyddai arwyddocâd yr a., gw. GPC 262 d.g. *bas*¹, ynglŷn â llygaid, felly cynigir yn betrus mai'r e. *bas* 'llewyg, llesmair, gwasgfa, pwl neu ymosodiad o afiechyd', *l.c.* d.g *bas*⁵, a olygir. Byddai'r llygaid yn peri llesmair neu wewyr serch i ferched. Cf. y defnydd o *llesmair* ym moliant Hywel ab Einion Lygliw i Fyfanwy Fychan o Gastell Dinas Brân, GGLl 1.69–70 *Meddw ofeiliaint braint, braidd o'm gad—llesmair / I gael yr eilgair wrth offeiriad.*

37 Y mae'r ll. yn hir o sillaf oni chywesgir *gorfu ym*.

38 **bu** Gellid hefyd ystyried darlleniad llsgrau. A—DILOPTUVYZbde *mawr fy most*, er ei bod yn bosibl fod yr *y* mewn rhai achosion yn cynrychioli'r sain glir (h.y. *fu*) yn hytrach na'r sain dywyll.

41 **gwawd oerwas** Ar y gwrtheiriad, gw. llau. 47–8n. Yn IGE² 237 (ll. 11) darllenir *oerfas* nas ceir ond yn llsgr. F (nas defnyddiwyd *ib.*). GIBH 13.1–2 *Gwae a fwrio, gof oerwas, / Bryd ar y byd, bradwr bas.*

42 **pregeth** Cf., e.e., GIBH 13.15–16 *Megis anrheg o bregeth / Wyf i'r byd,* *ofer o beth* a gw. *ib.*n, 'Rhan o dechneg y bregeth oedd manteisio ar esiamplau moesegol (Llad. *exemplum*) i hyrwyddo'r genadwri ... yr oedd hyn yn dopos yn yr Oesoedd Canol.' Gw. ymhellach *l.c.*

43–4 Diddorol sylwi bod y cwpled hwn i'w gael ar furlun yng nghapel y Rug, Corwen, a adeiladwyd yn 1637 ar gyfer Cyrnol William Salusbury, gw. W. Nigel Yates, *Rug Chapel, Llangar Church, Gwydir Uchaf Chapel* (Cardiff, 1993), 19.

46 **aeth** Gan y cyfeirir at y llygaid, disgwylid gweld ffurf l. y f., ond dichon mai dylanwad *llygad* yn y ll. flaenorol sy'n esbonio'r ffurf un. Posibilrwydd arall, er nad yw'r llsgrau. o'i blaid, yw fod *aeth* yn yn cynrychioli *aethan'* / *aethon'* 'aethant' yn wreiddiol (y mae *aethon* llsgr. T yn ganlyniad hwyhau *aeth* er mwyn gwneud iawn am ddiffyg *eithr* ar ddechrau'r ll.). Ar *-nt* yn troi yn *-n(n)* yn ffurf 3 ll.pres., &c. y f., gw. GMW 120 (ac felly hwyrach mai cywasgiad o *aethan'* 'n byllau a geir).

47–8 Sylwer ar y gwrtheiriad yn *gulgamp* a rhwng *Domlyd briddlyd ludlyd* a *lamp*. Gwrthgyferbynnir yn chwyrn ogoniant daearol a thristwch arall- fydol yr ysbryd. Cf. hefyd lau. 41 *wawd oerwas*, 49 *chwarwy'n chwyrn*, 50 *hynod wasgod esgyrn*.

48 Yn IGE² 237 (llau. 19–22) ceir yn dilyn y llau. hyn *Pan weler ymysg cerrig / F'esgyrn yn gyrn lle bu gig, / Pregeth oedd, piau'r gwaith hwn? / Pwy a wyddiad pwy oeddwn?* Gw. yr amrywiadau a'r sylwadau rhag-

arweiniol uchod.

49 **lle rwy'n chwarwy'n** Ni cheir *chwarwy'n* yn y llsgrau. ond rhydd y
diwygiad a gynigir gynghanedd yn ogystal â synnwyr da. Ni nodir y
ffurf *chwarwy* fel amrywiad ar *chwarae* yn GPC 841 d.g. *chwarae* nac *ib*.
842 d.g. *chwaraeaf* ond cf. *chwarwyfa* lle y mae *chwarwy-* yn amrywiad
ar *chwarae*, *ib*. 846 d.g. Os felly, ar y croeseiriad, cf. llau. 47–8n
(cyferbynna'r bardd yma ei gyflwr presennol tost â'r hyfrydwch daearol
gynt). Gthg. IGE² 237 (ll. 23) *lle bu chwyrnu chwyrn*, ond ni cheir y
darlleniad *bu* yn yr un o'r llsgrau. er y rhydd gynghanedd.

50 **hynod wasgod esgyrn** Ar y gwrtheiriad, gw. llau. 47–8n.

54 **yno** Achuba'r blaen ar *ne'* yn yr un ll.

55 Y mae'r ll. yn rhy hir o sillaf oni hepgorir *a*.

56 Y mae'r ll. yn fyr o sillaf onid ystyrir *feirw'r* yn ddeusill.

7

Ar awduraeth y cywydd hwn,[1] gw. td. 37. Esboniad ydyw ar wasanaeth yr
Offeren, uchafbwynt litwrgi'r Eglwys Gatholig. Y mae'r cynnwys fel a
ganlyn: anogaeth gref i fynychu'r Offeren (llau. 1–12); dechrau'r Offeren ac
amrywioldeb ei chynnwys (llau. 13–26); y bendithion sy'n perthyn iddi
(llau. 27–50); gwaith yr offeiriad yn gwneud corff Crist yn bresennol (llau.
51–4); y tair iaith urddasol a ddefnyddir (llau. 55–8); y tân cwyr a'r gwin a
ddefnyddir wrth ganu'r Offeren (llau. 59–70); paham y sefir i fyny pan
ddarllenir yr efengyl (llau. 71–80); paham yr adroddir Gweddi'r Arglwydd
(llau. 81–6); paham y cusana aelodau'r gynulleidfa ei gilydd ar ôl yr *Agnus
Dei* (llau. 87–92); safle aruchel y Pab fel esboniwr yr Offeren (llau. 93–8);
lles yr Offeren i'r enaid a'r corff (llau. 99–102). Yn ddiddorol, ni sonnir am
y Cymun, ond yn wahanol i heddiw, yn achlysurol yn unig y derbyniai
lleygwyr y Cymun yn yr Oesoedd Canol, ac ni pherthynai iddo, gan hynny,
yr un amlygrwydd canolog.[2] Ni sonnir ychwaith am ddiweddglo'r Offeren,
ond nid ymdriniaeth gynhwysfawr ychwaith â'i bwnc a geir gan y bardd.

Cymer y gerdd ffurf cwestiwn ac ateb mewn mannau (llau. 1–4, 71–4, 81–
4, 87–90). Yr oedd y dull hwn yn un a ddefnyddid weithiau mewn gweithiau
crefyddol addysgol yn yr Oesoedd Canol. Un enghraifft amlwg yw'r
Elucidarium gan Honorius Augustodunensis, compendiwm tra phoblogaidd
o'r athrawiaeth Gristnogol ar ffurf ymddiddan rhwng meistr a'i ddisgybl[3] y

[1] Fe'i golygwyd gan Thomas Roberts yn IGE² 238–41 (LXXX) ar sail llsgrau.
BGHLTUVXY uchod.

[2] Ar litwrgi'r Offeren, gw. Joseph A. Jungmann, *The Mass of the Roman Rite* (London, 1959);
Gregory Dix, *The Shape of the Liturgy* (London, 1960).

[3] Fe'i cyfieithwyd i'r Gymraeg a cheir y cyfieithiad cynharaf ohono sydd ar glawr yn Llyfr
Ancr Llanddewibrefi, gw. LlA 2–76.

byddai Ieuan ap Rhydderch, yn ddiau, yn gyfarwydd ag ef. Gellid dadlau hefyd fod patrwm y byddai'n hawdd ei gymhwyso eisoes yn bodoli yn ymddiddanion ac ymsonau cerdd dafod draddodiadol. Fodd bynnag, dichon nad fel cwestiynau ar ffurf math o holwyddoreg y dylid edrych ar y cwestiynau hyn eithr fel rhai rhethregol, megis a geir mewn pregethau, ac ateg i hyn yw na cheir ond pedwar cwestiwn ac nad yw'r darn hir o 58 llinell (llau. 13–70) sy'n dilyn yr ateb i'r cwestiwn cyntaf (llau. 5–12) ac yn rhagflaenu'r ail gwestiwn (llau. 71–4) yn ateb i unrhyw gwestiwn ond yn hytrach yn ddarn o draethu. Os felly, mwy priodol fyddai edrych ar y cywydd fel math o bregeth esboniadol neu ddysgeidiol ar gân.

Y mae'n deg gofyn a seiliodd Ieuan ap Rhydderch ei gywydd ar ryw draethawd ar yr un pwnc, boed yn Gymraeg neu iaith arall (h.y. Lladin, Saesneg neu Ffrangeg). Y mae hyn yn bosibl, a chymar yn hyn o beth fyddai ei gywydd 'I Ddewi Sant' (cerdd 8) sydd wedi ei seilio ar Fuchedd Dewi. Ond os felly, ni wyddys beth oedd ffynhonnell y cywydd i'r Offeren. Rhaid cofio hefyd fod Ieuan ap Rhydderch, ac yntau wedi astudio yn Rhydychen, yn ŵr dysgedig iawn, a gellir gofyn, gan hynny, a fyddai angen y cyfryw ffynhonnell arno. Un rhan o'r cywydd nad yw, yn bendant, yn seiliedig ar unrhyw wreiddiol tybiedig yw llinellau 61–6 lle y cynnwys y bardd esboniad yr oedd wedi digwydd ei glywed yn rhywle ynghylch paham y defnyddid tân (h.y. canhwyllau) yn yr Offeren. Dichon mai ffrwyth ei wybodaeth a'i ddysg ei hun yw cynnwys y cywydd hwn a'i fod wedi tynnu ar sawl ffynhonnell ar dro yn hytrach na dilyn un ffynhonnell yn unig.

Ffynonellau o'r fath yw traethodau rhyddiaith syml a byr ar yr un pwnc[4] megis 'Pump Rhinwedd Offeren Sul',[5] 'Rhinweddau Gweled Corff Crist',[6] 'Naw Peth a Gaiff Dyn y Dydd y Gwelo Gorff yr Arglwydd',[7] a 'Deuddeg Gobrwy ysydd i Ddyn y Dydd y Gwrandawo Offeren'.[8] Yn ôl Dr Brynley F. Roberts, y mae'r gerdd yn 'amlwg yn pwyso ar draethodau fel y rhain'.[9] Gellir ychwanegu bod testun o'r ail draethodyn i'w gael yn Llyfr Gwyn Rhydderch,[10] llawysgrif y mae lle i gredu bod Ieuan ap Rhydderch yn gyfarwydd â hi (gw. tt. 17–18). Ymhellach, y mae testun arall ohono a thestun o'r traethodyn cyntaf i'w cael yn Llyfr yr Ancr,[11] a chredai Gregory FitzGerald, ar sail rhai cyfatebiaethau rhwng y gweithiau hyn a'r cywydd (gw. llau. 27–50n, 30n, 31–2n, 35–8n, 92n), fod Ieuan ap Rhydderch yn

---

[4] Hoffwn ddiolch i Dr Brynley F. Roberts am nifer o'r cyfeiriadau sy'n dilyn.

[5] LlA 151. Ceir testunau eraill yn Card 2.626 [= Hafod 19], 83; Card 4.22 [= RWM 36], 243; Llst 3, 451; Llst 27, 56ʳ; Pen 15, 7; Pen 32, 273.

[6] LlA 151. Ceir testunau eraill yn Llst 3, 451; Pen 5, 49ᵛ; Pen 15, 7; Pen 32, 273; Pen 58, 144.

[7] Pen 184, ii, 66ʳ. Ceir testunau eraill yn Llst 117, 273; Pen 88, 16. Gw. hefyd Timothy Lewis, *A Welsh Leech Book* (Liverpool, 1914), 22.

[8] Pen 214, 251. Ceir testunau eraill yn Llst 34, 1; Pen 184, ii, 64ᵛ; Pen 204, 213.

[9] Brynley F. Roberts, 'Rhai Gweddïau Preifat Cymraeg', B xxv (1972–4), 146.

[10] F. 49ᵛ.

[11] LlA 151.

gyfarwydd â Llyfr yr Ancr.[12] Ni fyddai hynny'n syndod gan fod y llawysgrif honno yn oes Ieuan ap Rhydderch yn dal i fod ym meddiant disgynyddion Gruffudd ap Llywelyn ap Phylib ap Trahaearn o'r Cantref Mawr y comisiynwyd hi ar ei gyfer yn 1346, ac yr oeddynt yn trigo yn Rhydodyn (ger Caeo).[13] Y mae'n berffaith bosibl, er hynny, mai mewn lle arall y gwelodd Ieuan ap Rhydderch y traethodynnau hyn a diau eu bod yn boblogaidd.

Er mai cerdd esboniadol yw'r cywydd hwn, eto y mae hi hefyd yn darllen fel math o amddiffyniad taer—*apologia*—dros yr Offeren sy'n ymylu ar fod yn ymosodol, fel pe bai'r bardd yn ymwybodol o beryglon a allai fygwth ei chysegredigrwydd. Gwelir hyn yn neilltuol yn llinellau 75–80 lle y datgenir parodrwydd i 'ymladd' â'r sawl a fyddai'n esgus bod yn ffyddlon i'r Efengyl, ac yn llinellau 93–8 lle y pwysleisir goruchafiaeth awdurdod y Pab ynglŷn â'r Offeren. Ac yntau wedi astudio yn Rhydychen, un o bennaf canolfannau dysg a syniadau yr oes, go brin nad oedd Ieuan ap Rhydderch yn gyfarwydd â syniadau John Wyclif[14] a'r Lolardiaid[15] a'r angen, o ganlyniad, am ddiogelu uniongrededd. Medd J.M. Fletcher am Wyclif:

> The University of Oxford had the doubtful distinction of producing the first doctor of theology to be named as a recalcitrant heretic. After the condemnation of John Wyclif, the burning of John Hus at Constance in 1415 and the outbreak of the Hussite rebellion, European universities were well aware of the need to stifle any sympathy for the doctrines of the ostracized reformers. The University of Oxford, the birthplace of these heretical opinions, was particularly anxious to escape any accusation of support for its errant son ... Ecclesiastical suspicion that a knowledge of Wyclif's realist views in philosophy would inevitably lead to an acceptance of his heretical views in theology eventually ensured a blanket mistrust of his works. Wyclif's name was erased from surviving manuscripts and the study of his works at Oxford seems to have become clandestine. The need to ensure the suppression of his writings and to prevent the spread of his heretical views had an important impact on the faculty of arts: the university was compelled to tighten its control of both masters and students.[16]

Ond tybed hefyd, gan mai yng Nghymru yr oedd Ieuan ap Rhydderch yn barddoni, a goleddid rhai o'r syniadau hyn—megis gelyniaeth at athrawiaeth traws-sylweddiad (gw. llau. 47–54n)—yno hefyd? Yn ôl Glanmor

---

[12] Gregory FitzGerald, 'Barddoniaeth a'r Hen Ffydd', *Ysgrifau Catholig*, ii (1963), 5, 6, 7, 9.
[13] Gw. Idris Foster, 'The Book of the Anchorite', PBA xxxvi (1949), 219–20.
[14] Gw. ODCC³ 1769–70.
[15] *Ib*. 994.
[16] J.M. Fletcher, 'Developments in the Faculty of Arts', yn *The History of the University of Oxford. Volume II: Late Medieval Oxford*, ed. J.I. Catto and Ralph Evans (Oxford, 1984), 316–7. Gw. hefyd J.I. Catto, 'Wyclif and Wyclifism at Oxford 1346–1430, *ib*. 175–261.

Williams,

> ... though there was no conscious avowal of Lollard doctrine [*sc.* yng Nghymru] which has come to light, it may have survived in some parts of Wales as an amorphous sentiment of opposing the Church, despising the clergy, and mistrusting the sacraments and other works.[17]

Y mae'r gofal hwn a ddengys Ieuan ap Rhydderch am uniongrededd ffydd hefyd yn dwyn i gof ddwy gerdd Casnodyn i'r Forwyn Fair,[18] i'r graddau fod Casnodyn fel pe bai'n cywiro rhai camsyniadau am ddefosiwn i'r Forwyn.

Diddorol yw dyfalu beth yn union oedd amgylchiadau cyfansoddi'r cywydd hwn. Efallai mai yn erbyn cefndir ymdrechion yr Eglwys i addysgu rhengoedd uwch a llythrennog cymdeithas yn y Ffydd y dylid edrych arno.[19] Gallai'r bardd fod wedi ei gyfansoddi o'i wirfodd neu efallai ei fod wedi ei gomisiynu gan ryw ŵr eglwysig. Oherwydd natur esboniadol y gerdd a'i math tybiedig o gynulleidfa, dichon ei bod wedi ei bwriadu i gylchredeg yn ysgrifenedig yn ogystal ag ar lafar. Da, er hynny, fyddai gallu cynnig atebion mwy pendant.

Fel esboniad o'r Offeren ar fydr, y mae cywydd Ieuan ap Rhydderch yn unigryw ym marddoniaeth Gymraeg y cyfnod ac y mae'n dangos y bardd fel un cwbl ffyddlon i ddysgeidiaeth yr Eglwys, math o *Fidei Defensor*.

Y mae'n bosibl mai yn ystod ei arhosiad yn Rhydychen, rywbryd yn chwarter cyntaf y 15g., y cyfansoddodd Ieuan y gerdd hon a cherddi 8 a 9.[20]

5–8 Fel y dywed Gregory FitzGerald, 'Barddoniaeth a'r Hen Ffydd', *Ysgrifau Catholig*, ii (1963), 3, adlais yw'r geiriau hyn o ddechrau 'Credo Athanasius', gw. Henry Lewis, 'Credo Athanasius Sant', B v (1929–31), 196, *Quicumque vult salvus esse, ante omnia opus est ut teneat Catholicam Fidem. Quam nisi quisque integram inviolatamque servaverit, absque dubio in aeternum peribit* ('Pwy bynnag a fyn gael iachawdwriaeth, rhaid iddo yn anad dim gadw'r Ffydd Gatholig. Yr hon os na ddiogela pobun hi yn gyfan gwbl a di-lwgr, fe fydd yn sicr yn golledig am byth.') Ymhellach, y mae'r gyfatebiaeth agos rhwng *ffydd ... / Gatholig* a *Catholicam Fidem* yn awgrymu mai'r Llad. a oedd ym meddwl y bardd yn hytrach na chyfieithiad Cym., megis *ib.* 196–302 a LlA 138–40 lle y'u cyfieithir yn *cret gyffredin yr egluys* a *ffyd gyffredin eglŵys iessu grist*.

9 **bod wrth** Gw. GMW 214.

ehud ben Cf. ll. 94 ... *y pab, eiriau pybyr*.

---

[17] WCCR² 532.
[18] GC cerddi 9 a 10.
[19] Gw. Brynley F. Roberts, *art.cit.* 146.
[20] Gw. tt. 8, 21.

12 **[y] daioni** Cyfeiria at l.1 *'r hyn a oedd dda.*

13 **berw drythyll** Gregory FitzGerald, *art.cit.* 4, 'Yn ystod yr Offeren datblygir mewn modd dramatig hanes aberth Crist ar y Groes, a cheir ynddi hefyd rannau o weddi am ras, ac o athrawiaethu.'

13–14 **... ar draethawd / ac ar gân** Cyfeiriad at yr isel Offeren seml, a adroddid, a'r uchel Offeren seremonïol, a genid. Ar yr ail, cf. ll. 59 *wrth ei chanu.*

15 Y mae'r ll. yn hir o sillaf. Ceir ynddi gynghanedd draws gydag odl fewnol o boptu'r orffwysfa.

diochrwych Dyma ddarlleniad llsgrau. GL; cf. hefyd *ddichrwych* EIKMOPTX a *dychyrwych* R. Fe'i deellir yn gyfuniad o *diochr* 'union, syth, diwyro', gw. GPC 1022, a *gwych*. Gthg. IGE² 238 (ll. 17) lle y darllenir *dychwrych*, gair anhysbys, er bod darlleniad llsgr. L yn hysbys i'r golygydd, gw. IGE 106 (camddarllenodd *diochrwych* llsgr. G yn *diochrwych*). Yn G 282 d.g. *chwrychyawc*, 362 d.g. *diochwrych*, ystyrir mai *gwrych / chwrych* yw'r ail elfen a chyfeirir at amrywiadau IGE 106, ond ni chynigir ystyr. Hawdd gweld sut y gallai *diochr-* droi'n *dichr-* neu *dychr-* ac y mae angen cywasgu *diochrwych* yma er mwyn hyd y ll.

15–18 Yn IGE² 238 (llau. 15–18) trefn y llau. yw 17–18, 15–16, eithr y mae llau. 17–18 yn cydio'n naturiol wrth lau. 19–26, a thorrir y cysylltiad hwnnw trwy ddodi llau. 15–16 o'u blaen. Hefyd, yn llsgr. H yn unig y ceir y drefn a ddilynir *l.c.* ac y mae'r mwyafrif mawr o'r llsgrau. o blaid y drefn a ddilynir yma.

16 Yn llsgrau. FN dilynir y ll. hon gan gwpled *i* (gw. td. 90). Nid yw *o bwy bynnac*, er hynny, yn cydio cystal wrth gynnwys llau. 19–26 gan y sonnir yno am bethau yn ogystal â phersonau, a diogelach, felly, yw peidio ag ychwanegu'r cwpled at y gerdd. Dichon i rywun ei ddyfeisio er mwyn esbonio'r trawsnewid i gystrawen *Ai o'r Drindawd ...* &c. gan nad yw llau. 17–18 yn digwydd tan yn ddiweddarach yn llsgrau. FN.

cyffesu'n wych Cyfeiriad at yr arfer ar ddechrau'r Offeren o adrodd y 'Confiteor', sef y weddi o benyd a ddaw yn ystod adran agoriadol yr Offeren, gw. ymhellach GIBH 5.1–6n.

17–18 Cyfeirir at y ffordd y bydd rhai rhannau o'r Offeren (heblaw ei hanfodion) yn newid yn ôl dyddiau gŵyl yr Eglwys y nodir rhai ohonynt yn y llau. dilynol. Ym mhob enghraifft cynhwysid gweddïau a llithiau a oedd yn addas i'r achlysur.

19–22 Cyfatebiaeth lac, gydag odlau gwahanol, a geir i'r llau. hyn yn N.

19 **Trindawd** Sef Sul y Drindod a gedwid ar y Sul wedi'r Sulgwyn.

20 **Mair** Prif Wyliau'r Forwyn Fair oedd: Gŵyl yr Ymddŵyn, 8 Rhagfyr; Gŵyl y Geni, 8 Medi; Gŵyl y Cyfarch, 25 Mawrth; Gŵyl y Puro (neu Ŵyl y Canhwyllau), 2 Chwefror; Gŵyl yr Ymweliad, 2 Gorffennaf;

Gŵyl y Dyrchafael, 15 Awst. Gw. GPC 1759, ODCC³ 1048.

iawnwiw Dyma ddarlleniad llsgr. Q; cf. hefyd y darlleniadau *jownna* a geir yn llsgrau. BDU a *wiwia* yn CFHS.

22 **dydd** Gwasanaethau dyddiol heblaw'r prif wyliau, e.e. yn coffáu saint.

23 **Crog** Yr oedd dwy ŵyl y Grog, sef gŵyl Dyrchafiad y Grog ar 14 Medi, a gŵyl Darganfod y Grog ar 3 Mai, gw. GPC 1759; ODCC³ 583, 842. Fe all, er hynny, fod y bardd yn meddwl am Ddydd Gwener y Groglith hefyd.

24 **meirw** Gŵyl yr Holl Eneidiau, 2 Tachwedd, pryd y rhoddid *bwyd cennad y meirw* i'r tlodion, gw. GPC 1759; ODCC³ 42.

26 **uriad** Rhyw awdurdod hynafol, fe ymddengys.

27–50 Yn ôl Gregory FitzGerald, *art.cit.* 5, 6, 7, dengys yr adran hon adnabyddiaeth y bardd o'r ddau draethodyn 'Pump Rhinwedd Offeren Sul' a 'Rhinweddau Gweled Corff Crist' (sy'n cael eu trin fel un ganddo). Fe'u ceir (ymysg llawysgrifau eraill) yn LlA 151 (llau. 5–11, 11–20).

27 **ar yr Offeren** Ar yr ardd. *ar* 'yn, yn ystod' ynglŷn â'r Offeren, cf. ll. 51 *Gwnair ar Offeren*; CSTB 6 (V.39) *Bûm ar llawer offeren.*

28 **gwiwgrair** Dilynir darlleniad llsgr. V a'r darlleniad amgen yn E. Gthg. IGE² 238 (llau. 28) *ddiwair* a geir yn y mwyafrif mawr o'r llsgrau.

30 Cf. LlA 151 (llau. 5–6) *kynntaf* [*sc.* rhinwedd Offeren] *ohonunt y6. bot yn h6y dyhoedyl aruod pob offeren vyth a6arande6ych,* (llau. 16–17) *Tra 6erende6ych offerenn sul ny hennhey kyhyt ahynny.* Fel y dywed FitzGerald, *art.cit.* 5, 'Modd yw hyn i ddweud nad ar goll yw'r amser a dreulir yn gweddïo ar Dduw yn yr Offeren.'

31–2 Cf. LlA 151 (llau. 7–11) *Eil* [*sc.* rhinwedd Offeren] *y6. madev dyu6yt amryt or sul ygilyd. Trydyd y6. madev dyv[   ] pechodev or Sul ygilyd … Pymet y6 ot adyn yrpurdan gorff6ys ageiff yngyhyt aphob offeren a6arandao.* Gregory FitzGerald, *art.cit.* 5, '… bydd dyn yn rhydd oddi wrth ei bechodau, naill ai o achos cael eu maddau wrth eu cyffesu ai o achos maddau y rhai llai drwg gan ras yr Offeren'.

33 **drwy orhoff goffa** H.y., yn y stad briodol o feddwl. Gall hefyd mai Crist yw'r gwrthrych dealledig [*c*]*offa*, ond agos iawn at ei gilydd, wrth gwrs, yw Crist a'r Offeren lle y cymhwysir ffrwyth Ei aberth ar Galfaria i bobl.

35–8 Cf. LlA 151 (llau. 16–17) *Pob cam agerdych ygyrchv dy offerenn sul. aghel ae kyfurif yt.*

39–42, 47–50 Cf. *ib.* (llau. 15–16) *Or bydy var6 ydyd yg6elych* [*sc.* corff Crist yn yr Offeren] *breint kymuna6l avyd arnat ydyd h6nn6.* Sylwer yn enwedig ar y gyfatebiaeth eiriol rhwng *Yn gymunol freiniol* a *breint kymuna6l.* Yr

ystyr yw y caiff y sawl a wêl fara corff Crist yn y Cymun yng ngwasan-
aeth yr Offeren fynd yn syth i'r nefoedd os digwydd iddo farw wedyn ar
yr un diwrnod. Ni ddiffinnir y *breint kymunaól* yn y traethodyn ond
diau, megis yn y cywydd, mai cael mynd yn syth i'r nefoedd ydyw.

40 **o'i sefyll** H.y., yn hytrach nag ar ei orwedd, pryd y byddai'n debycach
o farw'n amserol.

42 **ar naid** Gw. 3.144n.

43–6 Ystyr y llau. hyn yw pe bai arglwyddi bydol yn cadw gorchmynion
Duw yn iawn yn sgil elwa'n ysbrydol o fynd i'r Offeren, na fyddent yn
dwyn dim o eiddo eu deiliaid.

43 **pei** Dyma ddarlleniad llsgrau. FL, a cf. H *pe*. Gthg. IGE[2] 239 (ll. 15),
ond ni ddisgwylid *os* gyda'r amhff.dib. *wnelid* (ll. 44), gw. GMW 241–2.

47–54 Cyfeirir yn y llau. hyn at y weithred wyrthiol (a elwir gan
ddiwinyddion yn 'draws-sylweddiad') a gyflawnir gan yr offeiriad, wrth
ddathlu'r Offeren a pharatoi ar gyfer y Cymun, o droi bara a gwin yn
gorff a gwaed Crist. Ychwanegir dŵr at y gwin i goffáu'r dŵr a ddaeth
o ystlys Crist yn dilyn y gwaed pan drywanwyd ef ar y groes.

48 **cost** Cyfeiriad at ddioddefaint Crist a wnaeth yr Offeren yn bosibl. Gw.
hefyd GPC 569 d.g. *cost*[1].

50 **yn gymunol freiniol** Gw. llau. 39–42, 47–54n.

51 **ar Offeren** Gw. ll. 27n.

53 **Lladin** Yn Llad. yr adroddid bron y cwbl o litwrgi'r Offeren.

55–8 **Teiriaith ... / ... / Y Ladin ... / ... Ebryw a Groeg** Gregory
FitzGerald, *art.cit.* 7, 'Ceir ambell air Hebraeg, sef *Amen, Haleliwia*, ac
ambell air Groeg fel *Kyrie eleison* (*Arglwydd, trugarha*) yn yr Offeren, ac
yr oedd y tair iaith yn y teitl ar y Groes. (Ioan, 19[:]20).'

58 Y mae'r ll. yn fyr o sillaf oni chyfrifir *groyw* yn ddeusill.

59 **wrth ei chanu** Cyfeirir at yr Offeren ar gân, gw. llau. 13–14n.

59–60 **... tân ... / ... dwfr ...** Manylir ar y rhain, yn ôl eu trefn, yn llau. 61–
6 a 67–70. Dywed Gregory FitzGerald, *art.cit.* 7–8, am *tân*, 'Y mae'r
canhwyllau sydd ar yr allor yn ystod yr Offeren yn tarddu o angen
ymarferol am oleuni yn amserau cynnar Cristnogaeth. Yn wir, yr oedd
symbolaeth mewn defnyddio canhwyllau yn amser yr Hen Destament
hefyd. Parhaodd y ddefod fel goleuni sy'n symboleiddio ffydd.'

60 **dwfr du** Sef dŵr yn gymysg â gwin, gw. llau. 67–70.

61–6 Dyma esboniad y bardd ar *tân* (neu ganhwyllau) ll. 59.

61 **on'd damwain** Efallai mai ffordd y bardd yw hyn o ddweud nad oedd
yn gwbl sicr ei feddwl fod yr esboniad a gafodd ar y rheswm dros gael
tân mewn Offeren ar gân yn gywir, cf. ll. 66 *A glywais*. Posibilrwydd

arall yw ei fod yn arddangos gwybodaeth ddiarffordd, ond llai cydnaws efallai fyddai hynny â deunydd ac ysbryd y gerdd (er nad ag ysbryd Ieuan ap Rhydderch). Gw. hefyd y sylwadau rhagarweiniol uchod.

63–4 Cyfeiriad, fe ymddengys, at y tywyllwch a ddilynodd farw Iesu ar y Groes, gw. Math xxvii.45, Marc xv.33.

64 **haul** Dyma ddarlleniad llsgrau. BDU a IGE² 240 (ll. 2). Gellid darllen *byd* a geir yn y mwyafrif mawr o'r llsgrau., ond nes yw'r gyfatebiaeth rhwng *haul* a *tân* (llau. 59, 62) na rhyngddo a *byd*.

deuynt Peth cyffredin yn y farddoniaeth yw cael yr amser amhff. lle y defnyddid yr amser grff. heddiw, ac yn fynych ymgyfnewidiant; ymhellach, gw. R.L. Thomson, 'Amser ac Agwedd yn y Cynfeirdd', yn AH 179–207. Gan mai at un weithred yn y gorffennol y cyfeirir yn y testun, defnyddiwyd yr amser grff. wrth aralleirio; cf. 8.75 *gwnâi*.

65 **gwad** Cyfeiriad at wadu Iesu fel y Meseia.

66 **a glywais** Gw. ll. 61n.

69 Y mae'r ll. yn hir o sillaf oni chywesgir *du o* neu *Iesu wiwsain*.

70 **gyda** Gthg. *gwedi* IGE² 240 (ll. 8). Gw. Io xix.34, ... *ac ar unwaith dyma waed a dŵr yn llifo allan*. Geiriau'r Fwlgat yw *et continuo exivit sanguis, et aqua* (Gr. και εξηλθεν ευθυσ αιμα και υδωρ).

o ddain Yn G 442 d.g. *eδeïn* esbonnir, 'Yn nhreigl amser cywasgwyd y ddwy sillaf olaf yn ddeusain, a dichon mai'r ffurf ddiweddarach hon a geir yn *yδein* ... Gan fod yr acen ar y ddeusain, aeth y sillaf gyntaf yn aneglur ac ansicr, ac o hynny y datblygodd *o ddain, addáin, ddain* ...' Gw. hefyd GPC 880 d.g. *dain*, 1169 d.g. *eddëin*, 2618 d.g. *oddáin*.

74 **myngial pwyll** Y mae Gregory FitzGerald, *art.cit.* 8, yn cymryd mai cyfeiriad yw'r geiriau hyn at gysegru'r bara a'r gwin, peth a wnâi'r offeiriad mewn llais isel, ond y mae'r cywydd yn eglur mai'r adeg pan ddarllenid yr efengyl yw eu cyd-destun, ac mewn llais isel y gwneid hynny hefyd, er mai Llad. oedd yr iaith.

75–80 Ar arwyddocâd y llau. hyn, gw. y sylwadau rhagarweiniol uchod.

78–9 **... ymladd ... / Â'r** Gthg. IGE² 240 (llau. 16–17) ... *ymladd* ... : *A'r* ...

81 **pell ddrem** Cyfeiriad at bellter afrlladen corff Crist oddi wrth y gynulleidfa pan ddyrchefid hi i bawb ei gweld (gw. ll. 84).

81–2 Gthg. IGE² 240 (llau. 19–20) *Pell drem—ponid pwyll oedd raid?— / Pum dewin,—pam y dywaid*, lle y dodir yr ail ddash ar ôl *raid* gan greu sangiad arall nad yw ei berthynas â gweddill y gerdd yn eglur o gwbl.

83 **y** Dilynir darlleniad llsgrau. IKLQR. Gall mai *i* y llsgrau. eraill oedd y darlleniad gwreiddiol, ond os Gweddi'r Arglwydd a olygir wrth [P]*ader*, mwy boddhaol yw'r fannod. Yn GPC 2666 ni nodir unrhyw enghreifftiau canoloesol o *pader* fel eb. ond ni phrawf hynny na allai

fod yn eb. hefyd yn y cyfnod hwnnw.

85 Ceir enghraifft dda o esbonio ystyr gwahanol adrannau Gweddi'r Arglwydd yn y traethawd a elwir 'Pwyll y Pader o ddull Hu Sant', gw. LlA 147–51.

86 Dilynir darlleniad llsgr. L, yr un mwyaf boddhaol (er nas ceir yn y llsgrau. eraill). Gthg. IGE² 240 (ll. 24) *I ni efo yn ufudd* sydd braidd yn gloff mewn cymhariaeth.

87–90 Dilynir trefn y cwpledau yn llsgrau. CDGS gan fod hyn yn fwy boddhaol a chydnaws â dull holwyddorol y cywydd (cf. llau. 71–3, 82–4). Gthg. IGE² 240 (llau. 25–8).

87–8 Cyfeirir at y cusan tangnefedd a roddid gan y bobl cyn y Cymun. Dywed Joseph A. Jungmann, *The Mass of the Roman Rite* (London, 1959), 482, '… the old rule which is found in earlier Christian sources was repeated, namely, that men may give the kiss of peace only to men, and women to women. This rule was very easy to keep when—as was usually the case—the old ordinance regarding the separation of the sexes was still observed'. Yn Lloegr y ffordd arferol o fynegi'r cusan tangnefedd oedd trwy estyn cusanlun (*osculatorium*) i'r gynulleidfa i bawb ei gusanu. Dechreuodd hyn tua chanol y 13g. ac ymledu'n raddol i'r Cyfandir, ond parhaodd yr arfer gynharach i fod yn boblogaidd yno am hir, gw. *ib.* 483. Er bod yr arfer Seisnig wedi cyrraedd Cymru hithau, gw. GPC 2665 d.g. *pacs*, eto nid ymddengys mai hon a olygir yma.

88 **'fengylu'r** Dyma ddarlleniad llsgr. G; gthg. IGE² 240 (ll. 28) *'fengylu i'r*, darlleniad nas ceir yn yr un o'r llsgrau.

89–90 *… Agnus … / Dei qui tollis …* Y Llad., yn llawn, yw *Agnus Dei qui tollis peccata mundi, miserere nobis* ('Oen Duw sy'n dwyn ymaith bechodau'r byd, trugarha wrthym'). Yna fe'i hailadroddir unwaith ac yn olaf dywedir *Agnus Dei qui tollis peccata mundi, dona nobis pacem* ('Oen Duw sy'n dwyn ymaith bechodau'r byd, dyro inni dangnefedd').

90 *tollis* Tolis, tolus / *tolüs*, tolvs, tolys a geir yn y llsgrau. (*talys* yn llsgr. N) ond gan fod Ieuan ap Rhydderch hefyd yn dyfynnu rhan o litwrgi'r Offeren, rhoddwyd y gair yn ei ffurf Lad. Rhaid rhybuddio, er hynny, nad fel 'i' yr yngenid yr *-i-*, ac (ac eithrio yn llsgr. L) dynodir y sain ag *-u-*, *-v-*, *-y-* yn y llsgrau. Gan fod *Agnus* y ll. flaenorol yn odli'n llusg â *rusia* ac yr yngenid sillaf olaf *Agnus* yn yr un modd â sillaf olaf *Deus*, a bod *Deus* i bob golwg wedi ei fwriadu i odli â *tollis*, odid nad yr un sain a gynrychiolid gan yr *-i-* yn *tollis* a'r *-u-* yn *rusia*, ond anodd gwybod ai 'i' ynteu 'ü' (sain sydd wedi diflannu o'r Gym, gw. GMW 1–2) oedd y sain.

Deus da Llanwant weddill y ll. yn hwylus.

92 **maddau mwygl eiriau mân** Fel y dywed Gregory FitzGerald, *art.cit.* 9,

dygir ar gof LlA 151 (ll. 13) *Dy ymadrodyon diffrôyth nychoffeir yt.* Â *maddau mwygl*, gthg. IGE² 240 (ll. 30) *maddau'r mwygl* ond croes yw hynny i'r gynghanedd.

93–8 Yn y llau. hyn apelia Ieuan ap Rhydderch at awdurdod unigryw y Pab fel yr amddiffynfa eithaf i'w safbwynt yn y gerdd ynglŷn â'r Offeren.

93 **nis gwad** Dyma ddarlleniad llsgrau. CFLNRSUWY (cf. hefyd J). Yn ôl G 597, *gwada* yw ffurf 3 un.pres.myn. y f. *gwadu* (cf. hefyd WG 321), ond y mae mynychder *gwad* yn yr amrywiadau lle na all fod ond yn f. (yn hytrach nag e.) yn awgrymu bod y ffurf hon yn ogystal â *gwada* yn ddilys yng nghyfnod Ieuan ap Rhydderch. Gthg. IGE² 241 (ll. 1) *nid er gwad* sydd, fe ymddengys, yn seiliedig ar ddarlleniad llsgr. H *ni ir gwad*.

98 **Orau 'i bwyll, a ŵyr** Seiliwyd y ll. hon ar ddarlleniadau llsgrau. F (*ore oi bwyll a wyr*), H (*orav bwyll a wnnair*), ac N (*orav pwyll awyr*) yn bennaf. Gthg. IGE² 241 (ll. 6) *Pur ei bwyll, y pair* nad yw'n gwneud synnwyr yn gystrawennol.

99–102 **Wyth … meneginiaeth … / … enaid; / … / … corff …** Gregory FitzGerald, *art.cit.* 9–10, '… y mae'r offeiriad yn dda i'r enaid am iddo ddarpar wyth meddyginiaeth i'r enaid, sef yr Offeren a'r saith Sagrafen. Y mae ef yn dda i'r corff am fod y Sagrafennau yn lles i'r corff hefyd, oblegid mai un person yw'r corff a'r enaid ynghyd, a'r person hwn sy'n eu derbyn'. Fodd bynnag, yr Offeren, nid yr offeiriad, yw goddrych y f. *Yw* (ll. 100) ac ni ddylid deall *Wyth* yn llythrennol: dynodi cyflawnder neu berffeithrwydd y mae, yn hytrach (cf. y defnydd o *pedwar* a *saith*), a gwir ystyr *Wyth rym* yw 'nerth llwyr'. Ar y ffurf *meneginiaeth*, amrywiad ar *meddyginiaeth*, gw. GPC 2401.

8

Seiliwyd y cywydd hwn[1] am Ddewi Sant yn bennaf ar Fuchedd Dewi Sant a ysgrifennwyd yn wreiddiol yn Lladin gan Rygyfarch tua diwedd yr unfed ganrif ar ddeg cyn ei droi i'r Gymraeg yn ddiweddarach,[2] ac yn y mannau cyfatebol ceidw at yr un dilyniant o ddigwyddiadau. Disgrifia Thomas Roberts y gerdd fel 'Buchedd Dewi ar gân'[3] gan gyfeirio at y testun Cymraeg a geir yn Llyfr yr Ancr.[4] Y mae arwyddion pendant, serch hynny, fod Ieuan ap Rhydderch yn gyfarwydd â'r fersiwn Lladin o'r Fuchedd

---

[1] Fe'i golygwyd gan Thomas Roberts yn IGE² 242–5 (LXXXI) ar sail llsgrau. I–L uchod (gw. IGE 226).

[2] Ar y testunau Lladin a Chymraeg o'r Fuchedd a'u perthynas, gw. BDe xxvii–xxxiv; WLSD xlii–lv.

[3] IGE² 378.

[4] LlA 105–18.

hefyd (gw. llau. 55–68n yn enwedig). Canwyd cerddi eraill i Ddewi Sant, sef awdl gan Gwynfardd Brycheiniog,[5] cywyddau gan Iolo Goch[6] a Rhisiart ap Rhys,[7] awdl-gywydd gan Lewys Glyn Cothi,[8] awdl gan Ddafydd Llwyd o Fathafarn,[9] a charol deuair gan Domas ab Ieuan ap Rhys.[10] O'r rhain gwelir cyfatebiaeth gref rhwng cerdd Iolo ac eiddo Ieuan ap Rhydderch (gw. llau. 49–50n, 91–130n, 103–6n, 111–14n, 115–22n).

Gall mai yn ystod ei arhosiad yn Rhydychen, rywbryd yn chwarter cyntaf y bymthegfed ganrif, y cyfansoddodd Ieuan y gerdd hon a cherddi 7 a 9.[11]

1–6 Y mae hyd y frawddeg hon yn dwyn ar gof y frawddeg hwy sy'n cloi cerdd Iolo Goch i Ddewi, GIG 133 (XXIX.101–10). Y mae hefyd yn rhoi rhyw amcan ynghylch maint gwybodaeth Ieuan ap Rhydderch am fucheddau'r saint.

1 **Dyfr** Yn ôl G 414 d.g. *Dyf(y)r²*, yr un gŵr efallai â Dyfr ab Alun Dyfed. Ni wyddys odid ddim amdano, ond y mae'n amlwg fod ei dad yn arwr traddodiadol o Ddyfed, gw. WCD 12. Ymddengys fod y bardd yn cyfeirio at ryw chwedl goll amdano. Yn IGE² 242 *dyfr* a geir.

7 **cyfannedd côr** Nid yw'n eglur at beth y cyfeirir ond cf. yr hyn a ddywedir yn y fersiwn Llad. o'r Fuchedd am Sant Padrig wedi iddo fod yng Ngheredigion, *Rhigyfarch's Life of St. David*, ed. J.W. James (Cardiff, 1967), 2 (llau. 19–21), *tandem ad locum qui Vallis Rosina nominabatur peruenit, et gratum agnoscens locum, deuouit Deo ibi fideliter deseruire* ('o'r diwedd fe ddaeth i le a elwid Glyn Rhosyn [sef Tyddewi], a chan weld bod y lle yn ddymunol, addunedodd i wasanaethu Duw yn ffyddlon yno'). Dichon, felly, mai'r *gratus locus* a olygir. Y mae arwyddion fod Ieuan ap Rhydderch yn gyfarwydd â'r fersiwn Llad. o'r Fuchedd, gw. llau. 55–68n. Yn ll. 56 y mae *côr* yn golygu 'cysegr' ac yn ll. 111 S. '*choir*'.

7–14 Gw. J.W. James, *op.cit.* 2 (ll. 13)–3 (ll. 13); BDe 2.

8 **rhagor** Sef blaenoriaeth Dewi, trwy ewyllys Duw, ar Badrig yn y rhan honno o'r byd (gw. llau. 13–14).

10 **cennad hoywgoeth** Sef angel.

11 **eurior** Llsgrau. *eirior*, a'r darlleniad hwnnw a ddilynir yn IGE² 242; cf. GLlBH 18.22 *Goror Trefynor*, *geirior gariad* (Llywelyn Ddu ab y Pastard) lle y'i haralleirir 'arglwydd barddoniaeth', ond nid ymddengys

[5] GLlF cerdd 26.
[6] GIG 131–5 (XXIX).
[7] GRB 19–20 (cerdd 9)
[8] GLGC 27 (cerdd 8). Cf. hefyd ei gywydd yn erchi nawdd Dewi ar Elfael, *ib.* 319–20 (cerdd 142).
[9] GDLl 46–9 (cerdd 13).
[10] Gw. HG 22–3 (cerdd 18).
[11] Gw. tt. 8, 21.

hyn yn briodol ynglŷn â Phadrig a diwygir o'r herwydd; cf. G 498.

12 **i'r môr** Er mwyn croesi i Iwerddon i bregethu'r efengyl.

15–17 Cenhedlwyd Dewi Sant o ganlyniad i dreisio ei fam, Non, a'r awgrym yma yw fod Dewi wedi tyfu'n sant er gwaethaf hynny oherwydd duwioldeb Non (*da fwriad fu, / … o iawn allu*) a oedd nid yn unig yn wyryf ar y pryd ond hefyd wedi ei chadw ei hun yn ddiwair, gorff a meddwl, wedyn; gw. J.W. James, *op.cit.* 3 (ll. 16)–4 (ll. 2); BDe 3 (llau. 5–8 a cf. llau. 19–22).

15–18 Gw. J.W. James, *op.cit.* 3 (ll. 13)–4 (ll. 1); BDe 3.1–7.

15 **sant** Chwaraeir ar yr ystyr 'sant' ac ar y ffaith mai *Sant* (Llad. *Sanctus*) oedd enw tad Dewi, gan awgrymu hefyd, efallai, mai oherwydd enw ei dad y ganwyd Dewi yn sant, cf. GIG 132 (XXIX.41–2) *Sant ei dad, diymwad oedd / Penadur saint pan ydoedd* a gw. *ib.* 342.

18 **Cynyr** Gw. G 262 d.g. *Kynyr²*. Fe'i crybwyllir hefyd yn GIG 132 (XXIX.45) yn y ffurf *Ynyr*. Nid oes sôn amdano yn y testunau Cym. a Llad. o'r Fuchedd.

19–22 Gw. J.W. James, *op.cit.* 4 (llau. 1–2); BDe 3 (llau. 8–9).

23–6 Gw. J.W. James, *op.cit.* 4 (ll. 7)–5 (ll. 3); BDe 3 (ll. 11)–4 (ll. 8). Y rheswm na allai Gildas bregethu oedd fod Dewi, a oedd wedi ei ddonio â grasusau helaethach, yng nghroth Non.

23 **Gildas** Y mynach enwog o'r 6g. ac awdur *De Excidio Britanniae*, gw. BDe 32–3. Dyma y'i gelwir yn y testunau Cym. o'r Fuchedd, gw. BDe 3 (ll. 12), ac yn rhai o'r llsgrau. Llad. Yn J.W. James, *op.cit.* 4 (ll. 9), ar y llaw arall, dilynir y darlleniad *quidam doctor*.

anair Cf. J.W. James, *op.cit.* 4 (llau. 11–12), *Interrogatus autem a populo cur interrupta predicatione obmutuerat … ;* BDe 3 (llau. 20–2), *Ac yna y govynnawd y plwyf idaw,* 'Paham na elleist di bregethu y ni gynneu, a ninneu yn llawen yn damunaw dy warandaw di?'

27–30 Gw. J.W. James, *op.cit.* 5 (llau. 17–23); BDe 4 (llau. 9–13).

27–8 Yn y testunau Llad. o'r Fuchedd ni ddywedir mwy am leoliad man geni Dewi na'i fod mewn llecyn (Llad. *locus*) lle y codwyd eglwys wedyn nas enwir, gw. J.W. James, *op.cit.* 5. (llau. 17–23); ac yn y testunau Cym. ni ddywedir cymaint â hynny, gw. BDe 3 (4–5), 4 (ll. 9). Y mae'n bosibl, felly, mai *safle* eglwys a godwyd a'i henwi'n Eglwys y Groes Oesir yn ddiweddarach y mae Ieuan ap Rhydderch yn ei feddwl. Dichon, er hynny, ei fod yn dweud mai mewn eglwys go iawn y ganwyd Dewi; os felly ymddengys ei fod yn tynnu ar ryw ffynhonnell neu ddraddodiad arall, cf. llau. 43–6n. Ni welwyd unrhyw gyfeiriadau eraill at Eglwys y Groes Oesir ac ni wyddys ymhle yr oedd.

28 **ganiad** Er y gellid ei ddeall yn ffurf dreigledig *caniad* 'cân, canu', anodd

yw gweld priodoldeb hynny adeg geni ac yn hytrach cynigir yn betrus mai e. o'r f. *geni* sydd yma. Yn ôl GPC 1380, ystyr *ganiad* yw 'cynhwysiad, daliad' (o'r f. *genni*), ond daw'r unig enghraifft yno o Gym.C. o ddarlleniad sydd i bob golwg yn wallus, gw. GEO 68 (29.2), a gallai'r gair olygu 'genedigaeth' (o'r f. *geni*). Os felly, dealler *ganiad hir* yn gyfeiriad at wewyr Non wrth esgor ar Ddewi, gw. J.W. James, *op.cit*. 5 (llau. 17–22).

29–30 Poenau Non (gw. y nodyn blaenorol) a achosodd i'r llech hollti.

29 Y mae'r ll. yn un wan gan na fydd *pan* fel rheol yn cynnal cynghanedd.

31–4 Gw. J.W. James, *op.cit*. 6 (llau. 1–4); BDe 4 (llau. 14–21).

33 **tad bedydd** Yn y Llad. fe'i henwir *Moui*, J.W. James, *op.cit*. 6 (ll. 1), a gw. ymhellach BDe 35 d.g. *dall*.

35 **Peulin** Sant o ogledd-ddwyrain Sir Gaerfyrddin, gw. BDe 36. Cyfeirir ato hefyd fel *Paulinus* (yr enw Llad. y daw *Peulin* ohono) yn ll. 39. Ceir traddodiad arall am addysg Dewi lle yr enwir ef ymysg disgyblion Sant Illtud, *ib*. 36–7.

35–42 Gw. J.W. James, *op.cit*. 6. (ll. 10)–7 (ll. 17); BDe 5 (llau. 4–20).

37–8 Gw. J.W. James, *op.cit*. 6 (llau. 7–8); BDe 5 (llau. 1–3).

39 **Paulinus** Gw. ll. 35n.

43–6 Ni ddywedir yn y testunau Llad. a Chym. o'r Fuchedd fod Dewi wedi mynd i Rufain. Yn ôl BDe 5 (llau. 4–5), *Odyna yd aeth Dewi hyt att athro a elwit Paulinus, a disgybyl oed hwnnw y esgob sant a oed yn Rufein*. Nid yw'n debygol, er hynny, fod Ieuan ap Rhydderch wedi cymryd y geiriau i olygu bod Paulinus yn dal i fod yn Rhufain yn eistedd wrth draed yr *esgob sant* pan aeth Dewi ato gan y dywed mai pan oedd Dewi yn fab (ll. 36) y dysgwyd ef gan Baulinus ac mai pan ddaeth yn ŵr (ll. 43) yr aeth i Rufain. Ymddengys, felly, fod Ieuan ap Rhydderch yn dilyn rhyw draddodiad arall yn hyn o beth; cf. ll. 27–8n. (Y geiriau Llad. cyfatebol, J.W. James, *op.cit*. 6 (ll. 10)–7 (ll. 2), yw, *Exin profectus, Paulinum Germani discipulum adit doctorem, qui in insula in Wincdilantquendi gratam Deo uitam agebat*.)

48 **Ennaint Twym** BDe 6, *Dewi a doeth y'r lle yr oed dwfyr yn llawn o wenwyn, ac a'e bendigawd, ac a wnaeth y dwfyr hwnnw yn dwymyn hyt Dyd Brawt. A hwnnw a elwir yr Enneint Twymyn* (= J.W. James, *op.cit*. 8 (llau. 14–15)). Bath neu Gaerfaddon (yng Ngwlad yr Haf) gyda'i ddŵr rhinweddol a olygir wrth yr *Ennaint Twym*, gw. BDe 38. Fodd bynnag, stori a ddyfeisiwyd gan fynaich yr abaty yng Nghaerfaddon oedd yr honiad am Ddewi am na chawsai'r dyfroedd erioed, am ryw reswm, eu Cristioneiddio'n ffurfiol, gw. James Rattue, *The Living Stream: holy wells in historical context* (Woodbridge, 1995), 57.

50 **gwynad** Cf. GIG 132 (XXIX.69–72) *Hydr y gwnaeth ef genhiadu, / Gras*

da y Garawys du, / *I'r Brytaniaid, brut wyneb,* / *Y gwynad yn anad neb* a gw. y nodyn, *ib.* 343–4, 'Yng nghyfnod cynnar Cristnogaeth yr oedd ympryd y Grawys yn llym iawn, ac ni fwyteid cig na physgod. Y math llymaf o ympryd yw'r *Garawys du.* Llaciwyd y rheolau rywfaint tua'r nawfed ganrif, a chaniatáu bwyta pysgod. Ymddengys fod traddodiad yng Nghymru mai Dewi Sant a ganiataodd fwyta pysgod yn ystod y Grawys.' Ni sonnir am hyn yn BDe na J.W. James, *op.cit.*, ond cf. GRB 19 (9.18) *gŵr sy'n rhoi'r Grawys yn rhydd* (Rhisiart ap Rhys).

51–2 Gw. BDe 3 (llau. 9–10) ac *ib.* 31 ar yr ymgosbaeth eithafol hon; hefyd WLSD 28.

52 Y mae'r ll. yn hir o sillaf oni chywesgir *Bara a.*

53–4 Gwrthgyferbynnir moethusrwydd y rhain â llymder Dewi.

55–68 Gw. J.W. James, *op.cit.* 19 (ll. 23)–21 (ll. 18). Ni chrybwyllir y daith i Gaersalem yn BDe. Awgryma hyn fod Ieuan ap Rhydderch yn gyfarwydd â'r fersiwn Llad. o'r Fuchedd; cf. ll. 7n.

56 **Llangyfelach** BDe 39n, 'yn Sir Forgannwg, ychydig i'r gogledd o Abertawe. Diau ei fod yn un o ganolfannau pwysicaf Dewi'.

60 **gafael** Yn betrus y cynigir yr ystyr hon; gw. GPC 1369, 5.

61 **pwy dry yn rym** Gellid hefyd ystyried darlleniad llsgrau. El *pwy a dry rym.*

63 **heb duthiaw** Yn ôl y Fuchedd, cerddasant.

64 **tref Caerusalem** Disgwylid gweld treiglo'r e. lle ar ôl eb. (gw. Treigladau 111–12).

67 **pob meddiant mawr** Y mae'n bosibl hefyd, er efallai'n llai tebygol, mai cyfeiriad yw hyn at y pedair anrheg hynod a roddodd y patriarch i'r tri sant, sef allor gysegredig, cloch enwog, staff arbennig, a thiwnig o aur. Cludwyd y rhain iddynt, pob un yn ei briod fynachlog, gan angylion; gw. J.W. James, *op.cit.* 21 (llau. 6–18).

70 **teml Dewi** Felly hefyd l. 91. Gan mai eb. yw *teml* fe arfer, disgwylid *teml Ddewi* yma (gw. GPC 3475, lle y gwelir mai yn eithriadol y ceir *teml* yn eg.). Y mae angen y ffurf gysefin *Dewi* yma er mwyn y gynghanedd, ac felly un ai yr oedd y treiglad i e.p. yn dilyn eb.un. yn un dewisol gan Ieuan ap Rhydderch, neu yr oedd *teml* yn eg. ganddo.

73 **Glyn Rhosyn** Sef Mynyw neu Dyddewi. *Rhos,* S. 'moor' a'r terfyniad bachigol *-yn* sydd yn yr ail elfen yn ôl BDe 29.

74 Y mae'r ll. yn hir o sillaf.

Cymry IGE² 244 (ll. 12) *Cymru* ond cymerir mai'r bobl a olygir yn yr achos hwn.

lle rhedir Ymddengys mai rhedeg *am nawdd* a olygir; cf. J.W. James, *op.cit.* 25 (llau. 23–7); BDe 18 (llau. 18–20).

75 Y mae'r ll. yn hir o sillaf oni chywesgir *Felly y.*

gwnâi Ar yr amser amhff. yma yn mynegi un weithred yn y gorffennol
lle y defnyddir yr amser grff. heddiw, gw. 7.64n.

77 **Magna** Gw. J.W. James, *op.cit.* 22 (ll. 27)–23 (ll. 13); BDe 15 (ll. 23)–16
(ll. 22). Yn rhai o'r llsgrau. Llad. gelwir y mab ifanc yn *Magna* neu
Magnus ond yn J.W. James, *op.cit.* 23, darllenir, ar sail llsgrau. eraill,
orbata mater corpus extincti iuuenculi seruabat, cui barbara imperitia
magnum nomen ['enw mawr'] *dederat.* Nid enwir y bachgen yn y
Fuchedd Gym. Cyfeiria Gwynfardd Brycheiniog yntau ato fel *Magna*
uab, GLlF 26.125; gw. hefyd *ib.* 470 n125.

bagl Ffon yr esgob yn dangos ei awdurdod, gw. GPC 249; gw. GCBM
i, 3.65n am gyfeiriadau eraill at faglau saint.

79–88 Gw. J.W. James, *op.cit.* 23 (ll. 13)–24 (ll. 5); BDe 17.

80 **Brefi** Cyfeiriad at Senedd Frefi.

81–2 **Saith ugein mil … / A saith mil** Yr un rhif a geir gan Gwynfardd
Brycheiniog, GLlF 26.28, a chan Iolo Goch, GIG 132 (XXIX.61–2),
ond wyth ugeinmil gan Ddafydd Llwyd, GDLl 46 (13.28). Ni nodir y
rhif yn y testunau Llad. a Chym. o'r Fuchedd.

81 **hoywgad** IGE[2] 244 (ll. 19) *ganiad,* ond aneglur yw'r ystyr yn y cyd-
destun. Cf. hefyd GIG 132 (XXIX.61–2) *Chwemil, saith ugeinmil saint /*
Ac unfil, wi o'r genfaint.

86 **arglwyddwaed** E. yn ôl GPC 199 (ni chynnwys yr enghraifft hon) ond
haws ei ddeall yn a. yma.

87–8 **Clywad ef … / Mal cloch yn Llandudoch deg** Gan fod cryn bellter
rhwng Llandudoch (St Dogmaels, ym Mhenfro) a Llanddewibrefi,
gellid dadlau bod *yn Llandudoch* i'w gydio wrth *cloch,* nid *Clywad ef,*
hynny yw fod llais Dewi yn ardal Brefi yn swnio fel un o glychau
Llandudoch. Dichon, ar y llaw arall, mai datblygiad sydd yma o
eiriau'r Fuchedd, J.W. James, *op.cit.* 23 (ll. 17)–24 (ll. 1), *Cum autem*
clara uoce omnibus et qui in proximo et qui in longinquo erant equaliter
predicaret; BDe 17 (llau. 13–16), *A dechreu pregethu odyno a oruc Dewi*
… a hynny megys llef corn eglur, ac yn amlwc hynny y bop dyn, y'r pellaf
yn gyn egluret ac y'r nessaf, ac yn gynn gyffredinet ac y bydei yr heul y
bawp pan vei hanner dyd. Ni chrybwyllir hyn yn y testunau Llad. a
Chym. o'r Fuchedd.

87 **clywad** Ffurf nas nodir yn G 151 na GPC 516 ac fe'i deellir yma yn
ffurf amhrs.grff. *clywed,* cf. *gweled: gwelad* a gw. GMW 126. Dichon
hefyd mai gwall sydd yma am *clywed* ond unfryd yw'r llsgrau.

89–90 J.W. James, *op.cit.* 24 (llau. 5–10); BDe 18 (llau. 1–17).

91–130 Nid yw'r gerdd yn dilyn y testunau o'r Fuchedd yn y llau. hyn, ac

ymddengys fod y bardd yn troi o'r gorffennol pell i fyfyrio ar Dyddewi
fel yr oedd yn ei oes ef. Ceir cyfatebiaethau mewn mannau â cherdd
Iolo Goch, GIG 131 (XXIX.7–26).

91 **teml Dewi Sant** Sef eglwys Tyddewi. Ar y diffyg treiglad i *Dewi*, gw. ll.
70n.

93 **llem** Sylwer ar y ffurf f. ar ôl eg. A yw'r eb. *barn* (yr oedd Dafydd
broffwyd hefyd yn farnwr) yn ddealledig?

96 **Siwdea** Benthyciad o'r S. *Judea*; ar y ffonoleg, gw. EEW 227.

97 Cynghanedd sain o gyswllt.

   Dafydd Dewi a olygir. Gwyddai Ieuan ap Rhydderch mai ffurfiau ar yr
   un enw oedd *Dewi* a *Dafydd*, a thrwy alw Dewi yn Dafydd gallai
   danlinellu'r tebygrwydd a welai rhwng gwaith y sant a gwaith Dafydd
   Broffwyd. Geilw ef yn Dewi yn y ll. nesaf. Defnyddir y ddwy ffurf hefyd
   yn y fuchedd Gymraeg.

98 **Dewi Ddyfrwr** Cf. llau. 51–2n. Ar yr epithet *dyfrwr*, gw. BDe 31. Ceir
yma gynghanedd sain dro, gw. tt. 25, 32.

102 **ystaen** Nid yr un gair mohono ag *ystaen* 'staen', gw. GPC 3325 d.g.
staen[1], 3860 d.g. *ystaen*[2].

103–6 Cf. GIG 131 (XXIX.21–2) *A thrwblwm aur trwm tramawr / Yn bwrw
sens i beri sawr.* Â ll. 104 cf. hefyd Pen 49, 5 (ll. 4) *men a threbl mwyn
ythrabludd* (awduraeth ansicr). Sôn yr ydys am gerddoriaeth yn ll. 104,
a benthyciadau yw *trebl* a *mên* o'r S.C. *treble* a *mene*, gw. EEW 120,
GPC 1429. Daw *tryblwm* o'r Llad. *thuribulum*, gw. GIG 342, *sens*
(ll. *sensau*, ll. 105) o'r S. *cense*, EEW 119, a *Sain Siâm* o'r S. *St James*, sef
Santiago de Compostela yng ngogledd-orllewin Ysbaen, cyrchfan
pererinion, gw. IGE[2] 379.

108 **rhelics** Benthyciad o'r S. *relic*, GPC 2980.

109 Ar y gynghanedd, gw. td. 25.

111–14 Cf. GIG 131 (XXIX.17–20) *Ac edmig musig a moes / A gwrle gwŷr ac
orloes / A chytgerdd hoyw, loyw lewych, / Rhwng organ achlân a chlych.*

115–22 BDe xxvi, 'Daeth Tyddewi yn gyrchfan tra phoblogaidd i bererin-
ion; ystyrrid dwy bererindod yno yn gyfwerth ag un i Rufain, ac yr
oedd tair yn gyfwerth ag un i Jerwsalem.' Cf. GIG 131 (XXIX.7–10)
*Cystal ymofal im yw / Fyned teirgwaith i Fynyw / Â myned, cymyrred cain,
/ Yr hafoedd hyd yn Rhufain.*

116 Cynghanedd groes wreiddgoll, neu gynghanedd groes gydag *f* wreidd-
goll ac *n* berfeddgoll yn hanner cyntaf y ll. Ar beidio â threiglo *Dewi* ar
ôl *at*, gw. Treigladau 386.

   IGE[2] 245 (ll. 20), *Fyned dwywaith at Dewi.*

123 **cain** Yn wahanol i *ddidrist*, nis treiglir ar ôl yr eb. *Cymru*, gw.

Treigladau 55 *et passim*.

127 **Dewi Ddyfrwr** Gw. ll. 51–2n.

9

Ar awduraeth yr awdl hon i'r Forwyn Fair, gw. tt. 36–7.[1] Gwelir ynddi lawer o'r un themâu ag a welir mewn cerddi eraill i Fair—er enghraifft ei bod yn fam i Dduw, iddi brofi Pum Llawenydd, ei bod wedi beichiogi ar Grist heb golli ei morwyndod, digwyddiad a gyffelybir i'r haul yn disgleirio trwy wydr, ei heiriolaeth, ei thiriondeb a'i thrugaredd, ei harddwch, ac ati. Fodd bynnag, perthyn iddi hefyd rai nodweddion anghyffredin. Yr amlycaf, yn ddiau, yw'r defnydd neilltuol a wneir o Ladin, yn gymysg â Chymraeg, yn llinellau 66–84. Nid yw taflu ambell air neu ymadrodd Lladin i mewn i gerdd yn beth newydd yn y canu crefyddol,[2] ond yn yr awdl hon y mae'r Lladin yn ymestyn yn ddi-dor dros bedair llinell ar bymtheg. Ymhellach, nid geiriau ac ymadroddion unigol yn unig a geir, ond rhai cymalau berfol a brawddegau hefyd. Y mae hyn oll yn awgrymu bod y bardd yn medru Lladin yn ddigon da (ar y 'gwallau' gramadegol, gw. llau. 67–8n, 77–8n), a gellir ystyried ei gerdd yn gerdd ddwyieithog. Os felly, hon hefyd yw'r unig enghraifft hysbys o'r cyfnod o gerdd o'r fath sy'n gymysgedd o Gymraeg a Lladin. Anodd fyddai dodi bys ar unrhyw emyn Lladin neilltuol (neu weddi neu gerdd) y gellid ystyried penillion Ieuan ap Rhydderch yn addasiad ohono, a haws credu bod y bardd, a oedd yn hyddysg mewn Lladin, wedi cyfansoddi'r llinellau ei hun ar sail ei wybodaeth eang o litwrgi'r Eglwys[3] (cf. sylwadau rhagarweiniol cerdd 7). Efallai hefyd mai dyma'r esboniad ar y teitlau anghyffredin, 'paralitwrgaidd' *Luna celi* (ll. 66), *Recta via* (ll. 76) a ddefnyddia ar gyfer Mair.[4]

　　Yn ôl olnod yn nhestun llawysgrif c (*c.* 1600), mewn llaw wahanol (gw. uchod), canwyd yr awdl i Fair o Ben-rhys, sylw diddorol ond un na ellir pwyso arno.

　　Y mae'n bosibl mai yn ystod ei arhosiad yn Rhydychen, rywbryd yn chwarter cyntaf y bymthegfed ganrif, y cyfansoddodd Ieuan y gerdd hon a cherddi 7 ac 8.[5]

　　Ceir amrywiadau testunol mwy niferus na'r arfer yn y 41 testun llawysgrif sydd ar gadw o'r awdl hon (y mae'n amlwg iddi fod yn bur

---

[1]　Am gerddi eraill i'r Forwyn, gw., e.e., GC cerddi 9 a 10; GLlBH cerdd 11; GSCyf cerdd 17 (i Fair ac Iesu); GIG 139–40 (XXXI). Gw. hefyd J. Cartwright: ForF pennod 1 *passim*.

[2]　E.e. Bl BGCC 19 (2.13–15), GMB 4.1, GIG 136 (XXX.1, 3–4).

[3]　Cadarnhawyd yr argraff hon imi gan Dr Thomas O'Loughlin, Prifysgol Cymru Llanbedr Pont Steffan. Nid oedd, meddai, yn gyfarwydd ag unrhyw gerdd Ladin debyg i adran Ladin yr awdl. Hoffwn yma hefyd ddiolch i Dr O'Loughlin a Dr Jane Cartwright o Brifysgol Cymru Llanbedr Pont Steffan am eu sylwadau gwerthfawr ar rai o nodweddion y gerdd.

[4]　Gw. llau. 66n a 76n.

[5]　Gw. tt. 8, 21.

boblogaidd). Ceir hefyd lawer o groesddylanwadu rhwng y gwahanol destunau fel mai anodd iawn honni bod testun neu destunau neilltuol yn rhagori yn gyffredinol ar y lleill—y mae'r haenau hŷn yn nhrosglwyddiad y gerdd yn brigo i'r wyneb mewn gwahanol fannau. Yn fras, y mae'r darlleniadau gorau i'w cael ymysg y pymtheg testun cynharaf, sef ABIJKOQUVXYciko, a cheir rhai darlleniadau da iawn gan AQ (gw. yn enwedig lau. 23n, 36n, 89n).

Dechreua'r awdl gyda chyfres o chwe englyn proest chwe llinell: proest dalgron a ddefnyddir, gyda llafariad seml yn cyfuno â dwy gytsain ym mhob llinell, a'r llafariaid (ond nid y cytseiniaid) yn amrywio o linell i linell ym mhob pennill. Ceir wedyn 14 pennill ar fesur y rhupunt hir[6] ac yna hanner pennill ar yr un mesur.[7] Diwedda'r gerdd ag englyn proest pedair llinell.

8 *Rex ... simplex* Geiriau Llad. yn golygu 'Brenin' a 'syml'.

nid *simplex* **swmp** Ymddengys fod gwrthgyferbyniad rhwng hyn a *Rex*: cais y bardd egluro nad baban cyffredin oedd plentyn Mair ond brenin nef. Â *swmp*, cf. *twysg* yn ll. 15 *twysgbarch*.

9–10 **bump / Llewenydd ...** Gw. sylwadau rhagarweiniol At.ii.

14 **tewdrebl** Cyfeirir at rym Iesu fel aelod o'r Drindod. Benthyciad yw *trebl* o'r S.C. *treble*, gw. EEW 120; GHS 11.5–6 *Rhoi Siancyn wyn ar wanwyn, / Twrbil ynghudd, trebl yw 'nghwyn.*

15 **Mair dysgbobl** Ceid sawl carfan o bobl ddysgedig yn y cyfnod ond y tebyg yw mai'r beirdd a olygir yma wrth *dysgbobl*; cf. llau. 55–6 *Dwg brydyddion yn wŷr rhyddion, / Awenyddion i wiw noddiau.* Os felly, peth diddorol ac anghyffredin yn y farddoniaeth yw gweld ystyried Mair yn noddwraig i'r beirdd yn neilltuol.

16 **fal disgybl** Nid yw ergyd y geiriau hyn yn eglur. Un posibilrwydd yw fod y bardd yn ei weld ei hun fel un sy'n derbyn cymorth Mair i lunio'i gerdd. Posibilrwydd arall yw ei fod yn datgan anghynefindra â chyfan-soddi naill ai awdlau crefyddol yn gyffredinol neu ynteu yr awdl grefyddol anghyffredin hon gyda'i cyfuniad o Gym. a Llad.; cf. 4.1n.

17 **deg awdl** Sef 'llawer iawn o awdlau'. Gellid hefyd ddeall *deg* yn dreiglad o'r a. *teg* ac yn goleddfu *Dysg*, ond os felly, mwy naturiol efallai fyddai iddo oleddfu *awdl* gan roi *teg awdl*.

18 **cerdd Dduw** Cerdd i Fair yw'r awdl ond yr oedd yn hen gred gan y beirdd mai Duw oedd ffynhonnell yr awen farddol, fel y gwelir yn neilltuol yng ngherddi'r Gogynfeirdd.

---

[6] Gw. J. Morris-Jones: CD 332–3.

[7] Nid oes unrhyw awgrym yn y llsgrau. fod cwpled ar goll, a ffurfia chwe llinell olaf y penillion uned synhwyrol foddhaol.

20 **gloywlythr** Cf. 8.3 *eurlythyr*. Efallai mai at air Crist yn yr Ysgrythur y cyfeirir, cf. ll. 13 *dysg iawn Bibl*.

23 **iadlwybr** Yn G 635 d.g. *gwawt*, ar sail darlleniad llsgr. k *wawd lwybr* a llsgr. Q *iad-lwybr*, dewisir y cyntaf; gthg. GPC 1998 lle y dyfynnir darlleniad llsgr. Q yn unig ac awgrymu'n betrus yr ystyr 'yn croesi'r pen'. Rhywbeth fel 'clodwiw ei lwybr' fyddai ystyr *gwawdlwybr* a bernir bod *iadlwybr* yn gweddu'n well i'r cyd-destun, sy'n sôn am y poenau a ddioddefodd Crist wrth gario'r groes.

26 **Pab** Ar ei ddefnydd ynglŷn â Duw, cf., e.e., GIG 139 (XXXI.11–12) *Pan ddoeth Crist, naf arafgrair, / Oen Duw pab, yn fab i Fair*; GEO 3.33–4 *Pob rhyw ddim* (*Pab rhiaidd oedd, / Gwynieithydd*) *ag a wnaethoedd*.

27 **gog'r** Yn llawn, *gogor*. Ar y gynghanedd, gw. td. 25.

31–6 Yng nghwr y ddalen yn llsgr. A, ar gyfer y pennill hwn, ceir y sylw diddorol canlynol gan David Johns, *pechod oedd golli yr owdyl hon, pettai ond am y pennill hwn* (felly hefyd lsgr. F). Yn llsgr. Q, mewn llaw wahanol i eiddo'r testun, dywedir *gryssyn fydde colli'r odl hon er mwyn y pennill rhagorol ymma* a dyfynnir y cwpled Llad. *Lumine solari nescit vitrum violari, / Nec vitrum sole, nec virgo puerpera prole* ('Ni ŵyr gwydr ei dreisio gan oleuni'r haul, / Na gwydr gan yr haul, na morwyn sy'n geni bachgen gan ei hepil'). Yn ôl Andrew Breeze, 'The Blessed Virgin and the Sunbeam through Glass', *Celtica*, xxiii (1999), 22, 25, odid nad yw'r cwpled yn waith aelod o gylch Sant Anselm o Gaer-gaint (1033–1109).

33–6 Ar y syniad fod Mair wedi beichiogi heb golli ei morwyndod, gw. Andrew Breeze, *art.cit.* 19–29; GSRh 12.61n.

36 **gweadrestr** Yn G 638, d.g. *gweat*, ar sail darlleniadau llsgrau. Q *wauad-restr* a k *wawt rester*, nodir y gair fel *gweadrestr*, a dyfynnir *Peniarth Ms. 67*, ed. E. Stanton Roberts (Cardiff, 1918), 100 (LXVI.33–4) *gweodd y glos a gwydd glan / gwead rrestr o gae trystan* (Huw Dafi) (gw. hefyd D.J. Bowen, 'Tri Chywydd gan Hywel ap Dafydd ab Ieuan ap Rhys', *Dwned*, v (1999), 79). Yn GPC 1604, ar y llaw arall, ar sail yr un amrywiadau, fe'i nodir fel *gwawdrestr* a chynigir yn betrus yr ystyr 'rhestr neu drefn wych neu ogoneddus; mewn trefn wych neu ogoneddus'. Bernir mai gwell yw *gweadrestr* a bod y bardd, ond odid, yn meddwl am ffenestr eglwys lle y byddai gweld gwahanol syniadau a defnyddiau wedi eu 'gweu' ynghyd yn gywrain yn beth arferol. Haws hefyd, wrth gwrs, fyddai i ryw gopïwr gamgymryd *gwead / gweuad* am *gwawd* nag fel arall.

42 **o'r gwiw nodau** Cyfeiriad, fe ymddengys, at amgylchiadau unigryw geni Crist (sef ei genhedlu gan yr Ysbryd Glân a'i eni o forwyn). Cf. Dafydd Benwyn: Gw 624 (llau. 19–20), *Di-bechod vy'r nôd a wnaeth* [dealler y Tad], / *digabl vy'r genedigaeth*.

43 **yt barant** Cymerir bod y rh.pth. yn ddealledig (ar ei hepgor, gw. WG 285, Treigladau 174). Gellid cynnig darllen *a'th* gyda llsgrau. CDI–LNRUWY–behijln, ond nid oes angen.

44 **hawnt** Benthyciad o'r S. *haunt*, gw. GPC 1829.

46 **culgleison** Tybed a oes yma adlais o'r Bregeth ar y Mynydd, gw. Math v.3 *Gwyn eu byd y rhai sy'n dlodion yn yr ysbryd*? Cf. IGE² 282 (llau. 25–6)) *Yn rhith y'm gwelsoch, yn rhaid, / Tlodion gwynion a gweiniaid* (Siôn Cent). Gellid hefyd ddeall y gair yn ffurf l. a. tybiedig *culglais* (< *cul* + *clais*), ond ni cheid ystyr foddhaol.

47 **n'ad i'n gelyn** Cwblheir y gystrawen yn ll. 49. Gellid hefyd ystyried darlleniad llsgrau. CQmn *ni'n* (< *ni i'n*); cf. GMB 27.46 *Na'm gad y gythreul yr dy gethreu* (Einion ap Gwalchmai); GBF 40.59 *Na'm rodho y gythreul, yr y gethreu* (Gruffudd ab yr Ynad Coch). Fel hyn, byddai *dibwyllo* a *godwyllo* yn ll. 49 yn fe. esboniadol.

48 **melyn** Ar yr ystyr 'marwol' yma, gw. GPC 2422 d.g. *melyn* (b).

caethrol Fe'i deellir yn gyfuniad o *caeth* a *rhôl*, amrywiad ar *rheol* (gw. GPC 3056 d.g. *rheol*[1]).

malau Ffurf anh. Ceid synnwyr boddhaol o'i hystyried yn fenthyciad o'r e.Ffr. *mal* 'drwg', gyda'r terfyniad ll. *-au*. Ni cheir *mal* mewn S.C. ond fel rhagddodiad, gw. MED d.g. *mal(e-)*. Posibilrwydd arall fyddai ei hystyried yn ffurf l. *mâl* yn yr ystyr 'y weithred o falu' (cyfeiriad at arteithiau uffern), er na nodir ffurf l. ar ei gyfer yn GPC 2326 d.g. *mâl*[1]).

50 Ymddengys mai ffordd anuniongyrchol yw hyn o grybwyll uffern fel cyd-destun llau. 47–9; nid yw *er* yn dynodi cysylltiad achosol rhwng *I'n dibwyllo na'n godwyllo* yn y ll. flaenorol.

53 **llaredd** *haredd* a geir yn llsgrau. AFQSgm, ac yn GPC 1824 rhestrir yr enghraifft o'r gair yn llsgr. Q fel yr unig enghraifft gynnar (daw'r enghraifft arall yno o eiriadur Pughe) ac iddi'r ystyr betrus 'tawelwch, heddwch'. Gwell, er hynny, yw *llaredd* gan fod hwn yn air digon cyffredin yn y cyfnod, ac fe all *haredd* fod yn ffrwyth camgopïo.

55–6 **prydyddion ... / Awenyddion ...** Y mae'r cyfeiriad hwn at y beirdd yn benodol yn tueddu i ategu'r syniad a goleddent amdanynt eu hunain fel dosbarth arbennig a breintiedig. Gall hefyd, fodd bynnag, fod y cyd-destun crefyddol yn awgrymu eu bod yn eu cyfrif eu hunain felly nid yn unig yng ngolwg dynion, ond hefyd yng ngolwg y nef. Byddai hynny'n gyfateb i'w cred am eu hawen fel peth dwyfol ei darddiad (gw. ll. 18n). Anodd gwybod a oes yma wahaniaeth ystyr o bwys rhwng *prydyddion* ac *Awenyddion* ynteu ai cyfystyron ydynt i bob pwrpas.

55 **rhyddion** Efallai fod yma adlais hefyd o'r ymadrodd *enaid rhydd* sy'n dynodi'r cyflwr o fod mewn ystad o ras, gw. GIBH 9.4n.

59 **maent** Cyfeirir at *Y saint* (ll. 60) sy'n sefyll mewn cyfosodiad â'r f. Cf.

GC 3.22 *Mên y maen'*, *fy nghofion*.

62 **nef yr aethant** Ar hepgor yr ardd. i ddynodi cyrchfan bf. sy'n dynodi symudiad i rywle, gw. GMW 19, Treigladau 227–8.

64 **egni wythau** Cf. GCBM i, 3.72 *Wyth prifwyd, Oyth prifwyth kymeint*, a'r nodyn.

65–84 Yn y penillion hyn ceir Llad. yn gymysg â Chym. Dull y bardd yw defnyddio Llad. yn bennaf ym mhob clymiad, ac yna ymadrodd Cym. sy'n sefyll mewn perthynas lac â chynnwys y Llad. ac sy'n ei led-esbonio neu'n ychwanegu rhywfaint ato. Er mwyn cadw peth o effaith y Llad., fe'i cyfieithwyd yn y nodiadau.

65 **seren heli** Cyfieithiad o'r teitl adnabyddus ar Fair, *stella maris*, gw. ll. 72n.

66 *Luna celi* 'Lleuad y ffurfafen'. Teitl anghyffredin ar Fair ond un sy'n gyson â thuedd gyffredinol y traddodiad o litanïau i Fair. Dengys y gynghanedd mai fel y sain *s* yr yngenir yr *c* yn *celi*; felly hefyd yn *preciosa* a *Speciosa* yn llau. 79–80. Cyfetyb hyn i'r modd yr yngenid Llad. yn Lloegr yn y cyfnod.

     lain Fe'i deellir yn dreiglad o *glain*, ond gellid hefyd ystyried *lan* llsgrau. CGHJKMNRUVZa–fh–ln, gan ei ddeall yn dreiglad o *glân* yn yr ystyr 'un sanctaidd', er mai anghyffredin fyddai hynny.

67–8 *Oportere nos habere, / Miserere* 'Y mae angen inni gael, trugarha'. Ymddengys mai Mair (h.y. ei chymorth a'i grasusau) yw gwrthrych deulledig *habere* ('cael'). Y mae'r ffurf *oportere* yn afreolaidd gan nad oes i'r f. (amhrs. gan amlaf) *oportet* fe., a'r tebyg yw fod y bardd wedi treisio gramadeg y Llad. yn fwriadol i gael odl; cf. llau. 77–8n. Am enghraifft hynod o'r un math o beth, gw. Iestyn Daniel, 'Awdl Saith Weddi'r Pader', yn *Cyfoeth y Testun*, gol. Iestyn Daniel, Marged Haycock, Dafydd Johnston, Jenny Rowland (Caerdydd, 2003), 45, n56.

68 **moes ar eirau** Cyfeiriad, fe ymddengys, at eiriolaeth Mair; cf. ll. 74 *moes arotriau*. GIG 139 (XXXI.17) *Miserere mei, moes eryres*.

69–70 **Mair** *amena, gratia plena, / Sine pena* 'Mair ddymunol, lawn gras, heb boen'.

69 *amena* Ymysg y llsgrau. cynnar ceir y darlleniad hwn yn llsgrau. AQ yn unig, ond rhagora ar yr amrywiadau eraill. Ffurf gywasgedig ydyw ar y Llad. *amoena* (cf., e.e., *poena* / *pena*, &c.).

     gratia plena Gw. y Fwlgat, Luc i.28, … *Ave gratia plena* … Sylwer mai fel y sain *s* yr yngenir y *t* yn *gratia*.

70 *sine pena* Cyfeiriad at eni Crist yn ddi-boen gan Fair; cf. GIG 140 (XXXI.37–9) *Dihareb rhwydded y dehores / Heb boen yn esgor pôr perffeithles, / Heb friw o'i arwain, nef briores*.

71–2 **Quae vocaris salutaris / Stella maris** '[Tydi] a elwir yn seren y môr iachawdwrol'.

72 **Stella maris** Teitl safonol ar Fair, megis yn ll. gyntaf yr emyn poblogaidd ansicr ei awduraeth sy'n dechrau *Ave maris stella*, gw. GM 77, 116–17; GHS 21.29–30n.

talm o eirau Y mae'n bosibl mai'r ystyr lawn yw '[rho] weddi fach [drosom]'.

73–4 **Imperatrix, consolatrix, / Miseratrix** 'Ymerodres, cysurwraig, tosturwraig'. Y mae enwau â'r terfyniad b. *-ix* yn eithaf cyffredin ynglŷn â Mair, ac fe'u ffurfiwyd i gyfateb, yn ramadegol a diwinyddol, i deitlau ar gyfer Crist; cf. *Redemptor: Redemptrix*.

74 **arotriau** Ffurf l. *arodr*, amrywiad ar *arawd*, gw. GPC 177, serch bod *-dr-* yn eithriadol wedi troi'n *-tr-* yn y testun (cf. hefyd yr amrywiadau). Ymddengys mai dylanwad *-tr-* yn y Llad. *Miseratrix* yn yr un ll. sy'n cyfrif am hyn.

75–6 **O Maria, virgo pia, / Recta via** 'O Marïa, forwyn dduwiolfrydig, buchedd uniawn'. Y mae *virgo pia* yn deitl litanïol safonol ar Fair ond nid felly *recta via*. Ar yr olaf, cf. y Fwlgat, e.e. Diar xii.15 *Via stulti recta in oculis ejus*, xvi.25 *Est via, quae videtur homini recta*, xxi.2 *Omnis via viri recta sibi videtur*, xxix.27 ... *qui in recta sunt via*; Jer xxxi.9 *et adducam eos ... in via recta*; Esec xxxiii.20 *Non est recta via Domini*.

77–8 **Peperisti Iesum Cristi, / Sine tristi** 'Genaist Iesu Grist, heb dristwch'. Ceir dau wall gramadegol yma yn y Llad. Dylai *Cristi* fod yn y cyflwr gwrthrychol *Cristum*, megis *Iesum*, nid yn y cyflwr genidol; ac a. yw *tristi* (yn y cyflwr abladol) sydd, fe ymddengys, yn cael ei ddefnyddio yn lle'r e. *tristitia* 'tristwch'. Unwaith eto, megis yn ll. 67 (gw. llau. 67–8n), ymddengys mai odli yw'r egwyddor lywodraethol.

79–80 **Mundi rosa preciosa / Speciosa ...** 'Rhosyn gwerthfawr y byd, prydferth'. Y mae *rosa preciosa* yn un o deitlau safonol Mair ac fe'i helaethwyd yma trwy ychwanegu *Mundi* a *Speciosa*. Ar ynganiad yr *c* yn *preciosa* a *Speciosa*, gw. ll. 66n.

81–2 **Nunc clamamus et ploramus, / Adoramus** 'Yn awr yr ydym yn gweiddi ac yn ymbil, yr ydym yn addoli'.

82–4 **Adoramus ... / ... / ... laudamus** Os Mair yw gwrthrych y ddwy f. hyn, yna y mae'r gerdd yn gwahaniaethu oddi wrth y traddodiad Lladin lle y ceir mai am Dduw yn unig y defnyddir y f. *adoro* 'addoli' ac amdano Ef, fel arfer, y f. *laudo* 'moli'. Efallai, fodd bynnag, fod ystyron a chylch defnydd y berfau Cym. cyfatebol, *addoli* a *moli*, wedi dylanwadu ar Ieuan ap Rhydderch. Defnyddid *addoli* ynglŷn â saint (gan gynnwys Mair, megis yma) yn ogystal â Duw ac fe ddichon, *pace* GPC 33, mai'r ystyr waelodol oedd 'mawrygu, dwysbarchu' (S.

'*venerate*'), ystyr a weddai i Dduw a'r saint fel ei gilydd, ac mai datblygiad o hynny yw'r ystyr '*worship*' a gafwyd trwy fynych gysylltu'r gair â Duw. Gellid dadlau, felly, mai ystyr *adorare* ynglŷn â Mair i Ieuan ap Rhydderch oedd 'dwysbarchu' yn hytrach nag 'addoli' yn yr ystyr fodern ac nad oedd yn ddigon hyddysg yn y Llad. i sylweddoli y dylid ei gyfyngu i Dduw—neu mai pwysicach ganddo oedd y gair na'i union ystyr at ddibenion cyfansoddi ei gerdd. Fel arall, rhaid cymryd ei fod ef ac eraill yn ystyried Mair a'r saint yn fodau cydradd â Duw, ond y mae digon o arwyddion yng ngherddi crefyddol y Cywyddwyr nad felly y synient. (Yn y gweddïau a briodolir i Ieuan ap Rhydderch, gw. At.iii, defnyddia'r f. *addoli* naw gwaith mewn cyswllt â Mair. Ynglŷn â *laudamus*, defnyddid y Gym. *moli* a'r cyffelyb am fodau nefol a daearol fel ei gilydd.

82 **daear rwymau**   Perthyn y syniad i *Nunc clamamus et ploramus* yn hytrach nag i *Adoramus* sy'n ei ragflaenu'n union. Meddylir am fywyd daearol fel peth sydd, tra pery, yn rhwystro'r enaid rhag gweld Duw.

83–4 *Et cantamus ut vid'amus, / Te laudamus*   'Ac rydym yn canu fel y gwel-om, rydym yn dy foli'. Gwrthrych dealledig *vid'amus* ('gwelom') yw *Te* ('Ti'), a fynegir yn y ll. ddilynol yn wrthrych i *laudamus* ('molwn').

83 *vid'amus*   Yn llawn, *videamus* (1 ll.pres.dib. gweithredol y f. *video* 'gwelaf') ond fe'i cwtogir er mwyn nifer y sillafau.

84 **tâl**   Cf. y defnydd o'r f. *talu* mewn perthynas â cherdd neu fawl yn yr ystyr 'rhoi yn dâl', megis yn ll. 93 *Yn lle telir cerdd*; cf., e.e., GDG³ 19 (7.7–8) *Telais yt wawd tafawd hoyw, / Telaist ym fragod duloyw*.

89 Llsgrau. AQ yn unig, ymysg y llsgrau. cynnar, sy'n rhoi'r darlleniad hwn o'r ll., a *Dwc holl nifer dayar difer* (KV *ddiver*) a geir yn y lleill. Ond mwy boddhaol yw darlleniad AQ gan ei fod yn egluro safle Mair fel cyfrwng, nid sail, achubiaeth, pwynt yr oedd y beirdd yn ymwybodol iawn ohono.

90 **rhwyfau**   Rhestrir dwy enghraifft, gan gynnwys hon (o lsgr. Q), o'r ffurf l. *rhwyfau* yn GPC 3114 d.g. *rhwyf*³, a'r gyntaf o Lyfr Coch Hergest. Gofynnir, er hynny, ai ffurf eiriadurol ydyw.

94 **Llyw**   *lliw* a geir yn y mwyafrif mawr o'r llsgrau. ond nid yw'r ystyr yn taro cystal. Gellid ystyried hefyd y darlleniadau *y llv* a geir, yn ddiddorol, yn llsgr. I yn unig fel cywiriad o *yn lliw*, a *llew* (h.y. Iesu) a geir yn llsgrau. JRi.

97 **ystafell**   Sef croth Mair. Gw. Andrew Breeze, 'Two Bardic Themes: The Trinity in the Blessed Virgin's Womb, and the Rain of Folly', *Celtica*, xxii (1991), 11, am lun o ddelw o Fair a'r Drindod yn ei chroth.

98 **i'r holl ddynion byw**   *i holl feirw a byw* a geir yn llsgrau. DLWX (a cf. PU).

10

Dychan yw'r awdl hon i fardd â'r llysenw 'y Prol'. Yr achos oedd ymryson a fuasai rhwng y Prol ac Ieuan Gethin ab Ieuan ap Lleision, bardd ac uchelwr o Faglan yn sir Forgannwg,[1] pryd yr ymddengys i'r Prol ddychanu Ieuan ond gan gael ei drechu ganddo hefyd (llau. 25, 32–3, 44–5). Y tebyg yw, fel y credai G.J. Williams, mai ym Maglan y bu hynny.[2] Llai sicr yw ymhle y datganodd Ieuan ap Rhydderch ei gerdd ef. Barn Dr Bleddyn Owen Huws yw y gallai fod wedi ei datgan yn neuadd Ieuan Gethin ym Maglan neu ynteu ar aelwyd Tomas ap Hopgyn o Ynysforgan gan fod y Proll, a uniaethir gan Dr Huws â'r Prol (ymhellach, gw. isod) wedi canu awdl foliant i'r gŵr hwnnw ac felly'n perthyn i'w gylch adnabyddiaeth ef, Ieuan Gethin, ac Ieuan ap Rhydderch.[3] Y mae'n gwestiwn a oedd y Prol ei hun yn bresennol pan ymosododd Ieuan ap Rhydderch arno fel hyn.[4] Dyna, y mae'n deg tybio, fuasai'r amgylchiad gorau o safbwynt Ieuan ap Rhydderch (er y gallai'r Prol fod wedi clywed datgan y gerdd yn ddiweddarach gan rywun yn rhywle arall). Os ymatebodd y Prol i Ieuan ap Rhydderch, nid yw ei ateb ar gadw.

Paham, os trechodd Ieuan Gethin y Prol, y cafodd yr olaf, ar ben hynny, ei ddychanu gan Ieuan ap Rhydderch? Gellid awgrymu bod ymosodiad Ieuan ap Rhydderch yn weithred wirfoddol o gefnogaeth i gyfaill neu fod rhywun arall, efallai Ieuan Gethin ei hun, wedi gofyn iddo ganu'r gerdd. Pa fodd bynnag, y mae amgylchiadau'r gerdd, i'r graddau y gellir eu canfod, yn dwyn i gof gerdd ddychan gynharach, a ganwyd, hithau ym Morgannwg, sef honno gan Drahaearn Brydydd Mawr i Gasnodyn.[5] Ymddengys mai yn ystod ymweliad â Llywelyn ap Cynwrig, Arglwydd Llantriddyd a Radur ym Morgannwg, y canodd Trahaearn ei gerdd er mwyn gwneud Casnodyn yn gyff clêr, ac ynddi y mae'n edliw i Gasnodyn ei ddiffyg canmoliaeth i Lywelyn, gan ychwanegu nad yw'n haeddu ei haelioni.[6] Tybed, *mutatis mutandis*, ai yn ystod ymweliad â llys Ieuan Gethin ym Morgannwg y canodd Ieuan ap Rhydderch ei gerdd a hynny er mwyn gwneud y Prol yn gyff clêr?

Y mae angen dweud gair ymhellach am y Prol. Bu ysgolheigion, megis

---

[1] Ymhellach arno, gw. td. 17; TLlM 24–9; Nest Scourfield, 'Gwaith Ieuan Gethin ab Ieuan ap Lleision, Llywelyn ap Hywel ab Ieuan ap Gronw, Ieuan Du'r Bilwg, Ieuan Rudd a Llywelyn Goch y Dant' (M.Phil. Cymru [Abertawe], 1993), i–xxi, 1–43; Dafydd Johnston, *Galar y Beirdd* (Caerdydd, 1993), 16, 70, 78; Bleddyn Owen Huws, 'Dyddiadau Ieuan Gethin', LlCy xx (1997), 46–55; ByCy 389; CLC² 360.

[2] TLlM 26.

[3] Bleddyn Owen Huws, *art.cit.* 50.

[4] Dywedir *l.c.*, 'Y tebyg yw fod Ieuan Gethin yn bresennol pan ddatganwyd yr awdl [sef awdl Ieuan ap Rhydderch] yn wreiddiol, a'i fod wedi clywed cyfeiriad at ryw achlysur pryd y bu ef a'r Proll yn ymryson â'i gilydd.'

[5] GGDT cerdd 13.

[6] Gw. GC 151–2.

Thomas Roberts[7] a G.J. Williams,[8] yn cymryd yn ganiataol mai'r un gŵr ydyw â'r Proll a ganodd awdl foliant i Domas ap Hopgyn o Ynysforgan, awdl a ddiogelwyd yn Llyfr Coch Hergest, *c.* 1400.[9] Y mae hyn yn ddeall-adwy oherwydd anghyffredinedd a thebygrwydd y ddwy ffurf, ond sut y mae esbonio'r gwahaniaeth *-l* ac *-ll*? Ar y naill law, y mae orgraff y Llyfr Coch yn gryf o blaid yr ynganiad *ll*, felly nid yw'r symbol *ll* yn debyg o fod yn dynodi'r sain *l*. Sylwer hefyd mai'r sain *ll* a geir mewn copïau diweddarach o destun y Llyfr Coch o'r gerdd.[10] Ar y llaw arall, yn awdl Ieuan ap Rhydderch, a cherdd ddychan arall gan Ddafydd Benwyn i Siancyn Morgan,[11] y mae'r ynganiad *-l* y tu hwnt i bob amheuaeth fel y prawf y gynghanedd. Y mae dau ateb posibl, felly, i'r broblem: naill y mae'r Prol a'r Proll yn ddau ŵr gwahanol neu ynteu yr un gŵr ydynt a *Proll* y Llyfr Coch yn wall (gan gopïwr y rhan honno o'r Llyfr Coch neu gopïwr cynsail iddi) neu'n amrywiad seinegol ar *Prol.*[12] Tueddir i gredu mai'r un gŵr ydynt ac ateg i hyn yw na welwyd unrhyw gyfeiriad arall at fardd o'r enw *Y Proll* yn y farddoniaeth heblaw mewn cysylltiad ag awdl y Llyfr Coch, ac mai *Y Prol* yn unig a geir gan John Davies, Mallwyd, yn yr adran tua diwedd ei eiriadur ar awduron Brytaneg a'u dyddiadau. Hefyd, os cywir y dehongliad o'r geiriau *sestan sistl* 'clochydd ?prysur' yn llinell 13, yna dygir i gof ddisgrifiad y Proll o'i fawl i Domas ap Hopgyn fel *Nodiau clau clych.*[13]

Os cywir uniaethu'r Prol â'r Proll, yna gellir dweud i'r bardd hwn ganu awdl foliant i Domas ap Hopgyn nid yn hwyrach na *c.* 1400, iddo ymryson ag Ieuan Gethin ac, yn sgil hynny, gael ei ddychanu gan Ieuan ap Rhydderch rywbryd yn hanner cyntaf y bymthegfed ganrif, a'i fod yn wrthrych sylwadau dychanol gan Ddafydd Benwyn yn y ganrif ddilynol. Dengys ei awdl i Domas ap Hopgyn ei fod yn fardd o safon. Ymddengys ei fod yn ei flodau rhwng chwarter olaf y bedwaredd ganrif ar ddeg ac ail chwarter y ganrif ddilynol.[14]

Yn ôl *Geiriadur Prifysgol Cymru,*[15] yr un gair yw'r enw personol *Prol* â'r enw cyffredin *prol, prôl* yn yr ystyr 'rhagymadrodd, prolog', &c., a dichon

---

[7] IGE² xxvi.

[8] G.J. Williams, *op.cit.* 26.

[9] Yn ôl RWM ii, 20, y mae llaw'r testun yn perthyn i chwarter olaf y 15g. Yn ôl Daniel Huws, ar y llaw arall, perthyn i *c.* 1400, gw. Daniel Huws, 'Llyfr Coch Hergest', yn *Cyfoeth y Testun: Ysgrifau ar Lenyddiaeth Gymraeg yr Oesoedd Canol*, gol. Iestyn Daniel, Marged Haycock, Dafydd Johnston, Jenny Rowland (Caerdydd, 2003), 12.

[10] BL Add 15001, 116ʳ; Card 4.140, 691; LlGC 4973B, 168ʳ; LlGC 21287B [= Iolo Aneurin Williams 1], 73ʳ; Llst 147, 202.

[11] Dafydd Benwyn: Gw 630 (CCLII.145) a gw. ymhellach GDC 141n4.

[12] Cf. EEW 244.

[13] GDC 14.8.

[14] Yn yr adran ar awduron Brytaneg a'u dyddiadau tua diwedd D rhoddir y dyddiad 1400 ar gyfer y Prol. Yn TLlM 26n25, dywedir ei fod yn canu 'gryn ddeugain mlynedd' wedi 1400.

[15] GPC 2908 d.g. *prol*. Cyfeirir at enghraifft y Llyfr Coch hefyd ond heb wahaniaethu'n seinegol nac yn orgraffyddol rhyngddi ac eiddo Pen 53, 26 (cerdd Ieuan ap Rhydderch).

mai benthyciad ydyw o'r Lladin *prologus* neu'r Saesneg *prologue*.[16] Anodd,
er hynny, yw gweld ei briodoldeb ynglŷn â pherson. Tybed, yn hytrach, nad
amrywiad ydyw ar *brol*, *brôl* 'bost, ymffrost', benthyciad posibl o'r Saesneg
brawl?[17] Yn sicr, byddai'r ystyr honno'n gweddu i'r dim i gymeriad y Prol,
ac yn enwedig i'r englyn yn llinellau 11–14 o gerdd Ieuan ap Rhydderch lle
y dychenir ef yn gyfan gwbl am ei frolgarwch. Ni noda *Geiriadur Prifysgol
Cymru* unrhyw enghreifftiau o *brol*, *brôl* sy'n gynharach na'r unfed ganrif ar
bymtheg, ond gellid bod wedi benthyca'r gair cyn hynny.

Yn ôl G.J. Williams, canodd Ieuan ap Rhydderch yr awdl hon 'tua 1430–
50'[18] a'r tebyg yw ei fod yn agos i'w le.

Perthyn yr awdl yn ei hanfod i'r math o ganu dychan a geir yn Llyfr
Coch Hergest, ond gwelir ynddi hefyd rai pethau llai nodweddiadol. Yr
amlycaf yw'r defnydd a wneir o gynifer â 14 o fesurau gwahanol (gw. isod).
Er mai cerdd ddychan ydyw, ceir yn y canol (llau. 45–63) ganmoliaeth
estynedig o 19 llinell i Ieuan Gethin, dyfais, fe ymddengys, i danlinellu
ffieidd-dra'r Prol trwy ei wrthgyferbynnu â rhywun sy'n batrwm o
ardderchowgrwydd. Ceir enghraifft o hyn, eithr ar raddfa lawer llai, yng
ngherdd ddychan Trahaearn Brydydd Mawr i Gasnodyn.[19] Ar y llaw arall,
gwelir yn y gerdd arwyddion o'r hyn y gellid efallai ei alw'n 'osgo
hynafiaethol' (o gofio bod Ieuan ap Rhydderch yn ei flodau yn y
bymthegfed ganrif): i. y mae rhai llinellau yn fyr (llau. 9, 33, 36, 85) neu'n
hir (llau. 41, 68, 87) o sillaf, a'r rheini i bob golwg wedi eu bwriadu felly; ii.
ceir cynganeddion pengoll yn llinellau 27, 38, 43; iii. yn llinell 27 nid oes odl
rhwng *gwden* ac *ysbeiliaw* fel y disgwylid yng nghlymiad cyntaf cwpled o
gyhydedd hir. Cyfetyb hyn i hen ffurf ar y mesur lle y cytseinid diwedd y
cymal cyntaf â dechrau'r ail (*gwden*, *gwdyn*) yn lle odli'r ddau gymal, a
daw'r enghraifft a ddyfynnir gan John Morris-Jones[20] o 'Orhoffedd
Gwalchmai';[21] iv. ni welwyd ond un enghraifft arall o'r gair *garwffraeth* (ll.
86) yn y farddoniaeth (er ei fod yn air y gellid yn hawdd ei ffurfio) a hwnnw
mewn awdl i Dduw gan Feilyr ap Gwalchmai.[22] Y mae'r pwynt olaf, megis
adnabyddiaeth amlwg Ieuan ap Rhydderch yng ngherdd 3 o 'Orhoffedd
Hywel ab Owain Gwynedd', yn tueddu i ategu'r dyb a fynegwyd uchod[23] ei
fod yn gyfarwydd â chynnwys Llawysgrif Hendregadredd, un o brif
ffynonellau gwaith Beirdd y Tywysogion. Rhwng popeth, felly, gellir dweud
bod yr awdl hon yn gyfuniad anghyffredin o'r hen a'r newydd ac yn waith

[16] *L.c.*; HGK 88.
[17] Ar *b-* yn y S. yn rhoi *p-* yn y Gym., gw. EEW 219.
[18] TLlM 26.
[19] GGDT 13.49–52 *Nis canmol deddfol dawn rhyfyg—fy llyw / Llywelyn fab Cynwrig, / Llafn
Angaw, braw Bro Gynffig, / Llyw, lleiddiad gwlad, magiad myg.*
[20] Gw. J. Morris-Jones: CD 315.
[21] GMB 9.39 *Gwalchmei y'm gelwir, gelyn y Saesson.*
[22] *Ib.* 33.68 *Geir garẃffraeth gẃaeth, gẃeith gẃyth gywyt.*
[23] Tt. 17–18.

dysgedig iawn a gorchestol y byddai angen cynulleidfa wybodus i'w gwerthfawrogi. Ac yntau'n fardd amatur mor amrywiol ei ddysg, buasai gan Ieuan ap Rhydderch fwy o ryddid na'r cyffredin i arbrofi ac i astudio gwahanol ffynonellau, gan gynnwys rhai ysgrifenedig, er mwyn creu cerdd o'r fath.

Er mai ystrydebol a chyffredinol yw llawer o gynnwys y canu dychan, eto gellir canfod weithiau gyfeiriadau sy'n ymwneud â pherson a chymeriad y gwrthrych yn benodol. Felly yn y gerdd hon dysgwn fod y Prol yn farus,[24] yn hir a cham ei goesau,[25] yn gramennog a chornwydog,[26] â bawd wedi gwywo,[27] yn wael ei wisg ac yn garpiog,[28] yn lleidr,[29] yn ymffrostgar,[30] yn wrywgydiwr,[31] ac â thrwyn mawr ac afluniaidd.[32]

O ran crefft y gerdd, ceir, fel y dywedwyd, 14 o fesurau gwahanol a rhai llinellau sy'n fyr neu'n hir o sillaf. Fe'i cynganeddwyd drwyddi a hynny'n rheolaidd. Y gynghanedd sain sy'n flaenaf a cheir ychydig o linellau pengoll (gw. uchod). Gwneir defnydd helaeth iawn o gymeriad, yn enwedig cymeriad llythrennol, a chyrch gair olaf yr awdl y gair cyntaf.

Nid oedd y gynsail y tarddai testunau'r tair llawysgrif o'r gerdd ohoni (gw. uchod) yn un neilltuol o dda. O ganlyniad bu'n rhaid diwygio mewn amryw o fannau, a hynny gyda gwahanol raddau o hyder.

Mesurau'r awdl

1–6	1 englyn proest chwe llinell
7–10	1 englyn unodl union
11–14	1 englyn proest
15–18	1 englyn unodl union
19–22	1 englyn proest
23–8	3 chwpled o gyhydedd hir
29–30	toddaid hir
31–6	hir a thoddaid
37–42	3 chwpled o gyhydedd fer
43	hanner cwpled o gyhydedd fer (yr hanner arall ar goll)

---

[24] *Hirgau glwth, herwth* (ll. 1), *llyai ddwyddysgl* (ll. 3), *hylwnc* (ll. 16), *hirgau* (ll. 93).

[25] *hirosgl* (ll. 1), *hirlyrp* (ll. 20), *hir goesau* (ll. 71), *Lleibr coesir* (ll. 85); *gwyron yw'r garrau* (ll. 32), *Gargrwm* (ll. 38), *[c]imwch gamau* (ll. 68), *corfoll* (ll. 92).

[26] *[g]arwdrwsgl* (ll. 2), *trawsglun tresgl* (ll. 4), *croenrisgl* (ll. 6), *crach ungwrp* (ll. 21), *crach ei ddwylorp* (ll. 22), *[c]lwyfau—dygn astrus* (ll. 35), *croengnwd* (ll. 37), *poengyrn grugau* (ll. 41), *crestog* (ll. 66), *[c]rotharw greithau* (ll. 82).

[27] *bawtgam* (ll. 5), *crinfawd* (ll. 37).

[28] *Lledr crinraen pwdr* (ll. 6), *tudded diddestl* (ll. 14), *cringarp* (ll. 19), *carplawdr* (ll. 29), *o fywn carpau* (ll. 36), *pwn gadachau* (ll. 40), *bratog* (ll. 66), *llaprau* (ll. 81), *llawdr dyllau* (ll. 83), *Lledr dugrin* (ll. 84).

[29] *lleidr* (llau. 6, 18), *anhyleidr* (ll. 16), *[c]ydyn ysbeiliaw* (ll. 27), *lleidr y dagrau* (ll. 84).

[30] *Bostiwr … Bost … Bostied* (llau. 12–14) a cf. *cornawr mawr mall* (ll. 93).

[31] *Pina rhyfrwnt, poniwr rhefrau* (ll. 39) a cf. *Llesg* (ll. 80), *Llaesgorff … lliprin* (ll. 81).

[32] *trwyngas* (ll. 66), *trwyn annoniau* (ll. 75), *Trwyn oer bladur* (ll. 77).

44–7	1 pennill o wawdodyn byr
48–53	1 pennill o wawdodyn hir
54–9	3 chwpled o gyhydedd fer
60–3	2 gwpled o gyhydedd naw ban
64–71	2 bennill o glogyrnach
72–9	tawddgyrch cadwynog
80–7	cyrch a chwta
88–91	2 gwpled o rupunt hir
92–3	2 linell o rupunt byr

1 **hirgau** Gthg. GPC 1873 lle y'i trinnir fel e. 'ceudod hir (e.e. ceudod y gwddf neu'r coluddion)'. Yr ystyr yma yw fod y Prol yn farus; cf. ll. 16 *hylwnc*. Cf. hefyd ddychan Dafydd Benwyn i Siancyn Morgan yn Dafydd Benwyn: Gw 630 (CCLII.123–4) *Bwla hwyrgamp, boly hirgest, / beta wr ffael, bwytawr ffest*, a'r cyfeiriad *l.c.*, llau. 145–6, at y Prol *Ail i'r Prohl, veistrol bystrych, / at vwrd a brest wyt, vardd brych*.

3 **llyai** 3 un.amhff.dib. *llyo* neu *llyu*, ffurfiau ar *llyfu*, gw. GPC 2253.

dwyddysgl Sef llawer mwy na'i siâr o fwyd!

4 **trawsglun tresgl** Cf. GGDT 14.5 *Tad yw'r coch trawsglwyd foch tresgl* (Trahaearn Brydydd Mawr).

tresgl Gair ansicr. Ceir yr enghreifftiau eraill canlynol o'r gair, y cwbl mewn cerddi dychan: GGDT 14.5 *Tad yw'r coch trawsglwyd foch tresgl* ['?cramennog'] (Trahaearn Brydydd Mawr); GPB 9.7 *Min tresglfwch* ['bwch gafr crachlyd'], *dufwch difardd*, 9.41 *Gorog trosglog tresgl gynnif* ['a'i gramennau'n peri trafferth iddo'] (anh.). Y mae'r diffyg treiglad ar ôl eb. yn GGDT 14.5 yn awgrymu mai e. ydyw yn yr enghraifft honno (yn hytrach na bod calediad *d > t* ar ôl y gytsain *ch*, gw. *ib.* 14.5n), ac ymddengys mai e. ydyw yn GPB 9.41. Gallai fod yn e. neu'n a. yn *ib.* 9.7. Yn GPC 3587 d.g. *tresgl²* cynigir yn betrus mai a. 'crachlyd' ydyw. O ran ei ystyr, ar slip yn Uned Geiriadur Prifysgol Cymru d.g. *tresglfwch* (gw. y dyfyniad o GPB 9.7 uchod), y mae Lloyd-Jones yn cymharu *tresgl* yn betrus â *trysgl / trwsgl* 'scabby'. Yn GPC, *l.c.*, cymherir y gair yn betrus â *trwsgl* a'r e. *trysgli* sy'n dod ohono ac â *tresglen* 'brych y coed', a chynigir yr ystyr 'crachlyd'. Yn sicr, y mae'r ystyr 'crach, cramennau' neu (o'i drin fel a.) 'crachlyd, cramennog' yn gweddu i'r cyd-destun yn yr holl enghreifftiau, ond anodd rhoi cyfrif am yr -e- yn y gair os yw'n perthyn i *trwsgl* (*pace* GGDT 14.5n, nid yw Lloyd-Jones yn dweud ar ei slip mai ffurf f. yr a. *trwsgl* yw *tresgl*— *trosgl* yw honno), er y gall ei fod yn dod o'r un gwreiddyn. Pa fodd bynnag, hyd nes y ceir goleuni pellach, fe'i trinnir yma fel a. yn golygu 'crachlyd' neu'r cyffelyb.

5 **trychlam** Llsgrau. *drychlam* ond haws credu mai ffrwyth camgopïo

yw'r *d* (eg. yn unig yw *llwdn* yn ôl GPC 2234). Deellir yr elfen gyntaf yn fôn y f. *trychu*.

6 **crinraen** Llsgrau. A *einraen*, BC *eimraen* ond dengys y gynghanedd fod y darlleniadau hyn yn anghywir, felly diwygir. Cf. llau. 19 *cringarp*, 37 *crinfawd*, 81 *llaesgorff crin*, 84 *lledr dugrin*.

7 **pell** Yr arwyddocâd yn llawn, ond odid, yw fod y Prol wedi dod o bell ar ei gylch clera (ac nad oes croeso iddo ychwaith).

9 Y mae'r ll. yn fyr o sillaf.

11–14 Yn y llau. hyn canolbwyntir ar ymffrostgarwch y Prol; gw. hefyd y sylwadau rhagarweiniol uchod.

11 Ar y gynghanedd, gw. td. 25.

13 **sestan** Nis nodir yn GPC 3235, ond gellir ei darddu o'r S.C. *sextein* (S.D. *sexton*). Yn ôl MED d.g. *sextein(e)*, yr ystyr yw '*an officer of a church or religious house who cares for the buildings, ornaments, vestments, etc., and who attends to bell-ringing, burials, etc., a sexton*'.

sistl Gair ansicr. Nis nodir yn GPC 3294. Gellir, er hynny, ystyried yr a. S.C. *sīsel* '*occupied, busy*' a geir mor gynnar â *c.* 1300, MED d.g. O'i fenthyca i'r Gym., gallai hwn fod wedi troi'n *sistl* trwy gydweddiad â geiriau'n diweddu yn *-stl*. Yn sicr, byddai'r ystyr 'prysur' gyda *sestan* 'clochydd' yn gweddu i'r dim fel disgrifiad o'r Prol bostfawr yn canu ei glodydd ei hun yn ddi-baid; gw. hefyd y sylwadau rhagarweiniol uchod. Prin yw'r dystiolaeth am y gair S. a byddai'n rhaid i'r sawl a'i defnyddiai fod yn weddol gyfarwydd â'r iaith, ond yn achos gŵr mor wybodus â Ieuan ap Rhydderch ni fyddai hynny'n syndod. Pwynt arall: gan mai o barthau gogleddol Lloegr y daw'r enghreifftiau o *sīsel*—fe'i terddir o'r Hen Norseg yn MED,—haws fyddai ei fenthyca i'r Gym. yng ngogledd Cymru nag yng Ngheredigion, bro'r bardd, ond dichon hefyd na raid i'w gylchrediad fod yn gyfyngedig i un ardal. Yr wyf yn ddyledus i Mr Nicolas Jacobs am yr esboniad hwn ar darddiad y gair.

15 **ŵyll** Cf. GC 11.83 lle y mae Casnodyn, wrth ddychanu Trahaearn Brydydd Mawr, yn ei alw'n *Ŵyll udfawr tramawr trimws*. Fe allai *ŵyll*, er hynny, fod yn dreiglad o *gwyll(t)* ('anwar' neu'r cyffelyb).

eleidr Amrywiad ar *elydn*, gw. G 208 d.g. *elyd(y)n* a cf. GPC 1208 d.g. *elydn* ac *elydr*.

16 **anhyleidr** Llsgrau. *anheleidr*, ffurf anh. oni bai fod yr ail -*e*- yn cynrychioli'r sain *y* (dywyll). Fe'i deellir yn gyfuniad o'r a. *anhy* a *lleidr*.

17 **pin** Llsgrau. A *pirn*, BC *pim*, ond *pin* a ofynnir gan y gynghanedd.

gwyrnadd Gall olygu bod y *pin* yn llythrennol gam neu ei fod wedi ei ddefnyddio at ddibenion gwyrgam (os yr olaf, gw. ll. 39).

pen Gallai hefyd olygu 'ceg' yma gan gyfeirio at dafod gwenwynig y

Prol (cf. ll. 12 ... *cerdd chwerwach no'r bustl*).

18 **lleidr** Llsgrau. *leidr* ond *lleidr* a ofynnir gan y gynghanedd; gellid hefyd ddarllen *ledrwysg leidr* 'lleidr diurddas'.

21 **angerdd** Gw. 2.9n.

crach ungwrp Yn ôl GPC 646, eg. yn unig yw *cwrp*, ond pe bai'n eb. yma, gellid deall y geiriau i olygu 'anhwylder eithriadol o gramennau'.

23 **goffol** Llsgrau. *gofol*, er y gallai'r -*f*- yn llsgr. C gynrychioli'r sain *ff*. *goffol* a geir yn llsgr. C ar gyfer y gair yn ll. 43.

24 **rasgl** Fe'i deellir fel y gair sy'n fenthyciad o'r S. *rascal*, gw. GPC 2976. Os felly, dyma'r enghraifft gynharaf sydd ar gadw.

rhwysgud Llsgrau. *rwysgut*. Fe'i deellir yn gyfuniad cywasgedig o *rhwy* ac *esgud*.

oriau Dyma ddarlleniad y llsgrau., ond gellid hefyd ei ddiwygio yn *eiriau*.

25 **gwyriaist gân** Ffordd arall yw hyn o ddweud bod y Prol wedi llunio cerdd wael neu anghelfydd; cf. Dafydd Benwyn: Gw 629 (CCLII.95–8) *Dy gywydd drwc, dic oedd draw, / drewedig waith, drwy vdaw: / ergaist gida cherdd wyrgam, / a'i rhoi y gyd ynghyd yngham.*

prydwaith Llsgrau. A *pridwerth*, BC *pridwaith*, ond mwy boddhaol o ran synnwyr yw *prydwaith*, felly diwygir.

braeniaith Llsgrau. *branyeidd* ond fe'i diwygir er mwyn y gynghanedd.

brân Cyfeiriad, ond odid, at lais y Prol wrth iddo ddatgan ei gân; cf. ll. 92n.

27 Ar y diffyg odl, gw. y sylwadau rhagarweiniol uchod.

cydyn Llsgrau. AB *gwe*, C *gyden*. Diwygir *gyden* yn *gydyn*: ni nodir y ffurf fach. *cyden* yn GPC 635 (d.g. *cwd*[1]), er bod y ffurf honno'n ddichonadwy. Y mae'n bosibl hefyd mai dan ddylanwad *gwden* y cafwyd *gyden*.

28 Cynghanedd seingroes deirodl, gw. td. 26.

pryfiaith Llsgrau. A *prifeith*, BC *prifieith*. Os *prifiaith* sy'n gywir, yna ymddengys y gwrthgyferbynnir annheilyngdod cymeriad y Prol a gwychder ei gyfrwng. Bernir, er hynny, mai gwell o ran synnwyr yw diwygio yn *pryfiaith*, cf. ll. 30 [P]*ryfawdr*.

29 **Pritbais ... carplodr** H.y., er bod y Prol yn gwisgo côt wych, eto i gyd budr yw ei ddillad oddi tani. Â [c]*arplawdr*, cf. GLlBH 19.20 *Carplodr coes gallodr ci asgellog* ('[Â] llodrau carpiog coes gennog ci asgellog') (Llywelyn Ddu ab y Pastard).

rhanclau Llsgrau. AB *cranclau*, C *kranclen* (a'r -*n* yn ddiau yn fai am -*u*). Ystyr *cranclau* yn ôl GPC 580 yw 'math o lau crafangog sy'n byw ar gorff dyn ...', a dyfynna'r enghraifft hon ac eraill sy'n ddiweddarach. Y mae'r ystyr yn gweddu'n burion ond erys y ll. yn ddigynghanedd, a diwygir *cranclau* yn betrus, felly, yn *rhanclau*. Gellir ystyried *rhanc* yn fenthyciad o'r S.C. *rank* yn yr ystyr *'abundant, copious, profuse ... excessive'*, gw. MED d.g., ystyr 4(a), er na nodir enghraifft o'r gair yn GPC 3036 na (a chymryd mai *ranc* oedd y ffurf) 2974.

30 **callawdr** Cf. y dyfyniad yn ll. 29n.

31 **gwrthgorchgas** Amrywiad (trwy drawsosodiad) ar *gwrthgrochgas*, gw. G 717, GPC 1724.

33 Y mae'r ll. yn fyr o sillaf.

Ieuan Sef Ieuan Gethin (gw. y sylwadau rhagarweiniol uchod) a grybwyllir yn ll. 45, yn ôl pob tebyg.

34 **golau** Llsgrau. *golu*, ffurf anh. sydd hefyd yn torri'r odl, felly diwygir.

36 Y mae'r ll. yn fyr o sillaf.

37 **penflwch** Ynglŷn â'r ail elfen *blwch*, gw. G 59 lle yr awgrymir y gallai'r enghraifft yn C 89.6 *coed ini bluch* fod yn a. yn golygu 'moel' ac yn gytras â'r Llyd. *blouc'h*; felly hefyd EWGP 43. Gthg. GPC 290 lle y'i rhestrir fel e. 'prennol, cist ...', ystyr nad yw'n gweddu yma.

39 Am enghraifft arall, o bosibl, o briodoli gwrywgydiaeth i wrthrych dychan, gw. GPB 125.

40 **pen gadechyn** Llsgrau. *pan gydachyt*. Y mae *gydachyt* yn ffurf anh. ac nid yw ystyron y gwahanol e. sy'n dwyn y ffurf *pan* a *pân* yn GPC 2678 yn gweddu yma. Cynigir, felly, er yn bur betrus, y diwygiad hwn. Ar ystyron ffigurol *cadach* a'r ffurf fachigol *cadechyn*, gw. *ib*. 374, 376. Os yw'r diwygiad yn gywir, yna gellir dweud bod Ieuan ap Rhydderch yn chwarae ar ystyr ffigurol *cadechyn* ac ystyr lythrennol *cadach* (ac efallai hefyd ar ddwy ystyr *pen* yn y ll. hon a dechrau'r un nesaf).

41 Y mae'r ll. yn hir o sillaf.

pen Gallai hefyd olygu 'ceg' yma (cf. ll. 17n).

grwgach Ni nodir y ffurf yn GPC 1537 ond digwydd yn D gyda *grwgnach* yn amrywiad.

42 **piner** Rhestrir dau air yn GPC 2807 d.g. *piner*[1] a *piner*[3], ac anodd yw gwybod pa un sydd yma a'i union ystyr. Rhoddir i'r cyntaf, sy'n fenthyciad o'r S. *pinner*, yr ystyron 'ffedog ac iddi fib, bib' a 'penwisg merch ac iddi label hir ar bob ochr a glymir â phinnau'. Rhoddir i'r ail yr ystyron 'dilledyn, gwisg' a 'stad, cyflwr, picil, cyfyng gyngor'. Efallai mai gorchudd a ddefnyddid gan faban neu ferch a olygir yma eithr fel term dilornus, cf. ll. 40 *cadechyn* 'gwlanen'. 1688 yw dyddiad yr enghraifft gynharaf a nodir yn GPC d.g. *piner*[1], ond gellid bod wedi benthyca o'r S. yn gynt (a gw. GIG 369); cf. ll. 72.

43 O ran hyd a'r llau. blaenorol (llau. 37–42), ymddengys hon yn ll. o
gyhydedd fer, ond os felly nid oes ll. arall i orffen y cwpled ac y mae'n
bosibl fod ll. neu lau. ar goll o'r testun.

geuffel Llsgrau. A *goffal*, BC *gaffel*, ffurfiau anh. Diwygir felly yn
betrus i *geuffel* a'i ddeall yn gyfuniad o'r a. *gau* a *ffel* 'cyfrwysddrwg'
neu'r cyffelyb.

45 **Ieuan Gethin** Gw. y sylwadau rhagarweiniol uchod.

46–63 Canmoliaeth bur i Ieuan Gethin a geir yn y llau. hyn (gw. hefyd y
sylwadau rhagarweiniol uchod). Peth arall sy'n hynodi'r darn yw'r lle
amlwg a roddir i'w filwriaeth. Fel y dywed Bleddyn Owen Huws yn
'Dyddiadau Ieuan Gethin', LlCy xx (1997), 52, 'Tra arwyddocaol yw'r
disgrifiad … o uchelwr y gwyddom iddo dderbyn pardwn am ei ran yn
rhyfel Glyndŵr', er y gall hefyd fod Ieuan ap Rhydderch yn meddwl am
ei gyfaill fel brwydrwr yn ddiweddarach dan Goron Lloegr.

46 **pert** Gallai hefyd olygu 'gwych', gw. GIG 250.

49 **rheiddiau** Llsgrau. *reidieu* (er y gallai'r -*d*- gynrychioli'r sain *dd* yn
llsgr. C), ond gofynnir -*dd*- gan y gynghanedd, felly diwygir.

52 **gloywfalch** Llsgrau. AB *gloewach*, C *gloyach*. Diwygir er mwyn y
gynghanedd; cf. G 535.

53 **ymerodraeth** Gair anghyffredin yng nghanu mawl y Cywyddwyr.
Efallai fod Ieuan ap Rhydderch yn meddwl am benaethiaid ymer-
odraeth Rhufain neu ryw ymherodr enwog arall megis Siarlymaen cyn
cymhwyso'r term i Ieuan Gethin. Os felly, dyma arwydd arall o
ehangder ei ddiwylliant.

54 **rhyddaur** Dyma ddarlleniad y llsgrau. Gan fod yr elfen *rhydd* ar
ddechrau'r ll. nesaf hefyd, gellid cynnig darllen *rhuddaur* yma, ond nid
oes angen.

60 **ŵyr Lleisawn** Ar achau Ieuan Gethin, gw. P.C. Bartrum: WG1 'Iestyn'
4, 6.

62 **waedled** Llsgrau. *waethwylch*, sy'n groes i'r gynghanedd, felly diwygir.
Ffurf f. *gwaedlyd* yw *gwaedled*, gw. G 600, GPC 1546, ond fe ellid hefyd
ddarllen *waedlyd* gan nad oedd y beirdd yn gyson bob amser yn
defnyddio ffurf ansoddeiriol f. gydag eb.

64 **braint oedau** Efallai mai'r ergyd yw fod y Prol wedi bod mor ffodus yn
y gorffennol ag i fwynhau nawdd Ieuan Gethin.

67 **car herwlwm** Llsgrau. *kaherlwm*, ffurf anh. Gellid ei diwygio yn *carlwm*
ond gwnâi hynny'r ll. yn fyr o sillaf. Diwygir, felly, i *car herwlwm*
(rhydd hyn *r* berfeddgoll). Ar yr ystyr ffigurol hon i *car*, cf. GC
11.139n.

68 Y mae'r ll. yn hir o sillaf.

Gwenerfwch Llsgrau. *gwener vwch*. Dilynir dehongliad G 659 d.g. *Gwener* (1), ond nid yw arwyddocâd yr elfen *Gwener* yn eglur.

70 **trosol ... trawsbren** Cf. llau. 74 *trawst*, 78 *Tryfer*, 79 *Trostan*.

71 **geiswyd** Llsgrau. *geisswyt*. Fe'i deellir yn gyfuniad o *cais* a *gwŷd*. Nis rhestrir yn G 125 d.g. *keis*, 728 d.g. *gwŷt*, nac yn GPC 455. Fodd bynnag, gellid hefyd ei ddiwygio yn *geisfwyd*, gw. G 125 'yn cael ei ymborth drwy gais, yn ceisio neu gardota bwyd' (nis rhestrir yn GPC 455), darlleniad a fyddai'n rhoi cystal ystyr ac yn gyson â'r cyfeiriadau eraill yn y gerdd at lythineb y Prol; cf. GPB 9.70 *Myn fwch llwyd ceisfwyd, coesfoll* (anh.).

72 **piner** Gw. ll. 42n.

73 **Trem ... trwm yng nghaeau** Llsgr. C *trwm ... trwin anghaeu*. Rhaid diwygio *trwm ... trwin* er mwyn cael dwy *m* neu ddwy *n* yn y gynghanedd. Gall yn hawdd mai bai am *trwm* yw *trwin* gan mor hawdd fyddai ysgrifennu *in* yn lle *m*, a diwygir *trwm* felly yn *trem*, sy'n rhoi ystyr foddhaol. Disgrifir y Prol eto yn *drwm* yn ll. 66 *Brithwas trwyngas trwm*. Nid yw'n debygol mai *angheuau*, ll. *angau*, sydd yn *anghaeu* gan mai ffurf ddiweddar ydyw ac ni fyddai'r ystyr yn gweddu (gw. GPC 49). Ar y geiriau *yng nghaeau* mewn cyswllt â bardd, cf. cyfeiriad dychanus Casnodyn at Drahaearn Brydydd Mawr fel *Bwc melin clawdd ar fawdd fydd*, GC 11.108 a gw. n. Yn betrus, er hynny, y cynigir y diwygiad hwn ar gyfer y ll.

75 **trwyn annoniau** Ymddengys mai'r ystyr yw fod trwyn y Prol, a ddisgrifir fel [*p*]*ladur* (ll. 77), yn dwyn anffawd i'w ran trwy iddo, e.e., gael ei watwar. Ond tybed na ddylid darllen *train* 'tro, treigl (bywyd)', &c., gw. GPC 3552? Yr ystyr felly fyddai rhywbeth fel 'bywyd [llawn] anffodion'.

76 **troed ystrodur** Petrus iawn yw'r dehongliad a gynigir ar gyfer y ll. hon gan nad yw arwyddocâd *troed* yn eglur.

77 **triniwr blodau** Motiff cyffredin yn y canu dychan; cf. GIG 167 (XXXVII.53–4), *Nid beirdd y blawd, brawd heb rym, / Profedig feirdd prif ydym* a gw. ymhellach y nodyn, 371.

78 **hwyrgar** Nis rhestrir yn G 110 d.g. *câr*[1] nac yn GPC 1944. Fe'i deellir yn gyfuniad o *hwyr* a bôn y f. *caru*. Cf. cyfuniadau fel *hwyrbaid*, *hwyrdaw*, &c.

79 **trwst** Y mae'r ll. yn brin o sillaf yn y llsgrau. a diau bod gair wedi ei golli ar ôl *fesur*. Y tebyg yw mai *trwst* ydoedd ac felly fe'i cyflenwir yma.

80 **garwfol** Llsgrau. A *grefol*, BC *gerefol*, ffurfiau anh., felly diwygir. Ar y syniad, cf., e.e., GBDd At.ii *Caliog Fadog both drosgl*. Cf. llau. 70 *oerfol*, ?82 [*c*]*rotharw*.

82 **llodor** Rhydd GPC 2197, d.g. *llodr*[2], iddo'r ystyr '(Person, anifail, &c.)

yn gorwedd yn swp neu ar ei hyd i gyd'.

grotharw Llsgrau. A *gorpharw*, BC *gortharw*. Y mae *gortharw* yn ffurf anh. ac y mae *gorpharw* yn edrych fel ymgais i wneud synnwyr ohono a hefyd yn torri'r gynghanedd. Gellid diwygio *gortharw* yn *gyrtharw* ond achosai hynny fai crych a llyfn, ac ni welwyd enghraifft o hyn yng ngherddi eraill Ieuan ap Rhydderch. Diwygir yn betrus, felly, i *grotharw* (treiglad o *crotharw*); cf. ll. 80 *garwfol*. Ystyr lythrennol *grotharw* *greithau* yw 'creithiau garw eu bol', sef 'creithiau [ar] fol garw'.

84 **dagrau** Fe'i deelllir yn ffurf l. *dagr* (benthyciad o'r S. *dagger*, gw. GPC d.g. *dagr*[1]) yn hytrach na *deigryn*.

85 Y mae'r ll. yn fyr o sillaf.

casau Gellid hefyd ei ddehongli yn gyfuniad o *cas* a *gau*.

86 **geirffrom** Llsgrau. *geirfrom* a ddiwygir, er y gallai'r -*f*- yn llsgr. C (oherwydd ei system orgraffyddol) gynrychioli'r sain 'ff'.

garwffraeth Gw. y sylwadau rhagarweiniol uchod.

87 Y mae'r ll. yn hir o sillaf.

89 **weithia** Llsgrau. *waetha* a allai hefyd fod yn 3 un.pres.myn. *gwaethu* 'niweidio, dirywio', ond nid yw'r synnwyr yn ateb.

91 **neidau** Dyma ddarlleniad y llsgrau. ond gellid hefyd gynnig ei ddiwygio yn *nadau* 'cerddi' (gw. GPC 2547 d.g. *nâd*[1]).

92 **brân** Llsgrau. *brau* ond diwygir er mwyn osgoi gormod odlau ac er mwyn rhoi cynghanedd sain yn y cymal olaf (gw. gweddill y nodyn); cf. ll. 25 ond efallai mai at wanc y frân y cyfeirir yma.

corfoll Fe'i deellir yn gyfuniad o'r e. *corf* a'r a. *boll* 'agored, rhwth', gw. G 70, GPC 298 a cf. *coesfoll* 'coesgam; â choesau ar led', G 158, GPC 534. Ni nodir yr ystyr 'coes' i *corf* yn GPC 558 ond gellid yn hawdd gymhwyso'r ystyr '... colofn, piler, post ...' i bedwar aelod y corff, megis yn achos *colofn*, gw. *ib*. 544 (c), a cf. GC 11.166n. Ar goesau cam y Prol, cf. llau. 32 *gwyron yw'r garrau*, 38 *Gargrwm*, a cf. ll. 71 a n.

cân Llsgrau. A *gan*, BC *gau* a diwygir er mwyn osgoi gormod odlau ac er mwyn rhoi cynghanedd yn y cymal olaf, fel yn y ll. ddilynol.

11

Englyn yw'r gerdd hon sy'n disgrifio cynhwysion saws gwyrdd. Ar arferion bwyta beirdd ac uchelwyr Cymru a cherddi eraill lle y sonnir am fwydydd, gweler yn arbennig sylwadau Dr Enid Roberts.[1] Diddorol yw cymharu'r

---

[1] Enid Roberts, *Bwyd y Beirdd: 1400–1600* (Cymdeithas Gelfyddydau Gogledd Cymru, 1976). Sylwer, er hynny, pan sonia am yr englyn hwn, *ib*. 13, anghywir, a siarad yn fanwl, yw ei alw'n 'riseb'. Hefyd, nid yr un yw'r ystyron a rydd Dr Roberts ag eiddo GPC yn achos y geiriau

cynhwysion a nodir yma â riseb ar gyfer *sauce vert* a geir yn llawysgrif
Ashmole 1439,

> Take percely, myntes, diteyne, peletre, a foil or ij of cost marye, a cloue
> of garleke. And take faire brede, and stepe it with vynegre and piper,
> and salt; and grynde al this to-gedre, and tempre it up with wynegre, or
> with eisel, and serue it forthe.[2]

Ychwanegir, 'This was a very popular type of sauce in medieval times
because it masked the taste of fish which was slightly "off", over-salt or just
muddy. Mint sauce is almost the only modern survivor.' Cerdd arall gan
Ieuan ap Rhydderch ar bwnc bwyd yw'r dryll o gywydd ar y gwasanaeth
bwrdd (cerdd 5).

> 2 Y mae'r ll. yn hir o sillaf.
>
> **pricmaed** Yn ôl GPC 2881 d.g. *pricmadam* (benthyciad o'r S. *prick-
> madam*), amrywiad ydyw o bosibl ar y gair hwnnw. Yn ôl OED[2] d.g.,
> hen air yw *prick-madam* am *stonecrop* a ddiffinnir d.g. fel '*The common
> name of* sedum acre ... *a herb with bright yellow flowers and small cylin-
> drical fleshy sessile leaves, growing in masses on rocks, old walls, etc.*'.
> Sylwer, er hynny, mai 1545 yw dyddiad yr enghraifft gynharaf o *prick-
> madam* yno.
>
> 3 **pelydr** Benthyciad o'r S. *pelleter, peletre*, gw. GPC 2723 d.g. *pelydr*[3].
>
> 4 **ditans** Ffurf l. *ditan, ditani* (benthyciad o'r S. *dytane*). Y ffurfiau un.
> *ditaen, ditani* yn unig a nodir yn GPC 1053.

Atodiad i

Cyhoeddir hwn gan Mr Dylan Foster Evans yn y dyfodol yn ei olygiad o
waith Rhys Goch Eryri. Yn y cyfamser atgynhyrchir testun Ifor Williams,
IGE[2] 223 (LXXIV).

canlynol: *pricmaed, pernel, pelydr, afans.* Gw. hefyd D.J. Bowen, 'Y Gwasanaeth Bwrdd', B xv
(1952–4), 116–20. Ar fwyd yn yr Oesoedd Canol yn gyffredinol, gw., e.e., Maggie Black, *The
Medieval Cookbook* (London, 1992); William Edward Mead, *The English Medieval Feast*
(London, 1931).
 [2] Fe'i dyfynnir yn Maggie Black, *Food and Cooking in Medieval Britain: History and Recipes*
(Historic Buildings and Monuments Commission for England, 1985), 39.

Atodiad ii

Ar awduraeth y cywydd hwn, gw. td. 36. Ei thema yw Pum Llawenydd a Phum Pryder Mair, thema boblogaidd iawn yn yr Oesoedd Canol.[1] Yn groes braidd i'r disgwyl, pryderon a ddisgrifir yn gyntaf yma.

Dyma'r Pum Pryder: proffwydoliaeth Simeon (llau. 9–14); lladd y Gwirioniaid (llau. 15–20); colli Iesu (pan aeth, yn fachgen deuddeg oed, at y doethion yn y deml, llau. 21–4); dal Iesu gan yr Iddewon a'i fflangellu (llau. 25–30); claddu Iesu (llau. 31–6).

Dyma'r Pum Llawenydd: cyfarchiad yr angel Gabriel a beichiogiad Mair (llau. 45–8); geni Crist (llau. 49–52); enwi Mair yn frenhines (llau. 53–4); esgyniad Iesu i'r nef (llau. 55–8); gorseddu Mair yn y nef (llau. 59–62).

Ceir awdl gan Fleddyn Ddu sy'n cyfeirio at Bum Llawenydd Mair[2] a chywydd gan Ddafydd ab Edmwnd sy'n cyfeirio at y Pum Llawenydd a'r Pum Pryder.[3] Yn ôl Dr Andrew Breeze, ymddengys mai ymdriniaeth Dafydd ab Edmwnd â'r Pum Pryder yw'r unig un ar y pwnc mewn barddoniaeth ganoloesol ym Mhrydain, ond ni wyddai am y cywydd hwn, y gellir ei ychwanegu yn enghraifft arall. O gymharu rhannau cyfatebol y cerddi hyn â'i gilydd, gwelir bod rhai gwahaniaethau yn nhrefn a chynnwys y llawenyddau a'r pryderon, ac er bod llawer yn gyffredin rhyngddynt, ymddengys hefyd na fu iddynt unrhyw ffurf derfynol-ddigyfnewid yn y cyfnod yn gyffredinol.

Y mae arddull syml a chrefft lai gorffenedig y gerdd yn awgrymu mai ar gyfer cynulleidfa annysgedig yn hytrach na llys uchelwr neu brelad y bwriadwyd hi.

5 **bryder** Llsgrau. *bryd*. Rhydd y diwygiad gynghanedd i'r ll. a'r hyd cywir o ran sillafau.

9 **pryder** Llsgrau. *kynta ir*, ond y mae'n amlwg fod angen cyflenwi *pryder* o ran synnwyr a hyd y ll., cf. ll. 31 *Pumed pryder i'r pumoes*. Ni cheir cynghanedd er hynny.

pumoes Y rhaniad o'r byd yn bum oes neu gyfnod a ddaeth i ben gyda geni Crist, gw. HG Cref 214–15, GDG³ 434, GC 133, GIBH 138–9.

10 Ceir yr un ll. drachefn yn ll. 32.

11 Ymddengys fod yma enghraifft o gynghanedd sain broest. Defnyddid y math hwn o gynghanedd ar dro gan y Gogynfeirdd yn ystod y 12g. a'r 13g. a diddorol yw gweld enghraifft ohoni mewn cywydd, gw. Rhian M. Andrews, 'Sain Broest', LlCy xxi (1998), 166–71. Ceir enghraifft

---

[1] Gw. Andrew Breeze, 'The Blessed Virgin's Joys and Sorrows', CMCS xix (Summer 1990), 41–54.

[2] GBDd cerdd 5.

[3] Gw. DGG² 184, DE 123 (LXII).

hefyd mewn awdl o'r 14g. yn GBDd 4.3 *Preswyliwr daear deon blannawd.*

12 **emyn** Llsgrau. *amyn*, ond ni rydd synnwyr yn y cyd-destun. Gellir deall *emyn* yn gyfeiriad at y geiriau o ddiolchgarwch i Dduw a lefarodd Simeon (Luc ii.29–32) cyn annerch Mair.

13–14 Gw. Luc ii.35.

14 **[y] fron** Cyfeirir at fynwes Iesu.

17–18 Nid oedd Crist wedi Ei eni eto ond, gan mai Duw ydoedd yng nghroth Mair, meddylid amdano hefyd fel un a oedd eisoes yn hysbys.

17 Y mae'r ll. yn rhy hir o sillaf; gellid hepgor y fannod.

18 **nid oedd egored** Cyfeiriad, fe ymddengys, at fethiant Mair a Joseff i gael llety ym Methlehem.

21 **trydydd** Llsgrau. *y trydydd* sy'n gwneud y ll. yn rhy hir o sillaf. Gwneir yr un camgymeriad yn llau. 25, 31, 53, 55, ond nid yn llau. 9, 15, 53, 55.

25 **gelwydd** Llsgrau. *gelfydd*. Os cywir y diwygiad, ymddengys mai ffordd o bwysleisio gwirionedd yr hyn a honnir yw *heb gelwydd gwyn*, cf., e.e., GGDT 15.37 *Tyst yw Duw ar hyn, tystion—a'i gwybydd* (Iorwerth Beli).

29 **tristchwaen** Llsgrau. *drist chwen*. Nid yw *chwen* yn ffurf hysbys ac fe'i diwygir yn *chwaen* 'tro, digwyddiad' a'i gyfuno â *drist* er mwyn osgoi dwy odl acennog yn y cwpled (am gyfuniadau eraill gyda *chwaen* yn ail elfen, gw. G 275).

30 **maen** Llsgrau. *main*. Diwygir er mwyn yr odl.

35 Rhaid cywasgu *drigo yno* er mwyn hyd y ll.

37–8 Cyfeirir at groeshoelio Iesu. Y mae'r adf. *Yno* yn amhendant, a chyn Ei gladdu (y pumed pryder yma) y croeshoeliwyd Ef.

39 **fedd** Llsgr. A *fy*, B *fi*. Diwygir er mwyn y gynghanedd.

41–2 Cyfeiriad at harddwch diarhebol Mair.

46 **Afi** Benthyciad o'r Llad. *ave* 'henffych well', gw. GPC 41 d.g. *afe*, hefyd GBDd 60, GIBH 130–1.

48 **Fair** Llsgrau. *mair*; diwygir er mwyn y gynghanedd. Yr arfer hefyd oedd treiglo e.prs. ar ôl eb. (gw. Treigladau 107–8).

52 Rhaid cywasgu *gwedy Ei* os am gael y nifer cywir o sillafau yn y ll.

53–4 Diddorol sylwi bod Dafydd ab Edmwnd, DE 124 (LXII), yn trin y Llawenydd hwn fel trydydd llawenydd *nefol* (rhagor daearol) Mair. Y mae cyswllt agos rhwng y syniad hwn a'r syniad a fynegir yn llau. 59–62.

55–6 **llawn, / … hyddawn** Llsgrau. *llwn … hyddwn*.

58 Rhy fyr yw'r ll. o sillaf. Efallai y dylid ychwanegu *ar* o flaen *ddyw*.

61 Y mae'r ll. yn hir o sillaf oni chywesgir *Ac* yn '*g*.

gogoned Llsgr. *goged*, gair anh.

63 Y mae'r ll. yn fyr o sillaf.

Atodiad iii

Digwydd y gweddïau canlynol yn Pen 67, 138–48, yn unig. Arnynt, gw. tt. 21–2. Fe'u cynhwyswyd yma er diddordeb i'r darllenydd. Atgynhyrchiad yw'r testun o olygiad Brynley F. Roberts ohonynt yn 'Rhai Gweddïau Preifat Cymraeg', B xxv (1972–4), 151–3. Ceir y ffynhonnell Ladin *ib.* 153–5.

Mynegai

geran 6.16
gerlont 1.42
geuffel 10.43n
glain 2.20n, 9.66n; gleiniau 2.38, 4.31
glan 4.53–4n
glân 4.11n
gleiniau gw. glain
gloywair 9.7
gloywbryd 7.21
gloywdeg 7.57
gloywddawn 10.60
gloywfalch 10.52n
gloywferch 1.19, 2.37
gloywfraint 8.3
gloywgun 4.10
gloywiaith 7.43
gloywieithlyfr 1.16
gloywlathr 8.92
gloywlwyd 8.93
gloywlwyr 6.2
gloywlythr 9.20n
gloywswydd 9.59
glud 10.23
glwysteml 1.30n
godwyllo 9.49
gofal: gofeilon At.ii.3 gofaloedd 3
gofrwnt 10.7
gofyn 4.59–60n
goffol 10.23n
gogoned At.ii.61n
gog'r 9.27n
golau 10.34n; goleuaf 3.13n
goleugerdd 4.10n
goleule 8.92
goleuwymp: goleuwemp 9.7
gorau 7.98n
gorawen 9.57
gorddwyaw 6.52
goresgyn 9.21
goreurwallt 1.14
goreuryw 1.3

gorffen 3.137
gorhoff 7.33n
gorlas 5.3
gradd 3.63
gramadeg 3.16n
gratia 9.69n
greddf 3.36
Groeg 7.55–8n
grwgach 10.41n
grym 7.99, 8.61n
gwabr 3.29
gwad 7.65n, 93n
gwaed 7.47–54n
gwaedled: gw. gwaedlyd
gwaedlithr 9.23
gwaedlyd: gwaedled 10.62n
gwaedd At.ii.37–8n
gwaith 7.16, 71, 9.53
gwalch 4.48, 10.60; gweilch 2.26
gwall 10.93
gwallt 1.40n
gwarder 7.101
gwaredig 9.39
gwas 6.41n
gwasgod 6.50n
gwawd 3.100, 6.8n, 41n, 7.14, 9.31, 53
gweadrestr 9.36n
gwedd 6.18
gweddeiddlan 7.14
gweddol 10.63
gwefr 10.10
gweilch gw. gwalch
gweithio: gweithia 10.89n
Gwenerfwch 10.68n
gwerin 8.126
gwëu 6.8n
gwin 7.47–54n
gwineuddu 6.30
gwir At ii.50
gwirddaly 7.5
gwirles 3.74n
gwiw 7.101, 9.42n, 96

Enwau personau

Enwau lleoedd

Llawysgrifau

Cynnwys nifer o'r llawysgrifau a restrir waith sawl copïwr. Ceisir dyddio'r rhannau hynny y mae gwaith Ieuan ap Rhydderch yn digwydd ynddynt yn unig. Diolchir i Mr Daniel Huws am unrhyw ddyddiadau neu wybodaeth na chrybwyllir yn y ffynonellau printiedig a nodir.

Llawysgrifau yng nghasgliad Prifysgol Cymru Bangor

Bangor 6: Owen Jones 'Owain Myfyr', 1768, gw. 'Catalogue of Bangor MSS. General Collection' (cyfrol anghyhoeddedig, Prifysgol Cymru, Bangor), *s.n.*

Bangor 1267: Llaw anh., 17g., gw. *ib.*

Bangor 5945: William Evans, Llanwnda 1772–4, gw. *ib.*

Bangor 5946: Edward Lloyd yr ail, Maes-y-Porth, *c.* 1799, gw. *ib.*

Bangor 7288: Iaco ap Dewi, 1707, gw. *ib.*; Garfield H. Hughes, *Iaco ab Dewi 1648–1722* (Caerdydd, 1953), 45.

Bangor (Mos) 6: John ap Humffrey, *c.* 1600 (cyn 1615), gw. E. Gwynne Jones ac A. Giles Jones, 'A Catalogue of the (Bangor) Mostyn Collection' i (cyfrol anghyhoeddedig Prifysgol Cymru, Bangor, 1967).

Bangor (Mos) 11: llaw anh., ail hanner yr 17g. (cyn 1681), gw. *ib.*

Llawysgrifau Ychwanegol yn y Llyfrgell Brydeinig

BL Add 14866 [= RWM 29]: David Johns, 1587, gw. CAMBM 1844, 16; RWM ii, 1022–38.

BL Add 14870 [= RWM 53]: Lewis Morris, *c.* 1748, gw. CAMBM 1844, 17; RWM ii, 1144–51.

BL Add 14873 [= RWM 55]: William Morris, 1739–60, gw. CAMBM 1844, 18; RWM ii, 1156–9; Dafydd Wyn Wiliam, *Cofiant Wiliam Morris (1705–63)* (Llangefni, 1995), 170–1.

BL Add 14875 [= RWM 30]: llaw anh., ar ôl 1570, gw. CAMBM 1844, 19; RWM ii, 1039–48.

BL Add 14886 [= RWM 47]: David Williams, 1643–7, gw. CAMBM 1844, 23; RWM ii, 1108–10.

BL Add 14900: llaw anh., 17g. gw. CAMBM 1844, 28.

BL Add 14902: llaw anh., 17g., gw. *ib.* 29.

BL Add 14932: William Morris, 1740–55, gw. *ib*. 36.

BL Add 14966: Wiliam Bodwrda, *c*. 1644–6, gw. *ib*. 46–7; Geraint Gruffydd, 'Llawysgrifau Wiliam Bodwrda o Aberdaron (a briodolwyd i John Price o Fellteyrn)', Cylchg LlGC viii (1953–4), 349–50; Dafydd Ifans, 'Bywyd a Gwaith Wiliam Bodwrda (1593–1660) o Aberdaron' (M.A. Cymru [Aberystwyth], 1974), 268; *id*., 'Wiliam Bodwrda (1593–1660)', Cylchg LlGC xix (1975–6), 300–10.

BL Add 14967 [= RWM 23]: llaw anh., canol yr 16g. (ar ôl 1527), gw. RWM ii, 996–1014.

BL Add 14969: Tomas Prys neu Huw Machno, dechrau'r 17g., gw. CAMBM 1844, 48.

BL Add 14970: Edward Williams 'Iolo Morganwg', 1800–1, gw. *ib*. 48–9.

BL Add 14971 [= RWM 21]: John Davies, Mallwyd, *c*. 1617, gw. *ib*. 49; RWM ii, 977–86; Rhiannon Francis Roberts, 'Bywyd a gwaith Dr. John Davies, Mallwyd' (M.A. Cymru [Bangor], 1950), 342.

BL Add 14979: John Fowk, *c*. 1579, gw. CAMBM 1844, 53–4.

BL Add 14985: llaw anh., 17g., gw. *ib*. 56.

BL Add 15000: Owen Jones 'Owain Myfyr', *c*. 1775, gw. *ib*. 60–1.

BL Add 15010: William Roberts, 1757–63, gw. *ib*. 65.

BL Add 15046: Roger Morris, 1593, gw. *ib*. 78; GP xiv; R.I. Denis Jones, 'Astudiaeth feirniadol o Peniarth 168B (tt. 41[a]–126[b])' (M.A. Cymru [Aberystwyth], 1954), xxxvi–xxxvii.

BL Add 15059: llaw anh., 18g., gw. CAMBM 1844, 80–1.

BL Add 31055 [= RWM 32]: Thomas Wiliems, 1594–6, gw. CAMBM 1876–81, 154; RWM ii, 1053–65.

BL Add 31056: llaw anh., canol yr 17g., gw. CAMBM 1876–81, 154; YEPWC xxiv.

BL Add 31057: llaw anh., 16g./17g., gw. CAMBM 1876–81, 154.

BL Add 31061: Lewys Dwnn ac eraill, diwedd yr 16g., gw. *l.c.*

BL Add 31063: Hugh Maurice, *c*. 1800, gw. *l.c.*

BL Add 31067: Owain Jones 'Owain Myfyr', cyn 1804, gw. *l.c.*

BL Add 31084: Owen Jones 'Owain Myfyr' (20[r], 30[r], 37[r]) a Hugh Maurice (7[v], 14[v]), 18g./19g., gw. *l.c.*

Llawysgrifau yng nghasgliad Bodewryd yn Llyfrgell Genedlaethol Cymru, Aberystwyth

Bodewryd 1: Wmffre Dafis, 1600–35, gw. 'Schedule of Bodewryd Manuscripts and Documents' (cyfrol anghyhoeddedig, Llyfrgell Genedlaethol

Cymru, Aberystwyth, 1932), 1; E.D. Jones, 'The Brogyntyn Welsh Manuscripts', Cylchg LlGC v (1947–8), 258.

Llawysgrifau yng nghasgliad Llyfrgell Bodley, Rhydychen

Bodley Welsh e 1: Ifan Siôn, *c.* 1612–23, gw. SCWMBLO vi, 53; Garfield H. Hughes, *op.cit.* 46–7.

Bodley Welsh e 4: Lewys Dwnn, *c.* 1580–1603, gw. SCWMBLO vi, 53; CLC² 203; Garfield H. Hughes, *op.cit.* 39.

Bodley Welsh e 7: llaw anh., 16g./17g., gw. SCWMBLO vi, 216.

Bodley Welsh f 1: Iaco ap Dewi, diwedd yr 17g. / dechrau'r 18g., gw. *ib.* 54; Garfield H. Hughes, *op.cit.* 48–9.

Bodley Welsh f 4: Benjamin Simon, *c.* 1760, gw. SCWMBLO vi, 54.

Llawysgrifau yng nghasgliad Brogyntyn yn Llyfrgell Genedlaethol Cymru, Aberystwyth

Brog (y gyfres gyntaf) 2: Wmffre Dafis, 1599, gw. 'Catalogue of Brogyntyn Manuscripts and Documents' (cyfrol anghyhoeddedig, Llyfrgell Genedlaethol Cymru, Aberystwyth, 1937), i, 3–5; E.D. Jones, 'The Brogyntyn Welsh Manuscripts', Cylchg LlGC v (1947–8), 234–6 a phlât rhif 32.

Brog (y gyfres gyntaf) 4: llaw anh., canol yr 17g., gw. 'Catalogue of Brogyntyn Manuscripts and Documents' (cyfrol anghyhoeddedig, Llyfrgell Genedlaethol Cymru, Aberystwyth, 1937), i, 8–9; E.D. Jones, 'The Brogyntyn Welsh Manuscripts', Cylchg LlGC vii (1949–50), 149–61.

Brog (y gyfres gyntaf) 5: llaw anh., 1625–30, gw. 'Catalogue of Brogyntyn Manuscripts and Documents' (cyfrol anghyhoeddedig, Llyfrgell Genedlaethol Cymru, Aberystwyth, 1937), i, 10–12; E.D. Jones, 'The Brogyntyn Welsh Manuscripts', Cylchg LlGC v (1947–8), 234–6.

Llawysgrifau yn Llyfrgell Ganolog Caerdydd

Card 1.2 [= RWM 12]: Thomas Evans, Hendreforfudd, 1600–04, gw. RWM ii, 145–58.

Card 1.51 [= RWM 53]: llaw anh., 18g., gw. *ib.* 257–9.

Card 1.550: llaw debyg i eiddo David Ellis, ail hanner y 18g., gw. Graham C.G. Thomas & Daniel Huws, 'Summary Catalogue of the Manuscripts … commonly referred to as the "Cardiff MSS" ' (Aberystwyth, 1994), 57.

Card 2.5 [= RWM 11]: llaw anh., 16g./17g., gw. RWM ii, 138–45.

Card 2.68 [= RWM 19]: llaw anh., *c.* 1624, gw. *ib.* 178–93; Graham C.G. Thomas & Daniel Huws, *op.cit.* 82.

Card 2.114 [= RWM 7] 'Llyfr Bicar Wocing': llaw anh., 1564–5, gw. RWM ii, 110–28; Graham C.G. Thomas & Daniel Huws, *op.cit.* 88.

Card 2.201 [= RWM 63]: Richard ap John, *c.* 1578–81, gw. RWM ii, 266–72.

Card 2.619 [= Hafod 5]: llaw anh., 1586, gw. RWM ii, 306–9; Graham C.G. Thomas & Daniel Huws, *op.cit.* 142.

Card 2.630 [= Hafod 20]: Llywelyn Siôn, 16g./17g., gw. RWM ii, 323–8; Graham C.G. Thomas & Daniel Huws, *op.cit.* 142.

Card 2.1069: Hugh Evans, heb fod yn ddiweddarach na 1775, gw. Graham C.G. Thomas & Daniel Huws, *op.cit.* 191.

Card 3.4 [= RWM 5]: Elis Gruffydd, 1527, gw. RWM ii, 93–6.

Card 4.9: Wiliam Jones, Llangadfan, 1794, gw. Graham C.G. Thomas & Daniel Huws, *op.cit.* 314–15.

Card 4.10 [= RWM 84]: Dafydd Jones o Drefriw, ail hanner y 18g., gw. RWM ii, 790–3; Graham C.G. Thomas & Daniel Huws, *op.cit.* 315.

Card 5.11 [= RWM 33]: llaw anh., ail hanner y 18g., gw. RWM ii, 230; Graham C.G. Thomas & Daniel Huws, *op.cit.* 437.

Card 5.44: Llywelyn Siôn, cwblhawyd 1613, gw. *ib.* 440.

Llawysgrifau yng nghasgliad Cwrtmawr yn Llyfrgell Genedlaethol Cymru, Aberystwyth

CM 12: David Ellis, 1794, gw. RWM ii, 900–3; B.G. Owens & R.W. McDonald, 'A Catalogue of the Cwrtmawr Manuscripts', i (cyfrol anghyhoeddedig, Llyfrgell Genedlaethol Cymru, Aberystwyth, 1980), 14–15.

CM 14: Lewis Morris, *c.* 1726, gw. RWM ii, 903–8; B.G. Owens & R.W. McDonald, *op.cit.* 17; Dafydd Wyn Wiliam, *Cofiant Lewis Morris 1700/1–42* (Llangefni, 1997), 142.

CM 23: llaw anh. (yr un llaw â chopïwr Bangor (Penrhos) 1573), *c.* 1600, gw. RWM ii, 921–3; B.G. Owens & R.W. McDonald, *op.cit.* 26.

CM 125: Hugh Jones, Tal-y-llyn, dechreuwyd *c.* 1730, gw. *ib.* 159–60.

CM 207: Thomas ap Edward, 17g., gw. *ib.* 244.

Llawysgrif yng nghasgliad Esgair yn Llyfrgell Genedlaethol Cymru, Aberystwyth

Esgair 1: llaw anh., 17g., gw. 'A Schedule of Manuscripts, Deeds and Papers deposited by Mr. A.D. Ruck, Chislehurst' (cyfrol anghyhoedd-edig, Llyfrgell Genedlaethol Cymru, 1950), 1–11.

Llawysgrif yng nghasgliad J. Gwyneddon Davies ym Mhrifysgol Cymru, Bangor

Gwyn 3: Jasper Gryffyth, 1590, gw. GSCMB 30; Gwyneddon 3, v–xii; *Early Welsh Poetry: Studies in the Book of Aneirin*, ed. Brynley F. Roberts (Aberystwyth, 1988), 46.

Llawysgrifau yng nghasgliad Coleg Iesu, Rhydychen

J 101 [= RWM 17]: llaw anh., canol y 17g., gw. RWM ii, 68–86.

J 139 [= RWM 14]: llaw anh., dechrau'r 17g., gw. *ib*. ii, 56–7 (gwall yw 'early xvith century').

Llawysgrif yng nghasgliad John Roberts Hughes yn Llyfrgell Genedlaethol Cymru, Aberystwyth

J.R. Hughes 5: Y Parch. John Evans, Caira, 1793, ficer Casnewydd, gw. Rhiannon Francis Roberts, 'A Schedule of J.R. Hughes Manuscripts and Papers', i (cyfrol anghyhoeddedig, Llyfrgell Genedlaethol Cymru, Aberystwyth, 1963), 2.

J.R. Hughes 6: John Evans, Caira, 1793, gw. y cofnod blaenorol.

Llawysgrifau yng nghasgliad Llyfrgell Genedlaethol Cymru, Aberystwyth

LlGC 37B: William Jones, Llangadfan, ail hanner y 18g., gw. NLWCM 81–4.

LlGC 95B: John Rowlands, canol y 19g., gw. *ib*. 105.

LlGC 170C: Edward Jones 'Bardd y Brenin', 18g./19g., gw. *ib*. 140–6.

LlGC 435B: llaw anh., hanner cyntaf yr 17g., gw. *ib*. 321–5.

LlGC 436B: llaw anh., dechrau'r 18g., gw. *ib*. 325–35.

LlGC 642B: llaw anh., hanner cyntaf yr 17g. gw. HMNLW i, 43.

LlGC 644B: llaw anh., canol yr 17g., gw. *ib*. 44.

LlGC 659A: llaw anh., 19g., gw. *ib*. 45.

LlGC 668C: William Jones, Llangollen, 19g., gw. *ib*. 46.

LlGC 670D: William Jones, Llangollen, 19g., gw. *ib*. 46–7.

LlGC 727D: llaw anh., 17g., gw. *ib*. 53.

LlGC 832E: William Bulkeley, Llanfechell, 18g., gw. *ib*. 63.

LlGC 872D [= Wrecsam 1]: John Brooke o Fawddwy, 1590–1, gw. RWM ii, 346–60; HMNLW i, 67.

LlGC 970E [= Merthyr Tudful]: Llywelyn Siôn, 1613, gw. RWM ii, 372–94; HMNLW i, 77; D.H. Evans, 'Ieuan Du'r Bilwg (*fl. c.* 1471)', B xxxiii (1986), 106.

LlGC 1971B [= Panton 2]: Evan Evans 'Ieuan Fardd', 18g., gw. RWM ii, 802–4.

LlGC 2010B [= Panton 42]: Evan Evans 'Ieuan Fardd', 1772, gw. *ib.* 853–5.

LlGC 2033B [= Panton 67]: William Morris, 1639, gw. *ib.* 866.

LlGC 3039B [= Mos 131]: John Jones, Gellilyfdy, rhwng 1605 a 1618, gw. RWM i, 87–97; Nesta Lloyd, 'A History of Welsh Scholarship in the First Half of the Seventeenth Century, with Special Reference to the Writings of John Jones, Gellilyfdy' (D.Phil. Oxford, 1970), 41–6.

LlGC 3046D [= Mos 143]: llaw anh., 16g., gw. RWM i, 124–31.

LlGC 3047C [= Mos 144]: William Phylip, ail chwarter yr 17g., gw. *ib.* 131–51.

LlGC 3048D [= Mos 145]: Wiliam Bodwrda, canol yr 17g., gw. *ib.* 151–68; Dafydd Ifans, *op.cit.* 341–52.

LlGC 3049D [= Mos 146]: Ifan Siôn o Wydir (td. 404), a Huw Machno (td. 477), dechrau'r 17g., gw. RWM i, 168–79.

LlGC 3050D [= Mos 147]: Edward Kyffin, *c.* 1577, gw. *ib.* 180–96.

LlGC 3051D [= Mos 148]: ?Thomas Davies, cyn 1594, gw. *ib.* 196–212.

LlGC 3056D [= Mos 160]: Wmffre Dafis, *c.* 1600, gw. *ib.* 224–42; Daniel Huws 'The Transmission of a Welsh Classic', yn *Recognitions*: *essays presented to Edmund Fryde*, ed. Colin Richmond & Isobel Harvey (Aberystwyth, 1996), 194.

LlGC 3057D [= Mos 161]: llaw anh., cyn 1563, gw. RWM i, 243–55.

LlGC 3077B: llaw anh., 17g., gw. HMNLW i, 264.

LlGC 5269B: un o gopïwyr Dr John Davies, Mallwyd, *c.* 1630, gw. HMNLW ii, 82.

LlGC 6209E: William Jones, cynorthwyydd Edward Lhuyd, *c.* 1700, gw. *ib.* 158–9; Garfield H. Hughes, *op.cit.* 32–3.

LlGC 6471B: llaw anh., hanner cyntaf yr 17g., gw. HMNLW ii, 183; E.D. Jones, 'The Brogyntyn Welsh Manuscripts', Cylchg LlGC vi (1949–50), 223.

LlGC 6499B: llaw anh., 17g., gw. HMNLW ii, 186.

LlGC 6511B: Llywelyn Siôn, *c.* 1593–5, gw. *ib.* 188; D.H. Evans, *art.cit.* 106.

LlGC 6681B: 'Llyfr Kywydde Johannes Jones', Gellilyfdy, hanner cyntaf yr 17g., gw. HMNLW ii, 204–5; Nesta Lloyd, *op.cit.* 27–8.

LlGC 7191B: ?David Vaughan, yn ddiweddar yn yr 17g., gw. HMNLW ii, 245.

LlGC 8330B [= Neuadd Wen 1]: llaw anh., *c.* 1635, gw. HMNLW iii, 35.

LlGC 9048E [= Rhydychen Coleg Balliol 353]: Syr Siôn Prys, ail chwarter yr 16g., gw. GP cx; HMNLW iii, 106; E.D. Jones, 'Llyfr Amrywiaeth Syr Siôn Prys', *Brycheiniog*, viii (1962), 97–104; R.A.B. Mynors, *Catalogue of the Manuscripts of Balliol College Oxford* (Oxford, 1963), 349–51.

LlGC 9166B: llaw anh., canol yr 17g. (os nad ychwanegiad), gw. HMNLW iii, 121.

LlGC 10250B: llaw anh., 18g., gw. *ib*. 204.

LlGC 10748D: llaw anh., yn gynnar yn y 18g., gw. *ib*. 242.

LlGC 10893E: Llaw anh., ail hanner yr 17g., gw. *ib*. 265–6.

LlGC 13061B: Thomas ab Ieuan, Tre'r Bryn, chwarter olaf yr 17g., gw. HMNLW iv, 353–4.

LlGC 13062B: Thomas ab Ieuan, Tre'r Bryn, chwarter olaf yr 17g., gw. *l.c.*

LlGC 13063B: Thomas ab Ieuan, Tre'r Bryn, 1684, gw. *ib*. 354–5.

LlGC 13064D: ?Dafydd Hopgyn o'r Coety, *c*. 1771, gw. *ib*. 355.

LlGC 13068B: Sils ap Siôn, *c*. 1600, gw. *ib*. 356–7; D.H. Evans, 'Bywyd a Gwaith "Gyles ap Sion" o Radur Ucha', SC xxvi/xxvii (1991–2), 88ff.

LlGC 13069B: Thomas ab Ieuan, Tre'r Bryn, 1674, gw. HMNLW iv, 357–8; TLlM 171.

LlGC 13071B: llaw anh., hanner cyntaf yr 17g., gw. HMNLW iv, 358–9.

LlGC 13079B: llaw anh., 16g./17g., gw. *ib*. 363.

LlGC 13080B: Dafydd Williams, Pen-llin, *fl*. 1660–93/4, gw. *l.c.*; TLlM 102–5.

LlGC 13081B: Owen John, hanner cyntaf yr 17g., gw. HMNLW iv, 363–4, TLlM 44.

LlGC 19904B [= JGE II 1]: Robert Vaughan, Hengwrt, canol yr 17g., gw. 'Schedule of Manuscripts, Books … of the late Dr. Gwenogvryn Evans' (cyfrol anghyhoeddedig, Llyfrgell Genedlaethol Cymru, Aberystwyth, 1930), 2.

LlGC 21290E [= Iolo Aneurin Williams 4]: Llywelyn Siôn, 16g./17g., gw. Rhiannon Francis Roberts, 'A List of Manuscripts from the Collection of Iolo Morganwg among the Family Papers Presented by Mr. Iolo Aneurin Williams and Miss H. Ursula Williams, 1953–4' (cyfrol anghyhoeddedig yn Llyfrgell Genedlaethol Cymru, Aberystwyth, 1978), 3–4.

LlGC 21700D [= Llawysgrif o Goleg Heythrop]: llaw anh., ail chwarter yr 17g., gw. *Llyfrgell Genedlaethol Cymru: Adroddiad Blynyddol 1981–2* (Aberystwyth, 1982), 60–1.

Llawysgrifau yng nghasgliad Llansteffan yn Llyfrgell Genedlaethol Cymru, Aberystwyth

Llst 6: llaw anh., yn fuan ar ôl 1520, gw. RWM ii, 428–33.

Llst 16: Samuel Williams, 17g./18g., gw. *ib.* 452.

Llst 41: John Powel, Talgarth, *c.* 1610–30, gw. *ib.* 504–9.

Llst 47: Llywelyn Siôn, 16g./17g., gw. *ib.* 516–23.

Llst 48: Llywelyn Siôn, 16g./17g., gw. *ib.* 523–5.

Llst 53: Siâms Dwnn, *c.* 1647, gw. *ib.* 534–45.

Llst 54: cynorthwyydd Moses Williams, hanner cyntaf y 18g., gw. *ib.* 545–9.

Llst 117: Ieuan ap William ap Dafydd ab Einws, 1544–52, gw. *ib.* 568–79; Graham C.G. Thomas, 'From Manuscript to Print—I. Manuscript', yn *A Guide to Welsh Literature c. 1530–1700*, ed. R. Geraint Gruffydd (Cardiff, 1997), 245–6.

Llst 118: Wmffre Dafis, *c.* 1600–20, gw. RWM ii, 579–92; E.D. Jones, 'The Brogyntyn Welsh Manuscripts', Cylchg LlGC v (1947–8), 234; ByCy 117.

Llst 120: Jaspar Gryffyth, *c.* 1607, gw. RWM ii, 603–9.

Llst 125: Wiliam Bodwrda, ar ôl 1638, gw. *ib.* 649–62; R. Geraint Gruffydd, *art.cit.* 349–50; Dafydd Ifans, *op.cit.* 376; *id.* 'Wiliam Bodwrda (1593–1660)', Cylchg LlGC xix (1975–6), 300–10 *passim*.

Llst 133: Samuel Williams (76^r, 78^v, 167^r) ac Iaco ab Dewi (219^v), *c.* 1700, gw. RWM ii, 664–94; Garfield H. Hughes, *op.cit.* 37–40.

Llst 134: Llywelyn Siôn, 16g./17g., gw. RWM ii, 695–712; CLC^2 478–9.

Llst 135: llaw anh., 16g./17g., gw. *ib.* 712–15.

Llst 137: D. Parry, *c.* 1640, *ib.* 718–19.

Llst 155: llaw anh., *c.* 1575–1600, gw. *ib.* 728–32.

Llst 165: Thomas Jones, Pennant Melangell, *c.* 1680, gw. *ib.* 754.

Llawysgrifau yng nghasgliad Peniarth yn Llyfrgell Genedlaethol Cymru, Aberystwyth

Pen 53: llaw anh., *c.* 1484, gw. RWM i, 403; Peniarth 53, vii.

Pen 72: John Jones, Gellilyfdy, ei law gynnar, c. 1600, gw. RWM i, 477–86.

Pen 76: llaw anh., ail chwarter yr 16g., gw. *ib.* 503–8; Peniarth 76.

Pen 77: llaw gynnar Thomas Wiliems, *c.* 1570–90, gw. RWM i, 509–18.

Pen 82: Huw Arwystl, *c.* 1540–80, *ib.* 531–9.

Pen 90: Siôn Cain, *c.* 1630–41, gw. *ib.* 565–6.

Pen 94: Thomas Wiliems, *c.* 1600, gw. *ib.* 578–89.

Pen 98, ii: John Davies, Mallwyd, *c*. 1620–30, gw. *ib*. 611–13.

Pen 99: John Davies, Mallwyd, *c*. 1610–20 a William Salesbury, ail hanner yr 16g., *ib*. 613–24.

Pen 100: Dr John Davies, Mallwyd, a chynorthwyydd, *c*. 1610–20, gw. *ib*. 624–34; Rhiannon Francis Roberts, 'Bywyd a gwaith Dr. John Davies, Mallwyd' (M.A. Cymru [Bangor], 1950), 342.

Pen 108: llaw anh., *c*. 1625–40, gw. RWM i, 652–4.

Pen 111: John Jones, Gellilyfdy, *c*. 1610, gw. *ib*. 664–71; Nesta Lloyd, *op.cit*. 10–25.

Pen 112: John Jones, Gellilyfdy, cyn 1610, gw. RWM i, *ib*. 671–86; Nesta Lloyd, *op.cit*. 28–33.

Pen 114: ?Simwnt Fychan, *c*. 1600, gw. RWM i, 689–95.

Pen 126: llaw anh., wedi 1505, gw. *ib*. 772–4.

Pen 159: Rhisiart ap Siôn o Ysgorlegan, 1578–9, gw. *ib*. 946.

Pen 195: David Ellis, Gwanas, hanner cyntaf y 18g., gw. *ib*. 1023–5.

Pen 197: David Ellis, ail hanner y 18g., gw. *ib*. 1026.

Pen 198: llaw anh., *c*. 1693–1701, gw. *l.c.*

Pen 221: John Jones, Gellilyfdy, ar ôl 1620, gw. *ib*. 1045; Nesta Lloyd, *op.cit*. 26–7; M.T. Burdett-Jones, 'Trydydd Llyfr Cywyddau John Jones, Gellilyfdy', YB xvi (1990), 127–40.

Pen 239: llaw anh., ail hanner yr 17g., gw. RWM i, 1063–6.

Pen 312: John Jones, Gellilyfdy, 1610–40, gw. *ib*. 1114–18.

Llawysgrif yng nghasgliad Stowe yn y Llyfrgell Brydeinig, Llundain
Stowe 959 [= RWM 48]: llaw anh., 16g./17g., gw. RWM ii, 1110–26.

Llawysgrifau yng nghasgliad Wynnstay yn Llyfrgell Genedlaethol Cymru, Aberystwyth
Wy 1: Thomas Wiliems, *c*. 1570–90, gw. 'Schedule of the Wynnstay Manuscripts and Documents' (cyfrol anghyhoeddedig, Llyfrgell Genedlaethol Cymru, Aberystwyth, 1934–40), 1–2.

Wy 2: llaw anh., canol yr 17g., gw. *ib*. 2; R. Geraint Gruffydd, *art.cit*. 349–50; Dafydd Ifans, *op.cit*. 624–47.

Mynegai i'r llinellau cyntaf

Mynegai i'r noddwyr a'u gwrthrychau